民办教育
分类管理制度建设与
推进策略研究

胡 卫 方建锋 等著

上海人民出版社

本书系2017年度国家社科基金重大课题

"民办教育分类管理制度建设与推进策略研究"（编号VGA170004）研究成果。

目　录

第 三 部 分

图/表/专栏目录

教育,需要民间的力量(代序)[①]

朱永新

习近平总书记指出,"教育兴则国家兴,教育强则国家强","教育始终是强国兴起的关键因素"。民办教育是我国教育的重要组成部分,为中国的经济社会和教育事业的发展作出了重要贡献。

进入新时代以来,党和政府高度重视教育事业发展。党的二十大报告将教育与科技、人才并列为全面建设社会主义现代化国家三大基础性、战略性支撑,强调"要坚持教育优先发展……加快建设教育强国",并从"教育是国之大计、党之大计"的战略高度,要求坚持以人民为中心发展教育,加快建设高质量教育体系,发展素质教育,促进教育公平,着力办好人民满意的教育。就社会力量办学而言,党的二十大报告强调要"引导规范民办教育发展"。在新的形势和任务面前,我们需要思考:如何正确认识民办教育在新时代的价值和意义? 如何准确把握民办教育在新格局中的方位和坐标? 民办教育在新征程上如何进一步彰显自身的独特作用?

我谈几个个人观点与大家讨论。

一、民办教育为国家教育事业作出了重要贡献

20世纪80年代初,我国社会力量办学开始重新兴起,至今已走过四十多个春秋。四十多年来,在党和政府的大力支持下,在社会各界的共同关心下,经过民办教育战线全体同仁锲而不舍的努力,我国各级各类民办教育从小从大、从弱到强,走过了一条不平凡的发展道路。截至2022年年底,全国

---

① 本文是全国政协副主席、民进中央常务副主席朱永新2023年12月9日在第十三届中国民办教育发展大会上的讲话。略有删节。

共有各级各类民办学校 17.83 万所,在校学生总数达到 5282.7 万人,分别占全国学校数及在校生总数的 34.37% 和 18.05%。同时还有大量的社会教育机构也是由民间举办的。可以说,民办教育已经成为我国教育事业的重要组成部分,的确是"新时期改革开放的一项标志性成果"。

改革开放以来的实践表明,民办教育事业快速发展,在增加教育机会、满足多元需求、促进教育公平、激发教育活力以及推进学习型社会建设等方面发挥了重要作用。

一是扩大了教育供给。历经四十多年的建设和积累,社会力量办学涵盖了从幼儿教育到高等教育的各个阶段,形成了学历教育与非学历教育并举、普通教育与职业教育并重的民办教育发展格局,大大加速了基础教育和高等教育的普及化进程。在我国义务教育普及、学前教育快速发展以及高等教育大众化、普及化的进程中,民办教育发挥了不可替代的作用,作出了重要贡献。

二是丰富了教育样态。社会力量办学的兴起和发展,推动形成了以政府为主、社会参与、办学主体多元、办学形式多样的办学体制,丰富了教育样态,激发了教育活力。民办学校在教育融资体制、现代学校制度、人才培养模式等方面所进行的诸多富有成效的改革探索,为深化公办学校办学体制、管理体制和育人机制改革,积累了丰富经验、提供了有效借鉴。

三是满足了多元需求。民办教育多样化特色化发展,尤其是不少经济较强的省份国际教育的异军突起,日益成为优质教育的重要组成部分,较好满足了人民群众个性化的教育需求。同时,纳入民办学校管理的进城务工人员随迁子女学校和乡村普惠型民办学校的发展,也为解决流动人口子女教育和农村留守儿童就学问题发挥了重要作用,有力扩大了弱势群体公平接受教育的机会。

四是促进了教育消费。各级各类民办学校的建设和发展,不仅解决了一千多万人的直接就业问题,更是有效拉动了各类教育投资及消费活动,促进了区域经济社会发展。民办教育的发展还带动了数万亿规模的基础设施建设,带动了众多周边产业发展,间接创造了大量就业岗位,形成了不少教育新产业、新业态、新产品和新的商业模式。

此外,民办教育在改善教育公平方面也发挥着特殊作用。教育公平的本质是让每个学生的受教育权利都能受到无差别的对待和充分的保障,但客观存在的公共教育资源配置存在城乡差距、区域差距和校际差距,以及学生差异化存在的教育学特征,使得教育公平的推进和改善,不但需要政府的力量,也需要民间的力量。这种通过市场机制改善教育公平的积极作用,是民办教育存在的正当性的重要体现,而且对于教育理论的发展也具有非常重要的价值,值得更深入地研究。

二、民办教育仍然是新时代中国教育的重要力量

我国正处于并将长期处于社会主义初级阶段。在发展过程中部分民办学校的确存在"趋利性过强,公益性不足"和不规范等问题。近年来,针对民办教育行业所出现的新情况、新矛盾,国家层面相继推出并实行了一系列新的规制措施,全面强化了民办教育的办学规范和行政监管。从现实情况看,出于保障教育公益属性和维护良好教育生态的需要,采取这些规范措施是十分必要和完全正确的。

需要强调指出的是,发展需要规范,规范是为了发展;规范是手段,发展才是目的。为此,在新的形势下,我们需要重新认识民办教育的地位和作用,并立足特定发展阶段,进一步明晰民办教育所应担负的功能和责任。首先从教育发展现状看,尽管我国已建成世界上规模最大的教育体系,教育现代化发展总体水平已跨入世界中上国家行列,但是与世界主要教育强国相比,我国教育仍有较大差距。譬如,我国25岁及以上人口平均受教育年限仅有9.5年,与教育强国平均水平(12.7年)相差3.2年;我国高技能岗位就业人员的占比仅为19.6%,与15个教育强国平均水平(接近50%)相比,差距十分明显。所以民办教育可以继续为提升教育总体水平作出贡献。其次,我国义务教育优质均衡发展水平仍有较大提升空间,高中阶段教育普及水平还存在着地区差异,高等教育普及水平也仍需提高。因此,普遍提升全民科学文化素质,强化高素质高技能人力资源支撑,推动人口高质量发展,教育仍然担负着艰巨的责任。对于占各级各类在校生总数五分之一的民办教育,同样责任重大。总之,在推进教育强国建设、促进人口高质量发展的历史进程中,民办教育的作用不应被忽略。

各种分析表明,面向未来建设高质量教育体系,办好人民满意的教育,既需要保障教育的公益性和公平性,也需要丰富教育的有效供给、增加教育

的多样选择。在新的发展阶段,既要合理调控民办教育发展规模、不断强化民办教育公益属性,也需要积极引导各级各类民办学校重塑功能、再造优势,在深化改革中激发内生动力,在优化定位中实现优质发展。

三、民办教育要在未来社会扮演积极角色

回顾历史,我们可以看到,民办教育之所以能在不同阶段取得长足发展,都离不开广大举办者(办学者)的有效回应。新的历史阶段,在前所未有的科技变革推动下,我国的社会形态和教育需求已经或正在发生深刻变革。习近平总书记在谈到新阶段实施教育强国战略的路径时强调指出,"要坚持系统观念,统筹推进育人方式、办学模式、管理体制、保障机制改革"。在未来社会,民办教育要获得更好的生存和发展,就必须全面把准时代脉搏,以创新性观念、创造性实践回应快速变化的教育需求,在推进中国教育现代化和加快建设教育强国的伟大进程中积极进取、主动作为,扮演更好的角色,发挥更大的作用。

首先,民办教育要发挥教育组织形态灵活的优势,全力投身于多样化学习中心的建设。新时代,教育面临硬环境和软环境的双重变化,学习和教育活动发生的空间正在发生革命性变化。近几年我对这个问题作了一些研究和思考,在《未来学校》《教育的减法》等著作中都表达了这样的观点:传统教育的房子已经放不下未来教育了,我们要重新构造一个新房子,这个新房子要打破传统学校的构造,来实现真正的教育结构的变化。民办教育在主动适应这种变化方面具有普遍实践基础,也应该在这种新的变革中赢得先机。实践中,应通过积极的体制机制变革,广泛深度采用现代教育技术和学分银行体系,建设体现教育新理念、反映教育新生态的学习中心,实现人人皆学、处处能学、时时可学的社会教育、继续教育、非正式教育蓬勃发展的现代教育图景,促进人的全面发展、终身发展,推动国家人力资源开发水平全面提升。

其次,民办教育要发挥自身资源禀赋及办学机制的优势,积极参与创新人才的系统培养。当前,国家在教育"双减"政策中同时推行科学教育"加法",一体化推进教育、科技、人才高质量发展。对于"双减"政策,我的理解是:不仅要解决时间过长、负担过重的问题,还要以"减法"思维,把优势发挥

到更有意义的地方。习近平总书记在中央政治局第五次集体学习时特别强调,要"进一步加强科学教育、工程教育,加强拔尖创新人才自主培养"。健全拔尖创新人才培养的"科学选拔、贯通衔接、系统培养、共育共享"全链条培养机制,同样需民办教育的积极参与。比如,我们有不少校外机构在人才储备、课程研发和质量提升方面积累了丰富的经验,现在不应该一停了之、一散了之,完全可以作为学习中心存在,作为政府采购课程等公共服务产品提供方存在,为培养创新拔尖人才、构建高质量教育体系作出贡献。例如,香港资优教育就是由民间教育力量举办,政府支持并购买服务的教育机构。各级民办学校应以教育评价制度改革为突破口,加快构建拔尖创新人才选拔—培养—评价一体化贯通的制度和机制。民办学校要参与健全创新素养和创新能力培养生态链,支持大学与中学合作开设各种特色班,大力培养广大青少年的探究兴趣和学科特长,深入做好拔尖创新人才的早期发现与培养工作。要进一步发挥高中阶段学校、高校的重点培养阶段的作用,探索基础学科拔尖创新人才单独评价和选拔模式,为学有专长的学生乃至偏科生开辟特殊通道。

再次,民办教育要发挥善于积聚社会慈善资源的优势,更好提供各类公益性教育服务。慈善公益教育是民办教育服务社会的一种形式,其特殊地位日益显现。各类基金会举办民办教育也是中国民办教育健康发展的重要方向性趋势。施一公担任校长的西湖大学、著名企业家曹德旺举办的非营利性福耀科技大学,就是典型案例。慈善公益教育作为"第三次分配"的一种重要形式,让使用慈善捐赠资金的各级各类教育机构和受教育者都成为受益对象。因此,通过改善全社会收入分配结构、促进社会公平,民办教育可以产生显著的正外部性。目前,我国慈善捐赠规模相对较小,2020年投向教育事业的捐赠总额为450.29亿元,占捐赠总额的比重为21.58%。从发展趋势看,随着对于慈善捐赠的大力鼓励倡导和税收优惠政策体系的不断完善,未来我国用于教育的捐赠金额将会出现较快增长,这对于教育领域如何用好捐赠经费,尤其是如何在更宽广视野下形成支持非营利性民办教育发展环境都提出了新要求,对民办教育发展既是一次重要契机,也是一种新的考验。

最后,民办教育要发挥办学类型多样和办学资源丰富的优势,更好参与学习型社会、学习型大国建设。在我国正迈入老龄化社会发展的阶段,完善服务全民终身学习的教育体系,对保障全民享有终身学习的机会、办好人民满意的教育具有十分重要的意义。"建成服务全民终身学习的现代教育体系"是《中国教育现代化 2035》确定的 2035 年教育改革发展的主要发展目标之一。面向未来社会,各级各类民办学校特别是广大民办高校举办者、办学者,可以也应当充分发挥办学类型多样、办学资源丰富的优势,坚持"面向每个人、适合每个人"的教育理念,着力打造多样化、多层次、多类型的终身学习资源供给体系,在助推服务全民终身学习的教育体系构建以及参与学习型社会、学习型大国建设中,扩大自身的生存空间,实现学校的转型发展。

同志们,教育是党之大计、国之大计。新时代背景下,我国教育面貌已经发生了格局性变化。立足当前,面向未来,我们要学会从政治上看教育、从民生上抓教育、从规律上办教育。教育需要民间的力量,民办教育也需要政府和社会的理解与支持。为进一步支持民办教育健康发展,我们希望各级政府和全社会进一步认识到民办教育在新时代中国教育体系中不可或缺的重要作用,落实《民办教育促进法》《民办教育促进法实施条例》,全力支持民办教育的改革发展,依法保护民办学校的合法权益,及时帮助民办学校解决办学过程中面临的困难和问题;也希望民办学校举办者进一步端正办学思想,全面贯彻党的教育方针,全面落实立德树人根本任务,秉承公益属性,做到依法、规范、诚信办学,不断优化办学定位,不断凝练教学特色,不断提升教育质量,讲好民办教育的中国故事,努力办好人民满意的教育,为推进中国式教育现代化和建设教育强国作出新贡献!

第一部分

引　言

2016年11月7日,全国人大常委会第二十四次会议通过《全国人民代表大会常务委员会关于修改〈中华人民共和国民办教育促进法〉的决定》,于2017年9月1日实施。此次修改在删除合理回报内容的前提下提出,对民办学校实行营利性非营利性分类管理,加强民办学校党的建设,设立监事机构,并对两类民办学校的政府扶持、收费、税收优惠、土地使用等提出政策框架,同时授权地方政府制定现有民办学校重新登记办学、非营利性民办学校收费办法。

为进一步落实修正后的《民办教育促进法》,国务院印发《关于鼓励社会力量兴办教育　促进民办教育健康发展的若干意见》(国发〔2016〕81号),中共中央办公厅印发《关于加强民办学校党的建设工作的意见(试行)》(中办发〔2016〕78号),教育部等五部门印发《民办学校分类登记实施细则》(教发〔2016〕20号),教育部、人力资源保障部、工商总局印发《营利性民办学校监督管理实施细则》(教发〔2016〕19号)等文件(简称"1+3"文件),对我国实行民办学校分类管理政策作了系统的宏观设计。在总的设计下,如何细化民办学校分类管理制度,落实推进策略是当前民办教育发展面临的最主要问题。

第一节　研究背景

所谓"民办教育"。1982年通过并施行的《中华人民共和国宪法》虽经1988年、1993年、1999年、2004年、2018年五次修正,但其中"国家鼓励集体经济组织、国家企业事业组织和其他社会力量依照法律规定举办各种教育事业"的条款始终未变,故1997年7月31日国务院颁布《社会力量办学条例》用以规范"企业事业组织、社会团体及其他社会组织和公民个人利用非国家财政性教育经费,面向社会举办学校及其他教育机构的活动"。2002年12月28日,第九届全国人民代表大会常务委员会第三十一次会议通过的《民办教育促进法》明确"民办教育"为"国家机构以外的社会组织或者个人,利用非国家财政性经费,面向社会举办学校及其他教育机构的活动(第二条)",其实体一律称为"民办学校"(第六十五条),用"民办教育"替代"社会力量办学"的概念。2016年12月29日,国务院发布的《关于鼓励社会力量兴办教育 促进民办教育健康发展的若干意见》(国发〔2016〕81号)对此作了说明,提出"社会力量兴办教育是指各种社会力量以捐赠、出资、投资、合作等方式举办或者参与举办法律法规允许的各级各类学校和其他教育机构",民办教育是"社会力量兴办教育主要形式"。本书的研究以现行《民办教育促进法》中的界定为准。

所谓"分类管理"。《国家中长期教育改革和发展规划纲要(2010—2020年)》首次提出对民办学校进行非营利性、营利性分类管理。2016年11月7日,第十二届全国人民代表大会常务委员会第二十四次会议通过的《全国人民代表大会常务委员会关于修改〈中华人民共和国民办教育促进法〉的决定》将第十八条改为第十九条,修改为:"民办学校的举办者可以自主选择设立非营利性或者营利性民办学校。……非营利性民办学校的举办者不得取得办学收益,学校的办学结余全部用于办学。营利性民办学校的举办者可以取得办学收益,学校的办学结余依照公司法等有关法律、行政法规的规定处理。"本书提及的"分类管理"即民办教育实施的非营利性和营利性分类管理。

一、国家民办教育发展战略逐步清晰

《国家中长期教育改革和发展规划纲要(2010—2020年)》是中国进入21世纪之后的第一个教育规划,是一个时期内指导全国教育改革和发展的纲领性文件。其中关于民办教育发展战略和治理的要点有:一是战略目标。坚持教育公益性原则,健全政府主导、社会参与、办学主体多元、办学形式多样、充满生机活力的办学体制,形成以政府办学为主体、全社会积极参与、公办教育和民办教育共同发展的格局。调动全社会参与的积极性,进一步激发教育活力,满足人民群众多层次、多样化的教育需求。二是充分肯定民办教育的地位和作用。提出"民办教育是教育事业发展的重要增长点和促进教育改革的重要力量","各级政府要把发展民办教育作为重要的工作职责"。三是保障民办学校的权益。依法落实民办学校、学生、教师与公办学校、学生、教师平等的法律地位,保障民办学校办学自主权。清理并纠正对民办学校的各类歧视政策。制定完善促进民办教育发展的优惠政策。健全公共财政对民办教育的扶持政策。四是正视民办教育发展中存在的瓶颈性问题,正式提出"积极探索营利性和非营利性民办学校分类管理"。

2010年以后,非营利登记民办学校从事营利性活动、合理回报的法律政策困境、民办学校的产权归属等问题开始出现。民办教育的发展战略和治理以非营利性营利性分类管理的探索、设计、推出、完善为主要内容,通过一揽子修法、全面推进分类配套政策等方式,不断传达国家层面对民办教育发展战略和治理的重大调整。

中央和国家对民办教育发展方针表述的调整。2007年党的十七大报告提出"鼓励社会力量兴办教育"、2012年党的十八大报告提出"鼓励引导社会力量兴办教育"、2017年党的十九大报告提出"支持和规范社会力量兴办教育"。国家层面针对新时代经济社会发展形态的变化,对民办教育发展进行新的战略定位和调整已经有所预判。

这一时期的十年中,民办教育在发展战略和治理方面呈现出的特点有:民办教育发展战略愈加清晰,民办教育的功能职能不断丰富,战略地位被法律认可,在各级各类教育的比例不断增长,特别鼓励非义务教育阶段的民办学校快速发展。其中,学前领域民办教育所占比例已经达到幼儿园的68.01%、在园儿童的47.01%,高等教育中所占比例达到高校数的58.67%、在校生数的21.36%,中小学领域快速逼近或超过学校数和在校生数的10%。但是,社会争议不断出现:一方面,民办学校自身不断呼吁解决教师社保等方面的歧视性政策;另一方面,"合理回报"与其他法律政策的冲突开始出现、以非营利之名行营利之实备受社会争议;再一方面,公办学校参与举办民办学校的公平问题等日益尖锐。

二、国家民办教育宏观新政逐步建立

1. 通过一揽子修法,逐步构建符合分类管理的法律法规体系

《教育法》《高等教育法》《民办教育促进法》等集中修法。2015年12

月,全国人大常委会颁布了新修正的《教育法》《高等教育法》,修正关于举办学校不得以营利为目的的规定,允许营利性民办学校存在,为分类管理提供有力的法律支撑。2016 年 11 月 8 日,全国人民代表大会常务委员会发布《关于修改〈中华人民共和国民办教育促进法〉的决定》,全文修改了 16 处,形成民办教育分类管理的法律设计。2017 年 3 月 15 日,第十二届全国人民代表大会第五次会议通过《民法总则》,明确营利法人与非营利法人的区分。2020 年 5 月包括"总则"在内的《民法典》正式通过,并于 2021 年 1 月正式实施。《民办教育促进法实施条例》耗时几年,于 2021 年 5 月正式颁布并实施。至此,法律层面上的顶层设计初步完成。

2. 国务院、教育部等部委和地方政府的配套政策批量出台

2016 年修正的《民办教育促进法》根据民办教育机构是否要求结余分配,将其分为营利性法人和非营利性法人。该法正式颁布之后,国务院于 2016 年 12 月下发《关于鼓励社会力量兴办教育 促进民办教育健康发展的若干意见》,提出"民办学校实行非营利性和营利性分类管理","建立差别化政策体系","地方各级人民政府要根据本意见,因地制宜,积极探索,稳步推进,抓紧制定出台符合地方实际的实施意见和配套措施"。几乎在中办印发《关于加强民办学校党的建设工作的意见(试行)》的同时,教育部出台了《民办学校分类登记实施细则》和《营利性民办学校监督管理实施细则》。截至 2021 年 12 月,全国有 31 个省份印发了地方促进民办教育发展的配套文件。

同一时期,中国经济社会发展也进入新的战略调整期,党中央、国务院明确提出要努力建设服务型政府。2013 年,党的十八届三中全会通过的《中共中央关于全面深化改革若干重大问题的决定》,首次用"社会治理"取代原先的"社会管理",进一步淡化政府的管制作用,强化其服务职能。政府管理转型直接促使了民办教育研究的转向,研究者开始聚焦于政府与市场的关系,重新梳理二者在民办教育发展中的角色分配,强调政府角色定位由管制转向服务,通过提供良好的政策环境来推动民办教育发展:一方面呼吁国家层面加强政府宏观管理,建立健全法律和政策体系,在法律类属、产权归属、公平待遇等方面确立民办教育发展基本政策与基本制度,解决好民办学校"合法性"、发展价值及性质等根本问题,另一方面建议地方政府通过放权,调动和发挥各利益相关者的积极性,引导民办学校完善法人治理结构,

正确发挥董(理)事会的作用和职权、明确校长职权、加强教职工代表大会制度建设等。随着行业壮大,研究者注意到社会参与的重要性,将社会这一主体纳入民办学校治理机制,提出通过分权和集权,调整优化共治主体的权责关系。

这一时期的十年中,民办教育在发展战略和治理方面呈现出的特点有:民办教育发展战略进入调整期。一是民办教育的战略地位仍然被法律认可,分类管理后财政、税务、土地、资产等影响民办教育发展的瓶颈性问题开始得到缓解。国家财政性教育经费自 2012 年起持续保持不低于 GDP 的 4%,整体教育经费翻倍的情况下,民办教育缓解教育经费压力的价值不断弱化,民办教育的功能职能亟待进一步明确。同时,民办教育应试色彩较浓,办学质量问题成为新时代战略发展的瓶颈。

二是随着政府基本公共服务职能不断强化和社会对应试教育、"掐尖招生"反感程度的不断加强,在人们强烈要求减轻学生课业负担的情况下,学前阶段、义务教育阶段民办学校的高比例、快速发展引发社会极大争议。其中,学前领域民办幼儿园在园儿童自 2012 年起就超过全国幼儿园在园儿童的 50%,2019 年仍然达 56.21%。民办普通小学阶段,由 2010 年 5 351 所(2.08%)、在校生 537.63 万人(5.4%)发展到 2019 年的 6 228 所(3.89%)、在校生 944.91 万人(8.95%);民办普通初中阶段,由 2010 年 4 259 所(7.76%)、在校生 442.11 万人(7.99%)发展到 2019 年的 5 793 所(11.05%)、在校生 687.40 万人(14.24%),几近翻倍。民办教育在整体义务教育阶段的占比几乎翻倍。

三是更加关注民办教育办学质量和内涵发展。2010 年《国家中长期教育改革和发展规划纲要(2010—2020 年)》就提出,"支持民办学校创新体制机制和育人模式,提高质量,办出特色,办好一批高水平民办学校"。《国务院关于鼓励社会力量兴办教育　促进民办教育健康发展的若干意见》(国发〔2016〕81 号)也提出,"积极引导民办学校服务社会需求,更新办学理念,深化教育教学改革,创新办学模式,加强内涵建设,提高办学质量",甚而提出"着力打造一批具有国际影响力和竞争力的民办教育品牌,着力培养一批有理想、有境界、有情怀、有担当的民办教育家"。

四是民办教育发展中的系统性风险点有所显现。公办学校参与举办民办学校引发了规避地方政府义务教育主体责任,形成了"政府办民办"的负面印象,助推了社会和家长的"择校热",不同程度上存在国有资产流失问题,容易成为腐败高发易发的危险点。民办学校党建和思想政治工作情况、举办者资质、法人财产权落实、财务管理、学费收取使用情况、学籍和招生管理、校园安全管理、教职工管理、参加年检等方面存在不同程度的风险点。

民办教育治理中政府、学校、社会职能开始新的调整。一是外部治理中的政府政策法规体系更加系统化,宏观制度设计基本完成,更加强调"管办评分离""放管服"改革;对非学历培训、学前、义务教育等不同的阶段民办学校的招生、课程、收费等权限开始进行全方面调整;民办学校社会参与强调与政府部门的脱钩。二是内部治理中明确要求民办学校应当"建立相应的监督机制"(《民办教育促进法》第二十条),在法律层面上对民办学校内部治理结构进行了完善。整体上看,民办学校外部治理中涉及的民办学校发展方向、功能定位、发展重点、发展举措等还未完全明确,内部治理中完善非营利性民办学校治理架构,保证非营利性民办学校的稳定运行、营利性民办学校公司治理架构与学校治理架构的统一等挑战亟须解决。三是地方配套政策仍然有待完善。地方配套文件在指导思想、基本原则、加强民办学校党建工作、强化思想政治教育等方面以落实国家规定为主,在多元主体办学、税费优惠、用地保障、师生权益维护、法人治理结构完善、财务资产管理、办学行为规范、优质教育资源引进、政府管理方式改进、分类管理、退出机制、现有民办学校的补偿或奖励、财政扶持等方面有所创新,但也存在政策不够细化、可执行性差、配套不完善等不足。

可以说,经过 2010 年之后五年的理论准备、一系列修法推进等基础性工作之后,2016 年开启的"民办教育新法新政"明确了两类民办学校的法律类属、产权归属、公平待遇等,构成了目前我国民办教育的基本政策体系,开启了民办教育分类管理的新时代,为民办教育的改革发展奠定了法律基础(阙明坤,王华,王慧英,2019)。研究者对民办教育发展战略研究逐渐转向了在宏观上如何落实新法律新政策尤其是民办学校分类管理,促进两类学校发展,微观上则更加聚焦到学校内涵式发展上来。而在治理方面,随着对政府角色定位与职能转变讨论的深入,研究者逐渐认识到政府治理的局限性,更加关注民办学校市场化的属性,逐步聚焦到民办学校与市场、社会的关系上来,将民办学校的其他合作伙伴纳入重点研究视域,强调通过建立健全民办学校多元治理结构,实现各主体之间资源和信息共享。

第二节　研　究　综　述

　　我国学者对民办教育分类管理制度建设的研究取得了阶段性成果,并能清晰地认识到我国民办教育规模大、类型多、复杂多元,因而推进民办教育分类管理制度建设短期内不可能一蹴而就,必须在长期推进过程中对很多理论和实践问题进行深入研究。

　　为此,我们通过搜集整理民办教育分类管理实施以来的相关文献,并加以总结分析,归纳出学界对民办教育分类管理制度建设的研究主要集中在以下方面:

一、关于新法律新政策的解读

　　随着民办教育分类管理政策的出台,我国基本完成民办教育分类制度建设的顶层设计,民办教育分类管理改革一度引发学者专家的热议,亦涌现出众多关于新法律新政策的研究,主要包括对民办分类管理新法律新政策的必要性、重要性及影响力的价值分析、对政策执行的情况、问题及应对分析。

　　在必要性、重要性上,阙明坤等(2018)认为民办教育新法律新政策的关键举措是实施非营利性与营利性分类管理,放开非义务教育学段营利性限制[1];并表示我国民办教育在发展过程中长期面临的一大矛盾就是教育公益性与资本逐利性之间的冲突,将民办学校分为非营利性和营利性两类,实行分类管理,是解决这一矛盾的正本清源之举。[2]杨刚要(2019)认为分类管理将加快推进民办学校作出"营利性"或"非营利性"选择;政府将加强对民办学校的监督与管理;义务教育禁止办"营利性"学校,将制约民办教育集团外延式扩张;民办高等教育将由"单一"类型转变成"双元"类型;民办学校将获得更多扶持政策,不同类型学校都能够健康发展。[3]

---

　　[1]　阙明坤,陈春梅.民办教育新法新政解读及其影响分析[J].教育与职业,2018(5):7—12.
　　[2]　阙明坤,费坚,徐军伟.教育政策制定的利益博弈与渐进调适——基于民办学校分类管理政策的分析[J].中国教育学刊,2019(7):7—13.
　　[3]　杨刚要.分类管理对民办教育影响的研究[J].经济研究导刊,2019(26):98—100+113.

在影响力上,分类管理对民办学校将带来诸多影响,需要民办学校配合政府认真贯彻落实分类管理。阙明坤等(2018)指出全面加强党的领导,保障举办者、师生的合法权益。新一轮民办教育政策对民办学校的发展会带来诸多影响,政府扶持力度有望加大,政府监管举措将会增强,民办学校内部治理结构需要完善。李广(2018)认为民办教育分类管理政策的落地对民办高职院校采取哪些分类发展的措施来保障学校的稳定发展显得尤为重要。从民办高职院校的现实情况看,要通过自主选择分类、完善内部治理结构、落实法人财产权和建立良好外部关系等关键环节贯彻和落实分类管理,实现分类发展。①刘凯等(2021)认为选择非营利性民办教育发展道路是民办高职教育发展的主流,随着修正的《民办教育促进法》的实施,非营利性民办高职教育发展面临产权制度不完善、信息公开不到位、治理机制不健全和扶持政策不清晰等困境。为保障非营利性民办高职教育健康发展,需要落实法人制度、健全信息公开机制、完善治理架构和健全扶持机制。②

在政策执行及问题应对上,徐绪卿等(2018)认为民办学校的产权问题是民办教育研究的基本问题,也是民办教育发展政策的首要问题,民办教育政策变迁的过程就是民办教育产权制度不断优化的过程。修正前的《民办教育促进法》未能很好地回应和解决这一问题,修正后规定实施分类管理,为处理民办学校产权问题提供了依据和条件。③

徐瑛等(2019)基于 NATO 政策工具的视角对若干民办教育分类管理政策文本进行分析,发现政策文本呈现出信息枢纽前瞻、法理权威枢要、财税手段差别化和组织协同、共同治理的特征,但仍存在政策链条不完整的问题,一方面缺乏政策实施评估,另一方面缺乏完善的风险预警机制。④

刘永林等(2020)对《国务院关于鼓励社会力量兴办教育 促进民办教育健康发展的若干意见》和 29 个省级政府贯彻落实意见所发布的政策文本内容进行研究。其通过聚类分析发现,虽然各省级政策相对该意见在文本

---

① 李广.分类管理体制下民办高职院校的分类发展[J].教育与职业,2018(5):18—22.

② 刘凯,傅树京.非营利性民办高职教育治理:困境与出路——基于新修订的《民办教育促进法》视角[J].职业技术教育,2021,42(9):38—43.

③ 徐绪卿,王一涛.民办学校产权制度的确立与明晰——对《民办教育促进法实施条例》修订的建议[J].教育与经济,2018(3):11—15+21.

④ 徐瑛,张佳伟.我国民办教育分类管理政策文本分析——基于 NATO 政策工具的视角[J].教育发展研究,2019,39(21):54—59.

结构上调整显著,但整体内容上相似度较高,举措的创新和突破有限。省级政策文本的问题与不足主要表现为创新与突破的主观内生性动力有待激发,创新与突破的关键性内容有待凸显、操作性有待加强,省级政策文本质量和落地实施效果还有待检验。由此建议顶层设计与基层创新相结合、优化地方法规与政策体系,加大扶持与强化规范相结合、及时回应社会关切与诉求,突出重点与强化特色相结合、持续提升立法质量与实效。[①]

举办者对民办教育分类管理政策的认识将直接影响政策的落实。魏聪等(2021)通过定量研究发现,由于受限于自身认知水平,受因于园所利益格局,受制于政府顶层设计,民办园举办者对此新政策的认知与理解整体偏低。为此,在民办教育分类管理改革新政策推行的后续阶段应加强对民办园举办者的培训教育,提升其认知水平;明晰政策焦点,回应民办园举办者关心的核心问题;优化政府传播,通过科学、有效的宣传和解读,缓解民办园举办者的焦虑,消除其对政策的误解。[②]高志宏(2022)将分类管理视为突破民办教育发展瓶颈的关键,但表示 2021 年修订的《民办教育促进法实施条例》对民办教育应遵循何种价值导向、营利性民办学校与非营利性民办学校能否享有同等权利等背后的法理根基和制度依据语焉不详,一些独立学院在转设过程中引发争议和冲突,一定程度上说明社会各界在民办教育分类管理制度创新方面尚未完全达成共识,提出民办教育分类管理应坚持公益导向,以制度创新推动民办教育健康发展,优化民办教育分类登记制度、细化分类管理制度。[③]

二、关于制度建设现状

民办教育分类管理出台以来,学者们对政策的解读与实施的建议有力推进了分类管理制度建设的进程。政策已完成顶层设计,正从中央政府自上而下地推广至地方政府,取得成效的同时也出现了一些问题。

————————

　　① 刘永林,张晓彤,杨小敏.新法新政背景下省级政府民办教育政策的创新与突破——基于 29 个省级政府民办教育政策文本的分析[J].教育发展研究,2020,40(5):38—46.

　　② 魏聪,王海英,陈镜如,黄倩.民办园举办者对分类管理改革新政的认知理解及其提升策略[J].学前教育研究,2021(4):60—78.

　　③ 高志宏.民办教育分类管理改革的公益导向及法治保障[J].济南大学学报(社会科学版),2022,32(4):154—163.

1. 政策体系层面

从政策体系层面来看,我国民办教育分类管理制度建设已完成顶层设计,地方各级政府正有序推进。在中央部署下,全国人大修订了民办教育的有关法律,国务院及教育部等部门颁发了若干政策文件及配套政策,形成了民办教育分类管理的顶层设计。在国家顶层设计指引下,各省级政府对分类管理制度进行了贯彻实施,并在国家层面的制度框架内进行了一定的创新,细化分类登记的关键要求,推进分类扶持的政策举措。

李曼(2019)认为民办学校分类登记是整个分类管理最为核心的问题,虽然在制度建设上取得了一定的进展但还面临诸多问题,主要表现为现有民办学校清产核资组织主体不明确;变更法人登记类型时税费优惠不明确;登记为民办非企业或事业单位的国有资产确权规定不明确;现有民办学校分类登记的程序衔接不明确。为此,建议地方细化民办学校分类登记的相关规定,对分类登记的实施流程作合法性审查,积极推进民办学校分类登记的试点工作,发挥民办教育联席会议制度的整合作用。[1]

刘荣飞等(2020)认为民办学校分类管理试点政策的关键要素如认定标准、适用领域、分类登记等,已被国家法律和政策采纳,并经中央政府自上而下地推广至地方政府,形成了以试点地区创新为扩散源、以中央政府推动为推进器、以地方政府采纳为续航力的扩散机制,呈现出"初期缓慢增长、后期急剧爆发"的非渐进式扩散特征。[2]

2. 制度推进方面

在制度推进方面,我国民办教育分类管理制度建设已取得一定成效,但仍然面临一些挑战。刘兆侠(2021)表示党的十一届三中全会以来,我国民办教育事业也得到快速发展,成为我国教育事业的重要组成部分。但是,我国民办教育事业在快速发展的同时,也存在诸如法人财产权未落实、是否可以取得"合理回报"、民办高校终止时剩余财产的归属等一系列问题。[3]

石猛(2022)指出,根据各地的分类管理政策,全国有不少省市要求在

---

① 李曼.制度设计与衔接:现有民办学校分类登记困境破解的关键[J].中国教育学刊,2019(7):8—13.

② 刘荣飞,刘金松.教育试点政策扩散的困境及其治理——以民办学校分类管理为例[J].浙江树人大学学报(人文社会科学),2020,20(6):15—20+71.

③ 刘兆侠.民办教育发展面临的问题与机遇分析——民办高校实施分类管理不同模式选择的视角[J].法制博览,2021(6):180—182.

2022年年底完成分类管理登记工作。尽管少数省市没有规定过渡期,但在其他省市全面推进、完成分类管理的情况下,也必然加快工作节奏。其中上海市与浙江省温州市推动、引导大多数举办者选择非营利性办学方式,促进民办学校平稳过渡与持续发展,取得了不错的成绩。但也可以看到民办高校现存的一些"营""非"两难选择问题与营利性并购问题仍然制约着分类管理进展。[①]

段淑芬等(2022)认为分类管理政策产生的原因和预期结果清晰,政策目标和方案规定基本明确,但其落实面临许多困难:政策执行细则不够明确;政策有效执行必需的人力、财政、信息和权威等资源不充足;作为最重要政策对象的举办者"选营或选非"均存在顾虑;政策执行机构力量微薄且多数省份尚未形成多部门联动;各部门规章不一导致执行人员对分类管理的认识不一;政治、经济和社会环境以及媒体关注、监督机制亟待优化。这导致我国民办高校分类管理政策执行陷入了困局,普遍呈现"观望式"执行现象,必须进一步加强政策宣传和引导,完善分类管理配套政策,建立部门联动机制,营造良好的政策环境。[②]

三、关于制度建设挑战

民办教育制度化发展的过程中,遇到了许多挑战。法人类属问题、产权归属问题、合理回报问题、税收优惠政策问题、教师身份问题、退出问题、内部治理问题、市场监管问题、政府服务问题、财会制度问题等民办教育长期面临的问题也是民办教育分类管理制度化推进过程中不可避免的难题。我们通过总结学者们探讨的分类管理制度化阻碍因素,将民办教育分类管理制度化困境概括如下:

1. 配套政策不明晰,可操作性有待加强

民办学校长期在营利和非营利之间进退维谷,迫切需要明确法人属性、投资回报、产权处理、税收政策、土地政策和扶持政策、收费政策等问题,亟须加强顶层设计和统筹规划。

---

① 石猛.着眼"梗塞"难题　稳妥推进民办高校分类管理[J].湖南教育(D版),2022:54—55.
② 段淑芬,杨红娟,王一涛.民办高校分类管理政策执行制约因素及其破解路径——基于政策执行综合模型的分析[J].高教探索,2022:99—108.

　　阙明坤等(2018)认为民办学校分类管理遇到一些制度瓶颈,主要是民办教育扶持政策配套制度不健全、民办学校分类转设及终止退出路径不通畅、长效监督机制尚未建立。①

　　王帅等(2019)认为推进民办教育分类管理还面临民办学校分类登记的标准和规程不明晰、营利性民办学校的税费优惠不明确、对非营利性民办学校监管不足等突出问题,民办教育分类管理制度的稳步推进需要地方政府在明确现有民办学校分类登记标准和营利性民办学校的税费优惠政策、健全对非营利性民办学校的监督管理等方面制定配套政策。②

　　盛振文等(2019)认为在民办教育分类管理政策的落实中,仍存在配套政策不完善、财政扶持亟须加强等问题。③

　　杨刚要(2020)将 31 个省份出台的推进民办教育分类管理的实施意见及其配套政策与修正后的《民办教育促进法》等进行比较发现,民办教育分类管理制度建设尚存在顶层设计不完善、地方性配套政策落地整体较慢且创新性不足的问题。④

　　余雅风等(2021)表示民办教育分类管理存在的现实困境主要有:财务清算的程序、范围和负责主体缺乏法律规定;优惠、补偿奖励政策缺乏操作细则和法律政策依据;"公民同招"与民办学校招生自主权存在法律冲突;非营利性民办学校违法关联交易缺乏法律监督。⑤

　　2. 产权归属不明确,"营""非"选择困难

　　鞠光宇(2017)认为产权制度、治理结构和退出制度是民办学校分类管理的三个关键制度,2017 年开始实施的《民办教育促进法》及相关法律虽然对此作出了一些规定,但还存在许多不足:在产权制度上,对营利性民办学校和非营利性民办学校法人财产权的规定不明确,对两者剩余财产处理的规定也不明确;营利性民办学校的收益权存在不确定性。在治理结构上,营

　　① 阙明坤,谢锡美,董圣足.民办学校分类管理:现实挑战与突围路径[J].中国教育政策评论,2018:194—213.
　　② 王帅,吴霓,郑程月.民办教育分类管理的推进概况、突出问题与对策建议——基于对国家和地方 29 省相关政策的文本分析[J].当代教育论坛,2019(6):61—71.
　　③ 盛振文,周云玲,王素琴.民办教育分类管理推进策略研究[J].智富时代,2019(3):219.
　　④ 杨刚要.民办教育分类管理制度建设存在的问题及推进策略[J].浙江树人大学学报(人文社会科学),2020(5):26—31.
　　⑤ 余雅风,储招杨.民办学校分类管理改革的政策困境与解决路径[J].浙江树人大学学报(人文社会科学),2021,21(4):10—18.

利性民办学校与非营利性民办学校的法人治理结构不分;民办学校治理机构的规定不完善;民办学校决策机构组成、任期规定和权力分配未明确。在退出制度上,对营利性民办学校和非营利性民办学校的退出制度规定不完善;民办学校退出后的学生权益保障制度不完善;营利性民办学校和非营利性民办学校之间的相互转化没有规定。①

陈文联(2018)认为选择营利性还是非营利性的办学之路,对民办高校举办者而言意味着一系列显性和隐性利益的重新选择与取舍。民办高校举办者在分类管理改革中往往陷入"道德人"与"经济人"的选择性困境。②要破解这种困境,地方政府需将国家顶层设计与地方立法、创新实践相结合,细化分类管理制度,以打消民办高校举办者的顾虑,保障分类管理改革的真正落地。

陈放(2019)指出,民办学校的产权问题主要聚焦在民办学校举办者的财产认定方面,即举办者投入的资产和增值部分的归属;办学积累和资产的分配;学校终止后资产清算和利益分配等问题。基于我国民办教育发展的特殊历史轨迹,很多举办者认为学校是自己的个人财产,对学校资产和个人财产公私不作区分,导致学校和举办者之间的财产界限不明晰。③

董圣足(2022)认为法人类属不清一直是分类管理中的最大难题。民办学校在民法的法律框架下被列入民办非企业单位,没有可以参照的法人属性,使得《民办教育促进法》规定的民办学校很多的优惠政策难以落实。学校不是企业,难以自由定价,自主开设专业,也不能按照企业的方式组织管理;又不是事业单位,在土地划拨、税收减免、公共资金资助等方面没有和公办学校享有同等的待遇。④

3. 政策执行不到位,机构人员配备不足

李曼等(2018)从新制度主义的角度分析了民办教育分类管理制度化存在的问题,包括规则困境、组织困境与文化认知困境,指出民办教育分类管理制度化不仅受到原来"合理回报"政策及现有的税收、工商、财政、人社、编

---

① 鞠光宇.民办学校分类管理制度研究[J].中国人民大学教育学刊,2017(3):14—30.

② 陈文联."道德人"还是"经济人":民办高校分类管理制度下举办者的人性困惑[J].浙江树人大学学报(人文社会科学),2018,18(4):1—4+26.

③ 陈放.新政背景下地方民办教育分类管理的困境与突围[J].教育评论,2019(2):55—59.

④ 董圣足.民办教育面临的十大突出问题[EB/OL].(2022-3-28)[2022-8-6].http://m.jsgjxh.cn/newsview/27621.

制等诸多不明晰政策的牵制以及政策制定者的思维与举办者异化的价值需求对政策价值的违背,组织管理机构的设置、人员配备不足与相关政策的程序操作性空白也影响了分类管理政策的落实。①

肖海燕等(2020)审视民办教育新法新政的执行过程,发现政策执行出现了进度缓慢、举办者信心受挫、地方落实法律不主动等不利局面,影响分类管理改革进程。其以史密斯政策执行过程为模型,从政策本身、执行机构、目标群体、环境因素四个层面分析新法新政执行不力的原因,并提出了相应的调适策略:及时完善政策供给,提高文本的可操作性,注重文本的渐进性;优化部门沟通机制,行政领导要正确看待民办教育的社会价值,建立健全民办教育监管机制;提高学校组织化程度,调整举办者心态;支持发展民营经济,公众应保持对政策的理性,媒体报道要坚持客观公正。②

4. 督查机制不完善,师生权益保障有待提升

李虔(2019)调查发现民办学校分类管理推进中,对举办者办学回报和剩余财产分配、非营利性民办学校扶持和监管、营利性民办学校获取捐助和融资、师生权益保障四个问题,业界仍存有顾虑。其背后折射出的非营利性民办学校的非营利法人定位与举办者要求获取办学回报和分配剩余财产的矛盾、非营利性民办学校获取政策支持的诉求与扶持措施未完全落地的矛盾、营利性民办学校的营利法人定位与其要求享受更多优惠待遇的矛盾、民办学校师生权益保障的诉求与相关政策供给不足的矛盾,成为制约分类管理推进的四个主要难点。为此其提出要细化对选择"非营"的举办者的补偿或奖励方案,完善公共财政扶持非营利性民办学校的政策体系,构建营利性民办学校政策支持体系,推进民办学校师生权益保障制度具体化。③

王磊(2020)发现《民办教育促进法》实施中仍然普遍存在一些民办教育教师优惠政策不具体、教师工资待遇保障不到位的突出问题,认为应提高教师优惠政策、放宽教学自主权等。④

① 李曼,王磊.民办教育分类管理如何制度化:基于新制度主义视角[J].教育与经济,2018(6):79—85.
② 肖海燕,彭虹斌.民办教育新法新政执行的调适研究——基于史密斯政策执行过程模型的分析[J].高教探索,2020(4):87—92.
③ 李虔.民办学校分类管理推进难点与破解路径[J].四川师范大学学报(社会科学版),2019(2):127—134.
④ 王磊.民办教育促进法实施研究[J].法制博览,2020(27):68—69.

蒙素华等(2021)认为民办教育分类管理面临着法律供给滞后于制度创新、政府相关行政体制固化、市场监管机制不完善等问题,为此需要完善顶层设计、完善相关法律、优化政府职能、健全供给体系、激活社会资本、优化教学环境、发挥市场主体。①

余雅风等(2021)调研发现,非营利性民办学校主要涉及通过资金借贷获取超额利益、办学者通过高价租赁房屋获取高额收入两类违法关联交易类型,非营利性民办学校违法关联交易缺乏法律监督。②

5. 观念认识未更新,对发展认识存在偏差

近年来,部分民办教育机构出现的资本逐利、无序发展、使命漂移等乱象造成了民办学校污名化。排斥营利性民办学校、认为民办教育不及公办教育等陈旧观念成为民办教育分类管理的阻力。③再者,"合理回报"政策取消后,仍有一些民办学校依赖原来的营利路径,或以"非营利"之名行"营利"之实,新旧政策衔接的问题仍然存在,各执行部门对分类管理政策的认识不一也阻碍分类管理制度化的进展。此外,新的法律新政策改变了民办学校的生存发展环境,举办者和学校在强调教育规模化发展时期形成的办学理念、办学内容、法人治理结构、财税工作习惯、关联交易模式、集团办学架构和人事管理办法等需要重新梳理、定位、设计与构建,政策认识不到位会让举办者在即将到来的"规范发展"时期面临严重不利的局面,在资产财务方面继续延用原有的理念、习惯和方法将会面临极大的刑事法律风险。

四、关于主要推进策略

推进民办教育分类管理应进一步落实分类管理,应当以信任并支持民办教育发展的政策理念为先导,以建立健全差异化扶持体系为关键,以理顺现有民办学校的存量房产权为核心,以健全民办学校治理机制为保障④,建

---

① 蒙素华,郑世珍,蒙素娜.供给侧改革背景下民办教育分类管理政策困境与路径[J].创新创业理论研究与实践,2021, 4(12):143—145.

② 余雅风,储招杨.民办学校分类管理改革的政策困境与解决路径[J].浙江树人大学学报(人文社会科学),2021, 21(4):10—18.

③ 阚海宝,邓双.分类管理背景下民办高校的"霍布森选择效应"[J].浙江树人大学学报(人文社会科学),2020, 20(2):7—10+28.

④ 陈放.新政背景下地方民办教育分类管理的困境与突围[J].教育评论,2019(2):55—59.

立部门联动机制,营造良好政策环境,形成民办教育分类发展新格局。

1. 完善分类管理政策体系

分类管理制度化的推进要求必须完善分类管理制度的顶层设计,保证政策及相关配套措施的精细化。其中民办学校分类管理在制度安排上主要包括分类管理法人属性和分类登记制度、分类管理财会制度和产权分配制度、分类管理税收优惠和政策扶持制度、分类管理人事制度和社会保障制度等。

袁利平等(2018)认为从制度层面进行顶层设计,健全民办教育的法律法规制度是推进民办教育分类管理的重要内容,在民办学校分类管理制度推进过程中需要协调民办教育的营利性和公益性,保证制度设计的可实施性和长效性,维护政府扶持政策的实效性,提升民办教育的社会公信度。[①]

王一涛(2018)认为民办教育政策既要尊重历史,又要基于现实并面向未来。政府的支持和规范缺一不可,两者共同保障我国民办教育的健康发展。义务教育阶段应坚持“公办保均衡、民办促选择”,非义务教育阶段应坚持“公私并举、鼓励民办”;鼓励民间资本以多种方式进入教育领域以缓解财政压力、激发教育活力,防止资本对教育公益性的侵蚀;既要坚持党对民办学校的领导,又要完善民办学校的内部治理体系。[②]

王慧英等(2019)通过政策文本分析发现地方民办教育新政区域差异明显,现有民办学校分类登记过渡、税收优惠、土地出让与租赁、公共财政扶持民办教育等问题缺乏操作层面的政策设计,因此分类管理制度的有效落实仍具有一定难度。在营利性与非营利性民办学校的管理政策、规范管理与自主办学的关系以及民办学校分类登记制度等关键问题上,地方政府的创新治理与国家相关统筹力的强化缺一不可。[③]

别敦荣等(2020)分析了我国民办高校实施分类管理政策面临的举办者“营非选择”困境和非营利性民办高校持续发展的主体责任困境,提出完善民办高校分类管理政策的策略:制定明确而有吸引力的鼓励和奖励政策,引

---

① 袁利平,武星棋.民办学校营利性与非营利性分类管理的制度逻辑[J].教育学术月刊,2018(5):54—62.

② 王一涛.民办教育分类管理需要解决好五大关系[J].华中师范大学学报(人文社会科学版),2018(4):164—171.

③ 王慧英,黄元维.地方民办教育分类管理新政:现状、难点议题与治理策略——基于25个省(自治区、直辖市)民办教育新政实施意见的文本分析[J].现代教育管理,2019(3):61—66.

导举办者选择"非营登记";延缓"营非登记",维护民办高等教育的稳定;开展混合型民办高校发展试点,打通民办高校发展的第三条道路。①

余雅风(2021)认为应该从以下方面推进民办学校分类管理改革的整体进程:细化财务清算的程序与范围,落实主体责任;明确分类登记后优惠与补偿奖励的标准、程序、方法和争议纠纷的解决路径;打破"公民同招"一刀切制度,适度保障民办学校招生自主权;严厉抵制非营利性民办学校违法关联交易,强化法律监督。②

2. 建立健全差异化扶持体系

采取"差别化扶持"政策可以更好地应对办学过程中出现的新情况新问题,有利于进一步拓展民办教育的发展空间。营利性与非营利性民办学校的差别化扶持政策,不意味着营利性民办学校不享受扶持政策,不等于把营利性民办学校完全推向市场,而是两者同样坚持教育的公益属性,同样把社会效益放在首位。差异化财政扶持政策的初衷是鼓励更多的社会力量举办非营利性民办学校,且已有规定义务教育阶段的民办学校不得设立为营利性,为达到政策预期,拓展民办学校融资渠道,鼓励社会力量兴办教育。叶芸(2018)认为政府的财政扶持必须及时、给力,加快落实差异化的扶持政策,激发举办者发展非营利性民办学校的积极性。③杨程(2019)提出采取区别于对公办学校和非营利性民办学校直接扶持的方式,针对营利性民办学校采取间接扶持的方式,如逐步完善对营利性民办学校购买服务的政策,探索购买营利性民办学校提供的学位、课程等教育服务产品的方式,从而弥补公办教育资源不足的缺陷。④

3. 建立多部门联动机制

分类管理改革是一项复杂的系统工程,涉及各方利益及制度重建,不能仅凭一个部门的力量推进实施,必须坚持部门联动,坚持问题导向,合力解

①　别敦荣,石猛.民办高校实施分类管理政策面临的困境及其完善策略[J].高等教育研究,2020(3):71—79.

②　余雅风,储招杨.民办学校分类管理改革的政策困境与解决路径[J].浙江树人大学学报(人文社会科学),2021,21(4):10—18.

③　叶芸.义务教育民办学校分类管理的现实困惑及解决对策[J].上海教育科研,2018(12):66—70.

④　杨程.民办学校分类管理"同等法律地位"与"差别化扶持"政策研究[J].教育科学研究,2019(10):21—26.

决问题。周海涛(2021)认为依法推进分类管理是民办教育改革发展的历史选择,应当制定各方联动推进分类管理的政策,解决聚力问题。我国民办教育发展省际、校际差异较大、情况多样,应鼓励进一步解放思想、积极探索,因地制宜强化制度创新和实践创新,及时总结推广成功做法和先进经验。同时,在推进改革过程中,要注意积极平稳施策,注重风险研判,为分类管理改革营造良好氛围。①段淑芬等(2022)也提倡在分类管理制度化建设中建立部门联动机制,推进政策执行。②

4. 建立分类管理督查机制

推进民办教育分类管理要进一步完善民办学校内部治理结构,切实提高学校自我管理的能力;细化民办学校招生规则,落实和扩大民办学校招生自主权;加强对民办学校财务管理的监督和审计等。

袁利平等(2019)建议对营利性民办学校与非营利性民办学校进行分类监管,建立营利性与非营利性民办学校第三方评价体系。③

王一涛(2021)认为民办高校分类管理以后,我国大多数民办高校会选择成为非营利性民办高校,为优化自然人办学和企业办学治理模式,应加强对资金安全的监管、举办者变更的监管以及完善内部治理结构。④

王玉臻(2021)认为对非营利性民办高校,政府部门除大力扶持外,还应科学监管,在调动社会资本积极性的同时,还要防止法律政策落空,防止非营利性学校成为敛财机构。因此,政府部门既要加强对民办高校的监管,又要加强教育部门与财政、税收、工商等多部门协同监管、系统监管,共同对不法办学行为进行有效监管。此外,在大数据时代,还可以借助智能监管,从而提升监管效率。⑤

5. 增进公众对政策的理解,营造良好的政策环境

杨程(2019)针对分类管理政策体系尚未完善,如缺乏具体可操作的配

---

① 周海涛.依法推进分类管理是民办教育改革发展的历史选择[EB/OL]. (2021-5-17)[2022-8-6]http://www.moe.gov.cn/jyb_xwfb/moe_2082/2021/2021_zl38/202105/t20210517_531843.html.

② 段淑芬,杨红娟、王一涛.民办高校分类管理政策执行制约因素及其破解路径——基于政策执行综合模型的分析[J].高教探索,2022(2):99—108.

③ 袁利平,温双.民办学校营利性与非营利性分类管理的法律规制及治理路径[J].法学教育研究,2019, 27(4):425—441.

④ 王一涛.非营利性民办高校内部治理结构创新[J].浙江树人大学学报(人文社会科学),2021, 21(2):7—15.

⑤ 王玉臻.民办高等教育立法问题研究[J].教育观察,2021, 10(18):59—61.

套政策、对民办学校奖励补偿措施有待明确;地方政府、执法机构和执行人员三个分类管理政策执行主体的作用需要进一步激发;作为目标群体的民办教育举办者对分类管理政策存在一定顾虑;经济、社会环境对分类管理政策的制约等问题,提出了政策措施精细化、提高执行主体对分类管理政策的执行能力、增进举办者对分类管理政策的理解、优化分类管理政策执行的政策环境等破解之道。①

杨刚要(2020)主张完善民办教育分类管理制度的顶层设计;细化配套政策和实施细则,即明确民办学校分类登记的过渡期,完善非营利性民办学校退出后的奖励、补偿政策,明确分类管理后民办学校的属性变更,明确完全中学、一贯制民办学校的分设安排,完善民办学校分类扶持政策;健全民办教育管理机构;建立严格的督查制度;加强民办教育分类管理制度的立法解读和政策宣传等。②

因此,推进民办教育分类管理还要加强政策的宣传与解读,使社会大众在加深对民办学校认识的同时,提高对民办学校的认可度,提升民办学校的社会地位,为制度推进奠定良好的群众基础。

五、关于具体实践探索

2022 年上半年,上海、天津、云南、西藏已经完成分类登记。截至 2022 年 9 月 1 日,河北、山东、四川、湖南、重庆、陕西、江西、吉林、黑龙江、海南、甘肃共十一个省份完成分类登记。截至 2022 年 12 月 31 日,河南、安徽、江苏、浙江、宁夏、广西、福建、新疆共八省市完成分类登记。在实践中,浙江温州等地的经验及发展障碍受到广泛关注。

浙江省温州市从 2011 年开始在全国率先开展民办教育分类管理,进行了充分的探索和实践。许品和(2022)对民办教育分类管理的"温州模式"进行了经验总结,提倡从"四个坚持"全面全力推进分类管理:一是坚持系统思维,做好营利性和非营利性政策引导;二是坚持部门联动,开辟现有学校选

---

① 杨程.民办教育分类管理政策执行的制约因素与破解路径——基于史密斯政策执行过程模型的分析[J].河南大学学报(社会科学版),2019(5):126—132.

② 杨刚要.民办教育分类管理制度建设存在的问题及推进策略[J].浙江树人大学学报(人文社会科学),2020,20(5):26—31.

择登记的公平赛道；三是坚持点面结合，稳妥推进民办学校分类管理工作；四是坚持风险管控，构建民办学校高质量发展新格局①。

董圣足等(2020)认为民办学校分类管理进展缓慢的主要障碍在于：各地对现有学校分类转设路径及程序不明确，相关部门对分类转设的政策把握不一致，现有学校财务清算及资产确权难度大，存量学校退出机制及财产奖补制度不健全，转设过程涉及的相关税费政策不统一等。并聚焦浙江省温州市在民办学校分类管理改革上的实践，分析了可资借鉴的温州方案：出台升级版民办教育综合改革系列文件，制定可操作性文本，对现有学校分类转设具体程序、学校资产认定边界、剩余资产补偿奖励、土地房产处置路径以及分类转设税费优惠政策等进行明晰和细化。②

梁雪妮(2021)通过案例分析发现我国尤其贵州在补偿和奖励方面存在着过渡期设置不合理、资金来源和考虑因素不确定、补偿奖励政策不对应、产权不明晰和补偿奖励计算办法影响举办者积极性和权益相关者等问题③，并提出了具体的改进对策。

薛谢辉(2021)通过问卷调查发现陕西省民办高校分类管理政策的执行面临着"营非"选择困境、"营利性"认同困境、产权归属困境、办学资金困境、政府监管困境，要求完善分类管理政策、构建"政府—民办高校—师生"的协同主体、提高目标群体的认同感及参与度、优化政策执行环境④。

六、现有文献述评

学者们的研究一方面集中于对民办教育分类管理政策和制度的解读，涉及必要性、重要性、可行性及影响力等价值分析；另一方面从不同视角分析了阻碍民办教育分类管理制度化的因素并提出相应对策，大体上可概括为政策因素、组织因素、文化因素、监管因素。即，政策上缺乏可操作的政策设计，配套政策不明晰、无创新，产权归属与法人类属不明晰；组织上政策执

---

① 许品和.温州民办教育分类管理的探索与实践[J].湖南教育(D版),2022(3):33—35.
② 董圣足,戚德忠.新政背景下民办学校分类转设的困局与出路——基于浙江温州的实践探索及思考[J].现代教育管理,2020(9):43—50.
③ 梁雪妮.贵州省民办高校分类管理改革中补偿和奖励机制研究[D].贵州财经大学,2021:32.
④ 薛谢辉.陕西省民办高校分类管理政策执行研究[D].华东交通大学,2021:22—42.

行的人力、物力等资源不足,管理机构设置与人员配备等难以适应改革发展需求;文化上社会观念落后,对分类管理制度的认识存在偏差;监管上监督督查机制亟待优化,师生权益保障有待提升等。且学者们对国内实例进行了研究分析。此外,我们在分析文献过程中发现:

(1)研究多强调对民办教育分类管理相关政策的细化完善。民办教育分类管理制度建设的推进中,政策的细化和操作性一直备受提倡,从分类管理开始实施以后,学者们普遍重视民办教育分类管理中产权制度、土地及税收优惠、财政扶持、分类转设具体程序等相关政策的细化和完善。

(2)研究较注重民办教育分类管理顶层设计与底层实施的衔接。民办教育分类管理实施以来,学界广泛开展研究,国家和地方政府结合实际、总结经验,及时对分类管理制度进行了修订与创新,一些问题迎刃而解,为分类管理发展扫除了一定障碍。然而在分类管理推进中,政策落实不到位的情况难免发生,学者们不约而同地呼吁完善顶层设计,更好地发挥地方各级政府的作用。

(3)对高等教育的研究多于基础教育,且对民办高职教育研究开始增加,义务教育将面临新的改革压力。在民办教育分类管理的研究中对民办高校的关注颇高,尤其是民办高职院校在《民办教育促进法》实施下的新发展开始受到学界的重视。而义务教育阶段禁止营利性办学,取消“公参民”办学等规定正引发民办学校转设改制,但转设的配套措施及财政支持并未明确,或将成为新的研究关注点。

(4)对西部地区分类管理实践关注较少、少数民族地区研究较少。民办教育分类管理受地域差异影响,不同地区必须因地制宜制定实施政策,温州、广州、上海等地的分类管理实践已取得一定成绩,但西部地区及少数民族地区如何推进民办教育分类管理,仍然值得深入研究。

(5)国内民办学校分类管理的文献多集中在理论研讨、政策解析等方面,实证研究较少,研究者可在实证研究方面进行更多补充。

(6)学者们对分类管理政策的预期评估与发展建议推动了分类管理制度化发展,但也应认识到,民办教育分类管理制度建设的过程中会不断遇到新的发展问题,因此其推进策略也非固定不变,真正有效的推进策略是在深入考察制度实施的实际问题后,因地制宜地提出的创新举措。

第三节　研　究　框　架

第一部分,主要由导言、近十年来我国民办教育发展趋势与分类管理理论基础和演进历程三章组成,重点研究分析我国民办教育基本情况和分类管理制度形成基础和逻辑。

第二部分,包括国家层面民办教育分类管理制度建设、地方民办教育分类管理制度建设和推进策略、民办教育分类管理落实现状和挑战三章。重点介绍国家和地方民办教育分类管理制度的架构和推进中面临的挑战。

第三部分,包括对民办教育分类管理的评估和改进思路、分类管理中税收优惠政策的设计与推进策略、分类管理中两类学校法人治理结构设计与推进策略、分类管理中民办学校办学自主权的保障与落实策略、分类管理中民办学校收费制度建设与推进策略、基金会参与非营利办学的制度建设与推进策略等,共九章内容,是本课题研究的主体内容。

最后是课题研究的参考性材料。包括国外私立教育管理情况概述、现有民办学校分类转设地方经验、机关事业单位和企业人员社保待遇、民办教育近年发展大事记、地方新政文件发布情况一览表以及民办学校分类登记、分类发展调查问卷等材料。

需要说明的是,国外私立教育管理情况概述部分重点介绍了美国、英国、法国、德国、日本、意大利、日本、新加坡等国家私立教育方面的政府与私立学校关系、私立学校的经费来源、私立学校的招生、政府对私立学校的资助和管理、私立学校营利性与非营利性的分类情况、公立学校与私立学校两类学校监管政策的要点以及未来政策改革趋势等内容。

第一章 近十年来我国民办教育发展趋势[①]

第一节 我国民办教育发展总体趋势

一、学校数量持续增加,民办幼儿园数量最多

全国各级各类民办学校从 2010 年的 11.82 万所增长至 2020 年的 18.66 万所,增长了 57.88%。全国各级各类民办学校数占全国各级各类学校数量的比例从 2010 年的 22.27%增长至 2020 年的 34.8%。但是,2020 年全国各级各类民办学校数及占比相较于 2019 年来说有所下降,这也是 2010 年以后首次下降(详见图 1)。

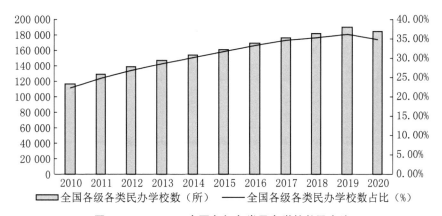

图 1 2010—2020 全国各级各类民办学校数及占比

---

① 本章执笔人:张歆、方建锋,上海市教育科学研究院。"近十年"指的是 2010 年至 2020 年。

各学段中,民办幼儿园数量最多。2020 年民办幼儿园数量为 167 956 所,占全国各级各类民办学校数量比例为 90.01%;民办义务教育学校数量次之,2020 年民办义务教育学校数量为 12 228 所,占全国各级各类民办学校数量比例为 6.55%;2020 年民办普通高中学校数量为 3 694 所,占全国各级各类民办学校数量比例为 1.98%;2020 年民办中等职业学校数量为 1 953 所,占全国各级各类民办学校数量比例为 1.05%;民办普通高等学校数量最少,2020 年民办普通高等学校数量为 771 所,占全国各级各类民办学校数量比例为 0.41%。①

二、在校生逐步有回落,学前占比仍然最高

全国各级各类民办学校在校生数从 2010 年的 0.34 亿人增长至 2020 年的 0.55 亿人,增长了 61.96%,占全国在校生数比例从 2010 年的 13.03% 增长至 2020 年的 19.2%。2020 年以后,全国各级各类民办学校在校生数及占比开始下降(详见图 2)。

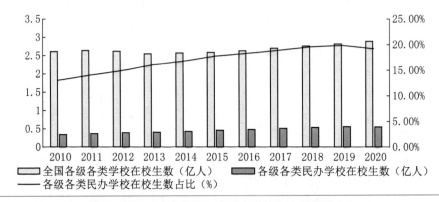

图 2　2010—2020 各级各类民办学校在校生数及占比

各学段中,民办幼儿园在园人数最多,2020 年民办幼儿园在园人数为 23 600 977 人,占全国各级各类民办学校在校生人数的 43.01%;民办义务教育学校在校生人数为 16 849 928 人,占全国各级各类民办学校在校生人

①　数据来源:所有数据均来源于全国教育统计数据或教育部规划司。本章中由于小数点后数值按四舍五入取值,部分指标数值加总可能会有小的出入。

数的 30.71％；民办普通本专科在校生人数为 7 913 376 人，占全国各级各类民办学校在校生人数的 14.42％；民办普通高中在校生人数为 4 012 899 人，占全国各级各类民办学校在校生人数的 7.31％；民办中等职业学校在校生人数最少，2020 年民办中等职业学校在校生人数为 2 494 042 人，占全国各级各类民办学校在校生人数的 4.55％。

三、专任教师不断增长，占比进一步提升

全国各级各类民办学校专任教师数自 2012 年的 1 883 760 人增长至 2020 年的 3 344 815 人，增长了 77.56％。全国各级各类民办学校专任教师数占比从 2012 年的 13.00％增长至 2020 年的 18.76％（详见图 3）。

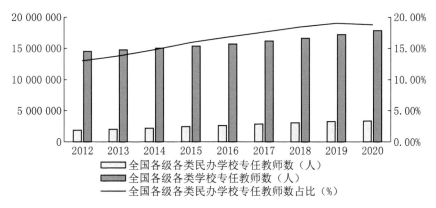

图 3　2012—2020 全国各级各类民办学校专任教师数及占比

第二节　各级各类民办教育发展趋势

一、学前教育

（一）民办幼儿园数不断增加，但增幅逐步放缓

民办幼儿园数从 2010 年的 102 289 所增长到 2020 年的 167 956 所，增长了 64.20％，同期全国幼儿园数从 150 420 所增长至 291 715 所，增长了 93.93％；伴随对民办幼儿园的规范化，2020 年民办幼儿园数相较于 2019 年

开始下降，也是 2010 年以后首次下降。民办幼儿园数占比自 2012 年起逐年呈下降趋势，2020 年度占比 57.6%（详见图 4）。

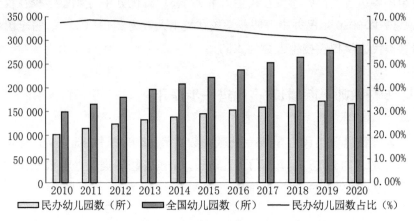

图 4　2010—2020 民办幼儿园数及占比

（二）民办幼儿园在园幼儿占比逐步下降

民办幼儿园在园人数自 2010 年的 13 994 694 人增长至 2020 年的 23 600 977 人，增长了 68.64%，同期全国幼儿园在园人数增幅为 51.71%。2018 年，《中共中央　国务院关于学前教育深化改革规范发展的若干意见》正式发布，要求普惠性幼儿园覆盖率达到 80%，公办幼儿园在园幼儿占比到 2020 年全国原则上达到 50%。因此民办幼儿园在园人数规模占全国幼儿园在园人数的比例早在 2019 年就出现下降（详见图 5）。

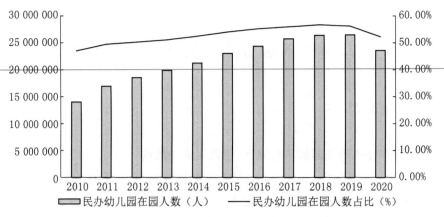

图 5　2010—2020 民办幼儿园在园人数及占比

（三）专任教师数量稳步增加，师资队伍得到改善

民办幼儿园专任教师人数自 2010 年的 680 404 人增长至 2020 年的 1 618 786 人，同期师生比自 2010 年的 1∶20.5 提高至 1∶14.69，优于全国同期平均水平 1∶16.54，基本满足按照国家学前教育师生比配置标准足额配齐学前教师的要求，配置状况持续改善。民办幼儿园教职工人数自 2010 年的 1 168 429 人增长至 2020 年的 3 076 033 人，平均每所幼儿园教职工人数自 2010 年的 11.42 人增长至 2020 年的 18.31 人。与全国情况相比，民办幼儿园的教职工投入人数略高于全国平均水平 17.82 人（详见图 6）。

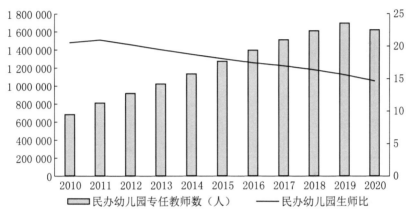

图 6　2010—2020 民办幼儿园专任教师数及生师比

（四）中西部地区民办幼儿园在园幼儿占比较高

2010 年至 2020 年期间，民办幼儿园在中部城市地区最为发达，2020 年中部城市地区民办在园幼儿所占比例达 61.8％；西部城市地区该比例也较高，为 58.3％。2020 年，河南、湖北和吉林民办幼儿园在园幼儿占全省幼儿园在园幼儿总数的比例最高，超过 60％。西部地区城市民办幼儿园规模与 2015 年相比，增幅最大，达 22.7％，在园幼儿规模达到 277.5 万人；中部农村地区则减幅最大，与 2015 年相比，下降 13.5％。

二、义务教育

（一）义务教育阶段民办学校数稳步增加，但增幅放缓

民办义务教育学校包括普通初中和普通小学。民办义务教育学校数从

2010 年的 9 610 所增长到 2020 年的 12 228 所,增长了 27.24%;其中民办义务教育学校数历年增幅总体呈先上升再下降趋势,此后增幅有所放缓(详见图 7)。同期全国义务教育学校数从 312 233 所降低至 210 784 所,降低了 32.49%。因此,民办义务教育学校数量占比自 2010 年的 3.08%,逐年递增至 2020 年的 5.80%(详见图 8)。

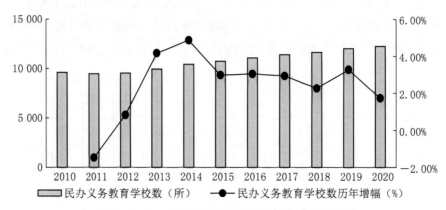

图 7　2010—2020 民办义务教育学校数及历年增幅

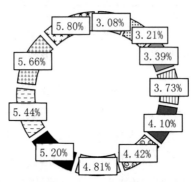

图 8　2010—2020 民办义务教育学校数占比

(二) 民办义务教育学校在校生数持续增长

民办义务教育学校在校生数自 2010 年的 9 797 384 人增长至 2020 年的 16 849 928 人,增长了 71.98%,同期全国义务教育学校在校生人数自 2010 年的 152 166 170 人增长至 2020 年的 156 394 425 人,增长了 2.78%。民办义务教育学校在校生数占全国义务教育学校在校生数的比例自 2010

年的 6.44％逐年增长至 2020 年的 10.77％（详见图 9）。其中，2020 年民办
普通小学在校生数占全国普通小学在校生数的 9.01％；2020 年民办普通
初中在校生数占全国普通初中在校生数的 14.63％（详见图 10）。

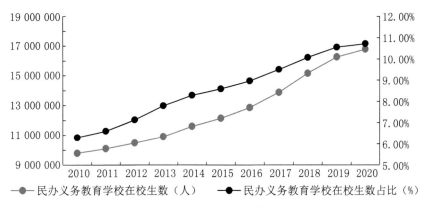

图 9　2010—2020 民办义务教育学校在校生数及占比

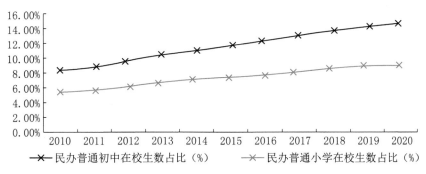

图 10　2010—2020 民办普通初中及小学在校生数占比

（三）民办义务教育学校专任教师数配置状况持续改善

民办义务教育学校专任教师数自 2012 年的 381 017 人增长至 2020 年
的 1 002 563 人，增长了 163.13％，远超同期全国义务教育学校专任教师数
增长率 13.26％。民办义务教育学校师生比持续优化，自 2012 年的 1∶27.54
提高至 2020 年的 1∶16.81，但仍低于 2020 年的全国义务教育学校整体师
生比水平 1∶15.19。其中，民办普通小学师生比自 2012 年的 1∶41.77 提
高至 2020 年的 1∶17.90，接近 2020 年的全国普通小学师生比 1∶16.67。
民办普通初中师生比自 2012 年的 1∶18.97 提高至 2020 年的 1∶15.53，与
2020 年的全国普通初中师生比 1∶12.73 还存在较大差距，未达到国家义务

教育师生比配置标准(详见图 11)。

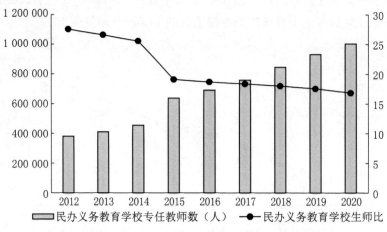

图 11   2012—2020 民办义务教育学校专任教师数及生师比

(四)东部和中部地区义务教育阶段民办学校占比较大

根据 2020 年教育统计数据,东部、中部、西部民办义务教育学校在校生人数占当地义务教育学校在校生人数的比例分别为 13.39%、12.57%、5.23%。从各省数据来看,义务教育阶段民办学校在校生规模最高的省级地区为广东(小学民办占比 21.51%,初中民办占比 23.04%),其次是河南(小学民办占比 17.64%,初中民办占比 26.05%)。小学和初中民办占比均超过 10% 的有 7 个省份,即广东、河南、山西、河北、浙江、上海、海南,安徽小学民办占比 9.38%,初中民办占比 24.31%,紧随其后。

从历年发展情况看,中部地区民办义务教育发展迅速,在校生人数占比自 2010 年的 6.38% 迅速增长至 2020 年的 12.57%。其中,河北和湖北民办小学在校生增长最快,规模比 2015 年翻了一倍;其次是山东和甘肃,也都增长了 70% 以上;仅北京、新疆、上海和浙江出现下降,其中北京降幅为 35.3%。

三、普通高中教育

(一)民办普通高中学校数持续增长

民办普通高中学校数从 2010 年的 2 499 所增长到 2020 年的 3 694 所,增长了 47.82%。其中,完全中学、高级中学、十二年一贯制学校各占总数的三分之一左右(详见图 12)。同期全国普通高中学校数基本稳定,从 2010 年的 14 058 所增长至 2020 年的 14 235 所,增长了 1.26%。民办普通高中学校数占比呈递增趋势,从 2010 年的 17.78% 增长至 2020 年的 25.95%(详见图 13)。值得注意的是,2020 年有 79.88% 的十二年一贯制学校是民办学校,表明举办十二年一贯制学校的民办举办者意愿最高。

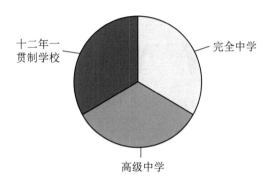

图 12　2020 年民办各类普通高中数量及占比

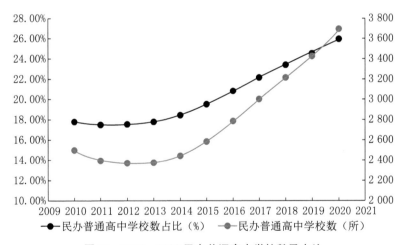

图 13　2010—2020 民办普通高中学校数及占比

(二)民办普通高中在校生数及占比呈上升趋势

随着学校数增长,民办普通高中在校生数从 2010 年的 2 300 706 人增长至 2020 年的 4 012 899 人,增长了 74.42%。民办普通高中在校生数占比逐年递增,从 2010 年的 9.48% 增长至 2020 年的 16.09%,其中民办十二年一贯制学校在校生数增速最快(详见图 14)。

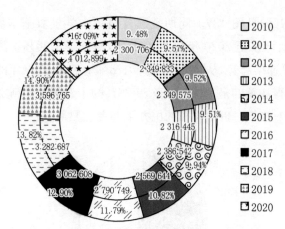

图 14   2010—2020 民办普通高中在校生数及占比

（三）民办普通高中专任教师数变化不稳定，但近年来稳步增长

民办普通高中专任教师数在 2012 年至 2020 年期间先增后降再增，从 2012 年的 234 048 人增长至 2014 年的 262 622 人，2015 年急剧下降至 153 275 人，之后呈增长趋势，到 2020 年民办普通高中专任教师数达到 266 041 人①。民办普通高中师生比自 2012 年的 1：10.04 下降到 2020 年的 1：15.08，但近年来稳步提升（详见图 15）。

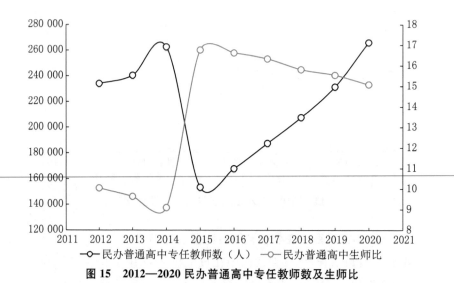

图 15   2012—2020 民办普通高中专任教师数及生师比

① 教育部官方网站 2010—2011 年民办普通高中专任教师数包括民办普通初中专任教师数，2012 年起不含民办普通初中专任教师数，为准确分析，故从 2012 年开始选取数据。

（四）中部地区民办普通高中发展迅速

2020 年,东部、中部、西部民办普通高中在校生数占比分别为 17.77％、18.77％、11.14％。其中,占比从高到低排序占前三位的省份分别是浙江（26.85％）、河北（26.08％）、河南（23.39％）；占后三位的省份分别是西藏（0.11％）、新疆（3.07％）、北京（4.09％）。

从历年发展情况看,北京、上海等 9 个省份民办普通高中在校生数占比逐年下降,其中北京从 2010 年的 7.58％下降至 2020 年的 4.09％,降幅最为明显。河北、河南、山东等 22 个省份民办普通高中在校生数占比逐年增长,其中河北从 2010 年的 8.87％增长至 2020 年的 26.08％,增长趋势强劲。

四、中等职业教育

（一）职业高中占比超过半数,中职学校数整体下降

民办中等职业学校数从 2010 年的 3 123 所逐年降低至 2020 年的 1 953 所,降低了 37.46％。同期全国中等职业学校数从 2010 年的 13 941 所降低至 2020 年的 9 896 所,降低了 29.02％。民办中等职业学校数占比维持在 20％左右(详见图 16)。其中,职业高中占比超过五成,普通中专占比四成左右,成人中专占比不足一成(详见图 17)。

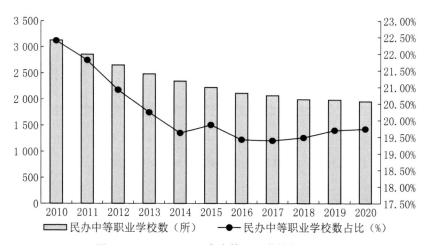

图 16　2010—2020 民办中等职业学校数及占比

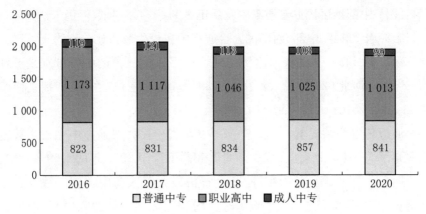

图 17　2016—2020 民办中等职业学校不同类型分布

（二）在校生数锐减，但校均规模有所增加

随着学校数减少，民办中等职业学校在校生数从 2010 年的 3 069 943 人减少至 2020 年的 2 494 042 人，减少了 18.76%，同期全国中等职业学校在校生数减少了 25.47%。民办中等职业学校在校生数占比从 2010 年的 13.76%，经历了先降后增的过程，至 2020 年占比为 14.99%，但十年整体维持在 10%—15% 之间（详见图 18）。

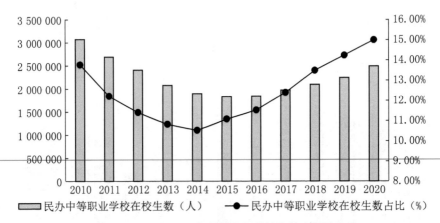

图 18　2010—2020 民办中等职业学校在校生数及占比

2010 年至 2020 年间，民办普通高中在校生人数增加了 171.22 万人，同期民办中等职业学校在校生人数减少了 57.60 万人（详见图 19）。此外，民办中等职业学校平均规模从 2010 年的 983 人增长至 2020 年的 1 277 人，

表明民办中等职业学校平均规模逐渐扩大,规模效益递增,但仍未达到同期全国中等职业学校平均在校生数。

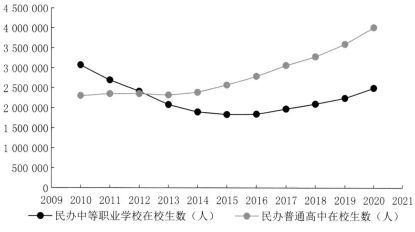

图 19　2010—2020 民办中等职业学校及民办普通高中在校生数

(三)专任教师数减幅略低,生师比与公办差距较大

民办中等职业学校专任教师数从 2010 年的 103 449 人降至 2020 年的 88 500 人,减少了 14.45%,减少幅度小于同期民办中等职业学校在校生人数。民办中等职业学校师生比从 2010 年的 1∶29.68 提高至 2020 年的 1∶28.18,但明显低于 2020 年全国中等职业学校师生比 1∶19.40,表明民办中等职业学校教师配置状况与公办学校存在较大差距(详见图 20)。

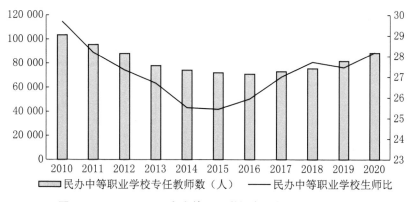

图 20　2010—2020 民办中等职业学校专任教师数及生师比

（四）西部地区中职发展呈增长趋势，中、东部地区中职萎缩明显

2020年，东部、中部、西部民办中等职业学校在校生数占比分别为11.61%、18.69%、15.52%。按各省情况分析，民办中等职业学校在校生数占比从高到低排序占前三位的省份分别是四川（25.23%）、湖南（23.84%）、云南（23.06%），占后三位的省份分别是西藏（0%）、北京（1.17%）、上海（2.34%）。

从历年发展情况看，北京、广东、上海等23个省份民办中等职业学校在校生数占比呈下降趋势。宁夏、云南等6个省份民办中等职业学校在校生数占比呈增长趋势，其中宁夏以全面提高贫困地区群众文化素质和劳动者职业技能为重点，民办中等职业学校在校生数占比从2010年的4.58%增长至2020年的13.95%，增长趋势强劲。

五、高等教育

（一）民办高校数平稳增加，本科院校增幅低于高职院校

民办普通高等学校数量从2010年的676所增长至2020年的771所，增长了14.05%。由于2015年以前未分类统计，民办本科院校数从2016年的424所增加至2020年的434所，增长了2.36%，其中独立学院同期减少82所；民办高职院校数从2016年的317所增长至2020年的337所，增长6.31%。民办普通高等学校数占比从2010年的28.67%略降至2020年的28.16%，整体呈现相对平稳的态势（详见图21）。

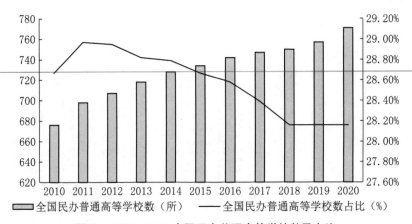

图21　2010—2020全国民办普通高等学校数及占比

（二）在校生规模稳步增长,本专科比例稳定

民办普通本专科在校生人数从 2010 年的 4 766 845 人,增长至 2020 年的 7 913 376 人,增长 66.01%。民办普通本专科在校生人数占比从 2010 年的 21.36% 增长至 2020 年的 24.09%。从在校生层次来看,2010 年民办普通本科在校生人数 2 809 884 人,民办普通专科在校生人数 1 956 961 人,本专科在校生比例为 1.44∶1;2020 年民办普通本科在校生人数 4 681 871 人,民办普通专科在校生人数 3 231 505 人,本专科在校生比例为 1.45∶1,维持在稳定比例(详见图 22)。2011 年,5 所民办高校获得首批研究生招生资格,民办高校开始探索研究生教育。民办高校研究生在校生人数从 2012 年的 155 人增长至 2020 年的 2 556 人。

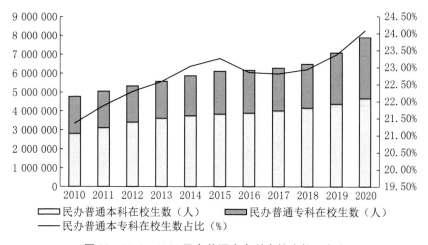

图 22　2010—2020 民办普通本专科在校生数及占比

（三）专任教师数持续增长,但增幅低于在校生规模

民办普通高等学校专任教师数从 2010 年的 236 468 人增长至 2020 年的 368 925 人,增长 56.01%。民办普通高等学校师生比从 2010 年的 1∶20.16 下降至 2020 年的 1∶21.45。十年间,民办普通高等学校师生比维持在 1∶20 左右(详见图 23)。民办普通高等学校专任教师数占比从 2010 年的 17.61% 增长至 2020 年的 20.13%(详见图 24)。

（四）东西部民办普通高等学校发展差距较大

2020 年,东部民办普通高等学校数量为 333 所,其中本科院校 194 所,

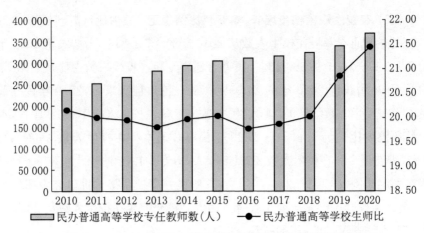

图 23　2010—2020 民办普通高等学校专任教师数及生师比

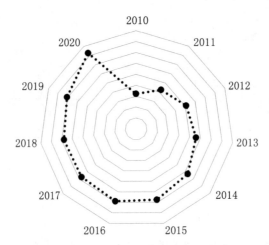

图 24　2010—2020 民办普通高等学校专任教师数占比变化

专科院校 139 所;中部民办普通高等学校数量为 233 所,其中本科院校 143
所,专科院校 90 所;西部民办普通高等学校数量为 205 所,其中本科院校
97 所,专科院校 108 所。2020 年各省份民办普通高等学校数量从高到低排
序,第一位是四川 51 所,其中本科院校 18 所,专科院校 33 所;第二位是广
东 50 所,其中本科院校 25 所,专科院校 25 所;第三位是江苏 48 所,其中本
科院校 28 所,专科院校 20 所;最后三位分别是西藏 0 所,青海 1 所(本科),
宁夏 4 所(均为本科)。

　　2020 年,东部、中部、西部民办普通本专科在校生数占比分别为

25.13%、20.06%、28.76%。民办普通本专科校生数占比从高到低排序,占前三位的地区分别是海南(40.90%)、广东(32.51%)、重庆(32.34%),占后三位的地区分别是西藏(0%)、青海(5.18%)、内蒙古(6.48%)。从历年发展情况看,重庆、四川等省份民办普通本专科在校生数占比呈增长趋势,其中重庆、四川两省增长幅度超过10%。江苏、甘肃、北京等省份民办普通本专科在校生数占比呈下降趋势,其中江苏、甘肃、北京三省份下降幅度超过3%。

六、非学历教育

校外培训机构从2010年的18 341所增长至2020年的39 516所,增长了115.45%(详见图25)。2020年度在校生人数(包括自考助学班学生、预科生学生数)为9 896 564人,较2019年度减少858 151人(2018—2020年只有在校生人数,没有注册生人数,数据差异较大)。2010年至2017年,校外培训机构注册生人数在5 300万至5 800万之间,结业生人数在5 600万至6 600万之间。职业技术培训机构学生占75%以上。校外培训机构的专任教师数从2010年的111 304人增长至2020年的233 936人,增长110.18%。

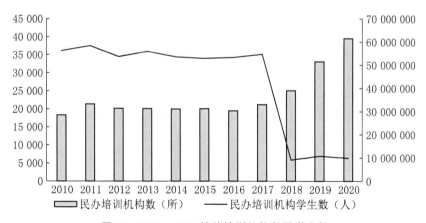

图25　2010—2020校外培训机构数及学生数

第三节　营利性民办学校登记情况

截至2021年12月底,在市场监管总局"天眼查"平台上查询,2016年之后全国正式登记的、正在开展活动的法人组织中,全国共有 13 644 家民办学校(含幼儿园,下同)登记为营利性法人。2021 年 3 月以后,新增 4 348 所营利性民办学校。

一、地域分布集中,地区之间差距大

从地域分布上看,全国有 30 个省份均有民办学校登记为营利性,平均每个省级地区有 454 所营利性民办学校。

营利性民办学校最多的省份是湖南省,共有 1 417 所,占比 10.38%,是数量最少的青海省的 177 倍,后者只有 8 所营利性民办学校。营利性民办学校最多的 10 个省份为湖南、河北、贵州、山东、四川、吉林、黑龙江、湖北、云南,共 9 361 所营利性民办学校,占比超过 68%。也就是说超过 2/3 的营利性民办学校集中在全国不到 1/3 的地区。营利性民办学校数量最少的 5 个省份是青海、新疆、甘肃、上海、宁夏,共 225 所(详见图 26)。

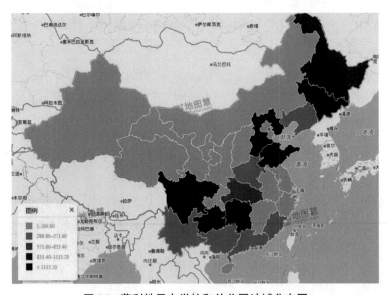

图 26 营利性民办学校和幼儿园地域分布图

从地区分布来看,营利性民办学校数量最少的省份除上海以外,主要集中在西北地区,这跟当地人口稀少相关,上海由于其民办教育占比不高,营利性民办学校登记数量也处于较低水平。营利性民办学校主要集中在中部地区,尤其是人口集中的中部地区。

二、幼儿园占绝对多数,高校数量逐步增加

从涉及的学段来看,除义务教育阶段以外,幼儿园、普通高中、中等职业学校、中等专业学校、高等学校均有营利性法人。

从数量上看,登记为营利性法人的民办幼儿园数量最多为 13 141 所,占营利性民办学校的 96.3%,这与营利性民办幼儿园体量小,注册资本要求低有较大关系。此外,高中阶段营利性民办学校 487 所,营利性民办高校 16 所。营利性民办高校由于办学成本高,登记进度相对较慢,已有的 16 所中,有 9 所是 2021 年成立。随着各地分类管理改革的过渡期临近结束,独立学院转设工作的深入推进,预计营利性民办高校数量增幅将会提升。

三、年度增幅较为平稳,维持在 3 000 所左右

自 2016 年《民办教育促进法》修正以后,每年都有营利性民办学校注册登记,且呈现逐年递增的趋势。2021 年成立营利性民办学校 4 605 所,占营利性民办学校总数的 33.75%。2020 年成立 3 992 所。从增长的绝对数来看,2019 年以后,每年增量均在 3 000 所以上,2021 年更是达到 4 000 所以上(详见图 27)。

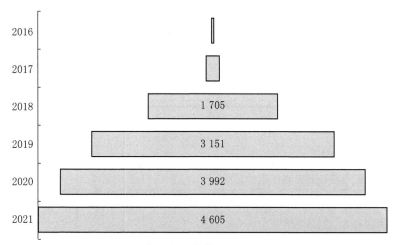

图 27　营利性民办学校历年登记数量

四、以教育行业为主,但登记行业较为分散

根据天眼查数据,营利性民办学校登记的行业共包括 28 个,其中登记教育行业的学校最多,共有 12 074 所,占比达到 88.07%,1 571 所营利性民办学校登记涉及其余 27 个行业,主要包括商务服务业、餐饮业等,分别有 397 所和 567 所。登记为餐饮业的营利性民办学校 92.8% 是幼儿园,其余是高中阶段民办学校。从登记的经营范围来看,登记为餐饮业的营利性民办学校将餐饮服务、冷热食品制作、单位食堂等内容写入经营范围。

表 1 数据显示,不同学段在选择所属行业的时候有一定的随意性和地区趋同性。营利性幼儿园登记了 21 个所属行业,是行业选择最为多样的学段;高校的情况也比较特殊,超过 90% 的营利性民办高校都不选择教育行业,只有 1 所登记为教育行业,分布最多的是商务服务业(6 所)、娱乐业(4 所)和零售业(3 所)。从地区来看,登记为餐饮业的 526 所营利性幼儿园中,有 119 所来自江西,其中 116 所属于江西吉安市,占比超过 72%。登记为商务服务业的 377 所营利性学校和幼儿园中,60 所来自贵州,占比近 16%;除此之外,还有 321 所营利性民办学校登记时没有所属行业。

表 1　不同行业营利性民办学校和幼儿园数量和学段分布情况　(单位:所)

所　属　行　业	高等院校	普通高中	学前教育	中职	总计
		13	306	2	321
餐饮业		38	526	3	567
畜牧业		3	6		9
道路运输业		1	2		3
电信、广播电视和卫星传输服务	1		1		2
房地产业		2	1		3
非金属矿物制品业		1			1
广播、电视、电影和录音制作业		1	2		3
互联网和相关服务			1		1
化学原料和化学制品制造业		1			1
机动车、电子产品和日用产品修理业			1		1

（续表）

所 属 行 业	高等院校	普通高中	学前教育	中职	总计
家具制造业		1			1
建筑装饰、装修和其他建筑业		1	3		4
教育	1	287	11 727	59	12 074
酒、饮料和精制茶制造业		1			1
居民服务业			49		49
科技推广和应用服务业			33		33
零售业	3	34	44	4	85
农副食品加工业		1			1
农业		1			1
批发业		8	11		19
其他采矿业			1		1
其他服务业		1	8		9
软件和信息技术服务业		1	6	1	8
商务服务业	6	8	377	5	397
研究和试验发展	1		23	1	25
仪器仪制造业		1	1		3
有色金属矿采选业		2			2
娱乐业	4	4	12		20
总计	16	411	13 141	76	13 644

　　结果显示,营利性民办学校并不是一定要登记为教育行业,登记为哪类行业也没有明确的规定,有些地区行业选择参照标准存在本地同类机构趋同的情况。部分地区营利性民办学校尤其是民办高校为了扩大自身经营范围,选择登记为非教育行业。

第四节　民办教育发展战略与治理改革趋势

　　改革开放以来,我国民办教育几乎是从无到有,不断壮大。不同的经济社会发展时期,国家对民办教育的发展战略和治理也呈现不同的特点。可以预见的将来,我国民办教育将进入另一个适应新时代经济社会需要的发展战略和治理阶段。

(一) 第一阶段(恢复发展期):1978 年至 2000 年

我国民办教育自改革开放初期复苏以来,经历了较长一段时间成长后,至 20 世纪 90 年代进入快速扩张期。伴随民办教育规模的快速扩张,地方政府多采取"不管、少管、先发展后规范"的民办教育发展策略(郭建如,2003),民办学校粗放式发展的短板更加凸显,教育教学质量低下,违规招生、乱收费、滥发毕业证、转移办学资金乃至因教育储备金等高风险办学方式引发社会群体性事件等时有发生。如 2004 年全国拥有 12 所幼儿园至高中一贯制学校、资产达 13 亿元的南洋教育集团倒闭事件。这一时期民办教育发展战略和治理的相关研究主要针对国家法规政策对学校内部管理规定尚不健全、相应规范制度缺乏的漏洞展开,集中呼吁加强国家民办教育法制建设,允许举办者获得经济回报,规范民办学校办学行为。通过完善法制建设和政策规范来督促民办学校以公办学校管理方式或企业治理模式为参照规范内部管理,同时优化民办教育发展的政策环境,包括资助政策、产权政策、回报政策以及信贷政策等(邬大光,2001)。

这一阶段中最具代表性的国家民办教育发展战略和治理体现在如下几个文件和法规中。一是 1985 年 5 月 27 日,发布了《中共中央关于教育体制改革的决定》。其中在提到"发展职业技术教育"时,明确"要充分调动企事业单位和业务部门的积极性,并且鼓励集体、个人和其他社会力量办学"。这是国家层面上继《宪法》之后进一步明确提出"鼓励集体、个人和其他社会力量办学",直接指明了整个中国教育事业改革发展的方向,是改革开放以来民办教育事业发展的第一个战略性指引,全国开始不断出现以高考补习为主的各种非学历类的民办教育机构。

二是 1993 年 2 月 13 日,中共中央、国务院印发《中国教育改革和发展纲要》(中发〔1993〕3 号)。其中单列"改革办学体制"内容,提出"改变政府包揽办学的格局,逐步建立以政府办学为主体、社会各界共同办学的体制"。这是整体上中国教育体制改革的发展方向和战略定位。同时,提出"国家对社会团体和公民个人依法办学,采取积极鼓励、大力支持、正确引导、加强管理的方针";明确了各级各类民办教育的办学定位,提出"现阶段,基础教育应以地方政府办学为主;高等教育要逐步形成以中央、省(自治区、直辖市)两级政府办学为主、社会各界参与办学的新格局"。职业技术教育和成人教育主要依靠行业、企业、事业单位办学和社会各方面联合办学。借南方谈话的东风和这一文件,全国民办教育的发展进入了快车道。到1996年,全国民办教育机构总计29 173所,其中幼儿园24 466所、小学1 453所、普通中等学校2 035所、高等教育机构1 219所,实现了由非学历教育向学历教育的突破。

三是1997年7月31日国务院颁布《社会力量办学条例》。第一是正式将1993年《中国教育改革和发展纲要》中提出的"积极鼓励、大力支持、正确引导、加强管理"十六字方针列为法律条款(第四条)。第二是确定各级各类民办教育的发展重点。"社会力量应当以举办实施职业教育、成人教育、高级中等教育和学前教育的教育机构为重点。国家鼓励社会力量举办实施义务教育的教育机构作为国家实施义务教育的补充。国家严格控制社会力量举办高等教育机构(第五条)。"第三是初步明确民办学校的内部治理机制。提出"教育机构可以设立校董会。校董会提出校长或者主要行政负责人的人选,决定教育机构发展、经费筹措、经费预算决算等重大事项(第二十一条)","教育机构的校长或者主要行政负责人负责教学和其他行政管理工作(第二十二条)"。

这一时期的22年中,民办教育在发展战略和治理方面呈现出的特点如下。整体上看,民办教育发展战略从无到有开始完善:民办教育的功能开始凸显,但战略地位、发展方向尚未形成;发展速度不断加快、国家允许社会力量举办非学历培训教育和中小学学历教育,禁止举办高等学历教育,但突破的痕迹已经初现。民办教育治理中政府与学校职能初步明确:外部治理中的政府、学校职能基本明确,内部治理中初步明确了校董会决策职能、校长行政职能。缺点在于外部治理中社会参与的内容缺乏,对教育行政部门管理权限以及民办学校合法权益界定不够;在民办教育内部治理中尚未考虑学校内部监督职能如何实现。

(二) 第二阶段(快速发展期):2000 年至 2010 年

这一时期,国家开始着手加强对民办教育的规范管理力度,民办教育也进入了发展的快车道。研究者围绕政府与民办学校的关系,梳理发现,认为政府对民办学校的管理存在"错位"和"缺位"现象,强调政府对民办学校的权力管制功能以及政府使用公共权力对民办学校进行支持(盛正发,2008),

以开处方的方式建议政府在合理的领域内实施监管作用(盛正发、雷鸣强,2008)。民办高校逐渐朝着建立董(理)事会领导下的校(院)长负责制方向发展,其他层次民办学校也加强了内部管理。民办学校的数量发展由 2001年的 5.6 万所、923 万在校生发展到 2010 年的 11.82 万所、3 392.96 万人。

这一阶段最具代表性的国家民办教育发展战略和治理体现在如下几个文件和法规中。

(1)《民办教育促进法》(2003 年 9 月 1 日起施行)。一是在法律上明确民办教育的地位,提出"民办教育事业属于公益性事业,是社会主义教育事业的组成部分(第二条)",这是法律上首次对民办教育事业具有社会主义公益性事业的基本性质的确认,也是首次在法律上对民办教育战略地位的肯定。二是完善国家对民办教育发展的方针,将原十六字方针中的"加强管理"改为"依法管理";明确民办学校享受国家规定的税收、用地等优惠政策。三是在反对声音极大的情况下,出于"有利于调动办学者的积极性,有利于吸引更多的社会资金来举办民办学校(汪家镠,《关于〈中华人民共和国民办教育促进法(草案)〉的说明》,2002)"的考虑,仍然三审通过了"合理回报"条款。提出"民办学校在扣除办学成本、预留发展基金以及按照国家有关规定提取其他的必需的费用后,出资人可以从办学结余中取得合理回报(第五十一条)"。四是明确民办学校的产权归属。强调投入者享有其投入资产的所有权,但在民办学校存续期间,投入者对其投入资产的所有权与使用权和管理权是分离的,学校在存续期间享有对校产的使用权和管理权。五是进一步明确民办学校的内部治理机制。规定"民办学校应当设立学校理事会、董事会或者其他形式的决策机构",并就其职权作了详细规定;细化了民办学校校长的职权。

(2)《民办教育促进法实施条例》(2004 年 4 月 1 日起施行)。主要特点有:一是细化了从民办学校的办学结余中按一定比例取得回报的条件和程序。明确办学结余是指民办学校扣除办学成本等形成的年度净收益,扣除社会捐助、国家资助的资产,并依照该条例的规定预留发展基金以及按照国家有关规定提取其他必需的费用后的余额。二是强化了民办学校办学自主权。规定"民办学校享有与同级同类公办学校同等的招生权,可以自主确定招生的范围、标准和方式"。三是加强了对民办学校的规范化管理。对于民办学校章程、按时出资、管理情况出现不规范现象的,明确了处罚细则。

（3）《国务院办公厅关于加强民办高校规范管理　引导民办高等教育健康发展的通知》（国办发〔2006〕101号）。这一阶段，民办教育在迅猛发展的同时，也出现了一些不容忽视的问题，"有些地方的民办高校相继发生因学籍、学历、收费等问题而导致的学生群体性事件"。这集中反映了一些民办高校办学指导思想不端正，内部管理体制不健全，法人财产权不落实，办学行为不规范，也反映了一些地方政府对民办高校疏于管理、监管不到位。为此，国务院办公厅发文要求依法规范民办高校办学行为和内部管理：一是民办高校要贯彻国家的教育方针，坚持社会主义办学方向和教育公益性原则。二是招生简章和广告必须经审批机关备案后方可发布。三是民办高校要建立健全党团组织。四是民办高校要依法健全内部管理体制。五是依法建立政府对民办高校的督导制度，省级政府教育主管部门向民办高校委派督导专员。六是民办高校要落实法人财产权，出资人按时、足额履行出资义务，投入学校的资产要经注册会计师验资并过户到学校名下。同时，进一步细化了政府对民办高校的扶持政策，明确有关部门对民办高校的监督和管理职责，也就是说政府要履行账户责任。

（4）中共中央、国务院印发《国家中长期教育改革和发展规划纲要（2010—2020年）》（中发〔2010〕12号）。这是中国进入21世纪之后的第一个教育规划，是一个时期内指导全国教育改革和发展的纲领性文件。其中关于民办教育发展战略和治理的要点有：一是战略目标。坚持教育公益性原则，健全政府主导、社会参与、办学主体多元、办学形式多样、充满生机活力的办学体制，形成以政府办学为主体、全社会积极参与、公办教育和民办教育共同发展的格局。调动全社会参与的积极性，进一步激发教育活力，满足人民群众多层次、多样化的教育需求。二是充分肯定民办教育的地位和作用。提出"民办教育是教育事业发展的重要增长点和促进教育改革的重要力量"，"各级政府要把发展民办教育作为重要的工作职责"。三是保障民办学校的权益。依法落实民办学校、学生、教师与公办学校、学生、教师同等的法律地位，保障民办学校办学自主权。清理并纠正对民办学校的各类歧视政策。制定完善促进民办教育发展的优惠政策。健全公共财政对民办教育的扶持政策。四是正视民办教育发展中存在的瓶颈性问题，正式提出"积极探索营利性和非营利性民办学校分类管理"。

可以说，从这一时期内，民办教育的发展已经进入了密集的法规政策规范时期。除了上述法规文件外,2007 年《民办高等学校办学管理若干规定》(教育部令第 25 号)、2008 年《独立学院设置与管理办法》(教育部令第 26 号)也先后出台。民办教育的发展仍然较快,2010 年全国共有各级各类民办学校(教育机构)11.90 万所,各类教育在校生达 3 392.96 万人。民办幼儿园102 289 所、在园儿童 1 399.47 万人,民办普通小学 5 351 所、在校生 537.63万人,民办普通初中 4 259 所、在校生 442.11 万人,民办普通高中 2 499 所、在校生 230.07 万人,民办中等职业学校 3 123 所、在校生 306.99 万人,民办高校 676 所(含独立学院 323 所)、本专科在校生 476.68 万人。民办的非学历高等教育机构 836 所,各类注册学生 92.18 万人;其他校外培训机构18 341 所,929.78 万人次接受了培训。

这一时期的十年中,民办教育在发展战略和治理方面呈现出的特点如下。民办教育发展战略不断清晰:民办教育的功能职能不断丰富,战略地位被法律认可,在各级各类教育的比例不断增长,特别鼓励非义务教育阶段的民办学校快速发展。其中,学前领域民办教育所占比例已经达到幼儿园的68.01%、在园儿童的 47.01%,高等教育中所占比例达到高校数的 58.67%、在校生数的 21.36%,中小学领域快速逼近或超过学校数和在校生数的10%。但是,社会争议不断出现:一方面,民办学校自身不断呼吁解决教师社保等方面的歧视性政策;另一方面,"合理回报"与其他法律政策的冲突开始出现、以非营利之名行营利之实倍受社会争议;再一方面,公办学校参与举办民办学校的公平问题等日益尖锐。

民办教育治理中政府、学校、社会职能不断清晰:外部治理中的政府、学校职能更加明确,政策法规体系不断健全和完善,社会参与的内容开始大量出现(2008 年正式成立了国家一级社团法人单位中国民办教育协会);内部治理中强化了对学校决策机构、校长行政职能的规范,强调学校建立健全法人治理结构。但是,在外部治理中,非营利性的法律政策体系与允许民办学校"合理回报"的事实营利性开始出现冲突,社会参与中批评协会等行业组织为"二政府"的声音开始出现;在民办教育内部治理中学校内部监督职能仍然缺失。

(三) 第三阶段(规范发展期):2010 年以后

这一时期,非营利登记民办学校从事营利性活动(王建,2012)、合理回报的法律政策困境(王善迈,2011)、民办学校的产权归属(王烽,2010;刘耀明,2011;沈剑光、钟海,2011)等问题开始出现。民办教育的发展战略和治理以非营利性营利性分类管理的探索、设计、推出、完善为主要内容,通过一揽子修法、全面推进分类配套政策等方式,不断传达国家层面对民办教育发展战略和治理的重大调整。与 2010 年相比,民办教育的规模发展再翻一倍。

这一阶段最具代表性的国家民办教育发展战略和治理体现在如下几个文件和法规中。

(1)中央和国家对民办教育发展方针表述的调整。2007 年党的十七大报告提出"鼓励社会力量兴办教育"、2012 年党的十八大报告提出"鼓励引导社会力量兴办教育"、2017 年党的十九大报告提出"支持和规范社会力量兴办教育"。国家层面针对新时代经济社会发展形态的变化,对民办教育发展进行新的战略定位和调整已经有所预判。

(2)《教育法》《高等教育法》《民办教育促进法》《民法总则》《民办教育促进法实施条例》等集中修法。2015 年 12 月,全国人大常委会颁布了新修正的《教育法》《高等教育法》,修改关于举办学校不得以营利为目的的规定,允许营利性民办学校存在,为分类管理提供有力的法律支撑。2016 年 11 月 8 日,全国人民代表大会常务委员会发布《关于修改〈中华人民共和国民办教育促进法〉的决定》,全文修改了 16 处,形成民办教育分类管理的法律设计。2017 年 3 月 15 日,第十二届全国人民代表大会第五次会议通过《民法总则》,明确营利法人与非营利法人的区分。《民办教育促进法实施条例》于 2021 年 5 月正式颁布并实施。至此,法律层面上的顶层设计初步完成。

(3)国务院、教育部等部委和地方政府的配套政策批量出台。国务院于 2016 年 12 月下发《关于鼓励社会力量兴办教育　促进民办教育健康发展的若干意见》,提出"民办学校实行非营利性和营利性分类管理""建立差别化政策体系","地方各级人民政府要根据本意见,因地制宜,积极探索,稳步推进,抓紧制定出台符合地方实际的实施意见和配套措施"。几乎在中办印发《关于加强民办学校党的建设工作的意见(试行)》的同时,教育部会同相关部门出台了《民办学校分类登记实施细则》和《营利性民办学校监督管理实施细则》。截至 2021 年 12 月,全国有 31 个省(自治区、直辖市)印发了地方促进民办教育发展的配套文件。2016 年修正的《民办教育促进法》根据民办教育机构是否要求利润分配,将其分为营利性法人和非营利性法人。

整体上看,这一阶段民办教育发展战略和治理的主要变化有:一是增加了民办学校党的建设的有关条款,"民办学校中的中国共产党基层组织,按照《中国共产党章程》的规定开展党的活动,加强党的建设"。确保党组织的政治核心作用和民办学校的办学方向。二是实行民办学校分类管理,允许举办营利性民办学校。考虑到义务教育的特殊性,修正案对义务教育阶段举办营利性民办学校作了禁止性规定。三是进一步强调保障举办者权益,民办学校的举办者可以选择设立非营利性或者营利性民办学校,依据学校章程规定的权限和程序参与学校的办学和管理。四是进一步强调保障教职工、学校和学生权益,国家鼓励民办学校按照规定办理补充养老保险,"县级以上各级人民政府可以采取购买服务、助学贷款、奖助学金"等措施保障民办学校和学生的权益。五是进一步完善了国家扶持政策,规定了非营利性和营利性民办学校在财政扶持、税收优惠、用地、收费等方面的差别化政策,明确了国家的鼓励方向。六是注重发挥社会监督的作用,"建立民办学校信息公示和信用档案制度,促进提高办学质量"。七是明确了法律责任,确定了县级以上教育、人力资源社会保障、工商、民政、公安等部门的法定职责,规定教育、人力资源社会保障行政部门管理不当的法律责任。八是没有设置过渡期。现有学校选择登记为非营利性或营利性民办学校在时间上不作具体限定,保证现有民办学校的办学稳定。九是对现有民办学校举办者的财产权益实行了特殊政策,允许在终止时给予出资者补偿或奖励。具体办法由省、自治区、直辖市制定。

同一时期,中国经济社会发展也进入新的战略调整期,党中央、国务院明确提出要努力建设服务型政府。2013年党的十八届三中全会通过的《中共中央关于全面深化改革若干重大问题的决定》,首次用"社会治理"取代原先的"社会管理",进一步淡化政府的管制作用,强化其服务职能(俞可平,2018)。

政府管理转型直接促使了民办教育研究的转向,研究者开始聚焦到政府与市场的关系,重新梳理二者在民办教育发展中的角色分配,强调政府角色定位由管制转向服务,通过提供良好的政策环境来推动民办教育发展,一方面呼吁国家层面加强政府宏观管理,建立健全法律和政策体系,在法律类属、产权归属、公平待遇(张晓红,2017)等方面确立民办教育发展的基本政策与基本制度,解决好民办学校的"合法性"、发展价值及性质等根本问题(徐绪卿,2014),另一方面建议地方政府通过放权,调动和发挥各利益相关者的积极性,引导民办学校完善法人治理结构,正确发挥董(理)事会的作用和职权、明确校长职权、加强教职工代表大会制度建设等(孙宵兵,2015)。随着行业壮大,研究者注意到社会参与的重要性,将社会这一主体纳入民办学校治理机制当中,提出通过分权和集权,调整优化共治主体的权责关系(褚宏启,2014)。

这一时期的十年中,民办教育在发展战略和治理方面呈现出的特点如下。民办教育发展战略进入调整期:一是民办教育的战略地位仍然被法律认可,分类管理后财政、税务、土地、资产等影响民办教育发展的瓶颈性问题开始得到缓解。

二是新时代民办教育的功能职能亟待进一步明确。

三是随着政府基本公共服务职能不断强化和社会对应试教育、"掐尖招生"反感程度不断加强,在强烈要求减轻学生课业负担的情况下,学前阶段、义务教育阶段民办学校的高比例、快速发展引发社会极大争议。

四是更加关注民办教育办学质量和内涵发展。

五是民办教育发展中的系统性风险点有所显现。

有关我国民办教育发展战略和治理机制的研究伴随着民办教育发展实践的深入有了越来越大的探索空间,而在民办教育不同的发展阶段,研究者的关注焦点和学术判断也呈现出不同的特征:早中期研究多数停留在政府监管力度与民办教育发展规范、政府政策支持力度与民办教育发展快慢等线性关系上,建议性的治理机制设计往往落后于民办教育办学实践;近期研究则转向了如何实施民办教育分类管理和如何建构民办学校多元治理结构上。当然,各阶段的划分主要是为了研讨的方便,不可能存在截然不同的两个阶段,也不排除后一阶段的研究焦点或观点在前一阶段已经萌芽,前一阶段研究焦点或观点在后一阶段继续深入和完善的现象(徐冬青,2005)。

第二章 分类管理理论基础和演进历程[①]

　　我国民办教育的历史传统比较悠久,古代就有完全靠民间力量举办的私学和书院。春秋战国时期,诸侯争霸,连年战乱,各国统治者无暇顾及教育,官学日趋衰废,私人讲学兴起,出现"天子失官,学在四夷"的现象。私学冲破了西周以后"学在官府"的局面,打破了政教合一、官师一体的旧官学体制,使教育成为一种独立的活动,学校从官府中解放出来,教师成为一种相对独立的社会职业。之后,从齐国"稷下学宫"到唐代明文鼓励私人办学,再到宋代私塾(家馆、村学、族学、家塾等)、书院等私学机构,为国家教育事业的发展提供了不可小觑的推动力。近代以来,以西方的教会学校和私立学校为基础的私立教育日益发展,为当时积贫积弱的中国培养了大批人才。中华人民共和国成立后,政府对已有的私立学校采取"积极维持,逐步改造,重点补助"的方针。随着1956年社会主义改造的完成,在教育领域,私立中小学和高校转为公立学校。1978年党的十一届三中全会后,我国教育事业全面恢复,民办教育事业也重新萌发。2016年以后,我国民办教育分类管理改革取得了突破性进展,法律法规密集出台,配套政策逐步完善,非营利性和营利性民办学校分类管理全面发力、多点布局、纵深推进,民办教育改革的系统性、整体性、协同性不断增强,改革广度和深度也不断拓展。新形势下,分类管理改革正式进入"全面施工、内部装修"的综合推进期,本章重点聚焦我国民办教育分类管理政策产生的理论基础,分析我国民办学校发展面临的管理困境,梳理民办教育分类管理政策演进历程,为民办学校分类管理政策实施提供理论依据。

---

① 本章执笔人:方建锋,上海市教育科学研究院;景安磊、王艺鑫,北京师范大学。

第一节　民办教育分类管理的必要性可行性

对非营利性与营利性私立教育机构进行分类管理,是许多国家通行的基础性制度。在 2002 年《中华人民共和国民办教育促进法》制订的过程中,就曾经有把营利性和非营利性民办教育机构分开管理的呼声。在《国家中长期教育改革和发展规划纲要》的拟定过程中,对民办学校进行分类管理的必要性再次引起重视,"分类管理"再次进入国家政策视野。《国家中长期教育改革和发展规划纲要(2010—2020 年)》明确提出,"民办教育是教育事业发展的重要增长点和促进教育改革的重要力量。各级政府要把发展民办教育作为重要工作职责",并提出要"积极探索营利性和非营利性民办学校分类管理"。

一、实行民办教育分类管理的必要性

只有实行民办学校分类管理,才能解决非营利登记的民办学校从事营利性活动的问题,才能解决合理回报的法律政策困境问题,才能解决民办学校的产权归属等问题。

(一) 解决非营利登记民办学校从事营利性活动问题

我国 1995 年制定的《教育法》第二十五条规定,"任何组织和个人,不得以营利为目的举办学校及其他教育机构"。从法律上看,我国的民办学校也是遵循这一规定的,基本上登记为"民办非企业单位(法人)",是不得从事营利性经营活动的。

1998 年国务院颁布的《民办非企业单位登记管理暂行条例》规定,民办非企业单位是"从事非营利性社会服务活动的社会组织","民办非企业单位不得从事营利性经营活动","按照国家有关规定取得的合法收入,必须用于章程规定的业务活动。"甚至规定,"从事营利性的经营活动的";"予以没收,可以并处违法经营额 1 倍以上 3 倍以下或者违法所得 3 倍以上 5 倍以下的罚款"。2005 年实施的《民间非营利组织会计制度》也规定,民间非营利组织"(一)该组织不以营利为目的和宗旨;(二)资源提供者向该组织投入资源并不得以取得经济回报为目的;(三)资源提供者不享有该组织的所有权"。

但是,在近 20 年民办教育发展的进程中,大量寻利性资本进入教育领域成为一种事实,投资者通过各种方式对学校财产权进行控制,通过各种"隐性途径"获得的回报有时颇为惊人。从现实来看,民办学校存在多种类型,民办学校出资意图的抽样调研,仅有 10.8% 是捐赠,23% 是借贷,66.2%是投资,多半要求回报(文东茅,2009)。根据全国人大教科文卫委员会2005 年的调查,民办学校的举办者中仅有 10% 是出于非营利性的、公益性目的办学的,剩下 90% 是要营利与回报的(石慧霞,2005)。有的地方政府已明确规定出资者可从办学结余中获得高达 40% 的"回报",一些民办学校在短短几年内就可以收回前期投资。

在这种情况下,一方面有人认为民间投资性资金进入教育领域,在经费、师资等方面弥补了政府投入的不足,是现阶段发展壮大中国教育的一条出路,出资人获得一定的经济回报是应该的;另一方面,在社会上许多人认为民办学校"假公益、真营利",从教育中谋取暴利,损害了学生和家长的权益。

民办学校事实上的营利性带来了很多相关的问题。有学者认为,在现行法律制度框架下,我国民办学校究竟是企业还是非企业,是营利组织还是非营利组织,答案似乎是模糊、不协调和冲突的。解决我国民办教育性质模糊的关键在于区分营利性和非营利性,厘清民办学校的产权归属、税收优惠和合理回报难题,从而实现政府对民办教育的有效管理、民办学校向公益性的转变以及与国际私立教育管理制度的接轨。①

(二) 解决《民办教育促进法》中合理回报规定的执行困境问题

2002 年出台的《民办教育促进法》在承认这种现实的情况下,一方面强调"民办教育事业属于公益性事业(第三条)",应在民政进行"民办非企业法人(民间非营利组织)登记";另一方面又提出,"出资人可以从办学结余中取得合理回报(第五十一条)",允许其在事实上具有"准营利性组织(分配办学

---

① 王建.民办学校分类管理——从"四分法"到"二分法"[J].北京大学教育评论,2012(2):21—42+187.

结余和利润)"的特征。这种妥协的处理方式与我国法律体系当中有关"企业法人"与"非企业法人"的划分不相衔接,未得到除民办教育领域外其他社会各界的广泛认同;也与基于教育的非营利性而设计的一整套教育法律、教育资产管理、税收、政府扶持等影响学校运营的政策相冲突。

在实际操作中,财税部门多把民办学校当成"营利性机构"加以对待,主要基于民办学校非营利性制定的民办学校经费支持、税收优惠政策、金融信贷支持很难得到落实。由此导致的结果是,民办学校拿"合理回报"很难,民办学校拿政府资助也很难,陷入发展的两难困境。实践中,原来呼声最高的"合理回报"反而极少有学校愿意明确提出,成为《民办教育促进法》立法的尴尬一幕。

专栏 1　《民办教育促进法》中合理回报规定的执行困境

有研究者认为,我国的民办学校法律和相关政策都是基于捐赠办学的假设以及非营利性设计的,但实践中的真实情况却是:我国捐赠办学的情况很少,大部分民办学校的举办者都是投资办学、期待有所回报的。

由于捐赠办学和投资办学的民办学校受到同样的法规管理,带来的不良影响是显而易见的:(1)基于非营利性设计的民办教育法律无法保障投资办学及由此形成的营利性民办教育机构的权益,必将影响民办教育投资的积极性。(2)由于《民办学校促进法》允许"合理回报"的存在,再加上政府缺乏有效的监管措施,许多投资办学的"非营利性"民办学校打着"不营利"或"少营利"的招牌行"获取暴利"之实,不仅对于守法运营的非营利民办学校很不公平,而且大大损害了教育的公益形象,造成了不良的社会影响。

资料来源:王善迈.民办教育分类管理探讨[J].教育研究,2011(12):32—36;徐绪卿.关于民办高校分类管理的思考[J].教育发展研究,2011(12):1—5.

把所有的民办学校都界定为非营利性的,或把所有的民办学校都视为营利性的,显然都有失偏颇。这不仅限制了营利性民办教育的发展空间,也限制了非营利性民办教育事业的健康发展。所以,实施分类管理,从法律上重新界定民办高校营利性与非营利性不同的性质,明确市场与政府监管上的分野,有利于实现民办学校的分类调整与规范。

（三）解决民办学校的产权归属等问题

财政部国家税务总局《关于非营利组织免税资格认定管理有关问题的通知》（财税〔2014〕13 号）规定，享受免税资格的非营利组织应同时满足 9 项条件，其中特别重要的是"取得的收入除用于与该组织有关的、合理的支出外，全部用于登记核定或者章程规定的公益性或者非营利性事业"，"财产及其孳息不用于分配，但不包括合理的工资薪金支出"，"注销后的剩余财产用于公益性或者非营利性目的，或者由登记管理机关转赠给与该组织性质、宗旨相同的组织"，并且明确要求"投入人对投入该组织的财产不保留或者享有任何财产权利"，"工作人员工资福利开支控制在规定的比例内，不变相分配该组织的财产"。

我国绝大部分民办学校属于投资办学，与上述非营利组织免税资格认定中的结余使用和财产归属严重冲突，投资回报的诱惑使民办学校办学者始终处于与政府进行利益博弈的状态。同时，定位不清还存在两大风险：一是出资人存在着重大的资产风险；二是相关政府部门优惠政策的适用风险。这种现状要求通过进行营利性和非营利性民办学校的分类管理予以解决。①

一概不允许营利性民办教育机构发展实际上不符合如今的教育发展趋势。所以，有必要对现有归在民办非企业单位的民办学校进行分流引导，逐步区分为营利与非营利两类，为民办教育的健康发展铺平道路。

专栏 2　分类管理的顶层设计意义

从规则重构方面来看，分类管理相对于现有的制度体系来说，其作用有三：其一是将投资资本引向营利性民办高等教育领域，以防止投资资本过度进入非营利民办高校领域；其二是将现有的民办高校重新分类，从而将隐性营利性民办高校显性化，也使其管理由非对称性向对称性转化，同时避免政府的财政投入陷入巨大的道德风险；其三，分类管理可以使政府的制度逻辑由原来的以促进为主向规范、引导与促进并重转变，有利于民办高校的健康多元发展。

资料来源：王烽.谈营利性与非营利性民办学校分类管理问题[J].广西

---

① 沈剑光，钟海.民办学校法人财产权与民办教育分类管理[J].教育研究，2011(12)：37—40.

师范大学学报(哲学社会科学版),2010(3):6—8;刘耀明.民办高校分类管理的制度逻辑[J].复旦教育论坛,2011(3):65—69.

总之,我国民办教育管理存在着法律法规不完善、管理体系不健全、产权不清晰、法人治理结构混乱等问题,由于民办学校未实行分类管理,法人归属混乱,无论是捐资助学还是投资办学都难以形成明确的预期,不利于民办教育长远发展和做大做强。对民办教育的分类管理有助于明确民办学校的性质,落实政府资助政策,清晰民办学校产权以及解决民办学校招生、收费、教师待遇等问题。

二、实行民办教育分类管理的可行性

美国、日本等国家均对私立教育实行营利非营利分类管理,我国在医疗卫生领域也进行了卓有成效的营利非营利分类管理探索。浙江温州地区以民办学校分类管理为核心的综合改革试点工作,也为全国范围内实行分类管理提供了可资借鉴的经验。

(一) 美国日本等国家已经实行私立教育分类管理

美国绝大多数的私立学校为非营利学校,此类学校的许可证由各州政府颁发,并可向联邦政府申请免税,对学校的捐赠可用于抵减应交的所得税,学校也被称为免税学校。营利性私立学校多为培训机构和少量的幼儿园,近年来在高等教育领域中营利性的教育机构发展非常快(如创建于1973年的阿波罗集团有凤凰城大学等4个高等教育分支机构,共拥有82个校园、137个学习中心,分布在美国38个州和波多黎各、温哥华及哥伦比亚,在校生达25.6万人,2004财政年度该集团的总收入已达到18亿美元),此类学校必须缴纳所得税和财产税等,被称为纳税学校。营利性私立学校营利资金的使用也要受政府有关部门的严格控制,州政府立法审计员每1年或2年都要对学校财务状况进行精确和细致的最终审计。此外,还对营利性学校建立了严格的招生管理和教育认证制度。[1]

---

[1]　樊继轩.营利性大学:美国私立凤凰大学的成功之路及启示[J].黄河科技大学学报,2010(1):6—8+12.

从美国的经验来看,对非营利性学校和营利性学校进行清晰的界定并对两种类型的学校适用不同的政策,从根本上避免了营利性学校和非营利性学校纠缠不清或相互搭便车的状况,使得它们能够按照各自的组织目标和运营规则并行不悖地发展,不同类型的学校、不同需求的学生、社会和市场各得其所,整个私立教育呈现出井然有序欣欣向荣的景象。

专栏3　部分国家或地区对私立学校的分类管理

(1)荷兰。荷兰70%的教育机构为私立的,均或多或少受到政府的资助。对于选择营利的学校,一旦把办学结余用于个人收入分配时,就要向政府上交分配额的40%作为税款。由于荷兰的私立学校有不少是接受政府资助的,所以政府明确规定,凡是政府资助的经费,一律不得用于营利活动,每学年学校必须对政府资助的经费作一个独立于其他经费的财务报告,以利于政府对其经费使用的监督与管理。

(2)日本。日本在1949年颁布了《私立学校法》,规定"学校法人"只能是公益法人,民间以营利为目的的教育机构,一律不作学校看待。非学校法人设立的教育机构,通常称学园、塾等,由商法而非《私立学校法》进行调整。私立学校不能以营利为目的,但可以从事与学校有关的餐饮、零售、住宿、研究、制造业等营利活动。同时,根据《私立学校法》第二十六条,私立学校从事营利活动获取的收入必须建立一个专门账户进行单独管理,且只能用于学校的开支(Lester M. Salamon, 1997)。

(3)中国香港的私立学校有"牟利"与"非牟利"的区分,"非牟利"的私立学校,可以享受政府在校舍、教师津贴等方面的资助,而"牟利"性私立学校则办学经费完全自给自足。

资料来源:课题组整理。

从长远看,借鉴境外经验,按学校资产属性和办学目的,在立法上将民办学校分为非营利性和营利性两大类,并在行政规制上采用不同办法分别进行管理,是推进民办(私立)学校良善治理的一条有效路径。

(二)我国社会事业中医疗卫生领域已经实行分类管理

对社会组织进行营利性和非营利性分类管理,已经明确引入医疗卫生领域。早在 2000 年,卫生部、国家中医药管理局、财政部、国家计委联合印发的《关于城镇医疗机构分类管理的实施意见》,就明确提出"城镇个体诊所股份制、股份合作制和中外合资医疗机构一般定为营利性医疗机构"。

其规定,营利性医疗机构服务所得的收益,可用于投资者经济回报的医疗机构。其根据市场需求自主确定医疗服务项目并报医疗卫生行政部门批准,参照执行企业财务、会计制度和有关政策,依法自主经营,医疗服务价格放开,实行市场调节价,根据实际服务成本和市场需求情况,自主制订价格。非营利性医疗机构指为公共利益服务而设立和运营的医疗机构,不以营利为目的,收入用于弥补医疗服务成本,实际经营中的结余只能用于自身的发展,改善医疗条件,引进先进技术,开展新的医疗服务项目。

专栏 4　医疗卫生领域对营利性非营利性机构的不同政策

对营利性医疗机构的有关政策是:该机构取得的收入应按规定征收各种税收。为了支持营利性医疗机构自身的发展,对营利性医疗机构取得的收入,直接用于改善医疗卫生条件的,可自取得执业登记之日起,三年内给予以下优惠政策:对其取得的医疗收入免征营业税;对其自用的房产土地、车船免征房产税、城镇土地使用税、车船使用税。

对非营利性医疗机构的政策是:(1)按照国家规定取得的医疗收入免征各种税收,不按照国家规定价格取得的收入,不得享受这项政策。(2)从事非医疗服务取得的收入,应按照规定征收各种税收。(3)非营利性医疗机构将取得的医疗服务收入,直接用于改善医疗条件的部分,经税务部门批准,可抵扣其应纳税所得额,就其余额征收企业所得税;(4)对非营利性医疗机构自用的房产、土地、车船免征房产税、城镇土地使用税、车船使用税。

资料来源:财政部、国家税务总局《关于医疗卫生机构有关税收政策的通知》(财税〔2000〕42 号)

2012 年,卫生部为贯彻落实《国务院办公厅关于转发发展改革委卫生部等部门关于进一步鼓励和引导社会资本举办医疗机构意见的通知》(国办发〔2010〕58 号)精神,促进非公立医疗机构持续健康发展,专门下发《关于社会资本举办医疗机构经营性质的通知》(卫医政发〔2012〕26 号)。其明确提出,"社会资本可以按照经营目的,自主申办营利性或非营利性医疗机构"。这突破了 2000 年卫生部、国家中医药管理局、财政部、国家计委联合印发的《关于城镇医疗机构分类管理的实施意见》中"城镇个体诊所、股份制、股份合作制和中外合资合作医疗机构一般定为营利性医疗机构"的规定,可自主选择营利性或非营利性。

在推进营利性和非营利性医疗机构的过程中遇到一些值得注意的问题,值得教育领域借鉴。比如,通过确定其收支结余是用于扩大医疗规模、改善医疗条件,还是归个人消费使用,以此明确营利性还是非营利性。对于已认定为非营利性医疗机构,只要不符合条件者,税务部门应提请卫生管理部门取消其资格,恢复为营利性医疗机构,按有关规定征收税款。这些解决思路值得教育领域借鉴。

(三) 温州、上海等地民办教育分类改革经验值得借鉴

按照《国家中长期教育发展规划纲要》提出的探索分类管理的思路,中共温州市委温州市人民政府于 2011 年 10 月 20 日正式颁布了《关于实施国家民办教育综合改革试点　加快教育改革与发展的若干意见》(温委〔2011〕8 号),2013 年再次对配套文件进行修改完善。温州民办教育改革以民办学校营利性非营利性分类管理为突破口,为全面解决民办教育发展的瓶颈问题作了制度设计和实践。

法人分类是温州民办教育综合改革的最大亮点。温州的政策提出,非营利性的全日制民办学校按照民办事业单位法人进行登记管理,营利性的全日制民办学校按照企业法人进行登记管理;民办事业单位法人由民政部门登记管理,企业法人由工商部门登记管理。从实践的效果来看,首批相对优质的百所试点学校中,84 所选择民办事业单位法人,16 所选择企业法人。温州市参加民办学校分类管理试点的 400 多所学校中,有近 85％的学校选择登记为非营利性学校,吸引新增社会资金 70 亿元。

除温州之外,上海市也对民办学校分类管理进行了探索,先后设立了非营利民办高校示范校和民办中小学非营利制度试点校,对非营利性民办学校教师、学生、教学科研和学校建设等方面实施财政补贴,加大对开展非营利制度试点民办中小学在生均经费、政府购买服务、教师年金补助等方面的资助力度。2014 年,上海市安排了专项资金 9.5 亿元支持非营利性民办学校。另外,吉林华桥外国语学院经公证,举办者放弃投入资金所有权,明确

为非营利性学校,获得省政府 3 000 万元专项支持,学校呈现出良好的发展
势头。

　　因此,民办教育实行营利性非营利性分类管理具有较强的必要性和可
行性。分类管理的制度设想在国家层面上的缺失,使得地方在推进民办教
育改革过程中往往遇到法人登记、财政、税务、社会保障等方面现有法律政
策的限制,改革的难度较大。

第二节　民办教育分类管理的理论逻辑

一、分类管理的价值引领

　　民办教育作为一种教育类型,在世界范围内拥有悠久的历史。21 世纪
以来,世界民办教育实现规模扩张的同时,其内涵和外延得到极大的扩展和
丰富。从广义上看,民办(私立)学校既包含一般意义上的民有民营学校,也
包含公助民营、公有托管等其他非公学校;既有捐资举办,也有投资举办。
随着社会生产力的进一步发展,社会的教育需求愈发多元化,以非营利性、
纯公益性学校为主体的教育系统不断受到市场经济和教育民营化浪潮的影
响。一些以短期技能培训起步的营利性教育机构,不断扩大经营范围,转变
为学历教育的正式提供方,成为私立教育乃至经济发展的新增长点。在此
背景下,对民办学校进行"营利性质"的区别和划分,是世界主要国家政府管
理私立教育的主要趋势。

　　对民办学校进行分类管理是我国教育领域的重大创新实践,是中国特
色社会主义教育制度"在开放的视野下改革"的重要表现。[1]基于我国 40 年
民办教育发展实际,我国民办教育分类管理改革重点回应了新时期民办教
育服务国家发展战略,坚持正确办学方向;凸显教育公益性,推动民办教育
协调发展;遵循教育发展逻辑,探索民办教育内部发展规律;健全教育政策
支持体系,激发人才培养创新动力;满足教育多样化需求,缓解资源分布不
均难题等主要价值关切。

---

[1]　刘磊明,邓友超.坚定中国特色社会主义教育的制度[N].光明日报,2019-2-12.

1. 服务国家发展战略，坚持正确办学方向

一是要加强党对民办学校的领导。牢牢掌握党对民办学校的领导权，充分发挥党委对民办教育的领导核心作用，把党的领导、党的建设贯穿民办教育改革发展始终，非营利性和营利性民办学校都需要坚守教育公益属性，贯彻执行党的教育方针，有效落实立德树人根本任务。

二是进一步创新党对民办学校的领导方式，完善党的领导体制。将选优配强党组织书记作为民办学校党建工作的重中之重，同步加强民办中小学党组织队伍建设，提高党组织书记在民办学校的履职尽责能力。全面推行民办高校党组织书记选派制度，确保党建和思想政治工作全面覆盖、有效开展。

三是充分发挥民办学校基层党组织政治核心作用。推动党建工作要求写入学校章程，理顺学校党组织、理事会（董事会）和校长间的关系和分头工作体系，学校党组织负责人要进入学校决策机构、监督机构，依法参与学校重大决策并实施监督。

2. 凸显教育公益性，推动民办教育协调发展

一是强化政府扶持政策，保障民办教育公益性导向。政府加大对于非营利性民办教育的教育投入，使教师待遇得到进一步保障，教师生活水平进一步提升，提升作为教师的尊严与自豪感。改善学校基本办学条件，提升学校办学标准。同时，增加针对学生的奖助补项目，以提升学生及其家长的教育认同感和获得感，改善弱势家庭子女和弱势儿童受教育问题，为教育公平作出贡献。

二是优化发展方式，协调多样教育需求。进入内涵式发展阶段，人民群众教育需求实现了从"有学上"到"上好学"的转变，社会各界、不同经济文化背景的社会群体，对教育的需求呈现出显著的差异化特征。为满足教育的差异化与特色化需求，民办教育成为协调社会教育需求的重要力量。除满足对传统学校教育的差异化需求外，在中小学校外教育，包括实践教育、劳动教育、体育、美育等方面，在促进学校教育、家庭教育、社会教育融合发展方面，民办教育有着巨大的潜力和优势。

三是推动各级各类民办教育协调发展。纵向来看，要进一步夯实优质均衡的义务教育，发展高标准的高中教育，打造高水平的高等教育，使各级民办教育能够优质协调发展。要坚持"人有我优"的市场理念，善于和公办院校进行有益竞争，提高教育资源的利用率，在现有广覆盖、保基本的普通

教育模式下,积极打造自身的规模化经营模式,在资源调配、管理模式上实现创新。横向来看,要针对普通教育无法做到、难以覆盖、不好入手的领域和问题,进行有的放矢。要坚持"人无我有"的创新思路,梳理学生的个性诉求,形成针对性的教育方式;要针对市场主体的不同需求,充分发挥规模优势,在深度上进行集中研究,在技能水平上进行前沿探讨;另外,要坚持"人有我优"的市场理念,善于和公办院校进行有益竞争,提高教育资源的利用率,在现有广覆盖、保基本的普通教育模式下,积极打造自身的规模化经营模式,在资源调配、管理模式上实现创新。

3. 遵循教育发展逻辑,探索民办教育内部发展规律

一是完善内部运行机制,支持民办教育有序发展。推进民办教育行业协会建设,加强行业自律,明确行业规范,制定行业规则,自觉约束办学行为,做好民办学校与政府之间联系的桥梁和纽带,落实党和政府的方针政策、反映学校诉求、维护民办学校合法权益,为政府科学决策提供服务。鼓励各民主党派参政议政,对各级政府民办教育管理工作和民办学校的持续健康发展提出更多更好建议。

二是更新民办教育理念,充分发挥民办教育文化育人作用。民办教育分类管理的最终目标在于民办学校的教育软实力建设,即最大限度地发挥文化育人价值。首先,通过打造先进的民办教育文化体系,弘扬蕴含正能量的教育价值观念,对于民办学校来说就是鼓励和引导民办教育走向公益性、非营利性。其次,通过进一步优化教育组织结构,完善教育管理体制机制,构建起顺畅的民办教育发展运行保障体系。最后,充分挖掘教育的延伸功能,以教育发展连接和影响经济、文化等各领域,重视教育的教化、学校的教化价值,充分发挥教育的正能量。

三是注重内涵式发展,持续深化民办教育改革。民办教育在面临新形势、新任务的背景下,必须重新审视民办教育在教育整体发展中的地位作用,加大改革创新力度,在新的起点上推进民办教育健康持续发展。改变以往民办教育更多参照市场规律、经济规律办学,要更多遵循教育自身的规律办学,改变过去民办学校较多按照企业管理模式管学校,更加注重科学民主管理,改变过去以规模扩张为主的发展战略,在提高质量上下功夫。

4. 健全教育政策支持体系,激发人才培养创新动力

一是清理和规范各类行政许可、资质资格、中介服务等管理事项。进一

步清理规范各类行政许可,深入推进精准放权、协同放权。深化商事制度改革,在全国推行"证照分离"改革,重点是照后减证,各类证能减尽减、能合则合,着力破解"准入不准营"问题。继续清理规范工程建设项目审批事项,大幅压缩审批时间。大幅压减工业产品生产许可证。优化资质资格管理,进一步简化企业资质类别和等级设置,减少不必要的资质认定。继续清理规范行政审批中介服务事项,需保留的实行清单管理,加强监管、破除垄断、规范收费、切断利益关联,促进中介服务市场健康发展。

二是减少政府直接资源配置比重,逐步降低政府直接干预教育活动行为。分类管理改革有助于推动资源配置依据市场规则、市场价格、市场竞争实现效益最大化和效率最优化。对于适宜由市场配置的公共资源,要让市场机制有效发挥作用,加快整合各类公共资源交易平台,建立公共资源目录清单,完善市场交易机制,提高配置效率和效益。进一步落实学校办学自主权,在法律法规框架内,由学校自主办学。实施公平竞争审查制度,清除针对特定行业的不合理补贴政策,严厉查处滥收费用、强迫交易等行为。规范教育秩序,强化教育监管,实现教育机构良性运行。

三是有利于发挥民办学校体制机制优势,探索建立"产学研"合作的人才培养模式。民办高校更加突出实用性的价值取向已经是其发展的必然选择,一方面,营利与非营利性民办学校应该在人才培养的理念上创新,探索实行"双证书"制度,使毕业生在取得学历的同时也获得技术等级或职业资格证书;另一方面,应建立完善的校内外实习基地,促进学校实践教学体系的构建。

5. 满足教育多样化需求,缓解资源分布不均难题

一是民办学校分类管理有助于满足人民群众的多样需求。民办学校的特色创建不仅是适应社会对人才多样化需求的必然选择,而且是适应人的个性发展,满足人民群众对教育多样化需求的必然选择。其最高境界应是为不同特点的人、不同需求的人、不同特长的人提供适合的、有针对性的教育,构筑起促进学生健康成长成才的通路。在推进学校特色创建上,要改变以升学率为主的学校评价方式,实施对学校发展的多元评价;支持学校的创新探索,鼓励民办学校发展成为教育教学实践成效卓著、特色鲜明的教育部分。

二是有助于缓解教育发展需求与政府投入不足之间的矛盾。资金、技

术、信息等商品化要素越来越多地参与到民办学校办学过程中,打破了教育资源均衡状态。民办教育分类管理有助于打破传统上非营利性民办学校与营利性民办学校内部优质师资严重不足的现象:地方政府出台政策对于非营利性民办学校优质师资进行技术共享,破解公办教师流动瓶颈,促使优质教师资源向非营利性民办流动,有助于缓解教育资源分布不均的现实状况。

三是推动民办教育内部管理体制科学化进程,有利于实现教育资源均衡化配置。分类管理、分类登记完成后,教育主管部门通过不断完善地方"政策包"内容,切实明确政府在不同属性民办教育事业发展中的责任,规范和支持民办教育发展。同时,教育行政部门应进一步完善相应的制度、措施,保障民办受教育者的相关权益,为全体受教育者"保驾"。最后,加强对于民办学校(尤其是营利性民办学校)内部教育管理团队的监督与管理,打造质量和数量并举的教师队伍,健全科学的教学评价、学生评价体系,为民办受教育者"谋利"。

二、分类管理的影响因素

民办教育分类管理改革是涉及全国各学段、各类型民办学校发展的系统性改革,核心问题是实施好对非营利性民办学校与营利性民办学校的差异化扶持政策与管理举措。随着我国进入社会发展新时期,教育发展的外部环境和内部条件正在发生复杂而深刻的重大变化。从我国民办教育的规模、布局、结构、质量看,尚无法完全适应我国社会发展需求结构。总的来看,推动民办教育分类管理改革实践,需要推动民办教育简政放权,激发院校主体活力;推进配套政策落地,优化民办学校治理环境;鼓励社会力量参与,消解民办教育发展的外部阻力;平衡学校办学收支,积极推进教育税费减免;打造智慧教育平台,创新教育供给方式。

1. 推动民办教育简政放权,激发院校主体活力

一是分类改革后,减少政府对民办教育的微观管理事务和具体审批事项。改革传统教育管理机制,政府集中管理非营利性民办学校中有关人民需求福祉的相关事宜,给予必要的政策与资金支持,确保教育的公益性与多样性供给。对于营利性民办学校,政府做好市场规律失灵后的宏观调控保障,使营利性民办学校同我国社会主义市场经济相适应。同时尊重行业市

场作用和民办学校主体地位,凡是民办教育行业市场机制可以有效调节的事项以及社会组织可以替代的事项,凡是民办学校在法律范围内能够自主决定的事项,原则上应做好底线审核,最大限度减少审批。

二是公平客观对待民办教育。按照服务性质而不是所有制性质制定民办教育扶持政策,坚持教育公益性,同等对待民办教育。加快建立公开、透明、平等、规范的教育领域准入制度,实施教育行业准入负面清单制度,保障各类办学主体依法进入教育领域。推进营利性民办学校服务市场化改革,扩大和提高向社会购买基本教育服务的范围和比重,鼓励社会资本进入教育领域、提供个性化多样化服务。加快推进教育领域改革,打破不合理垄断,以竞争推动教育质量提升。

三是依法落实自主办学权。允许中等以上层次的民办学校在合理规模内,与当地公办学校同期自主确定招生方案、标准和方式,同公办学校的招生范围大体相当。允许民办学校根据国家课程标准自主选择或编写教材,自主设置课程和专业,自主开展教学试验。扩大民办高等学校和中等职业学校专业设置自主权,鼓励学校根据国家战略需求和区域产业发展需要,依法依规设置和调整学科专业。

政府购买私立教育已经成为世界其他主要国家私立教育改革的重要思路。就国际经验看,政府购买私立教育的类型和内容已经较为丰富,主要包括政府购买教育管理或专业服务、政府购买私立学校"学位"、政府购买基建设施、政府购买私立学校运行服务等。然而,并非所有的私立学校都进入政府购买行列。一是出于部分私立学校的自主选择,最典型的是法国的"合同外私立学校"。二是出于对政府购买营利性教育之合理性的质疑。虽然目前只有美国将营利性学校有限纳入政府购买服务系统,但其他国家也在加强对所有私立学校的鼓励扶持力度,并对学费标准、专业设置、课程安排、校长任命等学术相关问题充分放权,避免直接干预学校发展。

2. 统筹推进配套政策落地,优化民办学校治理环境

一是推动分类改革政策内外部协调配套。在政策协调上下功夫,找准教育与相关部门间的最大"公约数",对应国家层面部际联席会议制度,各地建立相应的部门协调机制,并充分发挥实际作用,统筹教育、人社、编制、发展改革、财政、民政、税务、市场监管等众多部门,集中解决登记、财政、税收、土地、收费等相关政策。在全面调研、科学研判的基础上,由教育部牵头,统

筹协调各地工作步调和节奏,形成上下联动的改革思路,为促进民办教育可持续发展提供更加具体、可操作的指导,解除各地各校的困惑,同时避免各区分类管理改革方案差异过大。

二是转变政府职能和服务理念。树立有限、责任、法治、服务政府的观念,分类改革后政府对民办教育管理由过去以审批为主向以监管和服务为主转变。用政府的减权限权激发民办学校办学活力,增强民办教育发展内生动力,推动实现民办教育更高质量、更有效率、更加公平、更可持续的发展。以分类管理、鼓励支持、简政减税减费为重点优化民办教育发展环境,打造民办学校一视同仁、稳定公平透明、更具竞争力的办学环境,完善民办教育可持续发展的制度体系。

三是优化民办学校治理环境,提升教育治理效率和水平。分类管理改革为民办教育资源配置依据教育规律、行业规则、市场价格、公平竞争实现效益最大化和效率最优化提供基础。同时,政府应进一步整体减少对于民办教育的直接干预,对于非营利性民办学校应由政府发挥宏观调整作用,保障教育供给的公平公正;对于营利性民办学校等适宜由市场配置的教育资源,要让市场机制有效发挥作用,完善民办教育市场交易机制,提高教育配置效率和效益。

世界上其他各国普遍建立了相对健全而有差异化的民办教育支持政策体系。21世纪以来,各国普遍将非营利私立教育作为广义的公共教育的组成部分,一方面模糊了学校性质的公、私立之分,增加了对非营利性私立学校的政策支持;另一方面明确了学校身份的非营利性、营利性之别,加强了对营利性私立学校的管理。美国、澳大利亚、法国都将这种差异化政策上升为法律、法规,构成政府管理私立学校的基本制度。俄罗斯和日本则将通过相关政策文件,说明非营利性和营利性私立学校的差别待遇。

3. 鼓励社会力量参与,消解民办教育发展的外部阻力

一是放宽对民办教育办学层次和办学硬件的不合理限制,强化社会力量有序进入民办教育的决心。研究取消对社会资本单独设置的附加条件和歧视性条款,保障社会资本合法权益。明确分工方案,破除社会资本进入教育的法律和政策障碍。尽快制定配套政策,落实落细国务院《关于鼓励社会力量兴办教育 促进民办教育健康发展的若干意见》(国发〔2016〕81号),进一步保护和调动社会力量参与和支持教育的积极性。

二是构建民办教育市场退出机制,完善民办教育投融资体系。完善金融中介服务体系,利用财政性资金提供贴息、补助或奖励。探索民办教育在新的法律政策条件下,已上市教育集团的去金融化、去证券化机制,为营利性民办学校非营利改革提供解决方案与可行路径。

三是探索民办学校资源联合新方式,提升校级合作水平。充分利用不同类型民办学校的体制机制优势,探索民办学校相互委托管理和购买服务的长效机制,地方各级政府要进一步扮演好"中间人"角色,运用购买服务、财政转移支付和税收减免等方式,促进民办学校之间的深度合作。同时,针对多方合作中的风险点和风险源,加强事中事后监管,构建立体化风险防范机制。

对于民办学校参与金融运作,欧美国家的分类管理更多依托长期性普惠政策,同时节制短期性激励政策。美国和澳大利亚不设置过于复杂的分类标准,而主要通过政府拨款和税收优惠两大政策工具引导市场主体的自主选择。两国还将对非营利性私立学校税收优惠产生的税收支出纳入政府公共预算,实行预算、实施、监管和评估的规范化管理流程。而俄罗斯和日本则对短期性、局部性激励政策较为依赖。例如,俄罗斯允许私立高校以股份形式参与各种企业的经济活动,允许其购买股票、债券以及其他有价证券并从中获得收入,但政府对私立学校的管理政策缺乏连贯性,2004年以后完全取消了对私立教育的税收优惠和财政支持。由于刺激性政策较为不稳定,且难以将政策利好均衡地传递到每一所私立学校,建立起低"门槛"、更具便捷性的政策普惠机制将是分类管理改革的重点与难点。

4. 平衡学校办学收支,积极推进教育税费减免

一是落实税收优惠政策,增强非营利民办学校办学积极性。国务院财政部门、税务主管部门会同国务院有关行政部门,应抓紧清除登记为非营利性民办学校税收减免的制度性障碍,落实非营利性民办学校与公办学校的同等税收待遇,认定免税资格,免征非营利性收入的企业所得税;对企业办学校、幼儿园自用房产及土地,免征房产税和城镇土地使用税。全面清理规范涉及民办学校的行政事业性收费,实行涉及民办学校的收费目录清单管理。

二是拓宽教育收入来源,完善教育资助优惠减免政策体系。适当增大教育资助优惠减免幅度,例如,在当前我国企业和个人教育资助减免政策的

基础上,可适当增大纳税额抵扣比例(当前税法规定,在企业年度利润总额12%以内的部分,准予在计算应纳税所得额时扣除;对个人支持教育事业的公益性捐赠支出,按照税收法律法规及政策的相关规定在个人所得税前予以扣除)。

三是落实对营利性民办学校的税收优惠。营利性民办学校适用国家鼓励发展的相关产业政策,享受相应的税收优惠。对营利性民办学校,切实完善税收优惠扶持政策,综合现行法律和相关政策作出对营利性民办学校免征或减按3%的税征收增值税,免征或减按15%的税率征收企业所得税等税收优惠规定。

纵观全球,民办教育分类支持体系通常将"税收减免"和"照章纳税"作为非营利性和营利性私立学校的最主要区分政策。政府对非营利性私立学校的资助可分为非常规资助(如俄罗斯政府给予私立学校临时性补贴)、间接资助(如美国和澳大利亚向私立学校学生和家长提供的低息贷款和奖学金)、部分资助(如日本和澳大利亚对非营利性私立学校在教材、教学仪器、教师进修等方面的资助)、近全额资助(如法国国家财政负责支付非营利性私立学校的教师工资,并根据学校招生情况对学校经营性开支给予补贴)。可以看出,将非营利性私立学校师生群体纳入国家资助,已经成为世界上其他主要国家促进私立教育发展的最主要方式。同时,随着对"营利性教育也具有公益性"这一认识的深化,完善涵盖非营利性和营利性私立学校的教育资助政策,已成为分类管理改革的重要趋势。

5.打造智慧教育平台,创新教育供给方式

一是完善教育管理信息化顶层设计。依托信息化手段,分类整合民办教育管理资源,搭建国家教育管理公共服务平台,建立基于大数据的现代教育治理体系,实现决策支持科学化、管理过程精细化、督导评价多元化,提高教育管理效能,推动民办教育治理能力的现代化。以信息化为支撑和引领,提高精准化服务水平,借助大数据分析工具,帮助学校精准改进学科评价、教师精准教学、学生精准学习,实现民办教育政务信息系统全面整合和政务信息资源开放共享。

二是促进民办学校管理标准化、规范化。制定学校基础信息管理要求,加快民办学校管理信息化进程。高标准建设一批智能时代的未来学校。大力加强数字校园、智慧课室、创客空间等信息化条件建设,广泛应用大数据、云计算、物联网、人工智能等技术,积极开展智慧教育创新研究和示范,引领教育改革发展。

三是大力发展现代远程教育。建设以卫星、电视和互联网等为载体的远程开放继续教育及公共服务平台,为学习者提供方便、灵活、个性化的学习条件。以不同民办学校实体为依托加强网络教学资源体系建设。引进国际优质数字化教学资源,开发网络学习课程。建立数字图书馆和虚拟实验室。建立开放灵活的教育资源公共服务平台,促进优质教育资源普及共享。创新网络教学模式,开展高质量高水平远程学历教育。继续推进农村中小学远程教育,使农村和边远地区师生能够享受优质教育资源。

在教育技术手段不断革新的同时,世界上其他国家的政府也在通过技术手段对私立教育市场进行管理与监督。政府正在改变传统以行政和法律手段为主的管理方式,越来越多地通过技术手段介入私立学校发展。这种情况下,私立学校势必要让渡一定程度的经营自由,以换取更多的资助或优惠待遇。如何平衡私立学校独立办学和政府监管间的关系,成为私立教育发展过程中的重要问题。美国、法国、澳大利亚、日本政府都利用社会和市场的力量,借助非政府或半政府评估组织,确保私立学校发展需求为政府所获悉、政府政策也为私立学校所接纳。这种将政府权力部分让渡给第三方组织的做法,对私立学校分类管理产生越来越重要的影响,正在随着现代国家私立教育治理体系的完善而得到推广。①

第三节　民办教育分类管理的实践基础

一、顺应类型分化破解发展瓶颈的客观诉求

对民办教育进行分类管理,首先同民办教育事业自身的发展状况密不可分。第一,民办教育事业的发展规模在过去的四十多年中显著扩大,迫切要求我们由"从外看"转而"向内看",即从笼统地、粗放地发展、管理民办教

---

① 李虔.国外私立学校分类管理怎么做——世界主要国家的改革经验与启示[J].教育发展研究,2015(13):103—107.

育,转向关注民办教育领域内部的细节差异问题,这就进而要求决策者要关注不同民办学校及其举办者在营利问题上的差别立场。第二,改革开放以来我国民办教育所走过的道路,不仅是一条规模持续扩张的道路,而且是一条多样化的分化道路,投资办学和捐资办学的局面亟须政策响应。民办学校发展须从"整体关照"转向"分类改进"。第三,由于特殊的历史原因,营利性问题始终是我国民办教育事业发展绕不过去的一道"坎儿"。伴随着民办教育规模扩大,民办学校利益相关者话语权的增强,围绕营利性的矛盾越来越突出,一些民办学校营利性诉求的凸显也要求政策予以积极回应。这些问题迫切要求我们细化民办教育政策,将民办学校分类管理提上日程。

1. 转"从外看"为"向内看",关注内部分化与差异诉求

这里所谓"从外看",是指笼统地、粗放地发展和管理民办教育,而不去十分关注民办教育系统内部问题;而所谓"向内看"则是指我们的教育决策不仅要专注民办教育系统这个整体,同时还要关注、应对民办教育系统内部的差异。由"从外看"到"向内看"转变,首先是和民办教育事业的规模扩大密不可分的。虽然我国民办教育曾一度中断,但新兴的民办教育在改革开放后逐渐起步,2003 年《民办教育促进法》、2004 年《民办教育促进法实施条例》实施后,民办教育得到新的发展。2004 年,全国各级各类民办学校(机构)共有 7.85 万所,在校生达 1 769.36 万人。截至 2020 年,全国民办学校数量翻了一番,达到 18.67 万所;各级教育在校生增长了 2 倍有余,达到5 564.45 万人。[①]

如果说在民办教育起步之初,由于其整体规模较小,我们尚可以忽略其内部差异,将民办教育作为一个整体来扶持的话,那么今天面对规模如此庞大且还在不断增长的民办教育,政府需要做的就不仅仅是从整体上加以鼓励、扶持,而且还必须关注伴随着规模扩大而在民办教育系统内部逐渐显现的分化和差异,提供精细的、有针对性的对策和措施。这自然也就意味着,不同民办学校及其举办者在营利问题上的差别立场必须得到决策者的关注和重视。

---

① 中华人民共和国教育部.2020 年全国教育事业发展统计公报[EB/OL].(2021-8-27),http://www.moe.gov.cn/jyb_sjzl/sjzl_fztjgb/202108/t20210827_555004.html.

2. 变"整体关照"为"分类推进",促进营利与非营利学校共同发展

民办教育决策由"从外看"转而"向内看",也就意味着在实践层面上要从"整体关照"转向"分类改进"。如果说,正是因为民办教育规模的持续扩大要求决策者由"从外看"到"向内看"转变,那么,经由"向内看",一幅民办教育发展的多样化图景,将展现在决策者眼前。一提到多样化发展,我们往往首先会想到,从纵向来看,民办教育已经遍及学前教育、基础教育、职业教育、高等教育和社会培训等各个领域。2020 年,我国民办幼儿园 16.80 万所,在园幼儿 2 378.55 万人;民办普通小学 6 187 所,在校生 966.03 万人;民办初中 6 041 所,在校生 718.96 万人;民办普通高中 3 694 所,在校生 401.29 万人;民办中等职业学校 1 953 所,在校生 249.40 万人;民办普通高校 771 所(含独立学院 241 所),在校生 791.34 万人。[①]从横向观之,民办教育则既涉足学历教育领域,也涉足非学历教育领域。

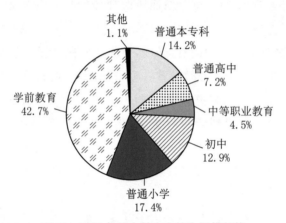

图 28　2020 年民办教育在校生规模结构

这自然是民办学校多样化发展的主要表征,但我国民办教育多样化发展的另一个重要方面,即投资办学与捐资办学的分野,也是不应该被忽略的。从法律法规来看,我国已经承认营利性民办学校的合法地位,但法律法规毕竟是规范意义的,它指向一种应然而非实然的状态。过去一些举办者举办学校明确以获得物质回报为目的,只不过它们往往以非营利但要求合

---

① 中华人民共和国教育部.2020 年全国教育事业发展统计公报[EB/OL].(2021-8-27),http://www.moe.gov.cn/jyb_sjzl/sjzl_fztjgb/202108/t20210827_555004.html.

理回报的合法面目出现。因此，一切从实际出发，我国早就并存营利性民办学校和非营利性民办学校，而且前者占主流地位。这种局面迫切呼唤民办教育政策由"整体观照"转向"分而治之"。

　　3. 化"消极抑制"为"积极应对"，消解民办教育领域突出矛盾

　　一方面，投资办学而非捐资办学是我国民办教育的基本特征；另一方面，法律长期以来又始终不允许营利性民办学校存在。这对矛盾使得"营利"或"合理回报"一直是民办教育领域的一个重要而又敏感的话题。近些年围绕着民办学校的营利性展开了大量争论，这些争论一直延续至今。如前所述，这些年来我国民办教育中并不是没有营利性诉求，而是这些诉求没有得到法律、法规和政策的有力回应。当然，2003 年实施的《民办教育促进法》允许民办学校举办者取得合理回报应该算是一种回应，但在现在看来，该回应显得还不够明确，当时作出的这种规定留下了一些灰色地带，也容易引发一些问题。今天，由于民间资本持续成长壮大，民办教育规模持续扩张，包括民办学校举办者在内的利益相关者话语权极大增强，民办教育领域中围绕营利与非营利的问题也日益突出，这些都迫切要求政策给予明确的响应。这也是今天需要对营利性和非营利性民办学校进行分类管理的重要缘由。

二、分类管理观念和制度环境条件已经具备

　　今天，不仅民办教育发展的内部矛盾呼唤对民办学校进行分类管理，而且，从外部条件来看，实施分类管理的条件也已经具备。这是因为，只有存在分化与差别，才会存在分类管理。因此分类管理的一个基本前提，就是允许营利性民办学校与非营利性民办学校共同存在，当然，利用这项政策支持鼓励非营利性民办学校发展是另外一回事。而今，营利性民办学校已经被接受，其生存空间日益扩大，其合法地位也将被法律所承认。第一，从经济环境观之，在改革开放四十多年后的今天，市场对教育的介入与影响持续加深，而教育市场的形成和发展为营利性民办教育奠定了基础。第二，从文化土壤来看，对于所有民办学校都必须坚守"非营利"底线的认识开始被突破，营利性民办学校观念开始被大众所接受。第三，从法律政策角度来看，营利性民办学校合法化也已经提上了日程。第四，从思想基础出发，对于民办学

校分类管理,尽管在学界内外存在一些争论,但也已经形成了一定的共识。基于上述几点理由,我们说,制定出台民办学校分类管理政策的外部条件已经基本形成。

1. 市场化改革为营利性民办学校发展奠定基础

教育本身并不必然属于市场领域,但营利性的产生和发展,则一定是教育与市场结合的产物。没有市场就不可能存在营利性民办学校的土壤。改革开放后我国所走的路,就是一条从"大政府、小市场"转向"小政府、大市场"的道路。不断成长壮大的民间资本必然要寻求新的投资空间,教育也就自然成为其下一步的进军目标。而国家的引导和响应,将进一步促成民间投资流向教育领域。如《国务院关于鼓励和引导民间投资健康发展的若干意见》(国发〔2010〕13号)指出"鼓励民间资本参与发展教育和社会培训事业"。[1]尽管重点支持鼓励捐资办学或者非营利性民办学校的取向必须继续坚持,但客观地看,在民间资本寻利和政策积极引导的共同作用下,投资办学、营利性民办教育的发展空间将得到空前拓展。

2. 营利性民办学校生存的文化土壤逐渐形成

如前所述,我国之所以长期没有对民办学校进行分类管理,其重要原因在于,我们并没有正视营利性教育的观念,也没有真正接受营利性教育在我国客观存在的现实。在这样的观念下,我们根本就不允许营利性民办学校合法存在,因此对营利性民办学校和非营利性民办学校的分类管理也就无从谈起。而今,随着市场对教育领域的影响不断加深,人们对于所有民办学校都必须坚守"非营利"底线的认识开始被突破,不仅民间资本以投资的眼光来看待教育,将其作为寻求利润的新的领地,而且,整个社会也日益形成了对营利性民办学校的宽容态度。同时,对于我国民办教育主要建立在投资办学的基础上这一事实,也被学界明确提出并为政府所逐渐接受。这就为营利性民办学校取得合法身份奠定了思想基础,进而为分类管理提供了条件。

3. 营利性民办学校逐步走向合法化

营利性民办学校的发展壮大并被社会逐步接受,最终将使其获得法律

---

① 国务院.关于鼓励和引导民间投资健康发展的若干意见[EB/OL].(2010-5-13)[2021-12-31],http://www.gov.cn/zhengce/content/2010-05/13/content_3569.htm.

的承认。从对有关法律法规的梳理来看,不难发现政策持续走向松动的轨迹。从 1997 年《社会力量办学条例》规定举办民办教育机构不得以营利为目的,到 2003 年《民办教育促进法》规定允许出资人从民办学校的办学结余中取得合理回报,再到 2013 年国务院法制办公室就《教育法律一揽子修订草案(征求意见稿)》向社会公开征求意见,提出允许民办学校自愿登记为非营利性或者营利性法人,[①]到 2015 年 1 月国务院常务会议提出允许兴办营利性民办学校,无不说明捆在民办学校头上的"非营利"紧箍正在一点一点被摘下,营利性民办学校取得合法地位指日可待。2016 年 12 月 30 日,教育部等五部委正式印发《民办学校分类登记实施细则》(教发〔2016〕19 号),对民办学校在设立审批、分类登记、事项变更和注销登记等方面进行了明确规定,推动民办学校分类管理改革落地。[②]同日,教育部等三部委联合印发《营利性民办学校监督管理实施细则》(教发〔2016〕20 号),对营利性民办学校的设立、组织机构、教育教学、财务资产、信息公开、监督与处罚等进行了规定,建立了营利性民办学校的监督管理机制,进一步补充完善了民办学校分类管理制度。[③]在国家层面相关法律法规和政策文件的推动下,各地相继出台了分类登记的配套方案及专门性文件,推动了民办学校分类管理改革的落地。至此,营利性民办学校和非营利性民办学校并存的局面,加速跟进分类管理政策自然成为题中应有之义。

4. 实施民办学校分类管理改革的思想基础逐步形成

自从民办学校分类管理的动议提出以来,学界内外就是否有必要实施这项政策掀起了一场旷日持久的争论。抛开细枝末节不谈,从整体上看,基本形成了赞成和不赞成(或者认为我国当下并不适合实施)分类管理的两大阵营。尽管争议的出现是正常的,但围绕这一问题的争议之所以如此激烈,恰恰说明主张分类管理的呼声已经很大,越来越多的人认识到了分类管理的必要性,它已成为决策者和不少民办教育实践者的共识。况且,《国家中

---

①　国务院法制办公室.关于《教育法律一揽子修订草案(征求意见稿)》公开征求意见的通知[EB/OL].(2013-9-6)[2021-12-31],http://www.gov.cn/zwhd/content_2482407.htm.

②　教育部等五部门.关于印发《民办学校分类登记实施细则》的通知[EB/OL].(2017-1-18)[2021-12-31],http://www.moe.cn/srcsite/A03/s3014/201701/t20170118_295142.html.

③　教育部、人力资源社会保障部、工商总局.关于印发《营利性民办学校监督管理实施细则》的通知[EB/OL].(2017-1-18)[2021-12-31],http://www.moe.gov.cn/srcsite/A03/s3014/201701/t20170118_295144.html.

长期教育改革和发展规划纲要(2010—2020 年)》的颁布,"使得民办高校分类管理问题实际上已经从理论层面进入到政策层面,部分省市也把分类管理提上议事日程。因此,当前要讨论的已不是是否应该进行分类,而是应该如何对民办高校实行分类管理的具体措施了"。①2021 年 5 月颁布的《中华人民共和国民办教育促进法实施条例》第六十一条专门提出,除《民办教育促进法》和本条例规定的支持与奖励措施外,省、自治区、直辖市人民政府还可以根据实际情况,制定本地区促进民办教育发展的支持与奖励措施。各级人民政府及有关部门在对现有民办学校实施分类管理改革时,应当充分考虑有关历史和现实情况,保障受教育者、教职工和举办者的合法权益,确保民办学校分类管理改革平稳有序推进。②这一规定为民办教育分类管理改革的地方化、精细化改革提供政策依据。此后,北京、天津、河北、山西、内蒙古、吉林、黑龙江、上海、江苏、安徽、福建、江西、山东、广东、广西、海南、重庆、四川、贵州、云南、陕西、甘肃、宁夏共 23 个省份均在相关法律法规和政策文件的基础上,研究制定并颁布了相应的民办学校分类登记实施细则,一些省份同时出台了营利性民办学校监督管理办法,对新设民办学校和现有民办学校分类登记流程和要求作出明确规定,进一步夯实了民办学校分类管理的改革基础。

第四节　民办教育分类管理政策演进历程

一、试点扩散阶段

对非营利性和营利性民办学校实行分类管理,是党中央、国务院把握教育发展大势,以民办教育为重要突破口,全面深化教育改革的重要战略部署。2010 年 7 月,《国家中长期教育改革和发展规划纲要(2010—2020 年)》提出要坚持教育公益性原则,健全政府主导、社会参与、办学主体多元、办学形式多样、充满生机活力的办学体制,形成以政府办学为主体、全社会积极

---

① 民办高校分类管理项目组.民办高校分类管理研究报告[R].上海:上海杉达学院,2012:12.
② 国务院.中华人民共和国民办教育促进法实施条例[EB/OL].(2021-5-14)[2021-12-31],http://www.gov.cn/zhengce/content/2021-05/14/content_5606463.htm.

参与、公办教育和民办教育共同发展的格局,要求调动全社会参与教育的积极性,进一步激发教育活力,满足人民群众多层次、多样化的教育需求,开启了我国教育改革发展的新征程。同时,该纲要还进一步明确了政府对民办教育"大力支持"和"依法管理"的导向,一方面强调民办教育已经成为我国教育事业发展的重要增长点和促进教育改革的重要力量,另一方面要求加强政府对民办教育的统筹、规划和管理责任,积极探索营利性和非营利性民办学校分类管理。①分类管理的正式提出,为我国民办教育发展提供了未来的改革思路。

民办教育分类管理涉及面广、历史情况复杂,政府采取了先行试点、总结推广的改革推进方式,在控制潜在风险的同时,通过有效的推广机制使试点经验较快普及,成为渐进式改革的重要经验,为全国范围内推进分类管理探索提供了经验和路径。2010 年 12 月,按照该纲要的部署,国务院办公厅印发《国务院办公厅关于开展国家教育体制改革试点的通知》(国办发〔2010〕48 号),在上海市、浙江省、广东省深圳市、吉林华桥外国语学院,启动实施了营利性和非营利性民办学校分类指导、分类支持、分类管理的国家教育体制改革试点。②

这些试点在探索中创新,在创新中推进,积累了分类发展的实践基础。到 2016 年启动新一轮民办教育改革时,分类改革可能存在的困难、问题和风险都有了比较扎实的"试水"探索和政策储备。

二、修法准备阶段

为消除对非营利性和营利性民办学校实行分类管理的法律阻碍,从法律层面破解民办教育发展面临的法人属性、产权归属、扶持政策、平等地位等方面的突出矛盾和关键问题,2012 年教育部启动了《民办教育促进法》的修改工作。2012 年 7 月,教育部将《教育法律一揽子修订建议(草案)(送审

---

① 国家中长期教育改革和发展规划纲要工作小组办公室.国家中长期教育改革和发展规划纲要(2010—2020 年)[EB/OL]. (2011-10-29)[2021-12-31], http://www.moe.gov.cn/srcsite/A01/s7048/201007/t20100729_171904.html.

② 国务院办公厅.关于开展国家教育体制改革试点的通知[EB/OL]. (2011-01-12)[2021-12-31], http://www.gov.cn/zwgk/2011-01/12/content_1783332.htm.

稿)》报国务院审议。国务院法制办在广泛征求意见基础上,会同教育部等有关部门对送审稿进行了反复研究修改,形成了《教育法律一揽子修正案(草案)》①,经国务院第 77 次常务会议讨论通过后,2015 年 8 月提交第十二届全国人大常委会第十六次会议进行初次审议。2015 年 12 月 27 日,全国人大常委会第十八次会议审议《中华人民共和国教育法》(以下简称《教育法》)、《中华人民共和国高等教育法》(以下简称《高等教育法》)、《民办教育促进法》的修正案,通过了《教育法》《高等教育法》修正案,因各界对分类管理政策设计存有较多争议,《民办教育促进法》修订案暂缓表决。修改后的《教育法》删除了"任何组织和个人不得以营利为目的举办学校及其他教育机构"②的规定,《高等教育法》同时删除了"设立高等学校不得以营利为目的"③的规定,实现了民办教育的制度性突破,为分类管理背景下推进民办教育改革发展奠定了法源性基础。2016 年 1 月,《民办教育促进法》修正案草案二次审议稿征求意见,民办学校的分类标准出台,民办学校的举办者可以自主选择设立非营利性或者营利性民办学校。

　　2016 年 11 月 7 日,第十二届全国人大常委会第二十四次会议通过审议通过《全国人民代表大会常务委员会关于修改〈中华人民共和国民办教育促进法〉的决定》(以下简称《民办教育促进法修法决定》),规定民办学校的举办者可以自主选择设立非营利性或者营利性民办学校④,并以国家主席习近平签署的中华人民共和国主席令(第五十五号)予以公布。此次修法的最大亮点是确立了分类管理的法律依据,明确实行非营利性和营利性民办学校分类管理,允许举办实施学前教育、高中阶段教育、高等教育以及非学历教育的营利性民办学校,但是不得设立实施义务教育的营利性民办学校,民办教育改革进入分类管理新时代,初步建立针对两类民办学校的差异化制度体系(见表 2)。

　　① 司法部.教育法律一揽子修正案(草案)条文[EB/OL]. (2015-9-7)[2021-12-31],http://www.npc.gov.cn/npc/c1481/201509/4b251db16ee1451ba6d8e806e8716c51.shtml.

　　② 新华社.关于修改《中华人民共和国教育法》的决定[EB/OL]. (2015-12-28)[2021-12-31],http://www.npc.gov.cn/npc/c12488/201512/e140e977da2c4e16866e1a63b9e367e4.shtml.

　　③ 新华社.关于修改《中华人民共和国高等教育法》的决定[EB/OL]. (2015-12-28)[2021-12-31],http://www.npc.gov.cn/npc/c12488/201512/c964547ed6444a60b6e8595050f8af60.shtml.

　　④ 全国人民代表大会常务委员会关于修改《中华人民共和国民办教育促进法》的决定[EB/OL]. (2016-11-7)[2021-12-31],http://www.npc.gov.cn/wxzl/gongbao/2017-02/20/content_2007550.htm.

表 2　《民办教育促进法》修改前后主要变化情况

内容	修 改 前	修 改 后
党建工作	—	第一章增加一条,作为第九条:"民办学校中的中国共产党基层组织,按照中国共产党章程的规定开展党的活动,加强党的建设。"
分类管理	第十八条　民办学校取得办学许可证,并依照有关的法律、行政法规进行登记,登记机关应当按照有关规定即时予以办理。	民办学校的举办者可以自主选择设立非营利性或者营利性民办学校。但是,不得设立实施义务教育的营利性民办学校。非营利性民办学校的举办者不得取得办学收益,学校的办学结余全部用于办学。营利性民办学校的举办者可以取得办学收益,学校的办学结余依照公司法等有关法律、行政法规的规定处理。民办学校依法取得办学许可证后,进行法人登记,登记机关应当依法予以办理。
举办者权益	第十九条　民办学校应当设立学校理事会、董事会或者其他形式的决策机构。	民办学校应当设立学校理事会、董事会或者其他形式的决策机构并建立相应的监督机制。民办学校的举办者根据学校章程规定的权限和程序参与学校的办学和管理。
教师权益	第三十条　民办学校应当依法保障教职工的工资、福利待遇,并为教职工缴纳社会保险费。	民办学校应当依法保障教职工的工资、福利待遇和其他合法权益,并为教职工缴纳社会保险费。国家鼓励民办学校按照国家规定为教职工办理补充养老保险。
分类收费	第三十七条　民办学校对接受学历教育的受教育者收取费用的项目和标准由学校制定,报有关部门批准并公示;对其他受教育者收取费用的项目和标准由学校制定,报有关部门备案并公示。民办学校收取的费用应当主要用于教育教学活动和改善办学条件。	民办学校收取费用的项目和标准根据办学成本、市场需求等因素确定,向社会公示,并接受有关主管部门的监督。非营利性民办学校收费办法,由省、自治区、直辖市人民政府制定;营利性民办学校的收费标准,实行市场调节,由学校自主决定。民办学校收取的费用应当主要用于教育教学活动、改善办学条件和保障教职工待遇。
管理与监督	第四十条　教育行政部门及有关部门依法对民办学校实行督导,促进提高办学质量;组织或者委托社会中介组织评估办学水平和教育质量,并将评估结果向社会公布。	教育行政部门及有关部门依法对民办学校实行督导,建立民办学校信息公示和信用档案制度,促进提高办学质量;组织或者委托社会中介组织评估办学水平和教育质量,并将评估结果向社会公布。

（续表）

内容	修 改 前	修 改 后
扶持措施	第四十五条　县级以上各级人民政府可以采取经费资助，出租、转让闲置的国有资产等措施对民办学校予以扶持。	县级以上各级人民政府可以采取购买服务、助学贷款、奖助学金和出租、转让闲置的国有资产等措施对民办学校予以扶持；对非营利性民办学校还可以采取政府补贴、基金奖励、捐资激励等扶持措施。
税收优惠	第四十六条　民办学校享受国家规定的税收优惠政策。	民办学校享受国家规定的税收优惠；其中，非营利性民办学校享受与公办学校同等的税收优惠。
教育用地	第五十条　新建、扩建民办学校，人民政府应当按照公益事业用地及建设的有关规定给予优惠。教育用地不得用于其他用途。	新建、扩建非营利性民办学校，人民政府应当按照与公办学校同等原则，以划拨等方式给予用地优惠，新建、扩建营利性民办学校，人民政府应当按照国家规定供给土地。教育用地不得用于其他用途。
偿债顺序及剩余财产分配	第五十九条　对民办学校的财产按照下列顺序清偿： （一）应退受教育者学费、杂费和其他费用； （二）应发教职工的工资及应缴纳的社会保险费用； （三）偿还其他债务。 民办学校清偿上述债务后的剩余财产，按照有关法律、行政法规的规定处理。	对民办学校的财产按照下列顺序清偿： （一）应退受教育者学费、杂费和其他费用； （二）应发教职工的工资及应缴纳的社会保险费用； （三）偿还其他债务。 非营利性民办学校清偿上述债务后的剩余财产继续用于其他非营利学校办学。营利性民办学校清偿上述债务后的剩余财产，按照公司法的有关规定处理。
奖励或补偿	—	2016年11月7日前设立，选择登记为非营利性民办学校的，根据依照本决定修改后的学校章程继续办学，终止时，学校财产依照本法规定进行清偿后有剩余的，根据出资者的申请，综合考虑在本决定施行前的出资、取得合理回报的情况以及办学效益等因素，给予出资者相应的补偿或者奖励，其余财产继续用于其他非营利性学校办学；选择登记为营利性民办学校的，应当进行财务清算，依法明确财产权属，并缴纳相关税费，重新登记，继续办学。

三、综合推进阶段

为推进民办教育分类管理及民办教育新的法律政策（指新《民办教育促进法》及其配套政策）落地，国务院及相关部门颁布了配套法规政策，标志着我国民办教育全面进入分类管理的新发展时期，开启了民办教育发展的新征程。民办教育新的法律政策明确了分类管理的合法性，确定了营利性学校与非营利性学校的划分标准以及营利性民办学校准入领域，初步构建了非营利性与营利性民办教育分类扶持、分类监管的政策体系，为破解长期困扰民办学校发展的法人属性不清、财政扶持不足、税收优惠难以落实、办学自主权不到位等问题奠定了法源性基础。

2016 年 12 月，中共中央办公厅印发《关于加强民办学校党的建设工作的意见（试行）》（中办发〔2016〕78 号），为民办学校党建工作提出明确要求，各级党委（党组）要充分认识做好民办学校党建工作的重要性、紧迫性，按照全面从严治党要求，加强党对民办学校的领导，确保学校按照党的要求办学立校、教书育人。[①]

2017 年 1 月 18 日，国务院对外发布《国务院关于鼓励社会力量兴办教育　促进民办教育健康发展的若干意见》（国发〔2016〕81 号），全面部署了民办教育改革发展的各项政策措施，为民办教育分类管理政策的落地提供改革行动方案。其再次强调，民办教育已经成为社会主义教育事业的重要组成部分，同时明确了"育人为本，德育为先""分类管理，公益导向""优化环境，综合施策""依法管理，规范办学""鼓励改革，上下联动"五个基本原则，要求加强党对民办学校的领导、创新体制机制、完善扶持制度、加快现代学校制度建设、提高教育教学质量、提高管理服务水平。[②]此后，相关部委及全国各省级政府纷纷出台配套政策和各地实施意见，由此形成了民办教育分类管理政策体系。

为贯彻落实此意见，推动民办教育分类管理，2017 年 1 月，教育部、人

[①]　中共中央办公厅印发《关于加强民办学校党的建设工作的意见（试行）》的通知[EB/OL].(2016-12-29)[2021-12-31]，https://www.pkulaw.com/chl/3384e8eeacbcadf9bdfb.html.

[②]　国务院.关于鼓励社会力量兴办教育　促进民办教育健康发展的若干意见[EB/OL].(2017-1-18)[2021-12-31]，http://www.gov.cn/zhengce/content/2017-01/18/content_5160828.htm.

社部、民政部、中央编办、工商总局等五部门印发《民办学校分类登记实施细则》(教发〔2016〕19 号),进一步明确了两类民办学校的设立审批、登记机关、事项变更和注销登记、现有民办学校分类登记等相关内容。①同时,教育部、人力资源社会保障部、工商总局印发《营利性民办学校监督管理实施细则》(教发〔2016〕20 号),建立了营利性民办学校监督体系,涉及营利性民办学校的设立条件、组织机构、教育教学、财务资产、信息公开、变更与终止、监督与惩罚等方面。②此外,2017 年 8 月,工商总局和教育部印发《关于营利性民办学校名称登记管理有关工作的通知》(工商企注字〔2017〕156 号),进一步规范营利性民办学校名称问题。③

2017 年 7 月,为贯彻落实此意见,推动相关部门形成工作合力,推进民办教育分类管理,教育部等十四部门联合印发《中央有关部门贯彻实施〈国务院关于鼓励社会力量兴办教育　促进民办教育健康发展的若干意见〉任务分工方案》(教发函〔2017〕88 号),明确各部门职责和分工。④在此基础上,2017 年 8 月,国务院办公厅发布《关于同意建立民办教育工作部际联席会议制度的函》(国办函〔2017〕78 号),同意建立由教育部牵头的民办教育工作部际联席会议制度,明确其主要职能为在国务院领导下,统筹协调推进民办教育改革发展相关工作,健全社会力量兴办教育的政策制度。⑤

为将民办教育分类管理政策的部分内容、原则、规定法律化,教育部启动了《中华人民共和国民办教育促进法实施条例》的修订工作。2018 年 8 月,司法部公布《中华人民共和国民办教育促进法实施条例(修订草案)(送审稿)》,征求社会各界意见。该草案以强化支持政策、加强规范管理为主

---

① 教育部等五部门.关于印发《民办学校分类登记实施细则》的通知[EB/OL].(2017-1-28)[2021-12-31],http://www.moe.gov.cn/srcsite/A03/s3014/201701/t20170118_295142.html.

② 教育部　人力资源社会保障部　工商总局.关于印发《营利性民办学校监督管理实施细则》的通知[EB/OL].(2017-1-28)[2021-12-31],http://www.moe.gov.cn/srcsite/A03/s3014/201701/t20170118_295144.html.

③ 工商总局　教育部.关于营利性民办学校名称登记管理有关工作的通知[EB/OL].(2017-8-31)[2021-12-31],http://www.moe.gov.cn/jyb_xxgk/moe_1777/moe_1779/201709/t20170901_312956.html.

④ 教育部、中央编办等十四部门.关于印发《中央有关部门贯彻实施〈国务院关于鼓励社会力量兴办教育　促进民办教育健康发展的若干意见〉任务分工方案》的通知[EB/OL].(2017-9-4)[2021-12-31],http://www.moe.gov.cn/srcsite/A03/s3014/201709/t20170904_313118.html.

⑤ 国务院办公厅.关于同意建立民办教育工作部际联席会议制度的函[EB/OL].(2017-8-5)[2021-12-31],http://www.gov.cn/zhengce/content/2017-08/14/content_5217707.htm.

线,重点对民办学校党建、支持措施、学校设立与审批制度、办学行为和内部治理、办学自主权、集团化办学行为、教育培训机构、举办者合法权益、教师权益保障、监督管理机制十个方面进行修改。①此外,2018 年及 2019 年,教育部联合十三部门颁布了《民办教育工作部际联席会议 2018 年工作要点》(教发函〔2018〕26 号)和《民办教育工作部际联席会议 2019 年工作要点》(教发厅函〔2019〕46 号),为民办教育分类管理政策的切实推进规划了工作重点。

至此,我国民办教育分类管理领域有"一个决定""一部新法""一个条例""一个制度"和"两个意见""两个细则""两个通知""两个要点",形成了以新修正的《民办教育促进法》及其《民办教育促进法实施条例》为上位法律法规,以国务院《关于鼓励社会力量兴办教育　促进民办教育健康发展的若干意见》为指导意见,以相关部委配套政策相支撑、较为完整的顶层设计,分类管理进入法律法规和政策配套落地的新阶段(见表 3)。

表 3　2016 年来我国民办教育法律法规及配套政策体系一览

文件名	发文单位	发文时间
《全国人民代表大会常务委员会关于修改〈中华人民共和国民办教育促进法〉的决定》	全国人大常委会	2016 年 11 月 7 日
《关于加强民办学校党的建设工作的意见》	中共中央办公厅	2016 年 12 月 29 日
《民办学校分类登记实施细则》	教育部等五部门	2016 年 12 月 30 日
《营利性民办学校监督管理实施细则》	教育部等三部门	2016 年 12 月 30 日
《民办教育工作部际联席会议制度》	国务院办公厅	2017 年 8 月 5 日
《关于营利性民办学校名称登记管理有关工作的通知》	工商总局、教育部	2017 年 8 月 31 日
《关于鼓励社会力量兴办教育　促进民办教育健康发展的若干意见》	国务院	2017 年 12 月 29 日
《民办教育促进法实施条例(修订草案)(送审稿)》	司法部、教育部	2018 年 8 月 10 日

---

①　《中华人民共和国民办教育促进法实施条例》(修订草案)(送审稿)[EB/OL].(2018-8-10)[2021-12-31],http://www.moj.gov.cn/pub/sfbgw/zwxxgk/fdzdgknr/fdzdgknrtzwj/201808/t20180810_207704.html.

（续表）

文件名	发文单位	发文时间
《民办教育促进法实施条例》	国务院令	2021 年 4 月 7 日
《关于规范民办义务教育发展的意见》	中共中央办公厅、国务院办公厅	2021 年 5 月 16 日
《关于规范公办学校举办或者参与举办民办义务教育学校的通知》	教育部等八部门	2021 年 7 月 19 日

2021 年 4 月 7 日,李克强总理签署第 741 号国务院令,修订了《民办教育促进法实施条例》。修订的总体思路是:第一,贯彻落实党中央、国务院的决策部署,坚持"支持"与"规范"并重的两条主线,进一步规范民办学校的举办、运行和管理,进一步加大扶持力度。第二,贯彻落实《民办教育促进法》的修法精神,细化和完善非营利性和营利性民办学校分类管理制度,并处理好与有关法律、行政法规的关系,增强可操作性。第三,着力破解长期存在的热点难点问题,及时反映实践中出现的新情况、新问题,先解决实践中突出、认识比较一致的问题,同时为地方实施分类管理留有余地。此次修订坚持问题导向和目标引领,着力发展更加优质、更有特色、更为包容的民办教育,有利于实现良法善治的积极互动,更好地稳定民办教育改革发展预期和指导民办教育分类管理改革实践。具体体现在以下几个方面:

一是在办学方向上,新增"加强民办学校党的领导"一条,坚持社会主义办学方向,强调始终坚持和不断加强党对民办教育的全面领导,坚持教育的公益属性,落实"立德树人"的根本任务,确保党的教育方针在民办学校得到贯彻;进一步要求民办学校的章程应当规定学校党组织负责人或者代表进入学校决策机构和监督机构的程序,决策机构组成应当包含党组织负责人,监督机构应当包含党的基层组织代表。

二是在发展目标上,更加注重优质特色,依法支持和规范社会力量举办民办教育,保障民办学校依法办学、自主管理,着力引导民办学校提供差异化、多元化、特色化的教育供给,始终把人民群众对教育的新需求新期盼放在首位,致力于解决好人民群众最关心最直接最现实的教育问题。

三是在法律地位上,更加体现平等原则,系统规定了民办学校举办者的权利义务,以及审批设立等各环节的要求;回应举办者合法权益诉求,鼓励引导社会力量兴办教育。依法保障举办者的分类选择权,允许举办者依法募集资金举办营利性民办学校并细化了相关政策要求；允许现有民办学校举办者根据其依法享有的合法权益与继任举办者协议约定变更收益，但协议不得损害学校权益和师生权益。

四是在支持政策上，明确了对民办学校尤其是非营利性民办学校在财政扶持、税收优惠、用地保障等方面的政策支持措施。如政府可以参照同级同类公办学校生均经费等相关经费标准和支持政策，对非营利性民办学校给予适当补贴；采取政府补贴、以奖代补等方式鼓励、支持非营利性民办学校保障教师待遇；民办学校享受国家规定的税收优惠政策，其中，非营利性民办学校享受与公办学校同等的税收优惠政策；地方人民政府出租、转让闲置国有资产应优先扶持非营利性学校等。

五是在规范管理上，以问题为线索进行定点清除，针对利用国有企业等平台举办"国有民办"、公办学校参与举办民办学校，挤压公办学校和其他民办学校生存环境的问题，规范地方政府、公办学校行为，禁止义务教育公办学校参与举办民办学校；针对一些社会组织通过兼并收购、协议控制等方式控制非营利性民办学校，以非营利之名行营利之实的问题，进一步规范通过资本运作控制非营利性学校进行获利的行为，禁止控制实施义务教育、学前教育的非营利性民办学校；针对民办学校提前招生、跨区域"掐尖"招生导致公办学校生源退化、破坏教育生态的问题，进一步规范招生行为，对义务教育实行"公民同招"。

六是在师生权益上，将"教育与受教育者"单独设章，要求民办学校履行主要责任的同时，规定地方政府可以采取政府补贴、以奖代补等方式鼓励、支持非营利性民办学校保障教师待遇；保障民办学校教师平等法律地位，进一步规范了民办学校教师的聘任制度和聘任合同；保障学生合法权益，规定民办学校的受教育者在升学、就业、社会优待、参加先进评选，以及获得助学贷款、奖助学金等国家资助政策诸方面，享有与同级同类公办学校的受教育者同等的权利。同时，要求实施学历教育的民办学校建立学生资助、奖励制度。

七是在资产财务上，着重依法落实、完善民办学校收费和管理机制，要求民办学校基于办学成本和市场需求等因素，遵循公平、合法和诚实信用原则，考虑经济效益与社会效益，合理确定收费项目和标准；健全民办学校资金和资产的管理使用规则，加强对国有资产参与举办民办学校的监管；完善民办学校关联交易监管机制,禁止义务教育民办学校进行关联交易,坚决防止以非营利之名行营利之实。

八是在制度体系上,将实践中行之有效的管理制度进一步体系化,着力构建符合民办教育特点的制度体系,以规范管理促进健康发展。在民办学校内部制度方面,鼓励民办学校创新教师聘任方式,同时要求建立教师培训制度、利益关联方交易的信息披露制度、教职工代表大会制度、学籍和教学管理制度、学生资助奖励制度、办学成本核算制度等。在行政部门管理制度方面,建立教师在公办、民办学校之间的合理流动制度,民办学校信用档案和举办者、校长执业信用制度,民办中小学、幼儿园责任督学制度,专任教师劳动、聘用合同备案制度,民办教育工作联席会议制度,民办学校年度检查和年度报告制度等。

第二部分

第三章　国家层面民办教育
分类管理制度建设^①

教育是国之大计、党之大计。十八大以来，以习近平同志为核心的党中央高度重视民办教育事业发展。民间社会财富不断增长，可利用的社会资源很多。民办学校要按照国家法律和教育规律来办学，依法规范管理，促进行业自律，注重社会效益、公益属性。2016年11月，第十二届全国人大常委会第二十四次会议审议通过了《全国人民代表大会常务委员会关于修改〈中华人民共和国民办教育促进法〉的决定》，确定了非营利性和营利性民办学校分类管理的改革方向，对进一步鼓励社会力量兴办教育，促进民办教育健康发展具有重要意义。《民办教育促进法》修正后，《民办教育促进法实施条例》的一些规定已不适应法律的精神及民办教育改革发展现状，有必要进行修改。经过5年多的努力，2021年4月7日中华人民共和国国务院令第741号修订了《民办教育促进法实施条例》。由此，"1＋3"系列文件和《民办教育促进法实施条例》共同构成了国家层面民办教育分类管理的完整制度体系。其中，以《民办教育促进法实施条例》为集中代表。

第一节　制度架构历程和意义

《民办教育促进法实施条例》修改，前期由教育部负责起草。教育部深入开展实地调研，广泛听取各方意见，充分组织研讨论证，公开征求各方意见，综合考虑各方面因素对文本进行反复修改完善。2018年7月，教育部

---

① 本章执笔人：方建锋、张歆，上海市教育科学研究院。本章部分内容已经形成论文发表，见《新时代民办教育改革发展的制度再造》，http://www.moe.gov.cn/jyb_xwfb/moe_2082/2021/2021_zl38/202105/t20210517_531838.html。

向国务院报送了《中华人民共和国民办教育促进法实施条例(修订草案)(送审稿)》。司法部进一步面向社会公开征求意见,两次书面征求有关方面意见,赴浙江、陕西等地进行立法调研,多次协调部门意见,会同教育部对送审稿反复研究讨论、修改完善,形成了《民办教育促进法实施条例(修订草案)》。2019年1月2日,国务院第36次常务会议审议并原则通过草案。此后,中央教育工作领导小组进行专题研究,2020年9月5日,中央政治局常委会审议并原则通过了该草案。2021年4月7日,国务院通过。2021年5月14日,正式公开印发。

改革开放40多年来,民办教育有效增加了教育服务供给,为推动教育现代化、促进经济社会发展作出了积极贡献。统计表明,2020年全国共有各级各类民办学校近19万所,占全国各级各类学校总数的1/3;各级各类民办教育在校生5 500万人以上,约占全国各级各类在校生总数的1/5。《民办教育促进法实施条例》修订工作以习近平新时代中国特色社会主义思想为指导,贯彻落实党的十九大精神,以新修正的《民办教育促进法》为依据,以强化政策支持、加强规范管理为主线,以促进民办教育稳定、健康发展为目的,遵循科学立法、民主立法、依法立法的要求,按照坚持正确政治导向、准确把握改革方向;坚持法制统一原则、落实修法各项要求;坚持问题导向、着力破解难题;坚持落实落细、注重条文可操作性;坚持改革创新、增加制度供给的基本思路,突出重点难点问题的破解。

十八大以来,中国教育事业发展的经济社会背景发生了根本性的变化,民办教育也面临着全新的形势、全新的任务、全新的机遇和全新的挑战。国务院新颁布的《民办教育促进法实施条例》对上述情况作出积极回应。

(1)积极回应了经济社会发展的新形势。国家经济实力快速提升,财政性教育投入持续增长。2010年以后,我国国内生产总值由40万亿元增长至2020年的100万亿元,接连赶超日本、欧盟等发达国家和地区,成为世界第二大经济体、第一大工业国、第一大货物贸易国、第一大外汇储备国,人均国内生产总值超过1万美元,城镇化率超过60%,中等收入群体超过4亿人。在这种情况下,自2012年起国家财政性教育经费持续保持不低于GDP的4%,到2019年国家教育经费总投入由27 696亿元上升到50 175亿元、国家财政性教育经费由22 236亿元上升到40 049亿元,双双增长80%以上。国家经济实力的增长,使得改革开放以来以缓解地方教育经费不足作为民办教育发展主要动力的状况发生了转变。2019年,全国民办学校举办者投入为225亿元,而同期国家财政性教育经费在民办学校中的投入已经达到526.9亿元,超过举办者投入的2.5倍。

（2）积极回应了社会对教育发展的新期待。社会对应试教育、"掐尖"招生反感程度不断加强,人民群众强烈呼吁公平而有质量的教育。党的十九大提出,新时代的社会主要矛盾是人民日益增长的美好生活需要和不平衡不充分的发展之间的矛盾。长期以来,民办教育以满足特色化多样化的教育需求为目标,结果却是带动许多学校向过度教育、剧场效应、社会焦虑的方向发展,从而加重了教育的不平衡。学前领域民办幼儿园在园儿童自2004年起就超过全国幼儿园在园儿童的50%,最高峰时达到70%左右,经过近几年的大力调整,才控制在了50%左右。义务教育阶段,2003年至2013年的十年间,全国义务教育阶段在校生减少了4 500万以上,而民办学校在校生在此期间逆向增长了560万,在校生占比几乎翻倍。部分民办学校自身难以克服的提前教学、应试训练、利润导向等等局限,一定程度上损害了教育生态,扭曲了正常的教育价值和导向。人民群众要求从"人人有学上"到"人人上好学",但教育的内卷化、焦虑化成为严峻的社会问题。

（3）积极回应了教育治理能力提升的新任务。随着国家治理体系和治理能力现代化的推进,教育治理步入了全新的阶段。2013年党的十八届三中全会通过的《中共中央关于全面深化改革若干重大问题的决定》,首次用"社会治理"取代原先的"社会管理",国家层面更加注重通过系统的制度设计来改变民办教育野蛮生长、过分营利化的倾向,更加关注民办教育办学质量和内涵发展。2010年《国家中长期教育改革和发展规划纲要（2010—2020年）》提出,"支持民办学校创新体制机制和育人模式,提高质量,办出特色,办好一批高水平民办学校"。《国务院关于鼓励社会力量兴办教育促进民办教育健康发展的若干意见》（国发〔2016〕81号）也提出,"积极引导民办学校服务社会需求,更新办学理念,深化教育教学改革,创新办学模式,加强内涵建设,提高办学质量","着力打造一批具有国际影响力和竞争力的民办教育品牌,着力培养一批有理想、有境界、有情怀、有担当的民办教育家"。

（4）积极回应了民办教育健康发展的新要求。经济社会环境发生巨大变化之后,制度设计不及时跟上将导致民办教育发展出现一系列风险。比如,公办学校参与举办民办学校形成了"政府办民办"的负面印象,助推了社会和家长的"择校热";一些地方不同程度上存在国有资产流失问题,容易成为腐败高发易发的危险点;民办学校党建和思想政治工作情况、举办者资质、法人财产权落实、财务管理、学费收取使用情况、学籍和招生管理、校园安全管理、教职工管理、参加年检等方面还存在不同程度的风险点,迫切需要在顶层进行系统的制度重构。

整体上看,《民办教育促进法实施条例》的出台,具有非常重要的意义。一是有利于进一步促进民办教育的健康发展。党的十九大和十九届四中全会指出,支持和规范社会力量兴办教育。修订《民办教育促进法实施条例》,坚持支持和规范并重,进一步完善了民办教育的相关制度,有利于引导和监督民办学校规范办学,健康发展。二是有利于依法保障分类管理改革顺利实施。修正后的《民办教育促进法》已于 2017 年 9 月 1 日生效实施,非营利性和营利性民办学校分类管理已经进入实际操作阶段。修订《民办教育促进法实施条例》,是完善国家顶层设计的重要环节,有利于进一步细化修法的精神和原则,增强改革的指导性和操作性,确保改革在法治的轨道上平稳实施。三是有利于依法保障各方主体的切身利益。修订《民办教育促进法实施条例》,既充分考虑了民办学校及其教职工、受教育者、举办者等各方主体的利益诉求,又兼顾了社会各方对民办教育的现实期待,着力维护各方主体的合法权益,进一步调动社会力量兴教办学的热情。四是有利于依法解决民办教育发展过程中的难点问题。此前,民办教育存在一些在全国具有共性的新情况、新问题,亟待在国家层面进行制度设计,提出解决思路和举措。《民办教育促进法实施条例》的修订,坚持问题导向,在最大程度上对此类进行了回应,释放了政策信号,有利于稳定各方预期。

从此次修改来看,《民办教育促进法实施条例》原为八章五十四条,修订后删除了"民办学校的举办者"章节,增加"教师与受教育者"和"管理与监督"章节,并将"扶持与奖励"改为"支持与奖励"章节,共九章六十八条。在条款上,以修改和新增为主,兼有对涉及"合理回报"等条款的删除,整个篇章结构和条款发生了较大的变化。相比之下,虽然说《民办教育促进法》经历了 2013、2016、2018 年三次修正,但是三次修正均是对现行法律的某些方面、某个部分或个别条款进行修改,整部法律框架没有根本性的改变。此次《民办教育促进法实施条例》修订幅度非常大,完全可视为一部全新的行政法规,在完善民办教育健康发展的制度体系方面进行了系统设计。主要突出的制度建设,包括:(1)贯彻落实党中央、国务院有关规定和要求,加强党对民办学校的领导,进一步规范民办学校特别是实施义务教育的民办学校举办、运行和管理,进一步加大扶持力度,促进民办教育持续健康发展。(2)根据修订后的《民办教育促进法》有关规定,细化和完善民办学校分类管理制度,并处理好与有关法律、行政法规的关系,增强可操作性。(3)科学处理好国家和地方事权的关系,先解决实践中突出、认识比较一致的问题,同时为地方实施分类管理留有余地。

第二节　完善民办学校分类举办制度

贯彻落实党中央、国务院有关规定和要求,加强党对民办学校的领导,进一步规范民办学校特别是实施义务教育的民办学校举办、运行和管理,进一步加大扶持力度,促进民办教育持续健康发展。

(1) 进一步明确民办教育发展方向。修订后的《民办教育促进法实施条例》第三条明确,"各级人民政府应当依法支持和规范社会力量举办民办教育,保障民办学校依法办学、自主管理,鼓励、引导民办学校提高质量、办出特色,满足多样化教育需求"。突出强调"依法支持和规范""依法办学、自主管理""提高质量、办出特色,满足多样化教育需求"的发展导向。

在政府奖励和表彰方面,修订后的《民办教育促进法实施条例》第三条第二款规定,"对于举办民办学校表现突出或者为发展民办教育事业做出突出贡献的社会组织或者个人,按照国家有关规定给予奖励和表彰"。与修订前相比,不再局限为仅对"捐资举办"等进行奖励和表彰,同时将奖励和表彰主体统一为"各级人民政府"。这是原有奖励和表彰条款的重要突破。

(2) 细化联合办学协议内容。与《民法典》中"合伙合同"章第九百六十八条"合伙人应当按照约定的出资方式、数额和缴付期限,履行出资义务"等规定保持一致,明确"联合举办民办学校的,应当签订联合办学协议,明确合作方式、各方权利义务和争议解决方式等"。修订前《民办教育促进法实施条例》中关于"办学宗旨、培养目标"等内容均由后文的"学校章程"予以明确,不在联合办学协议中重复。

(3) 鼓励以捐资等方式办学。修订后的《民办教育促进法实施条例》第五条第二款规定,"国家鼓励以捐资、设立基金会等方式依法举办民办学校"。考虑到部分捐赠者自己不想管、也不想委托他人来担任举办者,修订后的规定"以捐资等方式举办民办学校,无举办者的,其办学过程中的举办者权责由发起人履行"。从法理上讲,这一规定同时适用于举办者消亡(包括法人举办者注销、自然人举办者死亡)但未变更举办者的,可以按此规定不设举办者,避免因学校没有举办者而不符合许可条件。进一步来说,非营利性民办学校系非营利法人,举办者对学校的权益主要体现为派遣代表进入学校决策机构。该权益不可转让或继承,但应可以放弃。已经设立的非营利性民办学校应当具有完备的法人治理结构(包括党组织、理事会、行政班子、监事机构等),是可以甚至应当脱离举办者独立运行的。因此,非营利性民办学校可以不设举办者,在实践中具有现实意义,在法理上具有合理性,是修订后的《民办教育促进法实施条例》的一个突破。

(4)加强对外资参与办学的监管。结合我国外资准入政策,修订后的《民办教育促进法实施条例》第五条第三款规定,"在中国境内设立的外商投资企业以及外方为实际控制人的社会组织不得举办、参与举办或者实际控制实施义务教育的民办学校;举办其他类型民办学校的,应当符合国家有关外商投资的规定"。此条立法的本意非常清晰,即禁止外方控制义务教育。外方不得控制本国义务教育是国际通例。我国加入 WTO 时,教育方面所作的承诺本身就不包括国家规定的义务教育和特殊教育服务(如军事、警察、政治和党校教育等)。《外商投资法》中所称的"外商投资企业","是指全部或者部分由外国投资者投资,依照中国法律在中国境内经登记注册设立的企业"。同时,《公司法》第二百一十六条规定,"实际控制人,是指虽不是公司的股东,但通过投资关系、协议或者其他安排,能够实际支配公司行为的人"。

《外商投资法》第四条规定,"国家对外商投资实行准入前国民待遇加负面清单管理制度","负面清单由国务院发布或者批准发布"。《外商投资准入特别管理措施(负面清单)(2020 年版)》(发展改革委、商务部令 2020 年第 32 号)规定,"禁止投资义务教育机构、宗教教育机构"。同时明确,"境内公司、企业或自然人以其在境外合法设立或控制的公司并购与其有关联关系的境内公司,按照外商投资、境外投资、外汇管理等有关规定办理",以及"在自由贸易试验区等特殊经济区域对符合条件的投资者实施更优惠开放措施的,按照相关规定执行"。

（5）明确举办者的出资方式。修订后的《民办教育促进法实施条例》第六条规定,"举办民办学校的社会组织或者个人应当有良好的信用状况"。这一条属于在《民办教育促进法》第十条"举办民办学校的社会组织,应当具有法人资格。举办民办学校的个人,应当具有政治权利和完全民事行为能力"基础上的新增。这一规定,是适应我国社会信用体系的建立和完善、我国社会主义市场经济不断走向成熟的举措,可以充分调动市场自身的力量净化环境,降低发展成本,使社会资本得以形成,降低发展风险,弘扬诚信文化。

在此基础上,修订后的《民办教育促进法实施条例》规定,"举办民办学校可以用货币出资,也可以用实物、建设用地使用权、知识产权等可以用货币估价并可以依法转让的非货币财产作价出资;但是,法律、行政法规规定不得作为出资的财产除外"。可以说,这一条是和《公司法》第二十七条基本吻合的。需要注意的有如下几点:第一,举办者可以采取多种方式出资,包括货币出资和非货币出资。非货币出资包括有形资产和无形资产。无形资产包括知识产权、土地使用权、知识产权等。第二,"非货币资产"必须具有合法性、可转让性和可评估性。合法性是指依法可以成为财产;可转让性是指可以进行交易、转让;可评估性是指可以评估确定价值并以此作价。第三,法律、行政法规规定不得作为出资的财产除外。如股东不得以劳务、信用、自然人姓名、商誉、特许经营权或者设定担保的财产等作价出资。对于出资的非货币财产应当评估作价,核实财产,不得高估或者低估作价。

（6）严格限制举办"公参民"学校。公办学校参与举办民办学校(简称"公参民"学校),是指由公办学校提供土地校舍、教师编制、管理力量或者品牌资源,联合社会力量举办或者单独举办民办学校,按民办机制运行和收费。"公参民"学校是我国教育经费严重不足、"穷国办大教育"特殊历史时期的产物,对于缓解教育经费投入压力、扩大优质教育资源辐射面、满足人民群众教育需求起到了积极作用。但是,现阶段"公参民"学校蕴藏着蚕食政府公信力、增加群众受教育负担、干扰公平的教育秩序、破坏公民办协同发展格局、滥用优质公办教育资源等重大风险。

为此,新《民办教育促进法实施条例》严格规范地方政府、公办学校参与办学的行为,禁止实施义务教育的公办学校参与举办民办学校。第七条第一款规定,"实施义务教育的公办学校不得举办或参与举办民办学校,也不得转为民办学校。其他公办学校不得举办或者参与举办营利性民办学校"。

考虑到职业教育的特殊性,且《国务院关于加快发展现代职业教育的决定》(国发〔2014〕19号)规定,"探索发展股份制、混合所有制职业院校,允许以资本、知识、技术、管理等要素参与办学并享有相应权利"。修订后的《民办教育促进法实施条例》进一步鼓励社会力量兴办职业教育,明确规定,"实施职业教育的公办学校可以吸引企业的资本、技术、管理等要素,举办或者参与举办实施职业教育的营利性民办学校"。第九条也规定,"国家鼓励企业以独资、合资、合作等方式依法举办或者参与举办实施职业教育的民办学校"。

同时,对"公参民"办学行为,修订后的《民办教育促进法实施条例》在修订前的基础上,进一步完善了以下规定,即"四个不得":"不得利用国家财政性经费,不得影响公办学校教学活动,不得仅以品牌输出方式参与办学,并应当经其主管部门批准。公办学校举办或者参与举办非营利性民办学校,不得以管理费等方式取得或者变相取得办学收益。""六个独立":"公办学校举办或者参与举办的民办学校应当具有独立的法人资格,具有与公办学校相分离的校园、基本教育教学设施和独立的专任教师队伍,按照国家统一的会计制度独立进行会计核算,独立招生,独立颁发学业证书。"

考虑到一些地方政府把"公参民"学校视作快速提高当地教育水平的捷径,以公有教育资源参与义务教育阶段民办学校的情况相当普遍,修订后的《民办教育促进法实施条例》第八条明确规定,"地方人民政府不得利用国有企业、公办教育资源举办或者参与举办实施义务教育的民办学校"。

(7)明确举办民办学校的资金来源。修订后的《民办教育促进法实施条例》第十条明确,"举办民办学校,应当按时、足额履行出资义务。民办学校存续期间,举办者不得抽逃出资,不得挪用办学经费"。这是延续原有的规定。

同时,新增第二款规定,"举办者可以依法募集资金举办营利性民办学校,所募集资金应当主要用于办学,不得擅自改变用途,并按规定履行信息披露义务"。原有民办学校的举办者不得向学生、学生家长筹集资金举办民办学校,不得向社会公开募集资金举办民办学校的规定,主要是针对非营利性民办学校的。在2016年民办教育促进法修订之后,营利性民办学校已经获得了合法的地位。《民办教育促进法》第十条规定"民办学校应当具备法人条件"。《民法典》第七十六条规定,"营利法人包括有限责任公司、股份有限公司和其他企业法人等"。考虑到营利法人中的"其他企业法人"主要是指全民所有制企业、集体所有制企业、联营企业等没有采用公司法人的组织结构,基本不适用于营利性民办学校登记,所以营利性民办学校主要是登记为有限责任公司、股份有限公司。有限责任公司的股东以其认缴的出资额为限对公司承担责任;股份有限公司的股东以其认购的股份为限对公司承担责任。两者均可面向社会募集资金。

对于长期存在的"赞助费"等问题,修订后的《民办教育促进法实施条例》规定,"民办学校及其举办者不得以赞助费等名目向学生、学生家长收取或者变相收取与入学关联的费用"。为此后进一步规范民办学校的收费提供了法律依据。

(8)明确举办者参与民办学校决策和管理的方式。《民办教育促进法》第二十条规定,"民办学校的举办者根据学校章程规定的权限和程序参与学校的办学和管理"。修订后的《民办教育促进法实施条例》作了进一步细化,规定"举办者可以依据法律法规和学校章程规定的程序和要求参加或者委派代表参加理事会、董事会或者其他形式决策机构,并依据学校章程规定的权限行使相应的决策权、管理权"。

(9)进一步完善举办者变更机制。《民办教育促进法》第五十四条规定,"民办学校举办者的变更,须由举办者提出,在进行财务清算后,经学校理事会或者董事会同意,报审批机关核准"。但是,在实践中出现了大量以公司作为民办学校举办者,通过买卖公司股权变相实现民办学校举办者变更但未经审批机关核准的情况,为民办学校的运行带来了巨大的风险。

针对这一情况,修订后的《民办教育促进法实施条例》第二十条对举办者变更进行了细化。一是要求民办学校举办者变更的,应当签订变更协议,但不得涉及学校的法人财产,也不得影响学校发展,不得损害师生权益。二是现有民办学校的举办者变更的,可以根据其依法享有的合法权益与继任举办者协议约定变更收益。现有民办学校是指2016年11月7日《全国人民代表大会常务委员会关于修改〈中华人民共和国民办教育促进法〉的决定》公布前设立的民办学校。这部分民办学校举办者依法享有民办学校终止时在剩余资产中获得补偿或者奖励的权益。显然,这部分权益属于举办者的财产权益,虽然涉及民办学校的法人财产,但可以在变更协议中进行约定。三是针对举办者因各种原因导致丧失政治权利或完全民事行为能力,不再适合担任举办者,但又拒不变更的情况,可由审批机关作出责令变更的决定。原举办者在 6 个月内向审批机关提出变更申请的,按正常变更进行核准;原举办者不能或不愿提出变更申请的,审批机关可责令变更。四是举办者为法人的,其控股股东和实际控制人应当符合法律、行政法规规定的举办民办学校的条件,控股股东和实际控制人变更的,应当报主管部门备案并公示。五是举办者变更,符合法定条件的,审批机关应当在规定的期限内予以办理。

（10）针对"集团化办学"提出规范要求。主要体现为规范通过资本运作控制非营利性学校进行获利的行为,禁止控制实施义务教育、非营利性学前教育的民办学校,适当调整办学要求,促进民办教育健康稳定发展。一是明确资质要求。同时举办或者实际控制多所民办学校的,举办者或者实际控制人应当具备与其所开展办学和管理活动相适应的资金、人员、组织机构等条件与能力,并对所举办民办学校承担管理和监督职责。二是明确质量要求。同时举办或者实际控制多所民办学校的举办者或者实际控制人向其举办或者实际控制的民办学校提供教材、课程、技术支持等服务以及组织教育教学活动,应当符合国家有关规定并建立相应的质量标准和保障机制。三是明确独立性要求。同时举办或者实际控制多所民办学校的,应当保障所举办或者实际控制的民办学校依法独立开展办学活动,存续期间所有资产由学校依法管理和使用;不得改变所举办或者实际控制的非营利性民办学校的性质,直接或者间接取得办学收益;也不得滥用市场支配地位,排除、限制竞争。特别需要注意的是,"任何社会组织和个人不得通过兼并收购、协议控制等方式控制实施义务教育、非营利性学前教育的民办学校"。

（11）进一步规范实施义务教育的民办学校设立和组织。提出地方人民政府及其有关部门应当依法履行实施义务教育的职责。设立实施义务教育的民办学校,应当符合当地义务教育发展规划。

（12）规范利用互联网技术在线办学的行为。一是利用互联网技术在线实施教育活动应当符合国家互联网管理有关法律、行政法规的规定。利用互联网技术在线实施教育活动的民办学校应当取得相应的办学许可。二是民办学校利用互联网技术在线实施教育活动,应当依法建立并落实互联网安全管理制度和安全保护技术措施,发现法律、行政法规禁止发布或者传输的信息的,应当立即停止传输,采取消除等处置措施,防止信息扩散,保存有关记录,并向有关主管部门报告。三是外籍人员利用互联网在线实施教育,应当遵守教育和外国人在华工作管理等有关法律、行政法规的规定。

（13）强调民办学校在筹设期内不得招生。这一规定在《民办教育促进法》中原本没有相应的规定。教育部《普通本科学校设置暂行规定》（教发〔2006〕18 号）中原本规定"完全具备建校招生条件的,也可直接申请建校招生"。但随后 2008 年颁布的《独立学院设置与管理办法》（教育部令第 26 号）第十六条规定,"筹设期 1 至 3 年,筹设期内不得招生"。修订后的《民办教育促进法实施条例》根据实际情况,吸纳了筹设期内不得招生的条款,适用于各级各类民办学校。

（14）进一步明确民办学校章程的要件。与修订前相比,主要变化包括:一是增加举办者的权利义务,举办者变更、权益转让的办法。二是明确学校开办资金、注册资本,资产的数额、来源、性质等。第二十一条进一步要求开办资金、注册资本应当与学校类别、层次、办学规模相适应,正式设立时,开办资金、注册资本应当缴足。这一规定兼顾了营利性民办学校和非营利性民办学校,在办学投入方式、注册资金等方面做到一视同仁。三是增加监督机构的产生方法、人员构成、任期、议事规则等。四是增加学校党组织负责人或者代表进入学校决策机构和监督机构的程序。五是增加剩余资产处置的办法与程序。六是增加明确法人属性的条款,删除出资人是否要求取得合理回报的条款。七是明确民办学校应当将章程向社会公示,修订章程应当事先公告,征求利益相关方意见。完成修订后,报主管部门备案或者核准。

（15）明确民办学校名称的规定。一是民办学校只能使用一个名称。名称应当符合有关法律、行政法规的规定,不得损害社会公共利益,不得含有可能引发歧义的文字或者含有可能误导公众的其他法人名称。二是营利性民办学校可以在学校牌匾、成绩单、毕业证书、结业证书、学位证书及相关证明、招生广告和简章上使用经审批机关批准的法人简称。

（16）明确办学许可证的发放和延续。对批准正式设立的民办学校,审批机关应当颁发办学许可证。办学许可的期限应当与民办学校的办学层次和类型相适应。民办学校在许可期限内无违法违规行为的,有效期届满可以自动延续、换领新证。

(17)明确设立校区和分校的规定。第二十三条规定,"民办学校增设校区应当向审批机关申请地址变更;设立分校应当向分校所在地审批机关单独申请办学许可,并报原审批机关备案"。

第三节　优化民办学校的组织与活动

一、明确决策机构要求

(1)细化决策机构负责人资质。明确民办学校理事会、董事会或者其他形式决策机构的负责人除品行良好,具有政治权利和完全民事行为能力外,增加应当具有中华人民共和国国籍,在中国境内定居,无故意犯罪记录或者教育领域不良从业记录的要求。

(2)优化决策机构的人员构成。规定民办学校的理事会、董事会或者其他形式决策机构应当由举办者或者其代表、校长、党组织负责人、教职工代表等共同组成。鼓励民办学校理事会、董事会或者其他形式决策机构吸收社会公众代表,根据需要设立独立理事或者董事。实施义务教育的民办学校理事会、董事会或者其他形式决策机构的组成人员应当具有中华人民共和国国籍,且应当有审批机关委派的代表。决策机构每年至少召开两次会议。举办者变更被列为应当经 2/3 以上组成人员同意方可通过的重大事项。

二、完善民办学校监督机制

《民办教育促进法》规定,民办学校应当建立相应的监督机制。修订后的《民办教育促进法实施条例》明确了民办学校监督机构的人员构成,应当包含党的基层组织代表,且教职工代表不少于 1/3。监督机构依据国家有关规定和学校章程对学校办学行为进行监督。监督机构负责人或者监事应当列席学校决策机构会议。理事会、董事会或者其他形式决策机构成员及其近亲属不得兼任、担任监督机构成员或者监事。同时,考虑到在实践中,存在一些小规模民办学校,修订后的《民办教育促进法实施条例》明确,教职工人数少于20人的民办学校可以只设1至2名监事,以突出操作性。

三、规范民办学校办学行为

规范民办学校教育教学。修订后的《民办教育促进法实施条例》注重对民办学校教育教学行为的规范,强调民办学校按照法律、行政法规和国家有关规定,自主开展教育教学活动;使用境外教材的,应当符合国家有关规定。特别需要强调的是,实施普通高中教育、义务教育的民办学校可以基于国家课程标准自主开设有特色的课程,实施教育教学创新,自主设置的课程应当报主管教育行政部门备案。明确实施义务教育的民办学校不得使用境外教材。

规范民办学校招生行为。针对民办学校提前招生、跨区域掐尖招生导致公办学校生源退化、破坏教育生态问题,修订后的《民办教育促进法实施条例》严格规范民办学校招生行为,对义务教育实行"公民同招"。一是实施学前教育、学历教育的民办学校享有与同级同类公办学校同等的招生权,可以在审批机关核定的办学规模内,自主确定招生的标准和方式,与公办学校同期招生。二是实施义务教育的民办学校应当在审批机关管辖的区域内招生,纳入审批机关所在地统一管理。实施普通高中教育的民办学校应当主要在学校所在设区的市范围内招生,符合省、自治区、直辖市人民政府教育行政部门有关规定的可以跨区域招生。三是招收接受高等学历教育学生的应当遵守国家有关规定。四是县级以上地方人民政府教育行政部门、人力资源社会保障行政部门应当为外地的民办学校在本地招生提供平等待遇,不得设置跨区域招生障碍,实行地区封锁。五是民办学校招收学生应当遵守招生规则,维护招生秩序,公开公平公正录取学生。实施义务教育的民办学校不得组织或者变相组织学科知识类入学考试,不得提前招生。六是民办学校招收境外学生,按照国家有关规定执行。

允许民办学校按规定授予学位。实施高等学历教育的民办学校符合学位授予条件的,依照有关法律、行政法规的规定经审批同意后,可以获得相应的学位授予资格。

四、加强民办学校管理与监督

建立健全日常监管机制。一是县级以上地方人民政府应当建立民办教育工作联席会议制度。二是教育、人力资源社会保障、民政、市场监督管理等部门应当根据职责会同有关部门建立民办学校年度检查和年度报告制度，健全日常监管机制。三是教育行政部门、人力资源社会保障行政部门及有关部门应当建立民办学校信用档案和举办者、校长执业信用制度。相关信用档案和信用记录依法纳入全国信用信息共享平台、国家企业信用信息公示系统。

完善信息公开机制。一是审批机关应当及时公开民办学校举办者情况、办学条件等审批信息。二是教育行政部门、人力资源社会保障行政部门应当依据职责分工，定期组织或者委托第三方机构对民办学校的办学水平和教育质量进行评估，评估结果应当向社会公开。三是教育行政部门及有关部门应当制定实施学前教育、学历教育民办学校的信息公示清单，监督民办学校定期向社会公开办学条件、教育质量等有关信息。四是营利性民办学校应当通过全国信用信息共享平台、国家企业信用信息公示系统公示相关信息。五是有关部门应当支持和鼓励民办学校依法建立行业组织，研究制定相应的质量标准，建立认证体系，制定推广反映行业规律和特色要求的合同示范文本。

健全民办学校终止办学机制。一是民办学校终止的，应当交回办学许可证，向登记机关办理注销登记，并向社会公告。二是民办学校自己要求终止的，应当提前6个月发布拟终止公告，依法依章程制定终止方案。民办学校无实际招生、办学行为的，许可证到期后自然废止，由审批机关予以公告。民办学校自行组织清算后，向登记机关办理注销登记。三是对于因资不抵债无法继续办学被终止的民办学校，应向人民法院申请破产清算。

将民办学校纳入国家督导体系。一方面，国务院教育督导机构及省、自治区、直辖市人民政府负责教育督导的机构应当对县级以上地方人民政府及有关部门落实支持和规范民办教育发展法定职责的情况，进行督导、检查；另一方面，县级以上人民政府负责教育督导的机构依法对民办学校进行督导并公布督导结果，建立民办中小学、幼儿园责任督学制度。

五、明确违规行为的法律责任

第一,进一步细化对民办学校举办者及其实际控制人、决策机构或者监督机构组成人员的处罚。一是明确列举上述处罚举措应对的行为。(1)利用办学非法集资,或者收取与入学关联的费用;(2)未按时、足额履行出资义务,或者抽逃出资、挪用办学经费;(3)侵占学校法人财产或者非法从学校获取利益;(4)与实施义务教育的民办学校进行关联交易,或者与其他民办学校进行关联交易损害国家利益、学校利益和师生权益;(5)伪造、变造、买卖、出租、出借办学许可证;(6)干扰学校办学秩序或者非法干预学校决策、管理;(7)擅自变更学校名称、层次、类别和举办者;(8)其他危害学校稳定和安全、侵犯学校法人权利或者损害教职工、受教育者权益的行为。二是基本处罚由县级以上人民政府教育行政部门、人力资源社会保障行政部门或者其他有关部门依据职责分工责令限期改正,有违法所得的,退还所收费用后没收违法所得。三是情节严重的,1 至 5 年内不得新成为民办学校举办者或其实际控制人、决策机构或者监督机构组成人员;情节特别严重、社会影响恶劣的,永久不得新成为民办学校举办者或其实际控制人、决策机构或者监督机构组成人员;构成违反治安管理行为的,由公安机关依法给予治安管理处罚;构成犯罪的,依法追究刑事责任。

第二,明确民办学校应依照《民办教育促进法》第六十二条规定给予处罚的情形。一是明确应处罚的行为。主要包括:(1)违背国家教育方针,偏离社会主义办学方向,或者未保障学校党组织履行职责;(2)违反法律、行政法规和国家有关规定开展教育教学活动;(3)理事会、董事会或者其他形式决策机构未依法履行职责;(4)教学条件明显不能满足教学要求、教育教学质量低下,未及时采取措施;(5)未依法建立实施安全管理制度,校舍、其他教育教学设施设备存在重大安全隐患,未及时采取措施;(6)侵犯受教育者的合法权益,产生恶劣社会影响;(7)违反国家规定聘任、解聘教师,或者未依法保障教职工待遇;(8)违反规定招生,或者在招生过程中弄虚作假;(9)超出办学许可范围,擅自改变办学地址或者设立分支机构;(10)未依法履行信息披露义务,公示办学水平和教育质量有关的材料、财务状况,或者公示的材料不真实;(11)未依照统一的会计制度进行会计核算、编制财务会计报告，财务、资产管理混乱，或者违反法律、法规增加收费项目、提高收费标准；(12)其他管理混乱严重影响教育教学的行为。当然，法律、行政法规对前款规定情形的处罚另有规定的，从其规定。二是基本处罚由县级以上人民政府教育行政部门、人力资源社会保障行政部门或者其他有关部门依据职责分工对学校决策机构负责人、校长及直接责任人予以警告。三是情节严重的，1 至 5 年内不得新成为民办学校决策机构负责人或者校长；情节特别严重、社会影响恶劣的，永久不得新成为民办学校决策机构负责人或者校长。四是同时举办或者实际控制多所民办学校的举办者或者实际控制人违反该条例规定，对所举办或者实际控制的民办学校疏于管理，造成恶劣影响的，由县级以上教育行政部门、人力资源社会保障行政部门或者其他有关部门依据职责分工责令限期整顿；拒不整改或者整改后仍发生同类问题的，1 至 5 年内不得举办新的民办学校，情节严重的，10 年内不得举办新的民办学校。五是违反该条例规定举办、参与举办民办学校或者在民办学校筹设期内招生的，依照《民办教育促进法》第六十四条规定给予处罚。

第四节　保障学校、教师和受教育者权益

一、健全民办学校的资产与财务管理

完善民办学校收费管理机制。修订后的《民办教育促进法实施条例》规定民办学校应当建立办学成本核算制度，基于办学成本和市场需求等因素，遵循公平、合法和诚实信用原则，考虑经济效益与社会效益，合理确定收费项目和标准。对公办学校参与举办、使用国有资产或者接受政府生均经费补助的非营利性民办学校，省、自治区、直辖市人民政府可以对其收费制定最高限价。

加强对民办学校收费的监管。非营利性民办学校收取费用、开展活动的资金往来，应当使用在有关主管部门备案的账户。有关主管部门应当对该账户实施监督。营利性民办学校收入应当全部纳入学校开设的银行结算账户，办学结余分配应当在年度财务结算后进行。

完善民办学校关联交易监管机制。利益关联方是指民办学校的举办

者、实际控制人、理事、董事、监事、财务负责人等以及与上述组织或者个人之间存在互相控制和影响关系、可能导致民办学校利益被转移的组织或者个人。修订后的《民办教育促进法实施条例》第四十五条规定,实施义务教育的民办学校不得与利益关联方进行交易。其他民办学校与利益关联方进行交易的,应当遵循公开、公平、公允的原则,合理定价、规范决策,不得损害国家利益、学校利益和师生权益。同时,要求民办学校应当建立利益关联方交易的信息披露制度。教育、人力资源社会保障以及财政等有关部门应当加强对非营利性民办学校与利益关联方签订协议的监管,并按年度对关联交易进行审查。

优化发展基金的提取办法。修订后的《民办教育促进法实施条例》第四十六条规定,在每个会计年度结束时,民办学校应当委托会计师事务所对年度财务报告进行审计。非营利性民办学校应当从经审计的年度非限定性净资产增加额中,营利性民办学校应当从经审计的年度净收益中,按不低于年度非限定性净资产增加额或者净收益的10%的比例提取发展基金,用于学校的发展。与修订前25%的比例相比,大大降低。且明确为"非限定性净资产增加额",与原净资产增加额相比,更为科学合理。

二、保障教师和受教育者权益

明确教师资质和数量要求。明确民办学校聘任的教师或者教学人员应当具备相应的教师资格或者其他相应的专业资格、资质。要求民办学校应当有一定数量的专任教师;其中,实施学前教育、学历教育的民办学校应按国家有关规定配备专任教师。考虑到新一代信息技术的发展及在教育领域的应用,修订后的《实施条例》鼓励民办学校创新教师聘任方式,利用信息技术等手段提高教学效率和水平。

规范教师的招聘和使用。一是民办学校自主招聘教师和其他工作人员,并应当与所招聘人员依法签订合同,明确双方的权利义务等。二是民办学校聘用专任教师,在合同中除依法约定必备条款外,还应当对教师岗位及其职责要求、师德和业务考核办法、福利待遇、培训和继续教育等事项作出约定。三是公办学校教师未经所在学校同意不得在民办学校兼职。四是民办学校聘用外籍人员,按照国家有关规定执行。

　　完善教师和受教育者管理。一是民办学校应当建立教师培训制度,为受聘教师接受相应的思想政治培训和业务培训提供条件。二是民办学校应当依法保障教职工待遇,按照学校登记的法人类型,按时足额支付工资,足额缴纳社会保险费和住房公积金。国家鼓励民办学校按照有关规定为教职工建立职业年金或者企业年金等补充养老保险。三是实施学前教育、学历教育的民办学校应当从学费收入中提取一定比例建立专项资金或者基金,由学校管理,用于教职工职业激励或者增加待遇保障。四是教育行政部门应当会同有关部门建立民办幼儿园、中小学专任教师聘任合同备案制度,建立统一档案。五是民办职业学校、高等学校按照国家有关规定自主开展教师专业技术职务评聘。六是教育行政部门应当会同有关部门完善管理制度,保证教师在公办学校和民办学校之间的合理流动;指导和监督民办学校建立健全教职工代表大会制度。七是实施学历教育的民办学校应当依法建立学籍和教学管理制度,并报主管部门备案。

　　保障教师和受教育者与公办学校的同等待遇。一是民办学校及其教师、职员、受教育者申请政府设立的有关科研项目、课题等,享有与同级同类公办学校及其教师、职员、受教育者同等的权利。相关项目管理部门应当按规定及时足额拨付科研项目、课题资金。二是各级人民政府应当保障民办学校的受教育者在升学、就业、社会优待、参加先进评选,以及获得助学贷款、奖助学金等国家资助政策等方面,享有与同级同类公办学校的受教育者同等的权利。三是实施学历教育的民办学校应当建立学生资助、奖励制度,并按照不低于当地同级同类公办学校的标准,从学费收入中提取相应资金用于资助、奖励学生。四是教育行政部门、人力资源社会保障行政部门和其他有关部门,组织有关的评奖评优、文艺体育活动和课题、项目招标,应当为民办学校及其教师、职员、受教育者提供同等的机会。

第五节　完善对民办学校的支持与奖励

一、明确政府扶持的基本方向

　　各级人民政府及有关部门应当依法健全对民办学校的支持政策,优先扶持办学质量高、特色明显、社会效益显著的民办学校。

二、优先扶持非营利性办学

一是县级以上地方人民政府可以参照同级同类公办学校生均经费等相关经费标准和支持政策，对非营利性民办学校给予适当补贴。二是地方人民政府出租、转让闲置的国有资产应当优先扶持非营利性民办学校。三是民办学校可以依法以捐赠者的姓名、名称命名学校的校舍或者其他教育教学设施、生活设施。符合条件并经批准的，可以以捐赠者的姓名或者名称作为学校校名。四是民办学校享受国家规定的税收优惠政策；其中，非营利性民办学校享受与公办学校同等的税收优惠政策。五是新建、扩建非营利性民办学校，地方人民政府应当按照与公办学校同等原则，以划拨等方式给予用地优惠。实施学前教育、学历教育的民办学校使用土地，地方人民政府可以依法以协议、招标、拍卖等方式供应土地，也可以采取长期租赁、先租后让、租让结合的方式供应土地，土地出让价款和租金，可以在规定期限内按合同约定分期缴纳。六是县级以上地方人民政府可以采取政府补贴、以奖代补等方式鼓励、支持非营利性民办学校保障教师待遇。七是委托民办学校承担普惠性学前教育、义务教育或者其他公共教育任务的，应当根据当地相关教育阶段的委托协议，拨付相应的教育经费。

三、鼓励多渠道多路径扶持

一是在西部地区、边远贫困地区和少数民族地区举办的民办学校申请贷款用于学校自身发展的，享受国家相关的信贷优惠政策。二是县级以上地方人民政府可以根据本行政区域的具体情况，设立民办教育发展专项资金，用于支持民办学校提高教育质量和办学水平、奖励举办者等。国家鼓励社会力量依法设立民办教育发展方面的基金会或者专项基金，用于支持民办教育发展。三是县级人民政府根据本行政区域实施学前教育、义务教育或者其他公共教育服务的需要，可以与民办学校签订协议，以购买服务等方式，委托其承担相应教育任务。四是国家鼓励、支持保险机构设立适合民办学校的保险产品，探索建立行业互助保险等机制，为民办学校重大事故处理、终止善后、教职工权益保障等事项提供风险保障。金融机构可以在风险可控前提下开发适合民办学校特点的金融产品。民办学校可以以未来经营收入、知识产权等进行融资。

四、注重发挥地方积极性

省级人民政府还可以根据实际情况,制定本地区促进民办教育发展的支持与奖励措施。各级人民政府及有关部门在对现有民办学校实施分类管理改革时,应当充分考虑有关历史和现实情况,保障受教育者、教职工和举办者的合法权益,确保民办学校分类管理改革平稳有序推进。

第四章 地方民办教育分类管理制度建设和推进策略[①]

2016年11月7日,《民办教育促进法》的修正确立了我国民办教育分类管理的基本法律框架,在明晰民办学校的身份属性和产权制度、明确营利性民办学校准入范围和放松民办学校价格规制等方面实现了重大的制度突破,[②]同时也在原有民办学校过渡方案设计等重大问题上给地方留出了自主探索的空间。随后国务院印发的《关于鼓励社会力量兴办教育 促进民办教育健康发展的若干意见》(国发〔2016〕81号)及教育部等有关部门联合印发的修法配套文件为地方推进分类管理提供了政策依据,同时也明确提出坚持顶层设计与基层创新相结合,上下联动共同破解民办教育改革发展难题。因此,地方贯彻民办教育新的法律政策既面临着严峻考验,又有较大的政策创新空间。

第一节 地方民办教育制度创新空间和边界

新法实施,或者说民办教育发展要重视地方政策创新的积极性和主动性,首先是由我国民办教育发展的现实基础所决定的。民办教育发展规模和水平、发展类型和模式的差异性和非均衡性是我国当前民办教育发展区域比较中可以观察到的一个显著特征。这种区域差异性和非均衡性的成

---

① 本章执笔人:方建锋、张歆,上海市教育科学研究院;邵允振,广东省教育厅政策法规处;田光成,浙江发展民办教育研究院;章露红,浙江幼儿师范学院。本章部分内容已经形成论文发表,见《地方民办教育新政:创新空间、边界与重要议题》,《教育发展研究》2017年第17期,被人大复印资料《教育学》2018年第3期全文转载。

② 吴华,章露红.《民办教育促进法》的修订及其影响前瞻[A].杨东平.中国教育发展报告(2017)[M].北京:社会科学文献出版社,2017:47—49.

因,有主要由当地政治、经济和文化发展不平衡引起的"资源主导说"①和主要由当地政策环境引起的"政策主导说"②两种基本观点,且在实践中都不乏相关案例支持。但是无论哪一种"成因说"引起的民办教育发展区域差异和非均衡都决定了国家统一的法律框架内地方实施不同民办教育发展路径的必要性和可能性。因此,充分调动地方政策创新的积极性和创造性,积极探索适合当地的民办教育发展模式,是新法实施和实现民办教育发展模式顺利转型的前提,也是关键所在。

其次,具体到民办教育实践中,也有诸多的典型案例充分支持地方政策创新在民办教育发展中的积极作用。比如民办教育曾取得跨越式发展的地区:河南周口公共财政资助教师工资的创新性制度安排提升了当地民办教育市场竞争力和投资办学的吸引力,曾创造了半年引资近 10 亿元的奇迹,被誉为"周口现象";③宿迁市大胆打破政府包办教育的单一投入机制,实行"一保三放开"政策,推出土地、税收、财政资助和教师社保等多种优惠政策组合拳,创造了民办教育快速发展的"奇迹"。④又如分类管理改革试点区温州,五年的综合改革在法人属性、产权归属、财政扶持、教师社保、税费优惠和投融资改革等多方面进行政策探索,极大地改善了当地民办教育发展环境,吸引民资举办教育达 60 亿元。据我们对温州 37 所试点学校的统计分析,综合改革以来举办者办学信心普遍提振,81.1%的学校扩大了办学规模,其中不少学校追加投入在千万以上;75.7%的学校教育质量显著提升,72.9%的学校生源结构得到优化,生源回流比较明显;59.5%的学校教师归属感和稳定性增强。这些已有政策创新实践既为国家民办教育制度整体变迁提供了地方经验,也通过局部或整体改善当地民办教育发展环境,增强了民间资金举办教育的积极性,利于民办教育更加有效地发挥其体制机制优势,在教育效率、教育公平和教育质量等价值维度增进制度效益,整体提升

---

① 阎凤桥.民办教育规模在同级教育中所占比例的影响因素分析[J].教育研究,2004(9):64—70.

② 吴华.我国民办教育发展的地方政策主导模式分析[J].教育发展研究,2009(8):11—16.

③ 吴华."周口经验":化解民办学校师资紧张的压力[J].教育与职业,2007(13):79—80.褚清源.半年引进 10 亿资金外来资金抢滩周口民办教育[EB/OL].(2007-4-25)[2017-5-28],http://learning.sohu.com/20070425/n249684707.shtml.

④ 孙其松.大力发展民办教育推动欠发达地区教育后发快进——江苏宿迁市推进民办教育发展的实践与思考[J].中小学管理,2007(3):13—16.

当地教育发展水平。

此外,我国 20 世纪 80 年代以来实行的"放权让利"改革战略和"分灶吃饭"财政体制改变了传统的激励机制,使得地方政府不再仅仅是一个纵向依赖的行政组织,而一定程度上成为能自主决策、具有独立目标的政治与经济组织。有关研究认为无论是持减轻财政压力的务实立场,[①]还是受地方政府竞争[②]或纵向干部任免制度的影响,[③]地方在推动教育政策创新上都应该有更为积极的行动意愿。在发展民办教育问题上,有研究也表明修正《民办教育促进法》的时间跨度内,地方比中央表现出更为显著的制度创新活力。[④]因此,我们也有理由相信,鼓励地方政策创新、积极探索基于差异的地方民办教育发展模式,不仅是新的法律实施和稳妥推进分类管理的策略需要,更应该成为我国今后较长时期内民办教育发展的基本战略和必要途径。

在我国基本法律制度和民办教育新的法律政策的约束下,地方政策创新的空间呈现哪些基本样态? 边界又在哪里? 这是新的法律实施如何更好地发挥地方政策创新积极作用需要思考的首要问题。在复杂的民办教育实践中,地方政府也只有准确判断政策创新的空间和边界,才能在这场以分类管理为核心的民办教育制度变革中抓住创新发展的历史机遇,防范和规避有关政策性风险。以下基于新制度经济学的相关理论视角,结合 2003 年《民办教育促进法》实施以后的地方政策创新实践,对空间和边界问题展开讨论。

一、空间的生成及其样态

从制度供给的角度看,创新空间主要指地方政府将潜在制度需求变成现实制度供给的可为性。在新制度经济学的制度供求分析框架中,制度需求和潜在的制度供给能否变成现实的制度供给,主要取决于政治秩序提供

---

① 吴华.我国民办教育发展的地方政策主导模式分析[J].教育发展研究,2009(8):11—16.

② 阎凤桥.我国农村民办教育发展的政治逻辑——基于北方某县的调查[J].北京大学教育评论,2012(2):64—78.

③ 郁建兴等.从行政推动到内源发展:中国农业农村的再出发[M].北京:北京师范大学出版社,2013:263.

④ 章露红.中国地方民办教育制度创新研究[D].博士学位论文.浙江大学,2016:2—3,73—119.

新制度安排的意愿和能力。①具体而言,宪法秩序、制度需求、现存制度安排、制度变革的预期成本和收益、规范性行为准则、决策者的偏好和个性等多重因素都会影响制度供给主体实施制度变革的行为和方式。上述因素有些难以测量,有些需要结合具体的情况分析,故我们无意讨论各种要素如何作用某个具体的民办教育制度变革,仅结合已有的政策创新实践,探讨新的法律实施过程中地方在国家基本法律规制和职权范围内实施制度变革的三种可为空间及其样态。这三种空间主要由宪法秩序、制度需求和现存制度安排等因素引起。

第一种空间样态是宪法秩序赋予的合法性空间。宪法秩序是关乎国家一整套政治、经济、社会和法律的基本规则,通过对国家基本制度的明确,影响着制度变迁的进程和方式,是影响制度供给的主要因素。在我国基本的法律制度框架内,《宪法》《立法法》和《地方组织法》等法律确立了地方各级人大和政府作为地方各级国家权力机关和行政机关的地位,并明确提出发挥地方主动性和积极性的原则,为地方制定积极的政策法规奠定了合法性基础。具体到民办教育实践,地方遵循国家统一的法律制度规范,出台的旨在规范与促进民办教育发展的各级各类地方性法规、政府规章和规范性文件,构成合法性空间内地方政策探索与实践的主要载体和表现形态。

第二种空间样态是制度非均衡引致的需求空间。根据新制度经济学的观点,制度非均衡是一种"新制度需求和潜在制度供给尚未变成现实制度供给"的状态。②在我国民办教育实践中,制度非均衡通常表现为政策制定和执行过程中的制度供给不足。具体而言,这种制度供给不足又主要体现在两个方面:一是,在国家统一的民办教育法律框架内,地方基于自身发展基础的差异性,有必要对一些原则性规定加以细化和补充,探索适合当地的民办教育发展模式;二是,在民办教育发展进程中,由于国家政策法规的滞后和地方政策环境的不支持,各地民办教育生态也会呈现差异性,需要地方积极探索解决当地民办教育发展的现实问题。因此,无论是对国家政策法规原则性规定的转化和落实,还是破解当地发展难题,政策创新都成为推动地

---

① 戴维·菲尼.制度安排的常求与供给[A].V.奥斯特罗姆,D.菲尼,H.皮希特.制度分析与发展的反思—问题与抉择[C].北京:商务印书馆,1992:144—151.

② 张曙光.论制度均衡和制度变革[A].盛洪.现代制度经济学[M].北京:北京大学出版社,2004:244.

方民办教育发展的内在需求和现实途径。我们曾系统梳理 2003 年《民办教育促进法》实施以来,各地在明晰法人属性、厘清产权归属、实施回报奖励制度、探索分类管理、公共财政资助、政策性优惠支持、教师队伍建设、扩大办学自主权、规范财务管理和深化办学体制改革等主题上的政策创新实践。①这些已有的政策创新就是对制约民办教育发展的各种制度性问题的政策回应。

　　第三种空间样态是现有制度安排"制约不完全"生成的策略空间。在政策变迁过程中,政策对象为了获得符合自身特定目标的利益,会利用政策系统中某些制约的不完全性(策略空间),采取偏离正式政策规范的行为(策略行为)。具体到政策执行,拥有一定行政自由裁量权的地方政府会在政策文本传递和执行过程中形成筛选和过滤机制。通常这种筛选和过滤可以通过三种方式实现:重新定义政策的适用范围;利用政策规制的空白点;利用政策文本系列的内部不稳定性和不同政策文本间的冲突和矛盾。②就已有民办教育领域的地方探索来看,不少政策创新就是典型的"策略行为",即在国家民办教育政策法规的盲点、模糊点和冲突点创造性地执行地方政策。比如在国家养老保障制度尚处碎片化阶段,杭州、宁波等地率先提出将符合条件的民办学校教师纳入事业单位养老保障体系当中,并对民办学校教师社保单位支出部分给予一定比例的财政补助;为扶持民办学校师资力量,周口、贵港、丽水等地为符合条件的民办学校派驻一定比例的公办教师,或核增公办教师编制专项用于民办学校,③等等。因此,从已有实践案例看,地方在遵循国家法律原则的基础上,可以在同一个法律框架下探寻不同的实施路径和制度变革的策略空间,实现地方民办教育政策的突破与创新。

---

　　①　章露红.中国地方民办教育制度创新研究[D].博士学位论文.浙江大学,2016:2—3,73—119.

　　②　林小英.教育政策变迁中的策略空间[M].北京:北京大学出版社,2012:22,82,164—168.

　　③　参见《杭州市劳动和社会保障局　杭州市财政局　杭州市教育局杭州市人事局关于杭州市区民办学校教师参加机关事业单位职工基本养老保险的实施办法》(杭劳社险〔2005〕19 号)、《宁波市人民政府印发关于贯彻实施〈宁波市民办教育促进条例〉若干规定的通知》(甬政发〔2007〕58 号)、《贵港市人民政府关于印发贵港市促进民办教育发展扶持办法的通知》(贵政办〔2012〕292 号)、《丽水市人民政府关于进一步促进市区民办教育发展的若干意见》(丽政发〔2010〕41 号)、《周口市人民政府关于促进民办教育健康快速发展的若干意见》(周政〔2013〕67 号)等地方民办教育政策文件。

　　综上,上述三种空间样态分别由现存制度结构内的不同主体和因素引起,各自对地方政府实施制度变革行为产生影响。其中,宪法秩序赋予的合法性空间是前提和基础,制度非均衡所致的需求空间是源动力所在,寻求"制约不完全"的策略空间是主要途径。同时,在具体的民办教育实践中,三种空间样态又会彼此关联、相互作用,共同影响着地方制度变革的意愿和行为,为地方民办教育政策创新提供现实"土壤"(如图 29 所示)。

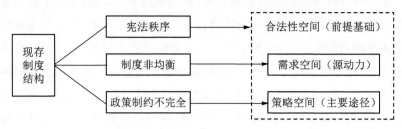

图 29　地方民办教育政策创新的三种空间样态

二、边界的形成及其限度

　　法制统一是我国法律的基本原则,它要求以宪法为最高法律准则的各种法律规范之间必须形成一个相互协调一致的法律体系。不同位阶的法律文件之间,下位法服从上位法;位阶相同的法律文件之间,对同一种行为的法律规范不能相互冲突。相应,我国《立法法》《行政诉讼法》在各级机关的立法权限、各级法规的法律效力和规范性文件的合法性审查等方面作了明确规定。因此,受制于我国的基本法律制度和原则,地方制度变革需要和国家法律法规相协调,突破法律边界的政策创新会因为合法性不足而引发创新风险。

　　具体到民办教育实践,地方政策创新的边界问题就突出地体现为因立法层级和法律效力不够引致的合法性危机。由于民办教育的复杂性,相关政策主题不仅涉及法人属性、产权制度、财务管理、招生收费和内部治理等学校基本制度规范,也需要考虑财政、土地、税费、融资和人事等多方面的政策扶持问题;政策制定和执行不仅涉及教育行政部门,也需要编办、财政、发改、国土、税务、民政、工商等十多个部门的协调。因此,规范和促进民办教育发展是一个涉及多主题、需多部门协调和多层级立法的政策目标。然而,在我国基本法律规制的约束下,有些政策主题只能通过国家法律法规予以调整,教育行政部门和地方政府缺乏政策突破的权限。就已有的政策实践来看,即使有些地方政策创新破解了当地民办教育发展的一些制度瓶颈,也因立法层级不够或和上位法发生冲突出现合法性不足的问题。比如在民办学校终止办学时的剩余资产分配问题上,《民办教育促进法》修订前不少地区作出依法清算后的剩余资产"全部归举办者所有","以出资额为限获得补偿",或"返还累计出资后视结余情况给予奖励"等相关规定。①基于举办者产权激励的资产处置办法利于民资进入教育领域,但根据我国《立法法》的相关规定,对非国有财产的征收、征用只能制定法律;没有法律、行政法规、地方性法规的依据,地方政府规章不得设定减损公民、法人和其他组织权利或者增加其义务的规范。因此,在民办学校剩余资产分配问题上,地方政府规章及各类规范性文件的相关政策规定就缺乏必要的法律效力和合法性基础。

基于上述分析,根据国家的有关法律规范和民办教育的特点,我们认为,民办学校的法人属性、产权制度、税收优惠、用地政策和会计制度等五个方面的地方政策创新特别需要和国家法律法规相协调一致,需要关注立法层级和法律效力问题(如表 4 所示)。

表 4　特别需要与国家法律法规相协调一致的政策创新主题

主　题	相关政策法规依据
法人属性	《民办教育促进法》(修正案)明确举办者可以自主选择设立营利性或非营利性民办学校;《民法总则》(2017 年 3 月 15 日第十二届全国人民代表大会第五次会议通过)将法人体系分为营利性和非营利法人。
产权制度	《立法法》第八条与第八十二条规定:对非国有财产的征收、征用只能制定法律;没有法律、行政法规、地方性法规的依据,地方政府规章不得设定减损公民、法人和其他组织权利或者增加其义务的规范。《民办教育促进法》(修正案)明确营利性和非营利性民办学校的基本产权制度,并授权省级人民政府制定此前已有的民办学校退出和变更登记办法。

①　参见《内蒙古自治区人民政府关于促进民办教育发展的决定》(内政发〔2010〕78 号)、《广西壮族自治区人民政府办公厅关于促进民办教育发展的意见》(桂政办发〔2011〕84 号)、《中共温州市委温州市人民政府关于深入实施国家民办教育综合改革试点加快教育改革与发展的若干意见》(温委〔2013〕63 号)、《丽水市人民政府关于促进民办教育加快发展的实施意见》(丽政发〔2014〕58 号)等地方民办教育政策文件。

主 题	相关政策法规依据
税收政策	《立法法》第八条第六款规定：税种的设立、税率的确定和税收征收管理等税收基本制度只能制定法律。国务院《关于税收等优惠政策相关事项的通知》（国发〔2015〕25 号）规定：各地区、各部门今后制定出台新的优惠政策，除法律、行政法规已有规定事项外，涉及税收或中央批准设立的非税收入的，应报国务院批准后执行。
用地政策	《中华人民共和国城市房地产管理法》（主席令第 72 号，2007 年 8 月 30 日）。非营利性教育设施划拨用地根据《划拨用地目录》（国土资源部令第 9 号）。
会计制度	《会计法》第八条规定：国家实行统一的会计制度。国家统一的会计制度由国务院财政部根据本法制定并公布。

2016 年 11 月 7 日，全国人大常委会通过了关于修改《民办教育促进法》的决定（以下简《修法决定》），确立了民办学校分类管理的法律依据。随后，中共中央办公厅印发《关于加强民办学校党的建设工作的意见（试行）》（中办发〔2016〕78 号）对民办学校党建工作提出了明确要求，国务院印发了《关于鼓励社会力量兴办教育　促进民办教育健康发展的若干意见》，教育部会同相关部门印发了《民办学校分类登记实施细则》《营利性民办学校监督管理实施细则》，标志着以分类管理为基础，促进民办教育健康发展的法律制度体系初步建立。

按照修改《民办教育促进法》的相关要求，各地抓紧制定配套文件。截至 2020 年 12 月，31 个省份已经印发地方的实施意见。此外，海南、上海、天津、河北、陕西、浙江、四川、江苏、宁夏、重庆、北京、黑龙江、云南、陕西、江西、贵州、山西、山东、海南、广西、安徽、福建、吉林 23 个省份出台分类登记实施办法；天津、河北、陕西、四川、江苏、重庆、北京、黑龙江、广西、江西、贵州、内蒙古、新疆、广东、福建、山西 16 个省份出台了营利性民办学校监督管理办法，重庆、新疆还出台了非营利性民办学校监督管理办法。海南出台了民办学校财务清算办法。浙江省除《浙江省人民政府关于鼓励社会力量兴办教育　促进民办教育健康发展的实施意见》外，共出台了 7 个配套文件。

地方配套文件的主要特点有：一是在指导思想、基本原则、加强民办学校党建工作、强化思想政治教育等方面，内容与国家文件保持一致。二是在多元主体办学、税费优惠、用地保障、师生权益维护、法人治理结构完善、财务资产管理、办学行为规范、优质教育资源引进、政府管理方式改进等方面，各地举措略有突破。三是在分类管理、退出机制、财政扶持等方面，大部分地区进行了制度创新。四是在分类登记、此前已有的民办学校的补偿或奖励等方面，部分地方政策进行了探索性的规定。

第二节　全面加强党建，落实党组织 监督保障职能

此次修订后的《民办教育促进法》第九条规定"民办学校中的中国共产党基层组织，按照中国共产党章程的规定开展党的活动，加强党的建设"。这也是我国首次在立法层面强调民办学校党建工作。《关于鼓励社会力量兴办教育　促进民办教育健康发展的若干意见》从加强党的建设和思想政治教育工作两个方面，对加强民办学校党建工作提出要求。《关于加强民办学校党的建设工作的意见（试行）》对民办学校党建工作的要求更为系统，如充分发挥民办学校党组织政治核心作用、党的组织和党的工作有效覆盖、民办学校党组织书记的选派和任用、健全党组织参与决策和监督机制、加强对民办学校党建工作的领导等方面。

一、进一步规范民办学校党组织建设

在规范民办学校党组织建设，实现党组织全覆盖方面，《关于加强民办学校党的建设工作的意见（试行）》作了细致规定。各地在《关于鼓励社会力量兴办教育　促进民办教育健康发展的若干意见》的框架上，积极落实《关于加强民办学校党的建设工作的意见（试行）》的要求，然而限于篇幅，现有地方文件在党建方面的探索并没有超出《关于加强民办学校党的建设工作的意见（试行）》的范畴。需要强调的是，在基层党组织建立、党组织隶属关系方面，中西部地区着墨较多，东部地区因为党建工作开始较早，更多的是在党组织领导班子成员选配和任免制度、党组织的具体功能方面进行探索。

1.明确党组织应建必建，隶属关系上强调以主管部门党组织管理为主

在党组织建立上，陕西、青海、广西按照《关于加强民办学校党的建设工

作的意见(试行)》的规定,明确了党员人数不超过 3 人时开展党的工作的路径,新疆只是指出人数不足时的建立党组织的路径,并未将人数确定是 3 人;在民办学校基层党组织管理上,河北、陕西、重庆、江西、山西、黑龙江、新疆根据《关于加强民办学校党的建设工作的意见(试行)》的规定,明确实行主管部门管理与属地管理相结合,以主管部门党组织管理为主。安徽、山西、黑龙江则对各级各类民办学校(含培训机构)党组织的管理部门进行明确,落实以主管部门党组织管理为主。湖北略有差异,提出民办本科高校党组织关系统一归口省委高校工委管理,其他民办学校实行属地管理。

2. 民办高校党组织书记选派统一,其他民办学校党组织负责人产生方式包括学校产生和选派两种

《关于鼓励社会力量兴办教育　促进民办教育健康发展的若干意见》要求"民办高校党组织负责人兼任政府派驻学校的督导专员"。《关于加强民办学校党的建设工作的意见(试行)》明确向民办高校选派党组织书记,拓宽民办中小学校党组织书记选配渠道。从各地的文件内容来看,民办高校党组织负责人选派制由于推行时间早,处于成熟完善阶段,如上海制定《上海市民办高校党组织领导干部选拔任用暂行办法》,吉林要求每三年向民办高校选派一批公办高校 50 岁以下正处级干部,山东将民办高校党委书记纳入抓基层党建述职评议考核范围。除此之外,甘肃、天津、云南、江苏则明确推行向民办高校选派党组织负责人。

民办中小学和培训机构、幼儿园党组织负责人产生方式暂有两种,即从学校管理层中产生或是进行选派,选派的来源主要是教育行政部门和公办学校,也有其他机关和企事业单位。江苏、湖南要求民办中小学、幼儿园党组织负责人一般从学校管理层中产生,湖南明确学校内部没有合适人选的情况下,可由上级党组织选派。江苏明确符合条件的董事长、校长经上级党组织同意也可担任党组织负责人。云南、广东提出面向当地民办学校选派党组织书记,并未区分具体学段。天津、山西强调拓宽民办中小学党组织负责人选配渠道,并未明确具体方向。四川强调民办学校党组织领导班子成员的选配与任免,要报上级党组织批准。新疆强调选优配强民办学校党组织书记,并未明确具体路径。

在选好管好党组织书记方面,《关于加强民办学校党的建设工作的意见(试行)》首先要求明确选配标准,但是各地文件几乎没有涉及具体的标准制

定。向民办高校选派党组织书记,因为开始时间较早,目前已经在各地达成共识。中小学党组织书记的选配路径《关于加强民办学校党的建设工作的意见(试行)》并未作出具体规定,留给各地根据自己的情况予以选择,各地文件看来提及此的只有 7 个省份,其中真正明确选派路径的只有江苏、湖南、云南、广东。

3. 多举措加大党建工作保障力度

《关于加强民办学校党的建设工作的意见(试行)》提出"落实民办学校党建工作责任制。各级党委……把民办学校党建工作作为基层党建重要任务,纳入基层党建工作述职评议考核内容",同时从工作人员配备、经费保障、分类督促等方面作出了细致要求。在分类督促方面,辽宁、安徽、陕西、甘肃、湖北、云南、广东、青海、宁夏、重庆、海南、新疆明确,要把党建工作情况作为民办学校注册登记、年度检查、评估考核、管理监督、表彰奖励等的必备条件和必查内容,西藏要求各地(市)要把民办学校基层党组织标准化建设作为民办学校年度检查的重要内容。浙江要求将营利性民办学校的党建工作纳入工商年报的申报内容。山东规定,2018 年起所在党组织将民办高校党委书记纳入抓基层党建述职评议考核范围。在完善经费保障机制方面,安徽、海南、江西、重庆、黑龙江、新疆要求,将党组织活动经费列入学校年度经费预算,保障必要支出,黑龙江明确思想政治工作和群团组织工作经费一并纳入预算。安徽提出上级党组织对民办学校上缴的党费可全额返还学校党组织。在工作人员队伍建设方面,天津明确党务工作者队伍应专兼结合、数量充足、素质优良。江苏提出民办学校党务干部纳入教育系统党务干部教育培训体系。安徽要求对党务干部的工作条件和相关待遇给予保障。

关于党建工作保障力度和举措,《关于加强民办学校党的建设工作的意见(试行)》从多个方面作了具体要求,各地由于没有出台党建的专门文件,限于篇幅,只是在实施意见中择其一二阐述。从内容上看,超过 40% 的省级地方政府援引《关于加强民办学校党的建设工作的意见(试行)》中关于分类督促部分的内容,分类督促也是最容易落实的党建工作保障举措。相对而言,如何加强党务工作者队伍建设成为各地提升党建质量的关键因素。

4. 明确党组织定位,发挥党建带动作用

《关于鼓励社会力量兴办教育　促进民办教育健康发展的若干意见》提

出民办学校党组织要发挥政治核心作用,强化思想引领,牢牢把握社会主义办学方向,牢牢把握党对民办学校意识形态工作的领导权、话语权,切实维护民办学校和谐稳定。《关于加强民办学校党的建设工作的意见(试行)》提出民办学校党组织是党在民办学校中的战斗堡垒,发挥政治核心作用,从保证政治方向、凝聚师生员工、推动学校发展、引领校园文化、参与人事管理和服务、加强自身建设6个方面作了进一步阐述。辽宁、安徽、甘肃、天津、云南、湖北、浙江、河北、陕西、海南、江苏、广东、宁夏重申《关于鼓励社会力量兴办教育　促进民办教育健康发展的若干意见》的要求,强调民办学校党组织要充分发挥政治核心作用,强化思想引领,牢牢把握党对民办学校意识形态工作的领导权、话语权。吉林、青海援引《关于加强民办学校党的建设工作的意见(试行)》的提法,提出党组织在保证政治方向、凝聚师生员工、推动学校发展、引领校园文化、参与人事管理和服务、加强自身建设方面充分发挥作用。

党建带动作用方面,《关于鼓励社会力量兴办教育　促进民办教育健康发展的若干意见》提出坚持党建带群建,加强民办学校共青团组织建设。《关于加强民办学校党的建设工作的意见(试行)》要求党组织领导学校工会、共青团等群团组织和教职工大会(代表大会),做好统一战线工作。辽宁、甘肃、天津、云南、陕西、广西、贵州强调民办学校共青团组织建设。上海、宁夏、江西在加强共青团建设的基础上,还提出加强民办学校工会、共青团、妇联、教代会、学代会等群众组织和学生社团建设。

二、加强和改进民办学校思想政治教育工作

《关于鼓励社会力量兴办教育　促进民办教育健康发展的若干意见》提出"把思想政治教育工作纳入学校事业发展规划,把思想政治工作队伍建设纳入学校人才队伍培养规划","切实加强思想政治理论课和思想品德课课程、教材、教师队伍建设……提高思想政治教育的针对性、实效性和吸引力、感染力"。《关于加强民办学校党的建设工作的意见(试行)》明确"领导思想政治教育和德育工作,是民办学校党组织的首要政治责任",明确从师资队伍、教材、教学形式等方面,推动中国特色社会主义理念体系进课堂、进头脑,促进全员全过程全方位育人。各地以《关于鼓励社会力量兴办教育　促

进民办教育健康发展的若干意见》为基础框架,结合实际,进一步落实《关于加强民办学校党的建设工作的意见(试行)》的要求。

1. 加强、稳定思政工作队伍建设

人员数量配备要求主要集中在东北三省,其中吉林对专职辅导员、思政课教师、思政管理队伍都作出明确的数量要求。其他地区由于思政工作基础不一,并未在人员数量配备上作出具体要求。辽宁、吉林、黑龙江要求民办高校一线专职辅导员按照师生比不低于一比二百的比例配备。在思政课专职教师配备上,吉林民办高校要按照一比三百五设置专职思想政治理论课教师,黑龙江提出民办本科院校思政理论课专职教师按师生比一比三百五到一比四百配备,民办专科院校按师生比一比五百五到一比六百配备。思政管理队伍建设上,吉林明确一名党委副书记主要分管教师思想政治工作,落实高校、院(系)党组织书记抓思想政治工作述职评议考核制度。辽宁要求民办学校每个班级要配备一名班主任,民办高校配备专职团委书记一名。山西、四川、广西只是强调配齐配强辅导员、班主任、思想政治课教师等工作力量,并未具体明确数量要求。

在经费保障和职业发展通道方面,江西强调思想政治课教师平均收入应不低于学校其他专业教师平均水平;辽宁要求民办高校专职团委书记,待遇参照学校中层干部标准。贵州要求按标准落实思政课经费,按规定配备辅导员和团委书记并落实相关待遇。云南、北京探索推进民办高校辅导员专业化职业化,打通其职业发展和专业晋升通道。

在工作机制方面,吉林要求,民办学校党委书记履行思想政治工作和德育工作第一责任人职责,每学期至少召开一次专门工作会议研究思想政治工作和德育工作。广西要求加强思想政治教育干部队伍培养培训,民办学校兼职从事党务和思想政治工作的人员,应计算工作量。安徽规定,充分发挥思政课教师队伍、专任教师队伍、专兼职辅导员队伍和学生骨干队伍四支队伍,建设好课堂教学、第二课堂、网络空间和社会实践四大阵地。

加强思政工作者队伍建设是《关于加强民办学校党的建设工作的意见(试行)》关于抓好思政和德育工作的重点,但是各省对文件要求的细化操作并不多。薪资待遇和职业发展通道被认为是提高民办高校辅导员工作积极性的关键因素,极少数地方对此有所涉及,但也只是属于提及,对于怎么操作并未深入。

2. 创新思政工作方式

根据《关于鼓励社会力量兴办教育　促进民办教育健康发展的若干意见》,创新思政工作方式目标是传播正能量,提高育人水平。从各地内容上看,《关于鼓励社会力量兴办教育　促进民办教育健康发展的若干意见》提及的网络思政、心理健康教育、社会实践和志愿服务是主要创新方式。除此之外,专项计划、与新技术融合提升思政工作时效性也是部分地区的探索成效。辽宁、天津规定,积极开展心理健康教育,创新网络思想政治教育方式。云南重视对师生的人文关怀和心理疏导,大力开展社会实践和志愿服务。安徽提出,要把思想政治工作传统优势与信息技术深度融合,不断创新理念思路、内容形式、方法手段和制度机制,增强思想政治工作的时代感和时效性。上海明确制订实施民办高校党建和思想政治工作创新专项计划,加强网络思政和易班建设,充分发挥网络思想政治教育功能。西藏广泛开展"三联三进一交友"的主题教育实践活动。山西提出推进学校传统媒体与网络新媒体的深度融合,全面提高课程育人、科研育人、实践育人、文化育人、网络育人、心理育人、管理育人、服务育人、资助育人、组织育人的水平。

3. 强化思政课建设

在思政课建设方面,《关于鼓励社会力量兴办教育　促进民办教育健康发展的若干意见》提出"深入推进中国特色社会主义理论体系进教材、进课堂、进头脑,把社会主义核心价值观融入教育教学全过程、教书育人各环节"。《关于加强民办学校党的建设工作的意见(试行)》在此基础上,提出思想政治课和德育课选用教材应经依法审定,保证足够的教学时间,实施思想政治课"名师工程",党组织书记要带头讲形势政策课,抓好学校教室、寝室和网络等思想文化阵地建设和管理等。各地在加强思政课建设方面,立足已有工作基础,从专项计划、全过程育人、当地思政工作要求、思政工作纳入民办学校日常监督考核等方面提出创新举措,形成各自思政课建设特色。天津、青海、广东、广西根据《关于加强民办学校党的建设工作的意见(试行)》要求民办学校使用指定的思想政治理论课教材和德育教材,落实规定的学时学分。上海要求深入开展学科德育、课程思政教育教学改革。制订实施民办高校党建和思想政治工作创新专项计划。湖北大力推进学生思政、教师思政、课程思政、学科思政、环境思政"五个思政"建设。广东强调,加强讲座、论坛等阵地建设和管理,牢牢把握意识形态工作的领导权、话语权。山东提出,发挥好"灯塔—党建在线"综合管理服务平台作用,有效利用山东高校党建精品课。新疆要求坚持教育与宗教相分离,牢牢把握意识形态领域反分裂斗争主动权,严肃政治纪律、政治规矩特别是反分裂斗争纪律,做到管好教师、管好课堂、管好教材、管好网络、管好校园思想文化阵地;坚持把德育和思想政治工作贯穿教育全过程,全面增强学生"五个认同",深入推进"三进两联一交友"活动,全面加强民族团结。青海要求,把思想政治教育和德育工作摆到民办学校各项工作的突出位置,认真履职尽责,加强分析研判,加强监督检查,研究解决重要问题,不断巩固学校思想文化和意识形态阵地。重庆要求,将民办学校思想政治教育工作纳入年度检查和督导评估的重要内容。

三、保障党组织参与决策和监督

《关于鼓励社会力量兴办教育 促进民办教育健康发展的若干意见》在加快现代学校制度建设方面,提出健全党组织参与决策制度。《关于加强民办学校党的建设工作的意见(试行)》要求,坚持党的领导与依法治校有机统一,推动民办学校把党组织建设有关内容纳入学校章程,明确党组织在学校法人治理结构中的地位,保证党组织在重大事项决策、监督、执行各环节有效发挥作用。

1. 保障党组织参与决策

《关于鼓励社会力量兴办教育 促进民办教育健康发展的若干意见》和《关于加强民办学校党的建设工作的意见(试行)》对保障党组织参与决策均作出要求。《关于鼓励社会力量兴办教育 促进民办教育健康发展的若干意见》提出党组织领导班子和学校决策机构、行政机构"双向进入、交叉任职",党组织要支持学校决策机构和校长依法行使职权。《关于加强民办学校党的建设工作的意见(试行)》在延续该条文的基础上,要求涉及民办学校发展规划、重要改革、人事安排等重大事项,党组织要参与讨论研究,董(理)事会在作出决定前,要征得党组织同意;涉及党的建设、思想政治工作和德育工作的事项,要由党组织研究决定。同时建立健全党组织与学校董(理)事会日常沟通协商制度,以及党组织与行政领导班子联席会议制度。各地的措施以落实《关于鼓励社会力量兴办教育 促进民办教育健康发展的若干意见》的相关要求为主，并根据《关于加强民办学校党的建设工作的意见（试行）》的具体内容有所延伸。其中推进"双向进入、交叉任职"、将党组织建设有关内容纳入学校章程是出现最多的措施。

安徽、青海、宁夏、广西、四川、山西、湖南、新疆要求将党组织建设有关内容纳入学校章程，明确党组织在学校法人治理机构中的地位，保证党组织在重大事项决策、监督、执行各环节有效发挥作用。北京略有特殊，提出将党的建设而非党组织建设纳入章程。安徽、上海、重庆要求，董事会（理事会）应当优化人员构成，由举办者或者其代表、校长、党组织负责人、教职工代表等共同组成，辽宁、甘肃、天津、云南、湖北、内蒙古、上海、陕西、河南、宁夏、西藏、山西、新疆等省份要求健全党组织参与决策制度，积极推进"双向进入、交义任职"，学校党组织领导班子成员通过法定程序进入学校决策机构和行政管理机构，党员校长、副校长等行政机构成员可按照党的有关规定进入党组织领导班子。上海、青海、四川、广东直接将党组织领导班子成员明确为民办学校党组织书记，指出书记应当通过法定程序进入学校董（理）事会，上海、青海、四川还提出符合条件的专职副书记也可进入董（理）事会。广东提出，党委书记兼任行政领导班子成员。上海、青海、四川要求，涉及民办学校发展规划、重要改革、人事安排等重大事项，党组织要参与讨论研究，董（理）事会在作出决定前，要征得党组织同意；涉及党的建设、思想政治工作和德育工作的事项，要由党组织研究决定。海南、广东、青海明确，建立健全党组织与董（理）事会的沟通协商制度，以及党组织与行政领导班子联席会议制度，支持决策机构和校长依法行使职权。

2. 明确党组织实施监督

党组织实施监督功能，《关于加强民办学校党的建设工作的意见（试行）》提出建立健全党组织与监事会日常沟通协商制度；强化党组织对学校重要决策实施的监督，定期组织党员、教职工代表等听取校长工作报告以及学校重大事项情况通报。各地对党组织如何实施监督作了具体探索，其中监事会中吸收党组织领导班子成员是最主要的探索方式。辽宁、安徽、湖北、上海、内蒙古、陕西、江苏、山东、江西、河北、四川、新疆提出，监事会中应当有党组织领导班子成员。海南、广东、青海明确，建立健全党组织与监事会的沟通协商制度，强化党组织对重要决策实施的监督。辽宁、甘肃、河南、青海、广西规定，民办高校党组织负责人兼督导专员，依法监督、引导学校的办学方向,指导提高办学质量,向主管部门提出工作建议,同时承担党政部门规定的其他职责。江西提出,民办学校党组织负责人要充分发挥"导向引领、把关监督、保障护航、动力促进"作用,为民办学校稳健发展系紧"安全带",把稳"方向盘",当好"助推器",行使"制动阀"。

第三节　完善制度建设,各地
加快推进分类登记

　　根据《修法决定》和《关于鼓励社会力量兴办教育　促进民办教育健康发展的若干意见》精神,各地围绕民办学校的准入条件、审批办法、登记部门、退出机制等内容,对当地非营利性和营利性民办学校分类管理进行制度设计。海南、上海、天津、陕西、浙江、四川、江苏、宁夏、重庆、广西、内蒙古、广东、甘肃、北京、江西、黑龙江、云南、贵州、山东、安徽、福建、山西、吉林23个省份出台了分类登记实施办法。各地的做法如下:

一、分层分类设定审批、登记流程

　　审批是民办学校办学的首要环节,在已经出台登记办法的23个省份中,15个省份按照不同教育阶段,从审批层级和部门对民办学校的审批要求方面进行了明确。其中陕西、安徽、广西、山东、黑龙江、北京、江西没有明确审批部门和层级。浙江出台的是针对已有民办学校的分类登记办法,也未涉及民办学校分类审批要求。

　　1. 明确审批层级和部门

　　甘肃、海南、四川、宁夏、重庆、青海、福建、贵州、内蒙古规定,民办本科院校报国家教育行政部门审批,民办高等专科学校由省级人民政府审批报国家教育行政部门备案。宁夏还规定师范、医药类专科院校报教育部审批。上海作为教育综合改革国家级示范区,规定设立实施高等学历教育的民办学校,由市教育部门统一受理,报市政府审批,然后报国家教育部门备案。天津要求,实施高等学历教育民办学校在市教委提交设立申请材料,并未明确审批部门。江苏笼统规定包括高等学历教育在内的学历教育民办学校由县级以上教育行政部门审批。吉林、贵州强调由县级以上相关部门审批。

在明确教育部门的审批权限方面，甘肃、海南、江苏、宁夏、重庆、青海、吉林、山西、福建、贵州、云南提出，设立实施学前教育、学历教育、自学考试助学以及以文化培训为主的民办学校，由学校所在地县级以上教育行政部门审批。上海、四川要求，设立实施学前教育、学历教育以及以文化培训为主的民办学校，由学校所在地县级以上教育行政部门审批。天津规定，由学校所在辖区的行政审批局负责受理设立申请。高中阶段民办学校审批，四川强调报省级教育行政部门审批，福建、宁夏、贵州、云南要求由地级市教育行政部门审批。内蒙古要求设立民办非学历高等教育机构、高级中学、普通中专、成人中专、职业高级中学以及同层次非学历教育类培训机构，由盟（市）教育局负责审批；设立民办初级中学、民办小学、民办幼儿园以及同层次非学历教育类培训机构，由旗（县、区）教育行政部门负责审批。盟（市）教育局可在此基础上，结合当地实际，移交下放部分所属审批权限和范围。新疆普通高中及以下实施学历教育的，进行分级审核之后，符合条件的，须经自治区教育厅批复后，由审核部门颁发办学许可证。民办中职学校的设立由各地（州、市）教育行政部门初审，各地（州、市）人民政府复审，自治区教育厅审批，符合办学条件的，由自治区教育厅颁发办学许可证。

从各地文件来看，人社部门审批的范围主要包括以职业资格培训为主的民办学校和技工学校。甘肃、上海、海南、四川、江苏、宁夏、重庆、青海、新疆、吉林、福建、贵州、内蒙古提出，设立实施以职业技能为主的职业资格培训、职业技能培训的民办学校，由县级以上人力资源社会保障部门审批，并抄送同级教育部门备案。山西对面向不同学段的以职业技能为主的职业培训民办学校的审批部门细分了层次。甘肃、海南、四川、江苏、新疆、山西、福建、云南、内蒙古强调技工学校由省级人力资源社会保障行政部门审批。山西明确设立技师学院由省级人民政府审批。

2. 明确分类登记部门和层级

海南、上海、河北、天津、陕西、四川、江苏、宁夏、重庆、辽宁、安徽、云南、湖北、甘肃、北京、吉林、山西、福建、贵州、内蒙古、黑龙江、江西、广东、广西要求，正式批准设立的非营利性民办学校，符合《民办非企业单位登记管理暂行条例》等民办非企业单位登记管理有关规定的到民政部门登记为民办非企业单位或办理社会服务机构登记；符合《事业单位登记管理暂行条例》

等事业单位登记管理有关规定的可到事业单位登记管理机关登记为事业单位。正式批准设立的营利性民办学校，依据法律法规规定的管辖权限到工商行政管理部门（市场监管）办理登记。此外，上海没有提出非营利性民办学校可以登记为事业单位法人，在非营利性民办学校登记部门级别上，也未作出明确规定。

河北、陕西、四川、重庆、宁夏、辽宁、青海、山西、福建、安徽、山东要求，除非营利性民办本科院校到省级登记部门登记外，其他非营利性民办学校到审批部门同级登记部门登记。江苏、黑龙江、江西、广东对登记部门的规定更加细化，即实施专科以上层次民办高等学校、高中阶段民办学校、义务和学前教育阶段民办学校分别到省级、设区市级、县级相关部门办理登记。江西要求，实施本科以上层次教育的非营利性民办高校，由省政府相关部门办理登记。实施专科以下层次教育的非营利性民办学校，由省政府确定的县级以上政府相关部门办理登记。

3. 规范民办学校名称使用具体要求

关于民办学校名称的使用，除浙江、甘肃外，有21个省份均对民办学校名称使用，尤其是营利性民办学校名称规范作出要求。各地明确民办学校申请筹设或直接正式设立前应向登记机关申请名称预先核准，同时对营利性民办学校办学简称的使用明确具体规则。

在学校名称预先核准方面，15个省级政府明确要求进行预先核准，另有6个省级政府认为名称应符合国家规定。海南、上海、陕西、四川、江苏、宁夏、重庆、山西、云南规定，申请筹设民办学校或者直接申请正式设立的，应当先向登记机关申请名称预先核准，非营利性民办学校的名称由"行政区划＋字号＋行业"组成；营利性民办学校的名称，由"行政区划＋字号＋行业＋组织形式"组成。天津、福建、山东、贵州、黑龙江、江西要求，营利性民办学校名称应当符合国家有关规定，体现学校的办学层次和类别。青海、黑龙江、北京、吉林要求举办者应向与民办学校审批机关同级的登记机关申请名称预先核准。广东、广西要求营利性民办学校进行预先核准。

营利性民办学校名称必须包含组织形式，但是可在特定条件下使用简称。营利性民办学校由于名称中须带有"有限责任公司"或"股份有限公司"的组织形式，存在影响招生乃至教学的情况，对此根据《工商总局教育部关于营利性民办学校名称登记管理有关工作的通知》的要求，允许营利性民办学校使用省略公司组织形式的简称,同时对简称的使用范围作了具体限制。海南、上海、四川、宁夏、吉林、山西、山东提出,营利性民办学校名称可省略学校的公司组织形式,作为简称。上海、四川、宁夏、重庆、山东、山西、内蒙古强调,简称仅限用于学校牌匾、成绩单、学位证书、学历证书、招生广告和简章。在招生广告和简章中使用办学简称的,应当在显著位置注明学校营利性属性,并在学校介绍中标注学校全称。云南重申,学校名称登记管理按照《工商总局教育部关于营利性民办学校名称登记管理有关工作的通知》的要求执行。

二、分类规定具体事项变更要求

事项变更也是分类登记办法中的重要内容,天津、河北、陕西、四川、江苏、宁夏、重庆、吉林、山西、福建、安徽、山东、云南、江西、广西提出,涉及办学许可证、登记证或者营业执照上事项变更的,依照法律法规和有关规定到原发证机关办理变更手续或申请变更登记。

1. 关于民办学校举办者的变更

海南、上海、四川、山东、山西、安徽、贵州提出,举办者变更须由举办者提出,在进行财务清算后,经学校理事会(董事会)报审批机关核准。重庆未强调须由举办者提出。上海提出营利性民办学校的举办者继承人、财产析得人或者受赠人因继承、析产或者赠与获得营利性民办学校举办者权益的,应当依法办理举办者变更手续。

2. 关于民办学校办学许可证事项的变更

学校名称、层次、类别变更要求。海南、上海、四川、重庆、贵州提出,学校名称、办学层次、类别的变更由学校理事会(董事会)报审批机关批准。

办学地址变更要求。上海、重庆、贵州要求应当向许可机关提出书面申请,贵州明确由董事会或理事会提出申请。四川明确民办学校变更办学地址、新增办学点,超出原审批机关管辖权限的,应向拟办学的新校址、新办学点所在地审批机关另行申请设立。

办学许可证所载其他事项变更要求。海南、上海、四川、重庆要求由学校理事会(董事会)报审批机关或登记机关办理变更手续。河北、重庆强调民办本科高校名称由教育部核准。吉林强调民办高等学校办学许可证上事项变更需经省教育厅审核。天津、河北、宁夏、重庆、山西、福建、黑龙江、四川、江苏、广西提出民办本科院校办学许可证上除名称外需核准的事项变更由省级人民政府核准。

3. 民办学校法人属性的变更

根据各地已出台的文件,营利性民办学校变更登记为非营利性是鼓励和支持的,但是非营利性变更为营利性一般是不被允许的。云南要求民办学校一经完成非营利性或营利性登记,无特殊情况在学校1个办学周期内不得变更登记。湖北、广西、山西、福建、贵州、江西鼓励和支持营利性民办学校变更登记为非营利性民办学校。湖北、海南、重庆、广西、贵州、西藏、福建明确已按分类登记有关程序登记为非营利性民办学校的,不得再转为营利性民办学校。江西允许非营利性民办学校在完成一个培养周期之后,可以申请变更为营利性民办学校。民办学校的分立、合并,山西、安徽、贵州明确在进行财务清算后,由学校理(董)事会同意后,报审批机关批准。

三、现有民办学校分类过渡方案逐步明朗

《修法决定》和《关于鼓励社会力量兴办教育　促进民办教育健康发展的若干意见》授权各省级政府制定已有的民办学校分类过渡的具体办法。各地积极通过设置过渡期、安排转设企业法人程序,规定一贯制学校拆分、奖补落地等手段,妥善安排存量学校完成分类选择。

1. 为原有民办学校分类设置过渡期

大部分地方在文件中普遍留出了3—5年过渡期。在过渡期的设定方式上,包括统一设置和对不同层级民办学校分类设置两种情况。有19个省份统一设置了5年左右的过渡期,过渡期终止时间各不相同。内蒙古提出到2023年8月31日前,浙江、宁夏、广西、湖南、福建规定到2022年年底前,陕西、河北、山东、重庆、江西、吉林、黑龙江提出到2022年9月1日前,云南明确到2021年11月7日前,江苏规定原则上在2020年12月31日前,湖北、西藏要求是在2020年9月1日前完成。海南、山西要求5年过渡期内完成分类登记。海南和江苏强调确有特殊情况的,可延期不超过2年完成。

另外,还有上海、四川、河南、安徽、宁夏、北京6个省份对不同层级的民

办学校分别设置了过渡期。除内蒙古到 2023 年 8 月 31 日前完成以外,其他地区 2022 年底全部完成分类过渡。

　　除此之外,天津、甘肃、青海、广东、辽宁未明确设置过渡期,无论是《修法决定》还是《关于鼓励社会力量兴办教育　促进民办教育健康发展的若干意见》均未提出可以设立过渡期,实际上依法 2017 年 9 月 1 日就已经进入分类管理时代,无论是否是已有的民办学校都应明确站队,因此地方对是否设立过渡期也存有争议。山东、海南、广西将现有民办学校的时间范围扩大至 2017 年 9 月 1 日之前,云南则是扩大至 2017 年 8 月 31 日以前,与《修法决定》中明确的"本决定公布前(即 2016 年 11 月 7 日前)设立的民办学校"不一致,是否有效人们存在质疑。

　　2. 原有民办学校拆分不同法人应独立核算

　　实施义务教育的民办学校只能选择登记为非营利性民办学校,包含义务教育阶段的一贯制学校,如非义务教育阶段选择营利性法人,其面临拆分和许可问题。共有 18 个省级地方政府在文件中对此问题进行了回应,除上海明确表示民办学校不得分立为不同办学属性的学校,不同办学属性的学校不得合并外,其他 17 个省级地方对选择不同法人类型的一贯制学校拆分提出了相应的要求,如独立校园办学、分别登记、资产独立核算等。海南、河北、浙江、江苏、四川、宁夏、江西、广西、广东、重庆、湖北、山西、黑龙江、吉林、安徽、山东规定,包含义务教育阶段的民办学校,非义务教育阶段若登记为营利性法人,必须与义务教育阶段分离,分别登记,财务资产独立核算。海南提出,分立后的学校可以继续使用原有学校名称(或用简称),但应体现不同办学层次。四川规定,分立后的学前教育或高中阶段学校暂不具备办学条件的,可以租用义务教育阶段学校办学资源,但应自分立之日起三年内达到办学标准,其间办学规模不得扩大。福建规定民办学校要分立为营利性和非营利性民办学校的,分立时要明确资产权属,具体分立和过渡办法由各设区市结合实际情况研究制定。吉林还提出另一种解决方案,即,原有民办学校变更为民办高中,在取得相关证件的基础上,在保证完成原有义务教育阶段在校生教育教学任务后,不再招收义务教育阶段学生。

　　3. 原有民办学校转设清算安排

　　根据《修法决定》,原有民办学校选择登记为营利性民办学校的,学校应当进行财务清算,依法明确财产权属,缴纳相关税费后,办理新的办学许可证,重新在工商部门登记。23 个省份已经出台《分类登记办法》显示,各地对如何转设以照搬《关于鼓励社会力量兴办教育　促进民办教育健康发展的若干意见》表述为主,其中上海、天津、浙江、四川、宁夏、重庆、云南 7 个省级政府进行了略微详细的规定,对原有的转营程序进行了细化、清算的主体进行了明确等,对各类资产确权主体、确权后的处理,新旧学校之间的承接关系介绍得不多。

在清算程序上,按照清算、确权、缴纳税费、换领办学许可证、法人登记、原有法人注销进行,部分地区要求先注销原有法人,再进行新法人登记。在清算主体上,天津、宁夏、四川、重庆提出由有资质的第三方开展清算;辽宁、浙江、贵州、宁夏、河北、安徽、湖北明确由政府部门牵头,上海、北京、内蒙古、江西、广东、福建、云南强调由学校组织清算。此外,陕西在地方实施意见提出由具备资质的第三方机构进行财务清算,在地方分类登记细则中却是由有关部门组织清算。海南和上海根据不同的终止类型,规定不同的清算单位。甘肃、云南、河南、江苏、山东、青海、广西、西藏、吉林、湖南、黑龙江未明确具体清算单位。

在转设优惠政策上,海南、贵州、宁夏、江西分别在税收、土地等政策上探索转设优惠。如海南、贵州提出分类登记之前依法依规减免的税收不再补缴;海南规定按经确认的市场评估价格 40％补缴土地使用权出让金,海南、宁夏、江西提出出让金可以分期缴纳,海南采取长期租赁、先租后让、租让结合等灵活的方式办理用地手续。

4. 原有民办学校非营利性办学补偿和奖励方式各地探索创新

根据《修法决定》,原有民办学校选择登记为非营利性的,终止时,民办学校的财产依法清偿后有剩余的,根据出资者的申请,综合考虑在该决定施行前的出资、取得合理回报的情况以及办学效益等因素,给予出资者相应的补偿或者奖励。给予补偿和奖励,既是对"合理回报"政策的回应,也预示着此后将走向"制度确定性"。在补偿和奖励政策方面,最受关注同时也是最难操作的计算方法有 6 个地方予以明确,另有 8 个地方对补偿和奖励的最高额度予以限定。除明确计算方法以外,扩大适用对象,将未及选择直接终止的原有民办学校纳入获得奖补对象,允许举办者同时获得补偿和奖励也是各地积极创新的措施。

在补偿奖励的设定对象上,根据《关于鼓励社会力量兴办教育　促进民办教育健康发展的若干意见》,原有民办学校选择非营利性办学后,终止时才能享受补偿或奖励,大大降低了该条款的激励作用,为此有5个省级地方政府扩大该条款适用对象,探索纳入未及选择直接终止的原有民办学校,如上海、四川、福建、安徽、贵州,但是该条文与《关于鼓励社会力量兴办教育促进民办教育健康发展的若干意见》不一致,存在政策风险。四川规定在农村举办的原有民办普通中小学校(幼儿园)终止时,对未取得合理回报的举办者,可考虑据其办学实绩给予奖励。湖南要求民办学校恶意终止办学的,对出资者不予补偿或奖励。

在资金来源上,共有安徽、湖北、内蒙古、陕西、河南、江苏、重庆、江西、山东、甘肃10个地方明确补偿和奖励可同时获得,在返还举办者核定后的出资额之后,剩余资产的一部分给予举办者作为奖励。上海、四川、湖南、贵州规定,从学校剩余财产中的货币资金,不足部分从其他资产依法转让后获得的货币资金中提取。

在计算方法上,湖北、天津、上海、云南、江苏明确了具体计算方法①,陕西、甘肃、山东、重庆、浙江、北京、湖南、福建、内蒙古明确了总额要求。②除上述省份外,大多数省份的文件并未明确补偿或者奖励的具体办法,奖补政

---

① 湖北提出,按不高于经确认的出资额返还举办者,仍有结余的,在扣除国有资产、捐赠、土地房产增值部分的情况下给予举办者学校净资产15%的奖励。江苏规定,补偿数额为出资额及其增值,增值按照清算当年中国人民银行5年期存款基准利率计算,奖励数额不高于民办学校补偿后剩余净资产的20%。天津要求,补偿或奖励数额为终止之日累计出资额与累计所有出资额和捐赠额的比率,乘以终止当天法人财产净资产数额。上海明确,补偿金额为出资金额与该出资的历年折算利息之和,在扣除出资者历年取得的合理回报与合理回报相应的历年折算利息后的金额,但不得超过剩余财产扣除财政扶持和社会捐赠形成资产后的金额。奖励金额以学校停止办学或者办学许可失效的先至时间前5年内的最高年度学费总收入金额为基数,以2017年9月1日之后历年年度检查的结果为系数予以折算,奖励金额最高不超过清偿后的剩余财产扣除财政扶持和社会捐赠形成的资产以及补偿后的金额。云南整体的计算方法与上海一致,差异在于奖励金额调节系数,学校每获得一次年度检查"优秀"的结论,调节系数增加0.15。

② 陕西提出,补偿的数额为原始出资额加上追加出资额,总额不得超过剩余的办学财产。重庆要求,补偿额最高不超过2017年8月31日前举办者的累计投入,补偿后净资产额度内按照结余净资产种类、不同的时间段和终止的情形等情况综合考虑实施奖励。北京要求补偿或奖励数额不应超过2017年8月31日时学校法人名下的净资产扣除国有资产、社会捐赠资产之后的数额的30%,其中出资者已获得合理回报的,应再作相应扣除,向出资者一次性给付。湖南要求补偿奖励总额占学校依法清偿后剩余财产总额的比例不高于出资者2017年9月1日前的出资占学校办学总投入的比例。福建要求补偿或者奖励金额原则上不超过2017年9月1日前的出资金额与该出资金额的历年折算利息之和,并扣除出资者历年取得的合理回报与合理回报的历年折算利息之和后的金额。

策的实现仍有待进一步探索。

5. 建立健全原有民办学校退出机制

关于退出机制,《关于鼓励社会力量兴办教育 促进民办教育健康发展的若干意见》明确规定捐资办学的民办学校终止时,清偿后剩余财产统筹用于教育等社会事业。对原有民办学校选择非营利性办学终止时可以获得补偿或奖励,选择营利性办学参照《公司法》处理,但是具体操作方法授权给省级地方政府制定。对此,各地从加强民办学校退出监管、剩余资产管理方面对民办学校退出机制作出了进一步探索。

各地针对民办学校退出过程中可能存在的国有资产流失、举办者违规变更等现象,提前作出制度安排。天津、宁夏、江西、福建强调依法保护师生权益,防范国有资产流失,保证有序退出,维护社会稳定。安徽、河南、陕西、重庆、江西、西藏、黑龙江要求举办者退出举办、转让举办者权益或者内部治理结构发生重大变更的,应当事先公告,按规定程序报审批机关依法核准或备案。

强化剩余资产管理。浙江提出包括剩余资产在内的社会公共资产由所在地民办教育公益基金会托管等方式进行管理。天津鼓励教育类基金会按照《基金会管理条例》相关规定,协助政府处置终止办学的民办学校的剩余资产。宁夏提出民办学校终止办学时,属协议方式捐赠的民办学校,需征求捐赠人意见后实施。重庆要求捐资举办的民办学校,非特殊情况,捐赠者作为举办者的身份不得变更。山东提出非营利性民办学校无法按照学校章程或者董事会或者理事会的决议处理的,可以通过学校所在地教育基金会或者民办教育基金会托管等方式进行管理,统筹用于民办教育事业;也可以由许可机关主持转给其他非营利性学校,并向社会公告。山西、福建、安徽、山东、贵州、云南明确规定,非营利性民办学校清偿债务后的剩余财产继续用于其他非营利性民办学校办学。

第四节 积极构建扶持民办学校规范发展政策环境

在分类扶持上,《关于鼓励社会力量兴办教育 促进民办教育健康发展的若干意见》提出"建立差别化政策体系",同时从加大财政收入、创新财政扶持方式、落实公民办学校同等资助政策、税费优惠、差别化用地、分类收费、保障学校师生权益等方面构建分类扶持政策。

一、加大财政扶持力度,鼓励举办非营利性民办学校

《关于鼓励社会力量兴办教育　促进民办教育健康发展的若干意见》要求加大对民办教育的扶持力度,财政扶持民办教育发展的资金要纳入预算,并向社会公开。要求地方各级人民政府建立健全政府补贴制度,完善政府购买服务的标准和程序,建立绩效评价制度,制定向民办学校购买服务的具体政策措施。鼓励地方各级人民政府设立民办教育发展基金,支持成立相应的基金会,组织开展各类有利于民办教育事业发展的活动。

1. 各地通过建立用于非营利性民办学校发展的专项资金、补贴制度、购买服务时优先考虑非营利性民办学校等方式,落实非营利性办学导向

首先,明确财政资金使用范围限于非营利性民办学校,如陕西、宁夏、山东、广西明确规定民办教育发展专项资金用于支持非营利性民办学校发展。河北要求建立健全政府对非营利性民办学校的补贴制度。辽宁、重庆、上海提出财政资金重点用于非营利性民办学校建设。重庆、辽宁、宁夏要求建立政府对非营利性民办学校和举办者的奖励机制。四川加大对非营利性民办学校的支持力度。甘肃规定从省学前教育专项资金中安排普惠性民办幼儿园的奖补资金。上海早在 2005 年就已经建立"促进民办教育发展专项资金",2010 年大幅增加扶持民办高等教育的专项资金。此次落实新的政策时,上海在市级专项资金基础上,鼓励区县政府设立促进民办中小学发展的专项资金,主要用于区域内符合条件的民办中小学改善办学条件和开展教育教学改革试点。

其次,地方积极落实以义务教育为主的非营利性民办学校生均经费补贴。民办学校生均公用经费补贴可以追溯到 2015 年国务院发布的《关于进一步完善城乡义务教育经费保障机制的通知》。根据此文件,2016 年中央财政对城市义务教育学校(含民办学校)将按照基准定额的一定比例给予补助。2019 年,国务院办公厅印发《教育领域中央与地方财政事权和支出责任划分改革方案》,将国家制定分地区生均公用经费基准定额,调整为制定

全国统一的基准定额。因此，超过30％的省级地方政府明确强调在义务教育阶段落实生均公用经费补贴或基准定额补助政策。海南、青海将生均公用经费补贴标准扩展到非义务教育阶段非营利性民办学校。陕西规定幼儿园、中职学校享受或参照同类公办学校生均公用经费补助政策。宁夏明确对民办中等职业学校在校生按同级同类公办学校标准执行学费减免政策。上海2010年发布《关于加强扶持民办中小学发展的通知》（沪教委民〔2010〕6号），提出"对符合条件且收费标准低于同级同类公办学校生均经费拨款的义务教育阶段民办中小学校，按照本市义务教育阶段公办学校生均公用经费基本定额给予补助"。

2. 多渠道财政扶持助力民办学校内涵式发展

在扩大财政扶持渠道方面，除资金投入外，政策倾斜、现有资源盘活等手段也日益受到各地关注。同时，为鼓励民办学校提升办学质量，在竞争性项目同等资助、购买服务、奖励性补助等方面，各地逐步探索以质量为先决条件的财政扶持渠道。辽宁、安徽、湖北、上海、天津、海南、陕西、江苏、重庆、宁夏、吉林、湖南12个省级政府明确提出，通过政府购买服务对包括营利性民办学校在内的民办学校予以财政扶持。安徽、山东、宁夏、重庆、海南、湖南提出，通过出租、转让闲置校舍等国有资产的措施扶持民办学校发展，安徽、海南提出依托闲置的国有资产，鼓励有实力的企业和民间资本参与举办混合所有制职业院校。湖北、海南通过建立奖励性补助，加大民办教育支持力度。上海提出形成公民办学校相互委托管理和相互购买服务的新机制，探索民办学校对薄弱公办中小学的委托管理。江西、贵州提出民办学校通过与公办学校平等竞争获得的项目，应享受同样的资助政策。贵州着重在实施本科教育"双一流"建设、职业教育基础能力建设、实习实训基地建设等项目时，民办学校与公办学校统筹安排。

3. 探索营利性民办学校享受产业税收优惠政策

由于我国实行"税由法定"的政策，地方税收创新的难度较大。现有的地方创新都是基于目前国家税收政策规定，各地着力对办学过程中涉及的增值税、企业所得税、契税、印花税、房产税、城镇土地税，以及行政事业性收费进行优惠减免。针对营利性民办学校，各地在政府购买服务的基础上，主要通过高新技术企业、小微企业等产业优惠政策等方式予以扶持。陕西规定对营利性民办学校，省内各地、各部门要参照高新技术企业的优惠政策，给予支持。江苏、辽宁提出营利性民办学校还可以通过税收优惠等方式享有政府财政扶持。重庆规定营利性民办学校符合小微企业财政扶持条件的,依法依规享受相关扶持政策。在增值税方面,江苏对从事学历教育的营利性民办学校提供的教育服务免征增值税,浙江提出营利性民办学校增值税等按规定给予相应的税收优惠。

4. 做大做强民办教育基金(会)功能

为回应关于鼓励地方各级人民政府设立民办教育发展基金,支持成立相应的基金会的政策要求,辽宁、天津、安徽、甘肃、陕西、海南、内蒙古、湖北、河北、上海、浙江、青海、山东、吉林、云南、宁夏、重庆、江西、广西、山西、贵州、四川、黑龙江、福建23个省级政府要求设立或做大做强民办教育基金(会),并对基金来源、功能发挥进行探讨。在功能定位上,天津、湖北、上海、福建强调基金会的筹集资金功能,甘肃、陕西、重庆、四川主要用于奖励,湖北还强调为民办学校师生提供救助性福利保障,辽宁、安徽、甘肃、天津、陕西、云南、青海、宁夏、山东、江西、广西、山西、贵州、吉林、四川、黑龙江落实国家文件,强调组织开展各类有利于民办教育事业发展的活动。浙江、天津、重庆、上海、福建强调教育基金会参与民办学校办学过程。需要强调的是上海、福建、北京还提出引导营利性民办学校合作设立投资基金,用于学校创新发展,防范办学风险。陕西、海南、广东、宁夏、重庆、广西、吉林、北京、黑龙江鼓励、允许学校设立基金会或基金,拓宽融资渠道。

二、拓展融资渠道,探索民办学校金融服务体系

《关于鼓励社会力量兴办教育　促进民办教育健康发展的若干意见》强调鼓励和吸引社会资金进入教育领域举办学校或者投入项目建设;多渠道吸引社会资金,扩大办学资金来源;鼓励金融机构在风险可控前提下开发适合民办学校特点的金融产品,探索办理民办学校未来经营收入、知识产权质押贷款业务,提供银行贷款、信托、融资租赁等多样化的金融服务;鼓励社会力量对非营利性民办学校给予捐赠。

1. 针对两类法人属性特点,各地有针对性地提出两类法人创新融资渠道

针对非营利性办学特点,各地主要在未来经营收入、知识产权质押贷款

业务,非教学设施抵押贷款、发行债券、捐资和专项奖励基金方面作出探索。营利性民办学校融资方式在包括非营利性民办学校融资渠道的基础上,从债权融资和股权融资两个方面进行探索。在债权融资方面,上海、山东、海南、广西、湖北、黑龙江提出,可尝试以有偿取得的土地、设施等财产进行抵押融资,或股权质押。四川支持营利性民办学校积极创造条件通过短期融资券、企业债等债务融资工具多渠道筹集资金。安徽、海南、广西鼓励以发行债券、贷款融资等方式融资。在股权融资方面,安徽、海南、广西鼓励营利性民办学校通过引入风险投资、战略投资、上市融资等方式融资。广东、山东、重庆、宁夏、吉林探索利用多层次资本市场开展股权融资。重庆支持民间资本组建民办教育投资集团和私募股权投资基金,完善营利性民办学校股权转让退出机制。在已有的地方实施意见中,甘肃、内蒙古、河南、青海、贵州没有提出创新措施,以执行国家文件为主。河北、西藏只是提出多渠道吸引社会资金和市场资金,鼓励金融机构在风险可控前提下开发适合民办学校特点的金融产品,提供多样化的金融服务。原有民办学校在过渡期间,举办者股权转让、买卖市场空间较大。部分举办者担心选择非营利性办学之后,补偿和奖励遥遥无期,需在过渡期内股权转让实现变现。如何规范原有民办学校举办者股权流转,在原有补偿和奖励政策下约定举办者变更收益,各地政策涉及甚少。

2. 各地在增强民办学校融资能力、建立专门金融服务体系上作了积极探索

安徽、陕西、湖北、海南、广西、重庆、广东、江西、宁夏、吉林、北京、黑龙江,允许民办学校利用捐赠资金和办学结余设立教育基金或基金会。山东、江西搭建教育融资运作平台,吸引社会资本参与教育事业发展。黑龙江、湖北、江苏鼓励社会力量依法设立教育投资融资机构,为民办学校提供贷款、担保等融资服务。在多样化的金融服务方面,辽宁、湖北建立以风险控制为核心的贷后管理机制,在代收学费、结算、代发工资等方面与民办学校加强合作。上海、云南支持发展信贷、租赁、保险等金融手段,依法依规为民办学校提供特色化、专业化的贷款、担保等服务。浙江、福建提出银行可开发资产证券化、项目收益债、教育公益信托、融资租赁等金融产品,为民办学校提供金融服务。重庆、江苏鼓励金融机构对产权明晰、办学规范和信誉良好的民办学校提供信用贷款。

三、完善两类民办学校用地政策

《关于鼓励社会力量兴办教育　促进民办教育健康发展的若干意见》提出民办学校建设用地属于科教用地管理。非营利性民办学校享受公办学校同等政策，按划拨等方式供应土地。营利性民办学校按国家相应的政策供给土地。土地使用权人申请改变全部或者部分土地用途的，政府应当将申请改变用途的土地收回，按时价定价，重新依法供应。各地在规范土地管理、多种方式供应土地上进行探索。

1. 规范管理民办学校用地，保障发展需求

辽宁、安徽、江苏、浙江、海南、河南、青海、广东、山东、广西、贵州、四川、山西、黑龙江 14 个省级政府提出，将民办学校建设用地纳入总体规划，保障民办教育发展需求。云南、河北、山东、广西要求在民办学校新建、扩建的征地过程中，占补平衡指标和年度用地指标的取得应由政府统筹安排。需要强调的是，重庆将非营利性民办学校建设用地纳入土地利用总体规划和年度国有建设用地供应计划，保障非营利性民办学校用地需求，而非全部民办学校。

除此之外，部分地区积极探索对民办学校优先供应，如黑龙江、广东提出新增用地指标分配，适当向民办学校用地倾斜。广东要求符合土地利用总体规划和城乡规划的民办学校新增建设用地，要在土地利用年度规划中优先安排。山西鼓励盘活存量用地用于民办学校建设，对收回的国有闲置土地，可优先用于民办学校建设。

在用地依法管理方面，云南、江西规定，民办学校迁建、扩建可依法依规进行土地置换；宁夏、江西强调，增加新建、扩建、改建项目应符合土地利用总体规划，并依法办理建设用地审批手续。内蒙古规定民办学校新建扩建基础设施，其城市配套费、建设费、人防费等相关费用享受规定的优惠政策。吉林提出社会力量和民间资本投资教育建设项目，利用闲置的厂房、医院、学校、商业设施等存量土地和用房资源，符合相关规定要求，可以用于教育设施用地，对符合规划要求的，可依法办理用地手续。

2. 探索多种方式供应土地

除《关于鼓励社会力量兴办教育　促进民办教育健康发展的若干意见》

提出的划拨、出让两种用地策略之外,各地尝试租赁方式、分期缴纳出让金等土地供应方式。湖北提出利用存量土地和用房资源办学的,五年内可暂不办理土地用途和使用权人变更手续。持续经营满五年后,经批准可采取协议出让方式,办理用地手续。湖北、海南、江西鼓励采用租赁方式供应教育设施用地,支持实行长期租赁、先租后让、租让结合的土地供应方式。广东、黑龙江提出,通过招标、拍卖、挂牌或协议出让方式取得的土地,土地出让金可在规定期限内按合同约定分期缴纳。

关于土地使用属性变更,重庆、海南、江西、福建针对原有民办学校转设营利性办学出台土地政策。重庆、江西、福建对原有民办学校选择登记为营利性,学校建设用地使用权以划拨方式取得的,经批准补办出让手续,补缴土地出让价款,土地出让价款可以在一定期限内按合同约定分期缴纳。福建则是明确可以长期租赁、先租后让、租让结合等方式办理用地手续。海南允许按照市场评估价格 40% 缴纳出让金。陕西要求以非科教用地方式取得土地,登记为非营利性、资产过户到学校名下、继续用于办学的,应变更用地性质。宁夏明确原以有偿使用方式获得的土地,其土地用途、土地使用权取得方式不变;有两个以上意向用地者的,以"招拍挂"方式确定土地使用者。福建提出对于非营利性民办学校的划拨用地政府如需要征用该地块,应给予适当补偿,如学校需继续办学,应依法依规重新供应土地。

3. 各地用地政策照搬国家规定,缺少对当地实际问题的思考

《关于鼓励社会力量兴办教育　促进民办教育健康发展的若干意见》要求营利性民办学校用地按照国家有关政策,但是并未明确具体政策,地方政策中浙江、重庆、湖北明确按照有偿方式供应,其他地方均未明确,也就是说按照划拨方式供应土地也是可以的,但是与差别化用地政策初衷不符。既有的民办学校转设,原划拨土地是否一定要转成出让,并且补交出让金,各地并未明确,这也是举办者关心的问题。与极少地方明确营利性民办学校按照有偿方式取得土地相联系,如果既有的民办学校原来属于划拨用地,转设营利性办学时,补交出让金就没有依据。

四、规范教师管理,提升师资队伍水平

《关于鼓励社会力量兴办教育　促进民办教育健康发展的若干意见》提

出,各级人民政府和民办学校要把教师队伍建设作为提高教育教学质量的重要任务。各地要将民办学校教师队伍建设纳入教师队伍建设整体规划。民办学校要着力加强教师思想政治工作,加大教师培训力度,不断提高教师的业务能力和水平。学校要在学费收入中安排一定比例资金用于教师培训。要关心教师工作和生活,提高教师工资和福利待遇。

1. 在国家规定基础上,地方首先逐步规范民办学校教师合理流动机制

各地为鼓励公民办教师合理流动,民办学校之间教师流动,规定合理流动的教师教龄或工龄连续计算,原公办教师身份不变,为避免民办学校教师挂编现象,部分地区规定了公办教师去民办帮扶的期限。鼓励公办学校选派优秀教师到有需要的民办学校帮教扶教成为实施面最广的流动手段,已有14个省级政府提出。工龄、教龄连续计算也是鼓励流动的重要手段,安徽、甘肃、湖北、河南、江西、内蒙古、山东、湖南、北京、黑龙江10个省份对此提出明确要求。江西提出任何单位和个人不得限制民办学校教师合理流动,民办学校要规范教师选聘行为。

2. 规范民办学校教师岗位要求

各地在民办学校教师岗位结构比例设置、严格执行教师资格制度、建立教师保障机制方面,对民办学校教师岗位要求作出明确规定。在比例设置方面,辽宁、贵州提出民办学校要参照公办学校岗位结构比例合理设置岗位。山西对专职教师队伍提出要求:实施学历教育的民办学校聘任的专职教师数量应当不少于其教师总数的三分之一,中小学聘任的专职教师,应当不少于三分之二。在教师资格方面,青海要求新进教师必须具有相应的学历条件和教师资格;已经在职但尚未取得相应资格证书和学历的,限期取得。四川要求严格执行教师资格制度,严把教师入口关。

3. 加大培训力度,支持教师专业发展

一方面统筹规划区域内公民办学校教师培训,如西藏、宁夏、青海、广东、重庆、贵州坚持公办学校教师和民办学校教师一体规划,统筹安排民办学校和公办学校教师比例。另一方面,宁夏、吉林、四川、山西、黑龙江通过鼓励校企人员双向流动,打通职业院校渠道,鼓励教师参加学历继续教育,建设高水平的"双师型"教师队伍;重视发展优秀青年教师入党,注重把教学科研骨干培养成党员,把优秀教师党员培养成学科带头人。山西鼓励和支持教师参加科学研究、技术创新、学术交流和社会实践,鼓励高校毕业生、专

业技术人员到民办学校任教任职。黑龙江依托本省教师社会实践研修基地、教学改革试验基地和名师工作室等载体和渠道,支持民办学校教师专业发展,提高民办学校教师教学科研水平,引导民办学校形成分层分级校本研修机制。

4. 落实民办学校教师发展保障

一是保障教师薪酬待遇,黑龙江逐步实行民办学校教职工最低工资标准制度。二是培训经费保障,甘肃、江苏、重庆、贵州、青海、西藏、四川、黑龙江提出,在学费收入中安排一定比例资金用于教师培训,江苏要求学费收入中不少于5%的资金,重庆要求不得低于其教职工工资总额的2.5%。青海强调非营利性民办学校教师的培训费用由各级财政和学校分担,营利性民办学校教师的培训费用由学校承担。

五、落实信息公开,外部监管体系初步建立

1. 加强信息公开,规范外部监管

各地通过完善民办学校年度报告和年度检查制度,落实民办学校督导评估,加强信息公开,建立信用档案制度,推行清单管理等方式,推进民办学校风险管理,规范民办学校外部监管制度。甘肃、上海、海南、云南、山东、山西提出,完善民办学校年度报告和年度检查制度,依法组织或者委托社会中介组织评估办学水平和教育质量并将评估结果向社会公布。甘肃、宁夏、西藏、江西、山西提出加强民办教育督导与评估。安徽、江西提出建立的民办教育管理公共服务平台,提供民办学校信息查询与认证服务。辽宁、贵州规定民办学校按照统一标准公开办学条件、招生、就业、收费、财务管理等办学信息,并对其真实性负法律责任,接受社会监督。在行政审批方面,云南规定各级教育行政部门全面实施照单管理。青海取消对普通中小学、幼儿园、中等职业学校章程核准的行政审批事项。在风险监管方面,四川加强对学校办学经费使用情况的监管。山西规定定期研究民办学校在开展办学活动中的风险和问题,研究制定应对风险的措施和预案。

2. 构建多部门合作的联合执法机制

在加强联合执法机制上,构建了包括教育行政部门和社保、公安等横向部门组成的联合执法队伍,以及省、市、县(市、区)、乡镇(街道)纵向联动的

民办教育综合治理体系。在横向联合执法队伍上,除教育行政部门外,主要参与的部门包括人力资源和社会保障、公安、民政和工商(市场监管),即民办学校的审批机构、登记机构,执法部门。重庆、西藏、北京坚持"谁审批、谁监管",各主管部门要切实加强分管领域的民办教育规范管理。江西提出按照属地管理原则,建立健全民办教育联合执法长效机制。在纵向联动治理体系建设上,山东、重庆、北京积极推动建立省、市、县(市、区)、乡镇(街道)多级联动的民办教育综合治理体系(重庆、北京是三级联动),健全联合执法机制。

第五节　地方深化民办教育分类管理制度和策略评价

根据《修法决定》,既有的民办学校分类过渡的具体办法和非营利性民办学校收费办法由省、自治区、直辖市制定。由于我国基础教育分级管理的制度,地方政府的政策成为推动民办学校分类管理的关键,尤其是对大量民办学校的选择来说。然而地方落实政策体系尚不能支撑地方分类工作的推进,国家授权地方政府制定的政策尚未完全落地。

一、覆盖面不够,地方配套政策仍不足以推进分类改革

在国家层面通过《修法决定》之后,相继颁布了《关于鼓励社会力量兴办教育　促进民办教育健康发展的若干意见》《民办学校分类登记实施细则》《营利性民办学校监管细则》。我国实行分级管理的教育管理体制,各级各类民办学校审批、分类登记、设置标准均需要当地县级以上教育行政部门制定。《关于鼓励社会力量兴办教育　促进民办教育健康发展的若干意见》要求地方各级人民政府要根据该意见,因地制宜,积极探索,稳步推进,抓紧制定出台符合地方实际的实施意见和配套措施。

1. 出台文件覆盖面小,分类登记关键问题尚未有效解决

由于对各地出台"地方民办学校分类登记办法"和"营利性民办学校监管细则"没有强制要求,因此有 23 个省级地方政府出台"分类登记实施办

法"，16个省级地方政府出台"营利性民办学校监管细则"，围绕既有的民办学校分类过渡制定政策的只有浙江省。若要推进民办学校分类管理，各省级地方政府出台的政策覆盖面仍有待进一步拓宽。教育部等五部委印发的《民办学校分类登记实施细则》，对民办学校的设立审批、不同类型法人分类登记部门、事项变更、既有的民办学校分类登记作了原则性说明。同时，要求省级人民政府制定既有的民办学校变更登记类型的办法。根据国家授权，各地需要制定既有的民办学校分类过渡方案，尤其是既有的民办学校选择营利性办学的操作程序、组织清算机构，一贯制学校非义务教育阶段选择营利性的要求和操作方法，民办学校不同事项变更的审批要求作出说明。这些都需要通过分类登记实施细则来进一步明确。

2. 照搬国家规定，差别化扶持政策创新少

在分类配套扶持政策上，各地从税收、用地、融资、收费等方面构建了差别化扶持制度。然而从内容上看，大部分地区对相关政策以照搬国家内容为主，各地围绕当地实际进行探索的力度并不足。在用地政策方面，《关于鼓励社会力量兴办教育　促进民办教育健康发展的若干意见》要求营利性民办学校用地按照国家有关政策，但是并未明确具体政策，地方政策中只有浙江、重庆、湖北明确按照有偿方式供应，其他地方均未明确营利性民办学校有偿使用土地。既有的民办学校转设，原划拨土地是否一定要转成出让，并且补交出让金，重庆、海南、江西、福建等地明确补交出让金，这也是举办者关心的问题。筹资渠道拓宽上，现有地方实施意见中，甘肃、内蒙古、河南、青海、贵州没有提出创新措施，以照搬国家文件为主。河北、西藏只是提出多渠道吸引社会资金和市场资金，鼓励金融机构在风险可控前提下开发适合民办学校特点的金融产品，提供多样化的金融服务，湖南没有提及融资渠道建设。在融资方式上，针对非营利性民办学校，各地主要在债权融资上进行探索；营利性民办学校在债权融资的基础上，更多是在股权融资上进行探索，其中安徽、海南、广西、广东、山东、重庆、宁夏、吉林明确提出支持营利性民办学校与资本市场相结合。

3. 非营利性民办学校专门监管政策尚显不足

民办学校实行分类管理的目的就是针对我国民办教育投资办学的特征，解决非营利性民办学校实质营利的问题。因此对非营利性民办学校是按照非营利组织国际通例界定的，举办非营利性民办学校不得取得办学收

益,终止办学时剩余财产要继续用于非营利性学校办学。《民办教育促进法》对非营利性民办学校的界定、对非营利性民办学校终止时资产的处置,《民法典》都有明确的、一致的规定。由于国家对非营利性民办学校的各项扶持政策和转为营利性民办学校的政策不明朗或者可能付出的高额税费成本,一些以投资为目的办学的举办者也不得不选择举办非营利性民办学校。一些地方教育行政部门担心,未来可能会出现一些非营利性民办学校的举办者在享受国家各种扶持政策的同时,依旧通过"关联交易"等手段行营利之实,非法获利,这种情况必须在国家层面作出相应规定,从根源上杜绝抽逃、抽空学校资产的行为。因此,对地方政府来说,加强非营利性民办学校监管,健全监管机制,避免非营利性民办学校行营利之实,才能在现有地方财政紧张的情况下,真正扩大对非营利性民办学校的财政扶持力度,提高财政扶持的有效性。

二、具体问题回应不够,原有民办学校过渡政策有待进一步细化

实施分类管理后,引导原有民办学校完成分类选择是地方政府落实新政的重要任务。综合来看,选择非营利性办学,奖补政策仍需落地,转设营利性民办学校配套政策不明朗,原有民办学校配套政策有待进一步细化。

1. 原有民办学校非营利性办学终止时奖补方案仍未明确

新的法律政策充分尊重和保护原有民办学校举办者对自身财产权益的合理预期,提出"现有民办学校"选择登记为非营利性的,终止时,出资者可以获得相应的补偿或奖励,并由地方确定具体标准,其用意也不乏为民办教育发展赢得更好的外部环境。根据地方出台的落实国家新的法律政策的实施意见,由于各方利益诉求明显,不少地方尚未提出具体方案,以至于政策预期仍未实现。有湖北、天津、上海、江苏、陕西、重庆、浙江、北京、湖南、福建、云南明确了计算方法或是总额要求,其中湖北、江苏、上海、云南、天津5个省级地方政府给出了明确的计算公式,其余省份只是明确了补偿或奖励总额。除上述省份外,大多数省份的文件并未明确补偿或者奖励的具体办法。从调研来看,各地在合理回报认定和办学积累划分上存在争议,特别是通过关联交易拿走的部分是否应计入合理回报;滚动发展起来的民办学校举办者投入部分认定不清晰。各地实际差异大,如果出台的政策存在较大

差别,可能产生民办教育资源区域布局的重大调整,甚至引发教育整体结构和布局的失衡。

2. 原有民办学校转设企业法人办法和程序有待细化

新的法律施行后,原有非义务教育阶段民办学校允许转设为营利性民办学校,按照规定,这些民办学校在完成财务清算、确定财产权属、缴纳相关税费后,才能重新登记、继续办学。地方在制定相关政策时,面临着财务清算谁来组织、清算费用谁来承担,学校各类财产权归属认定、国有资产和国家财政性经费如何确权,缴纳相关税费的范围和标准等操作层面的问题。就已有政策来看,清算费用承担主体各省均未有明确说明。在资产确权方面,各地并未出台财产权属确定的标准和条件,如办学积累如何认定和举办者个人借款用于学校发展的部分的认定。

3. 原有民办学校转设过程税收优惠阙如,各地存在执行难以统一

各地在原有民办学校转设企业法人方面,主要是通过新注册一个营利性法人,注销原民办非企业法人来实现的,并非单纯变更法人属性。因此现有学校选择登记为营利性民办学校的,实际是两个法人资产交接,按照现有税法政策,契税、举办资产增值部分的企业所得税或个人所得税、土地增值税都需缴纳。按照契税 3%—5%,土地增值税 30%—60% 的累进税率,25% 的企业所得税,大大增加了转设成本。由于国家层面缺少民办学校转设企业法人的税收优惠,地方没有权力予以优惠,容易导致各地在落实政策时的不统一、不规范,也容易引发举办者等相关利益主体的不满,存在一定风险隐患。

三、政策环境变化快,同步推进不同学段民办教育改革压力大

分类管理实施以后,随着国家各学段专项政策的不断出台,尤其是"双减"、规范民办义务教育、治理"公参民"学校、发展普惠园等改革举措,与分类管理改革同步推进,确保改革质量和防范办学风险同步出现。民办教育细分领域的文件在增加;以目标为导向,锚定事业发展的文件在减少,以问题为导向的规范行为的文件在增加。在政策制定的逻辑上,更强调的是民办教育作为一种教育类型,对于维护政权稳定,巩固长期执政地位,促进长治久安的作用。

1.立足教育公平,国家不断出台针对不同学段的教育专项政策

近年来,民办教育作为一种教育类型,单独针对民办教育的政策在减少,把民办教育纳入综合性文件里进行要求部署的情况在增加;关注民办教育体制机制的特殊性文件在减少,关注教育属性共通性要素的文件在增加。《中共中央　国务院关于学前教育深化改革规范发展的若干意见》《中共中央　国务院关于深化教育教学改革全面提高义务教育质量的意见》《国务院办公厅关于新时代推进普通高中育人方式改革的指导意见》(国办发〔2019〕29号)、《国务院办公厅关于规范校外培训机构发展的意见》(国办发〔2018〕80号)、《教育部等六部门关于规范校外线上培训的实施意见》(教基函〔2019〕8号)等文件,将各学段民办学校治理纳入学段教育健康有序发展的目标中,着力解决过度逐利、无序扩张、行为失范、人民群众教育负担重等问题,以提高教育公平程度。

在这些文件指导下,民办教育上市集团剥离幼儿园业务,以学前教育为主业的上市集团,通过提供服务资源寻求转型,学前教育阶段民办学校营利情况得到有效遏制。义务教育阶段通过公民同招、电脑摇号等规定,有效缓解了民办学校立足掐尖生源上的发展模式带来的社会焦虑。普通高中阶段民办学校着力通过创新育人方式,提高教育质量。培训机构出台更多预付费条件,抑制机构倒闭、"跑路"给老百姓带来的经济损失。民办教育发展整体进入弱化自身体制机制特点,凸显教育公益性,强化立德树人功能的时代。

2."双减"等政策陆续实施,地方在民办教育领域改革压力陡增

随着《未成年人保护法》的出台,中共中央办公厅、国务院办公厅印发《关于进一步减轻义务教育阶段学生作业负担和校外培训负担的意见》《关于规范民办义务教育发展的意见》,《教育部等八部门关于规范公办学校举办或者参与举办民办义务教育学校的通知》也同步下发。义务教育阶段民办教育、校外培训机构面临调控规模、转型提质的局面。如果说分类管理的难点是建立一套符合营利性民办学校特点的法规政策体系,完善民办教育政策环境,杜绝"以非营利之名行营利之实",促进民办教育健康发展;那"双减"系列改革是站在国家发展角度,落实政府、公办学校在义务教育阶段的育人主体责任,维护国家长治久安、发挥教育培养合格的社会主义建设者和接班人的使命。"双减"系列改革平行于分类管理的改革举措,在出台分类

管理改革政策的基础上,颁布压减义务教育阶段民办学校规模的具体方案和实施路径,对公参民学校进行重点整治,敦促校外培训机构登记为非营利性,设置最低价格标准等,各地改革任务艰巨。另外,由于"双减"等系列改革与老百姓直接息息相关,容易引起社会舆论,各地政府投入了大量精力,同步推进民办教育分类管理改革的难度较大。

四、引导内涵建设,提高民办学校核心竞争力

面对当前民办教育发展政策环境,民办学校在宏观制度框架下,需创新育人模式,提升办学质量,走内涵发展之路。

1. 分学段确立民办学校发展定位,增强民办学校办学质量

首先是鼓励社会力量进入公办教育资源不足的学段,如安徽、西藏、吉林、甘肃、云南、江西。其次是支持包括独立学院的民办本科院校向应用型转型,如辽宁、安徽、陕西、海南、吉林。支持有条件的民办本科院校提升办学层次,开展专业学位研究生教育,如云南、辽宁、陕西、上海、江西、山西、黑龙江。在其他学段,山东、青海以当地人才需求引导职业教育发展。山西、青海要求民办中小学加强学生实践能力。黑龙江支持民办教育培训机构连锁化、品牌化、集团化发展。

2. 加强交流合作,提升办学质量

首先,鼓励民办学校与境外优质教育资源进行交流。四川支持中外院校间的教师互派、学生互换、学分互认和学位互授联授。黑龙江支持民办职业教育借鉴和引进国际权威的人才评价认证体系、办学模式和考核标准,推进国际化应用技能型人才培养。重庆鼓励社会力量与民办学校合作,参与引进境外优质教育资源,依法举办和开展高水平的中外合作办学机构和项目,按照国家有关规定赴境外办学。其次,鼓励职业教育与企业加强合作。上海、江西、黑龙江、四川提出引导行业企业与学校加强合作,深化产教融合,共同组建高质量、特色鲜明的职教联盟。第三,鼓励公办学校与民办学校,以及民办学校之间开展合作。广西、山西侧重在高等教育开展公民办高校的合作,优化民办教育结构。安徽、陕西、广西、青海鼓励民办学校开展区域间、校间的交流与合作,共享共建优质教育资源。北京、黑龙江建立民办学校与公办学校、企事业单位、科研机构的交流互助机制,通过交流学习、共

同开发、资源共享等形式,促进民办学校深化教育教学改革。第四,以深化民办学校综合改革推动教学质量提升。上海提出继续实施民办中小学特色学校(项目)、民办优质幼儿园(项目)创建活动。试点建设高水平民办高校和应用型特色高职,支持民办高校进行中高职、应用本科贯通培养改革。四川支持不同类型、不同层次的民办高校积极探索一流大学、一流学科、一流专业建设。四川通过信息化基础设施,信息技术与教育教学深度融合,支持民办高校虚拟仿真实验实训环境建设、在线开放课程建设及应用等措施提升民办学校信息化水平。

3. 积极推进民办学校品牌建设

《关于鼓励社会力量兴办教育　促进民办教育健康发展的若干意见》鼓励支持高水平有特色民办学校培育优质学科、专业、课程、师资、管理,整体提升教育教学质量,着力打造一批具有国际影响力和竞争力的民办教育品牌,着力培养一批有理想、有境界、有情怀、有担当的民办教育家。浙江、江西明确实施民办教育品牌战略。海南、广东鼓励民办高校加强品牌专业建设,培育特色学科。海南、江西提出支持具有一定品牌影响力的民办学校通过兼并重组、协议合作、委托代管、集团化办学等方式,扩大优质教育资源覆盖面。青海强调加强同"一带一路"沿线国家交流交往,着力打造具有一定国际影响力和竞争力的民办教育品牌。

第六节　破解终止办学奖补困局的策略建议①

《修法决定》专门对该决定公布前设立的民办学校在 2017 年 9 月 1 日新法实施后面临的分类选择作出如下补充规定:"本决定公布前设立的民办学校,选择登记为非营利性民办学校的,根据依照本决定修改后的学校章程继续办学,终止时,民办学校的财产依照本法规定进行清偿后有剩余的,根据出资者的申请,综合考虑在本决定施行前的出资、取得合理回报的情况以及办学效益等因素,给予出资者相应的补偿或者奖励,其余财产继续用于其

① 本节部分内容已经公开发表,见《〈民办教育促进法〉修法决定中"补偿奖励条款"研究》,《复旦教育论坛》2017 年第 5 期,并被人大复印资料《教育学》2018 年第 3 期全文转载。

他非营利性学校办学;选择登记为营利性民办学校的,应当进行财务清算,依法明确财产权属,并缴纳相关税费,重新登记,继续办学。具体办法由省、自治区、直辖市制定。"①

该条款主要内容是对原有民办学校的补偿和奖励问题提供了整体解决方案,因此又被称为"补偿奖励条款"。对照修法过程中公布的三次审议稿,在一审稿中并没有该条款相关内容,后因各方反响强烈才在二审稿中补充了该条款并经三审修改完善后成为《修法决定》的重要内容。该条款虽然不涉及对《民办教育促进法》具体内容的修改,但却是《民办教育促进法》颁布以后国家在法律层面对现有民办学校清算后剩余财产处置作出的明确法律规范,②意在为新法实施和民办学校分类管理的顺利推进消除历史遗留问题,其重要性不言而喻。可以说,此次修法如果没有"补偿奖励条款"的设立或在地方立法中缺乏对"补偿奖励条款"的正确理解与合理体现,民办学校分类管理政策将面临巨大的政策风险。③遗憾的是,这种担忧正面临现实的挑战,在已经公布的若干省份的地方实施意见草案中,均不同程度反映了地方对"补偿奖励条款"的理解偏差。

一、复杂的民办学校财产投入关系

民办教育是国家确立"改革开放"政策以后在教育领域推进市场化改革的产物。由于改革的复杂性,三四十年来我国民办教育的发展是政府在"促进"与"规范"两个政策重心之间不断变换的曲折进程。在这个过程中,不同时期设立的民办学校政策环境不一样,法律规范也不一样,民办学校自身在区域之间、类型之间、组织形态和产权结构等各个方面都呈现出复杂的表现,特别是在民办学校举办者财产权利界定上一直处于不稳定状态,从而导

① 全国人民代表大会常务委员会关于修改《中华人民共和国民办教育促进法》的决定[EB/OL].(2017-2-20)[2017-8-25],http://www.npc.gov.cn/wxzl/gongbao/2017-02/20/content_2007550.htm.

② 《民办教育促进法》第五十九条规定:"民办学校清偿上述债务后的剩余财产,按照有关法律、行政法规的规定处理。"但直到此次修法前,在原有法律体系中并没有适宜的"有关法律、行政法规"。

③ 吴华,章露红.对民办学校分类管理"国家方案"政策风险的分析[J].中国高教研究,2015(11):19—22.

致原有民办学校在两种"分类管理"框架之间转换时变得非常复杂。①

第一，无法可依。在 2017 年 3 月 15 日《民法总则》通过以前，国内并没有法律或者行政法规对"非营利组织（法人）"的法人属性，特别是财产权利作出明确规定。②因此，2002 年 12 月 28 日颁布的《民办教育促进法》第五十九条规定"民办学校清偿上述债务后的剩余财产，按照有关法律、行政法规的规定处理"，在实践中没有能够成为民办学校终止时剩余财产处置的有效法律规范。③

第二，法律冲突。首先是教育内部的相关法律规范前后不一：1997 年以前设立的民办学校，学校终止时剩余财产如何处置，国家没有明确规定。1997 年国务院颁布《社会力量办学条例》，其第四十二条规定"教育机构清算时，应当首先支付所欠教职员工的工资及社会保险费用；教育机构清算后的剩余财产，返还或者折价返还举办者的投入后，其余部分由审批机关统筹安排，用于发展社会力量办学事业"。2002 年《民办教育促进法》第五十九条规定"民办学校清偿上述债务后的剩余财产，按照有关法律、行政法规的规定处理"。其次是教育部门的立法与其他部门立法不一致：1998 年国务院颁布《民办非企业单位登记管理暂行条例》，没有对民办非企业单位终止时的剩余财产处置作出明确规定。财政部 2004 年颁布《民间非营利组织会计制度》，第一次明确民间非营利组织需要同时满足"不以营利为目的、资源提供者不取得经济回报、不享有组织所有权"三个特征，但对照《立法法》和《行政许可法》的相关规定，部门规章无权设置行政许可和决定非营利组织的法律特征，因此只能算是认定非营利组织的充分条件，但不是必要条件。④2007 年国务院颁布《企业所得税法实施条例》，明确符合免税条件的非营利组织需要同时满足以下条件：（1）依法履行非营利组织登记手续；

---

① 修法前国家对民办学校并非没有分类管理，只是分类框架不同（是否要求取得合理回报、是否是经营性培训机构等）以及政策配套不够。

② 参见《民法总则》第八十七、九十五条有关规定："为公益目的或者其他非营利目的成立，不向出资人、设立人或者会员分配所取得利润的法人，为非营利法人。""为公益目的成立的非营利法人终止时，不得向出资人、设立人或者会员分配剩余财产。剩余财产应当按照法人章程的规定或者权力机构的决议用于公益目的；无法按照法人章程的规定或者权力机构的决议处理的，由主管机关主持转给宗旨相同或者相近的法人，并向社会公告。"

③ 2004 年 3 月 5 日国务院发布的行政法规《民办教育促进法实施条例》未回应这个问题，其后再也没有相关立法明确回答这个问题。

④ 参见《立法法》第八条"下列事项只能制定法律"中的第八项——民事基本制度；《行政许可法》第十七条："除本法第十四条、第十五条规定的外，其他规范性文件一律不得设定行政许可。"

(2)从事公益性或者非营利性活动;(3)取得的收入除用于与该组织有关的、合理的支出外,全部用于登记核定或者章程规定的公益性或者非营利性事业;(4)财产及其孳息不用于分配;(5)按照登记核定或者章程规定,该组织注销后的剩余财产用于公益性或者非营利性目的,或者由登记管理机关转赠给与该组织性质、宗旨相同的组织,并向社会公告;(6)投入人对投入该组织的财产不保留或者享有任何财产权利;(7)工作人员工资福利开支控制在规定的比例内,不变相分配该组织的财产。值得注意的是,上述对非营利组织剩余财产的处置规范只是当非营利组织要求免税优惠时需要满足的条件,并不是对非营利组织一般特征的规定。①因此,2003 年 9 月 1 日以后设立的民办学校,其举办者具有怎样的财产权利并不明确。

面对历史上制度安排如此复杂的民办学校法律状态,按照《立法法》第八十四条"法律、行政法规、地方性法规、自治条例和单行条例、规章不溯及既往"的规定,2003 年 9 月 1 日《民办教育促进法》实施以前设立的民办学校的举办者都可以要求"返还或者折价返还举办者的投入",而 1997 年 10 月 1 日以前设立的民办学校举办者甚至可以要求更多的财产权利,这势必对新法实施和分类管理的推进造成巨大障碍和风险。因此,寻求一种尊重历史、符合国情、有利发展的过渡性政策设计就成为此次《民办教育促进法》修法的必然选择。

此次修法,为了更好适应各地民办教育发展的历史和现实差异,全国人大常委会决定将制定具体"补偿或者奖励"方案的立法权授予地方,是实现民办教育发展转型较为合理也较为稳妥的策略,体现了立法机构在此次修法中对原有民办学校举办者采取的"肯定贡献,鼓励发展,尊重历史,不算细账"的基本原则。②在这个背景下,地方立法虽然可以体现特色,但如果违背

---

①　2005 年 1 月 1 日实施的《民间非营利组织会计制度》规定了举办者对学校财产不享有所有权,但因该规定的法律位阶太低,只是部门规章,不符合《民办教育促进法》所指的"法律、行政法规"的要求,因此不足以成为民办学校举办者要求"返还或者折价返还举办者的投入"或要求更多财产权利的禁止性规范;2008 年 1 月 1 日实施的《企业所得税法实施条例》尽管法律位阶达到了《民办教育促进法》的要求,但只是对要求免税的非营利组织的认定标准,而并不是关于非营利组织认定的普遍法律规范。

②　政府并未对此原则有正式说明,是本节作者根据全国人大法律委员会副主任李连宁在全国人大做修法说明以及在各地所作修法解读辅导报告中对相关问题的说明和其他信息综合分析得出的结论。参见 http://www.npc.gov.cn/npc/cwhhy/12jcwh/2016-10/31/content_2000093.htm; http://www.qqhrit.com/index.php/home/ldz/view?id = 12716; http://www.hrmbedu.com.cn/News_content.asp?id=2706。

了上述原则,就不仅存在违法风险,更将面临复杂的诉讼纠纷,最终影响当地民办教育的顺利转型和健康发展。

二、正确理解"补偿奖励条款"的若干要点

根据上面的分析,地方立法时正确理解《修法决定》"补偿奖励条款"的第一个政策要点是必须贯彻主体平等原则,即获得"补偿和奖励"是原有民办学校的普遍权利,不受学校在新法实施后选择行为的影响。原有民办学校无论选择营利、非营利或者终止办学,只要符合"补偿奖励条款"规定的前提条件——"终止时,民办学校的财产依照本法规定进行清偿后有剩余的",出资人都可以申请"补偿或者奖励"。这个道理其实很简单,因为对所有原有民办学校而言,无论它们今后如何选择都不能改变它们已经做过的事情,"补偿奖励条款"正是对此的肯定并提供了对历史遗留问题的处理原则。①有反对者认为,如果理解为普遍权利,那为什么在"补偿奖励条款"中对举办者选择非营利性民办学校和选择营利性民办学校的转设流程采用不同的表述?其中对选择营利性民办学校的转设流程为什么根本就没有提及"补偿或者奖励"?他们还认为,将其理解为普遍权利似乎也不符合《关于鼓励社会力量兴办教育 促进民办教育健康发展的若干意见》确立的"分类管理,差别扶持"的指导思想。②虽然澄清这些问题的权威途径是由全国人大常务委员会作出法律解释,③但我们同样可以借助于逻辑和法理来回答上面的疑问。

第一,原有民办学校在 2017 年 9 月 1 日以后无论选择终止还是选择营利性民办学校,都将自动进入新旧转换时的"终止"环节,与选择非营利性民

---

① 细究起来,对现有民办学校清算后剩余财产的处置需要分段甄别:1997 年以前实行"一校一议"的市场定价;1997 年以后到《民办教育促进法》实施以前实行"原价或折价返还";《民办教育促进法》实施以后实行"一校一议"的市场定价。这显然不具有可行性。

② 参见《国务院关于鼓励社会力量兴办教育 促进民办教育健康发展的若干意见》(国发〔2016〕81 号)中关于分类管理基本原则的规定:"分类管理,公益导向。实行非营利性和营利性分类管理,实施差别化扶持政策,积极引导社会力量举办非营利性民办学校。坚持教育的公益属性,无论是非营利性民办学校还是营利性民办学校都要始终把社会效益放在首位。"

③ 根据《立法法》第四十五条、五十条规定:"法律有以下情况之一的,由全国人民代表大会常务委员会解释:(一)法律的规定需要进一步明确具体含义的;(二)法律制定后出现新的情况,需要明确适用法律依据的。""全国人民代表大会常务委员会的法律解释同法律具有同等效力。"

办学校后在"终止"环节的法律状态并没有实质意义上的区别,也没有任何法律对此作出不同的规范。因此,当原有民办学校选择成为营利性民办学校时,虽然"补偿奖励条款"没有对财产处置作出明确规定,但学校从"民办非企业单位(法人)"转设为"营利法人",中间必定包含一个"非营利性民办学校"的终止环节,于是就自然启动了非营利性民办学校终止时申请"补偿或者奖励"的程序。

第二,虽然"补偿奖励条款"对原有民办学校选择营利性民办学校设计的转设流程是"进行财务清算,依法明确财产权属,并缴纳相关税费,重新登记,继续办学"。其并未明确提到"补偿或者奖励",但其中"依法明确财产权属"的规定,除了按照此次修法的"补偿奖励条款"进行财产分割以外,还有任何其他"法律或行政法规"可以成为"明确财产权属"的合适法源吗?我们在本节第一部分已经详述了相关法律的缺失问题。如果说第一条理由提供了"补偿或者奖励"作为一种普遍权利在程序上的合理性与可行性,那么,第二条理由则提供了"补偿或者奖励"作为一种普遍权利在实践上的必要性。

至于将"补偿奖励条款"理解为"差别化扶持政策",则不但没有充分的法律依据,而且也明显违反了主体平等和法律不溯及既往的基本法律常识,不值得一驳。

地方立法时正确理解《修法决定》"补偿奖励条款"的第二个政策要点是必须忽略对原有民办学校在《民办教育促进法》原分类体系中"是否要求取得合理回报"法律状态的选择。原有民办学校无论曾经是"要求取得合理回报"还是"不要求取得合理回报",都按照同样的原则和模式衡量它们应该获得的"补偿或者奖励"。从法理上来说,"要求取得合理回报"与"不要求取得合理回报"的原有民办学校在"补偿或者奖励"上的权利是不一样的:选择了"不要求取得合理回报"的民办学校,意味着出资人放弃了除出资以外的所有财产权利,而只有选择了"要求取得合理回报"的民办学校,才可以在出资以外要求其他财产权利。但如果我们真的按此设计"补偿和奖励"方案,那就会面临非常复杂和难以处理的局面。

第一,在原来的分类体系中,原有民办学校中大部分选的都是"不要求取得合理回报",但事实上它们都或多或少地从学校结余中获得了部分经济利益,如果深究起来,涉及面太广,情况太复杂,宽严皆难,并有可能导致大量的法律纠纷,不利于国家教育事业的发展。

第二，那些选择了"要求取得合理回报"的民办学校，根据《民办教育促进法》及其实施条例的有关规定，虽然分享学校的结余是合法的，但很少有民办学校按照规范的程序获取合理回报，[①]最终也将面临与"不要求取得合理回报"学校同样的难题。

第三，如果地方制定具体的"补偿或者奖励"方案时追究现有民办学校原来是否要求取得合理回报的选择，必然导致"要求取得合理回报"的民办学校比"不要求取得合理回报"的民办学校获得更多的经济利益，会形成"老实人吃亏""好人不得好报"的社会舆论，不利于形成良好的社会风气。

因此，无论是考虑法律实施的可行性还是合理性，都不应该也没有必要在地方具体的"补偿或者奖励"方案中对"要求取得合理回报"的民办学校与"不要求取得合理回报"的民办学校区别对待，这也正是体现了前述"不算细账"的指导思想。

地方立法时正确理解《修法决定》"补偿奖励条款"的第三个政策要点是必须以毕业生数和在校生数作为衡量学校办学效益的主要指标。在所有对于"补偿奖励条款"中作为"补偿或者奖励"依据之一的"办学效益"的论述中，都将其默认为是学校在办学过程中形成的"累积资产"，即除举办者出资、社会捐赠、政府投入以外形成的资产增值，并在多个地方草案中将此资产增值按比例补偿或者奖励给民办学校的出资人。这既不符合"办学效益"的固有内涵，也是对民办学校社会职能的曲解。

2002年，全国人大在《民办教育促进法》立法期间曾经有一个著名的调研，发现当时大部分民办学校举办者在办学的同时也还想取得一些经济利益，这是后来制定"合理回报"条款的一个重要背景。但是，如果我们就此认定民办教育是经济活动而不是教育活动，那就大错特错了。民办教育尽管

---

① 根据修改前的《民办教育促进法》第五十一条规定："民办学校在扣除办学成本、预留发展基金以及按照国家有关规定提取其他的必需的费用后，出资人可以从办学结余中取得合理回报。取得合理回报的具体办法由国务院规定。"根据修改前的《民办教育促进法实施条例》第四十五、第四十六条规定："与同级同类其他民办学校相比较，收取费用高、用于教育教学活动和改善办学条件的支出占收取费用的比例低，并且办学水平和教育质量低的民办学校，其出资人从办学结余中取得回报的比例不得高于同级同类其他民办学校。""民办学校应当在确定出资人取得回报比例前，向社会公布与其办学水平和教育质量有关的材料和财务状况。民办学校的理事会、董事会或者其他形式决策机构应当根据本条例第四十四条、第四十五条的规定做出出资人取得回报比例的决定。民办学校应当自该决定做出之日起15日内，将该决定和向社会公布的与其办学水平和教育质量有关的材料、财务状况报审批机关备案。"

具有经济属性,但民办学校中的一切活动都是围绕着培养学生的教育教学活动来展开的,在学校的微观层面与公办学校并无二致,它的主要社会职能仍然是教育活动而不是经济活动! 正如《民办教育促进法》第三条所规定的:民办教育事业属于公益性事业,是社会主义教育事业的组成部分。明确了民办教育的基本社会职能以后,再来理解民办学校的"办学效益"就绝不可能、也绝不应该将其等同于学校资产增值,而只能回到"办学效益"的本意——对社会的教育贡献,而衡量这种贡献的主要指标只能是学校培养的学生,包括毕业和在读的两部分。

当然,除了上述三个问题以外,《修法决定》"补偿奖励条款"还有许多问题值得进一步研究,但对于以上三个问题的正确理解在新的法律实施中具有迫切的现实意义。

三、"补偿奖励条款"的实施方案

在上面分析的基础上我们可以明确,虽然各省制定的补偿奖励政策可以体现各自的特色,但一些重要的特征应该是共同的:

第一,前提条件。民办学校出资人获得补偿和奖励的前提有两个:一是设立时间,只有在 2016 年 11 月 7 日前设立的民办学校出资人才有可能获得补偿和奖励;二是补偿和奖励的资金来源,只有学校终止时经依法清算后财产有剩余的出资人才有可能获得补偿和奖励。需要强调的是,这两个前提必须同时满足,只要其中任何一项前提不满足,该项权利就不会生效。①

第二,补偿因素。全国人大在《修法决定》的"补偿奖励条款"中明确规定了给予出资人补偿或者奖励时需要"综合考虑在本决定施行前的出资、取得合理回报的情况以及办学效益等因素"。因此,对于该规定中列明的"出资""合理回报""办学效益"三项因素在地方政策中必须得到明确的体现,地方在这三项因素以外可以增加其他的因素,但增加的其他因素对补偿奖励结果的影响以不超过前面三项因素的影响为宜。

---

① 本节在不同部分分别使用了"举办者"和"出资人"的概念,在本节中其内涵并无区别。就法律实践而言,要求取得补偿或者奖励的"出资人"必须同时是"举办者"才有可能申述其权利。

第三,指标说明。"出资"指 2017 年 9 月 1 日以前以举办者名义投入学校并由学校享有法人财产权的资产总和,包括货币资产和非货币资产。"合理回报"指举办者在 2017 年 9 月 1 日以前从学校办学结余中获取的资产总和,包括货币资产和非货币资产。"办学效益"指 2017 年 9 月 1 日以前学校的毕业生总数和 2017 年 9 月 1 日的在校学生总数。

在以上三项事实中,第一项事实可以按充分证据原则确定,即只要有充分证据证明出资即可;第二项事实可以按收支平衡原则确定,即当年学校收支缺口中非学校支出部分即为举办者已经取得的合理回报;第三项事实可以按历史数据原则确定,即通过学校历年上报的统计数据确定。如此确定的"出资""合理回报""办学效益"基本上不会有争议,这样就有效消除了对原有民办学校进行资产清算时缺乏历史数据和资产评估中的可信性难题。

四、解决思路

(一)总体思路

兑现时间提前,以"选择时的捐资激励"取代"终止时的补偿奖励";资金来源另辟蹊径,按照"羊毛出在猪身上"的互联网思维方式,在学校之外寻求来源。现有举办者放弃学校终止时的补偿奖励,政府则统筹专项经费、发展基金、引入第三方资金等,给予举办者相应的奖励。

具体而言,原有民办学校举办者选择非营利性的同时,承诺将其所有投入及积累无偿捐献,包括学校终止时应得的补偿奖励等,不再要求终极财产权益。政府将举办者主动承诺放弃财产权及终止时补偿奖励的行为视同捐资,在其作出选择并承诺放弃之日起,通过"一校一策"的方式对举办者实施奖励,提前逐年或者一次性给予捐资激励。举办者获得补偿奖励后,仍然保留举办者的身份,享有与 2016 年 11 月 7 日后新办非营利性学校举办者一致的办学和管理权,均不再享有学校存续期间的财产权和终止办学时剩余的索取权,并不得再进行举办者变更(或者即使允许,也不得通过变更举办者获得任何经济利益)。

(二)可行性分析

第一,合法性。《民办教育促进法》和《关于鼓励社会力量兴办教育　促进民办教育健康发展的若干意见》,都明确了对非营利性学校的三种特殊扶持方式:政府补贴、基金奖励、捐资激励。"捐资激励"是国家明确给予非营利性民办学校的特殊政策支持。原有举办者选择非营利性继续办学同时承诺放弃投入及积累等财产权益的行为,应视为捐赠行为,符合鼓励社会力量投入公益性事业的大政方针和时代潮流,政府应当鼓励。举办者放弃终止时的补偿奖励,政府予以表彰奖励,是在上位法终止时获得补偿奖励的框架下一种具体探索和实现方式,而且举办者获得的奖励资金以终止时补偿奖励的限额为依据。这既是《民办教育促进法》有关规定的具体化,又没有违反上位法的规定。

第二,统一性。一方面,实现新的法律实施后"现有"和"新设"两种非营利性学校办学和管理的统一。原有举办者放弃终止时的补偿奖励索取权,也使他们成为真正的捐资办学者,与 2016 年 11 月 7 日后成立的非营利性办学的举办者完全一致,解决了新法实施后"现有"和"新设"两种非营利性学校类型和管理体制并存的局面。另一方面,实现营利与非营利性两类举办者资产清算和利益补偿标准的统一。对原有选择非营利性办学的举办者补偿奖励的金额,还可以作为原有举办者选择营利性继续办学资产清算时确权的参考,实现了对此前所有举办者在新的起点上按照统一标准进行了结和清算,体现了公平性。因为无论原有举办者重新选择营利还是非营利,在过去法律框架下都是非营利性的,原有举办者对过去的投入和积累应当享有同等的财产权益。实施分类管理、差异化扶持是分类之后面向未来的待遇,对于过去所有举办者的清算和利益的实现应当坚持统一标准。

第三,确定性。使得补偿奖励的额度及实现可确定、可预期,不再是遥遥无期的未知数。如前所述,如果以 2017 年 9 月 1 日前的投入和积累为依据,虽然此后的账算得清清楚楚,但等将来若干年终止时才予以兑现,到时是否还要考虑其间的通货膨胀和银行利息等因素,都有很大的不确定性和分歧。

第四,公益性。原有举办者利益的依法提前实现,实现举办者和民办学校利益的兼顾和双赢,有利于提振原有举办者选择非营利性的积极性和继续办学的信心,将吸引更多举办者选择非营利性办学,确保非营利的主流和未来发展的公益性方向。同时,政府给予举办者奖励后,举办者仅保留举办权而不再有财产权,要求扩大学校决策机构组成人员的来源和数量,保障师生和社会的广泛参与监督,建立各利益共同体协同共治的格局,有利于改善民办学校的内外治理,保障民办教育的公益性,实现原有举办者权益保障与后续办学治理优化的系统解决。

(三) 实现方式和资金保障

按照《民办教育促进法》政府可以设立专项资金、发展基金、统筹其他民办学校资金的规定,实现奖励资金来源的多元化;利用对非营利性民办学校基金奖励、捐资激励的特殊优惠政策,使奖励方式多样化;通过国家《民办教育促进法实施条例》修订和地方政策配套的契机"打组合拳"。

第一,基金奖励。按照《关于鼓励社会力量兴办教育　促进民办教育健康发展的若干意见》要求,地方政府可以设立民办教育发展基金,支持成立相应的基金会,具体实施对举办者的奖励。首先政府提供启动基金,吸引社会捐助。把现有举办者选择营利性继续办学的,在转设清算重新确权后需要补交的有关税费、办学积累中不属于举办者的部分,以及其他非营利性学校终止时,清偿后的剩余等,均作为基金来源,统筹奖励辖区内非营利性民办学校举办者。

第二,专项资金奖励。设立地方专项资金发展民办教育是《民办教育促进法》的明确规定。在专项资金的用途上,除了可以奖励资助民办学校发展,结合分类管理改革的推进,依据政府可以表彰和奖励对民办教育有突出贡献的集体和个人的规定,拓展专项资金使用范围,有计划用于奖励选择非营利性的原有民办学校举办者。

第三,其他社会资金。在政府难以给付奖励资金的情况下,引导社会第三方出资。第三方将补偿奖励金支付给原有举办者视同捐资办学行为,取得捐资办学的地位,在政府监管下,通过变更举办者的方式引入新的举办者,与原有举办者合作办学或独立办学,特别鼓励政府或国企优先参与。

第四,学校支付。参照企业转制的方式,把举办者终止办学时应得的补偿奖励,折算为学校对举办者的"债务",即"补偿奖励"转为"债权"。在不影响学校正常办学的前提下,制定逐年返还的计划并经审批机关同意后公示执行(不同于过去的合理回报)。

第七节　现有民办学校转设为
营利性学校的障碍破解

《修法决定》明确了除实施义务教育的民办学校外,民办学校的举办者可以自主选择设立非营利性或者营利性民办学校。原有民办学校转设具体方法授权地方制订。《修法决定》公布已有一段时间,成功转成营利性的民办学校却极其少见,原因在于国家或地方政府民办教育政策存在不足,使得原有民办学校在转设为营利性学校时,在处理一些具体问题上无法可依或者有法难依,从而导致转设的整体工作无法进行。制约原有民办学校转设为营利性学校的障碍之一是政策障碍。

一、现有民办学校转设需经历五个环节

从国家层面的法律及规范性文件中可以看出,原有民办学校转设为营利性民办学校,必须要经过五个环节:财务清算、学校资产权属认定、缴纳相关税费、办理新的办学许可证、重新登记。考虑到民办教育发展的不均衡,各地情况差异较大,情况较为复杂,国家层面把原有民办学校分类登记具体办法的制定权限下放到各省、直辖市、自治区。

在原有民办学校转设为营利性民办学校过程中,"办理新的办学许可证"和"重新登记"两个环节可参照《营利性民办学校监管管理实施细则》以及《公司法》的相关规定执行。"财务清算""学校资产权属认定"和"缴纳相关税费",则需要各省地方民办教育新政策中设立更为具体的实施办法。

二、地方政府应着力探索财务清算、资产确权、税费缴纳等实施
办法

在原有民办学校转设为营利性民办学校方面,除了辽宁省和广东省外,其他省份设置了长短不同的过渡期,基本内容与国家层面关于现有民办学校转设为营利性民办学校的说法类似,有些省份甚至原文照搬。

（一）关于转设过程中的财务清算

财务清算需要明确清算的主体、清算的费用承担人、清算的内容与方式。如果把这种状况视为民办学校终止办学后的财务清算，由民办学校组织清算也是符合《民办教育促进法》有关规定的。上海市与四川省均明确了由民办学校或其委托第三方组织清算，重庆市则要求"由举办者邀请股东、院校专家、法律顾问等相关人员组成清算委员会，委托会计师事务所进行清算"。这种财务清算，毕竟不同于民办学校办学终止时的清算，其间涉及重大利益的主体变化。教育行政及相关职能部门即使不能牵头组织清算，也必须对原有民办学校清算工作的过程和结果加强监督。

（二）关于转设过程中的税费问题

在原有学校转设为营利性民办学校的众多环节中，要明确涉及的税费，包括土地出让价款和租金，资产流转的税种、税率或缴纳标准，以及缴纳税费的主体等。有关划拨用地转为出让用地，需要缴纳土地补偿金，这一政策在浙江、海南、宁夏、重庆、贵州、江西等省份的民办教育新政策中均有所提及。其中海南省规定可按经确认的市场评估价格 40％补缴土地使用权出让金；重庆、海南、江西允许土地出让价款分期缴纳；宁夏提出可以租赁等方式办理供地手续。资产在流转过程中是否要缴纳其他税费，如契税、企业所得税或其他行政性收费，各地的政策均一笔带过，模糊处理。

（三）原有民办学校核定后的资产处理

权属认定并不难，关键在于三点：一是原来的民办学校注销后，是否要进入《民办教育促进法》规定的办学终止清算程序，是否要依照《民办教育促进法》的规定进行清算？二是原来的民办学校的资产在学校法人主体不存在的情况下，其权属主体与后续管理主体是谁？三是新的营利性民办学校设立后，原来的学校资产以什么样的方式转入新设立的学校，投资、租赁，还是收购？谁来代表这部分资产的所有权主体行使这些权利？各地政策对此均没有给出明确答案。只有浙江省提出了"营利性民办学校登记后，现有民办学校应及时办理相关资产、土地等过户手续，并向原登记机关申请注销登记"。原有民办学校的资产从一个非营利性组织向一个营利性组织转移，是无偿转让、租赁，还是收购？原有民办学校注销后，清算后的资产所有权主体是谁？这一切，浙江省的政策也语焉不详。原有民办学校清算后的剩余资产实质上已经属于社会资产,对于社会资产的管理,国外有通过公益性组织如基金会、教会组织进行托管的成功案例,在我国如何管理社会资产还是一个新课题。

在上述三个关键问题中,关于民办学校资产处理和税费的问题都属于法律政策上的重大的和原则性的问题,如果在国家层面没有明确的规定和指导意见,地方政府在没有授权的情况下,很难有政策性创新与突破。有关社会资产的管理,现阶段各地可以探索成立托管这类社会资产的基金会或其他慈善组织来解决问题。

三、重点关注的几个问题

在政策层面,其他相关问题的处理,也会直接影响教育行政部门在现有民办学校转设工作中的执行情况以及民办学校举办者转设为营利性民办学校的意愿。

(一) 营利性民办学校注册资本的规定是否适用于转设中的民办学校?

在民办学校分类管理改革的新的法律政策中,对于营利性民办学校的注册资本有着具体的要求。《营利性民办学校监督管理实施细则》要求"营利性民办学校注册资本数额要与学校类别、层次、办学规模相适应"。

营利性民办学校关于注册资本的规定如果适用于转设中的营利性民办学校,就出现一个难以回避的现实问题:原有资产无法直接转入新学校,即使能,是否可以作为原有民办学校的举办者申请转设的营利性学校的注册资本? 如果不能,则意味原有民办学校的举办者可能要重新出资。

(二) 转设后的营利性民办学校能否使用划拨土地?

此前,很多民办学校的土地属性仍然是划拨用地,根据《关于鼓励社会力量兴办教育　促进民办教育健康发展的若干意见》,营利性民办学校能否使用划拨用地,实际上并没有禁止性规定,特别是原有民办学校如果要转设为营利性学校,更没有明文要求土地性质一定要变更,或者在什么时间段变更。

《民办教育促进法实施条例》在该意见的基础上,提出可以采取长期租赁、先租后让、租让结合的方式供应土地,土地出让价款和租金,可以给予适当优惠和分期缴纳。这一规定对土地的性质似乎没有硬性要求,并提出了多样化的处理方式。对于划拨的土地能否举办营利性民办学校,各地政策原则上要求转为出让用地,但也根据各自实际情况,尊重历史和现实,给予了不同程度的过渡处理策略。

(三)利用国有资产举办或者参与举办的民办学校能否转设为营利性学校?

《营利性民办学校监督管理实施细则》中仅限制了"实施义务教育、财政性经费和捐资资产举办或者参与举办的民办学校"不得设立为营利性民办学校。《民办教育促进法实施条例》也强调,"公办学校不得举办或参与举办营利性民办学校"。国有企业办学,政府利用闲置资产,以及产权应归属于政府的小区配套举办或参与举办的民办学校,能否转为营利性民办学校?在国家层面上,除小区配套幼儿园明确为非营利性的普惠园外,其他类型学校仍然处于无法可依的状态。对于审批部门而言,亟须在政策上进一步明确。在地方政策中,只有重庆市的政策有特别要求:"利用国有资产独资或者合资举办的民办学校,应登记为非营利性民办学校。"

(四)营利性民办学校能否保留在编教师,在编教师能否举办营利性民办学校?

一些民办学校中仍保留着部分在编教师,主要有三种情况:一是在一些国有企业和公办学校举办或参与举办的民办学校中,受教育行政部门或举办学校委派到民办学校工作的教师,如国有民办学校、名校所办的民办学校和独立学院;二是一些地方在"招商引资"时给予民办学校特殊的地方扶持政策,配给一定比例的在编教师,如在河南的一些地方,这些政策仍然存在;三是一些在编教师从公办学校出来举办民办学校或在民办学校工作时,仍然保留着原有的编制。在转设为营利性民办学校时,在编教师的处理,同样影响到民办学校生存与发展。

对在编教师有重要约束作用的法规是国务院于2014年发布的《事业单位人事管理条例》,但是该条例并没有将从事或者参与营利性活动,或在营利性组织中工作或兼职的行为列入禁止的行为。对于在编教师举办营利性民办学校,我们认为,只要不是利用财政性经费和捐助资金,不是利用自身职务和工作之便,同样不影响其举办营利性民办学校,除非地方政策中有特别的禁止性规定。

　　关于营利性民办学校在编教师的问题,大多数地方政策中没有特别提到,唯有云南省强调了"有条件的地区可探索建立向非营利性民办学校选派公办教师等机制"。其他省份基本上给予了营利性民办学校教师和非营利性民办学校教师同等待遇。如湖北、黑龙江、浙江均鼓励人员流动,强调公办教师流动到民办学校教师的身份不变,教龄或工龄连续计算;浙江省明确当地政府可派遣不超过所在学校教师总数 20％的公办学校在编教师予以支持符合条件的民办中小学校,同一名公办学校在编教师在民办学校累计任职、任教时间不超过 6 年。贵州省规定符合条件的民办学校教师,退休后享受当地同类公办学校教师的待遇,差额部分由同级财政补助。

第五章　民办教育分类管理
落实的现状和挑战[①]

　　从《民办教育促进法》修订至国务院、各部委、地方政府配套政策陆续出台，我国民办教育迎来了分类管理的新时期。在实践领域，民办教育分类管理制度为实务部门及教育从业者提供了行动指南，但其真正落地最终要看民办学校是否实质性地处于营利或非营利的管理体制之下，而这取决于原有学校是否完成分类登记、当地政府部门是否全面实行营利或非营利性民办学校分类管理。由于我国各地区各级各类民办教育发展程度存在较大差异，加上各地过渡期政策的不一致性，全国民办学校分类管理实际进展较难以一省一市一县情况来反映，譬如个别前期有试点经验或民办学校体量较小的地区进展较快，有可能会误导各方对总体形势的判断。基于此，我们于 2021 年年初在全国范围内针对举办者、校长、研究人员等群体开展了"民办学校分类登记、分类发展"网络问卷调查[②]和实地访谈，全面了解民办学校[③]营非选择和分类登记的进展及预期完成情况，深入分析两类民办学校管理和发展亟须政策回应的重难点问题，为科学推进分类管理全面落地提供现实依据。

第一节　民办学校分类登记进度

　　分类登记是分类管理的首要环节。民办学校分类登记涉及营非性质的

---

　　① 本章执笔人：刘金娟，上海市教育科学研究院。

　　② 此次网络问卷调查共回收有效问卷 633 份。受访者涵盖了民办学校举办者、校长、教师、董事会成员、党组织负责人和政府部门人员及研究人员等不同群体。受访者地域分布广泛，包括 28 个省份，其中来自辽宁、浙江的受访者最多，其次为广西、云南。

　　③ 本章中的民办学校主要指的是举办学历教育的民办学校，不涉及非学历教育的教育培训机构等。

选择和登记手续的履行两大关键程序,其中营利和非营利性质的选择关乎民办学校发展方向和未来前景,随着各地办学属性选择期限临近,大部分学校完成了这一重大战略决策;而两类法人登记手续的履行则相对滞后,分类转设压力向后积存,各地迎来分类管理改革和创新的"攻坚期"。

一、营非选择基本明朗,选择非营利性法人决策背后暗含隐忧

1. 绝大部分民办学校已明确分类选择意向,少数民办学校基于地方配套政策尚不明确暂未作出选择

调查显示,民办学校分类选择意向基本趋于明朗,大部分民办学校有明确的营利非营利法人选择意向,少数民办学校尚未进行选择,只有极个别的民办学校选择终止办学。在分类管理改革之初,各方曾担忧改革目标与既有利益者之间的冲突,可能导致一大批民办学校终止办学,从各地实践情况来看,新的法律政策实施后并没有出现成批的原有民办学校主动申请终止办学的现象。极少数选择终止办学的民办学校主要是实施义务教育的民办学校,尤其是包含义务教育阶段的一贯制学校。根据《民办教育促进法》第十八条规定"不得设立实施义务教育的营利性民办学校",十二年一贯制、完全中学、十五年一贯制民办学校举办者有营利性选择意向的,则需要将义务教育和非义务教育阶段进行剥离后分立转设,一部分没有非营利性办学意愿的学校选择终止义务教育阶段办学。

部分民办学校之所以处于观望状态,主要是受所在地区过渡期设置模糊或截止日期未到、两类法人政策前景不明这两大类因素相互叠加影响。国家层面对于原有民办学校分类选择与登记均未设置统一的过渡期,而在地方实践层面,绝大多数省级政府设置了明确的过渡期限,其中大部分省份要求民办学校分类选择的截止日期多在 2022 年前后,个别如海南、江苏还可延期。另有辽宁、广东、贵州、青海等省份没有设置过渡期。在未到截止日期或没有明确过渡期的地区,部分民办学校出于"现有环境不稳定、两类法人配套政策不明确、非营利性办学终止时奖补方案不明朗、现有学校转设营利性法人路径不明确"等方面的担忧,基于"越晚做选择、信息越充分、决策越理性"的考量,暂时持观望态度,它们期望未来在更稳定的政策环境、更完善的分类转设和分类管理配套政策的条件下,综合充分的政策信息作出更理性决策。

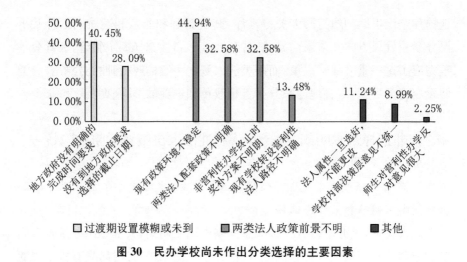

图 30   民办学校尚未作出分类选择的主要因素

2. 非营利性法人明显更受青睐,但选择非营利性办学的民办学校受被动性和不确定性因素影响较多

在有明确分类选择意向的民办学校当中,选择非营利性办学的民办学校居多。调查显示,约有 60％的民办学校选择非营利性法人,22％的民办学校选择营利性法人,16％的民办学校"义务教育阶段选择非营利性办学,非义务教育阶段选择营利性",2％的民办学校"义务教育阶段终止办学,非义务教育阶段选择营利性",综合来看,选择非营利性法人的民办学校是选择营利性办学的两倍。从已经全面完成原有民办学校办学属性选择的地区来看,选择非营利性民办学校的比例还要更高一些。如上海市规定原有学校应当在 2018年 12 月 31 日前向主管部门提交关于学校办学属性选择的书面材料,最终在全市 772 所原有民办学校(不包括培训机构)当中,大多数原有学校选择登记为非营利性民办学校,只有少数现有学校选择登记为营利性民办学校。

选择营利性办学和选择非营利性办学决策背后的逻辑呈现出根本差异,前者偏向主动型和确定型,后者则偏向被动型和不确定型。选择营利性办学的民办学校考虑的主要因素来自营利性民办学校自身的性质,如"收费等办学自主权可以得到有效保证"(42.81％)、"举办者办学战略可以得到充分贯彻"(42.45％)、"可以获得民办学校剩余财产所有权"(34.53％)。其中,"收费等办学自主权可以得到有效保证"源自修改前的《民办教育促进法》第三十八条"营利性民办学校的收费标准,实行市场调节,由学校自主决定"的规定;"举办者办学战略可以得到充分贯彻"较为符合修改前的《民办教育促进法实施条例》第十条"举办者可以依法募集资金举办营利性民办学校,所募集资金应当主要用于办学,不得擅自改变用途,并按规定履行信息披露义务";"可以获得民办学校剩余财产所有权"即修改前的《民办教育促进法》第十九条"营利性民办学校的举办者可以取得办学收益,学校的办学结余依照公司法等有关法律、行政法规的规定处理",由此可见,民办学校营利性办学决策所依据的条件具有客观性、稳定性。

比较来看,选择非营利办学的民办学校则更多的是基于现实因素或未来对自身有利的政策预期,譬如"法律限制只能选非营利性办学"(37.14%)、"学校目前经费来源单一,希望获得更多政府扶持"(48.35%)、"容易获得更多社会认同,吸引更多生源"(26.81%)。按照修改前的《民办教育促进法》第十九条规定,不得设立实施义务教育的营利性民办学校。义务教育阶段的民办学校,包括跨义务教育阶段的一贯制民办学校在不分立的情况下只能选择设立为非营利性民办学校。含有财政性经费、捐赠资金的民办学校以及普惠性幼儿园、小区配套学校等,在实务操作中,一般也会被要求选择为非营利性民办学校。除了现实因素以外,选择非营利办学的民办学校多基于政府扶持等有利的政策预期。尽管《民办教育促进法》对政府扶持非营利性民办学校的措施作了原则性规定,但是对于非营利性民办学校而言,其所能获得的扶持力度实际取决于地方政府具体的配套政策,因此选择非营利办学的民办学校希望获得更多政府扶持,实际上是寄希望于将来的政策。这意味着,相当一部分民办学校决策所依据的条件具有较大的不确定性,一旦"有利的政策预期"未能成为现实,这类非营利性民办学校很可能出现组织震荡或其他变数。因此,政府鼓励和支持社会力量举办非营利性民办学校的政策导向还有待进一步落地,真正提升民办学校举办者选择非营利办学的积极性。

二、分类登记进度相对滞后,转设营利性法人关键环节受阻

1. 过半数的民办学校完成分类登记手续,各地正在或即将迎来转设程序履行高峰期

2021年年初,民办学校分类登记进度过半,较分类选择进度相对滞后。

调查结果显示,约有 52% 的原有民办学校完成分类登记,42% 的原有民办学校仍在履行程序,另有 4% 的原有民办学校"义务教育阶段完成登记,非义务教育阶段正在履行程序",2% 的原有民办学校"义务教育阶段正在履行程序,非义务教育阶段完成登记"。尽管教育部等五部门联合印发的《民办学校分类登记实施细则》(教发〔2016〕19 号),重点解决了两类学校"到哪里登记""如何登记"的问题,但是各地民办学校履行分类登记手续的步调仍不算快,明显滞后于民办学校分类选择的进度。

从地方民办教育分类管理政策来看,部分地区采取了分步稳妥推进现有民办学校转设的策略,即分别设置分类选择和分类登记的截止日期,例如四川省要求原有民办学校的举办者应当在 2020 年 9 月 1 日前,向主管部门提交关于学校办学属性选择的书面材料,未按期提交材料的学校不得选择为营利性民办学校。选择为非营利性民办学校的,应当在 2021 年 9 月 1 日前完成相关手续。选择为营利性民办学校的,其中实施高等学历教育的民办学校,应当在 2023 年 9 月 1 日前完成登记手续;其他学校应当在 2022 年 9 月 1 日前完成登记手续。这一政策设计与当时民办学校分类选择、分类登记步调不一相契合。

按有明确过渡期地区计算,多数地区对原有民办学校完成分类转设的时间限定在 2022 年 9 月 1 日或 2022 年年底之前。从 2017 年 9 月 1 日开始计算,大部分地区已进入过渡期后半程,上海、江苏、云南、山西等部分地区甚至已进入到过渡期尾声。各地前期分类登记工作进展缓慢,势必将分类转设压力向后期堆叠。

2. 原有民办学校转设非营利性学校的进度略快,转设营利性学校尤其是高等学校面临阻力较大

相对而言,原有民办学校选择转设为非营利法人的,完成分类登记的进度略快:选择非营利法人的原有民办学校,约有 55% 的学校完成登记,40% 的正在履行程序,3% 的义务教育阶段学校完成登记、非义务教育阶段学校正在履行程序,2% 的义务教育阶段学校正在履行程序、非义务教育阶段学校完成登记。而选择营利性法人的,约有一半完成登记。部分地区现有学校转设非营利法人的进度更快,例如上海市规定"选择登记为非营利性民办学校的,在 2019 年 12 月 31 日前,完成转设手续。选择登记为营利性民办学校的,由学校组织进行财务清算,明确资产权属,缴纳相关税费,重新办理

法人登记手续。其中实施高等学历教育的学校在 2021 年 12 月 31 日前完成上述手续。其他学校在 2020 年 12 月 31 日完成"。①截至 2019 年年底，上海选择登记为非营利性的民办学校已全部办理完成过渡手续。

从各地分类登记管理办法来看，选择非营利性办学的民办学校登记手续较为简单，以北京为例，《北京市民办学校分类登记办法》(京教民〔2018〕11 号)第二十一条规定："现有民办学校选择登记为非营利性民办学校的，依法修改章程，继续办学，履行新的登记手续。"履行新的登记手续即参照第四条规定："选择登记为非营利性民办学校的，符合《事业单位登记管理暂行条例》等有关规定的，到机构编制部门登记为事业单位；符合《民办非企业单位登记管理暂行条例》等有关规定的，到民政部门登记为民办非企业单位。"②影响原有学校转设非营利性民办学校进度主要是主观因素，由于选择非营利办学的民办学校多基于现实因素或未来对自身有利的政策预期，举办者难免有"再等一等""看看政策形势发展"的想法。

选择营利性办学的民办学校则面临着较为复杂的流程，仍以北京为例，选择登记为营利性民办学校的，应当进行财务清算，经市、区级政府有关部门和相关机构依法明确土地、校舍、办学积累等财产的权属并缴纳相关税费，办理新的办学许可证，重新登记。学校在清算、重新办理办学许可和法人登记过程中，可继续办学。其中，"办理办学许可"和"重新登记"两个环节可以依据教育部、人力资源社会保障部、工商总局联合印发的《营利性民办学校监管管理实施细则》(教发〔2016〕20 号)以及《公司法》的相关规定执行；而"财务清算""学校资产权属认定"和"缴纳相关税费"三个环节在操作上则更为复杂，客观上阻碍了其登记进度。从各地民办高校分类登记实践进展来看，选择营利性办学的高校仅有个别学校完成了工商部门登记，可见该类学校在转设过程中面临的阻力之大。

---

① 上海市人民政府.关于促进民办教育健康发展的实施意见[EB/OL].(2017-12-27)[2021-12-31]，https://www.shanghai.gov.cn/nw41430/20200823/0001-41430_54537.html.

② 北京市教育委员会、北京市人力资源和社会保障局、北京市民政局、北京市机构编制委员会办公室、北京市市场监督管理局.关于印发《北京市民办学校分类登记办法》的通知[EB/OL].(2018-11-29)[2021-12-31]，http://jw.beijing.gov.cn/xxgk/zxxxgk/201811/t20181129_1447282.html.

三、改革前景预判明显分化,部分地区和学校任务依然艰巨

我国民办教育分类管理改革任务复杂且繁重,各方对于所在地区原有民办学校分类转设进展的预期,出现了乐观和悲观两种截然不同的态度。27.17%的受访者表示当地"超过半数现有民办学校已经完成分类登记,过渡期内完成可能性非常大",23.38%的受访者认为所在地区"已有部分现有民办学校完成分类登记,过渡期内完成问题不大";27.65%的受访者表示所在地区"选择非营利性办学的进程较为顺利,转设企业法人的现有民办学校选择登记程序复杂,难以保证过渡期内完成",21.8%的受访者认为"转设企业法人时财务清算标准分歧比较大,现有民办学校转设进度较慢,过渡期内完成分类登记可能性不大"(见图31)。综合来看,约有一半的受访者对所在地区原有民办学校在过渡期内完成分类登记持较为乐观的预期,另一半的受访者对所在地区原有民办学校转设营利性法人等关键环节政策突破能力持悲观预期,认为难以保证过渡期内完成改革任务、或完成可能性不大。

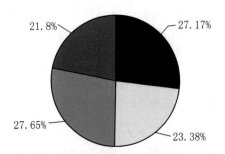

■ A. 超过半数现有民办学校已经完成分类登记, 过渡期内完成可能性非常大;
□ B. 已有部分现有民办学校完成分类登记, 过渡期内完成问题不大;
■ C. 选择非营利性办学的进程较为顺利, 转设企业法人的现有民办学校选择登记程序复杂, 难以保证过渡期内完成;
■ D. 转设企业法人时财务清算标准分歧比较大, 现有民办学校转设进度较慢,过渡期内完成分类登记可能性不大。

图31 民办学校分类登记改革预期情况

分地区来看,部分省份有望在规定期限内完成分类登记。以辽宁为例,在110位受访者中,有50位受访者认为过渡期内完成可能性非常大,有21位受访者认为过渡期内完成问题不大。个别省份受访者持悲观预期比例较

高,三分之二的受访者认为完成分类登记的可能性不大。实际上,各省份面临的改革任务存在较大差异,从各省各级各类民办教育的发展样态①看,浙江、河南、海南、广东、陕西、江西、湖南、吉林等地大部分教育层级的民办学校体量(各级民办教育在校生数之于本省内相应学段和类型的在校生比重)均较大,改革任务较为艰巨。部分省份部分教育层级民办学校体量较大,如北京民办学校在小学和初中阶段体量相对较大,辽宁民办学校则是在幼儿园、高中及高等教育阶段体量较大,改革任务相对较为集中。西藏、新疆、甘肃等地各级各类民办学校体量均非常小,改革任务较轻。由此看来,西藏等改革任务较轻的地区进展可能较快,改革任务集中在义务教育阶段的地区进展也较为快速,这几类地区被普遍看好;而部分改革任务重、进展较慢的地区,各方对其完成改革的预期则普遍持悲观态度。

同一地区受访者对于所在地区改革进展的预判出现了较大偏差,除了前述少数地区各方预判相对一致以外,大部分地区乐观预期与悲观预期出现了对半开的局面。以浙江为例,在 105 位受访者中,27 位受访者认为过渡期内完成可能性非常大,28 位受访者认为过渡期内完成问题不大,33 位受访者认为难以保证过渡期内完成,17 位受访者认为过渡期内完成分类登记可能性不大。受访者对于所在地区完成分类登记可能性预判出现如此明显的偏差,固然有受其主观因素影响的关系,但同时也折射出一个现象:地方现有学校分类转设政策较难适用于所有的民办学校,在统一的政策框架下,有的民办学校转设相对比较顺利,那么学校相关人员对于改革的预期就会比较乐观;反之,如果民办学校在现有政策体系下转设较为困难,那么相关人员对于改革的预期自然就会持悲观情绪。换言之,每一所民办学校的具体情况不同,在现有政策框架下完成分类登记的可能性出现了差异,部分学校在现有政策框架下面临较大的困难。

第二节　非营利性民办学校管理重难点

分类登记进度与政策需求并不完全关联,从各地分类选择、分类登记实

---

① 王蓉.中国教育新业态发展报告(2017)——基础教育[M].社会科学文献出版社,2018.

际进展来看,选择非营利性办学的民办学校进度相对较快,但其隐含的政策需求却更加强烈。调查发现,民办学校分类登记、分类发展过程中,对地方政府细化转设程序和创新差异化扶持举措产生了强烈的诉求,其中原有学校选择非营利性办学的政策需求显得更为迫切(见图32)。非营利性民办学校地方政策供给存在过于"赶"分类登记进度,绕开或搁置了一些关键的难点问题,给这一类民办学校未来发展留下不稳定的因素。

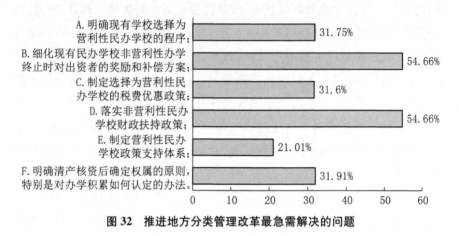

A. 明确现有学校选择为营利性民办学校的程序; 31.75%
B. 细化现有民办学校非营利性办学终止时对出资者的奖励和补偿方案; 54.66%
C. 制定选择为营利性民办学校的税费优惠政策; 31.6%
D. 落实非营利性民办学校财政扶持政策; 54.66%
E. 制定营利性民办学校政策支持体系; 21.01%
F. 明确清产核资后确定权属的原则,特别是对办学积累如何认定的办法。 31.91%

图32　推进地方分类管理改革最急需解决的问题

一、鼓励原有民办学校非营利办学,急需落实奖励和补偿条款

1. 原有民办学校非营利性办学终止时获取补偿或奖励是举办者获利诉求的重要途径

调查发现,仅有少数举办者原始出资类型为捐资办学,大部分举办者要求合理回报,反映出举办者客观存在获取办学回报和分配剩余财产的诉求,对地方细化现有学校非营利性办学终止时奖励和补偿方案有较高期待。根据调查,落实奖励补偿条款激励比较受各方青睐的有:"补偿和奖励同时给予,返还举办者经核准后的历年出资,在清偿后的剩余资产中,再依据合理回报获取情况,给予一定比例的奖励"(36.02%)、"允许举办者通过举办者变更提前获得补偿和奖励"(24.01%)、"对办学积累权属的认定中,按照举办者出资比例,将办学积累部分认定为举办者资产"(19.43%)。也有少数受访者希望"允许举办者将出资转化为对学校的债务,提前兑现","将不做选择、直接终止办学的现有学校举办者也纳入补偿和奖励范畴","制定清偿

后剩余资产确权标准,允许将举办者个人贷款用于学校发展的部分视为举办者出资"。比较来看,各方对于原有民办学校非营利性办学终止时补偿举办者出资及办学积累有较高的共识,对给予一定比例的奖励也有较高的期待,不过将个人贷款用于学校发展的部分视为出资或将出资转化为债务等相对较高的奖励和补偿要求,认可者并不多。

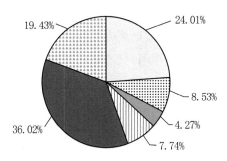

24.01%
19.43%
8.53%
4.27%
7.74%
36.02%

□ A. 允许举办者通过举办者变更提前获得补偿和奖励;
⊞ B. 允许举办者将出资转化为对学校的债务, 提前兑现;
▨ C. 将不做选择、直接终止办学的现有学校举办者也纳入补偿和奖励范畴;
⊡ D. 制定清偿后剩余资产确权标准, 允许将举办者个人贷款用于学校发展
　　的部分视为举办者出资;
■ E. 补偿和奖励同时给予, 返还举办者经核准后的历年出资, 在清偿后的
　　剩余资产中, 再依据合理回报获取情况, 给予一定比例的奖励;
⊞ F. 对办学积累权属的认定中, 按照举办者出资比例, 将办学积累部分
　　认定为举办者资产。

图 33　落实奖励和补偿方案的关键点

有关于举办者变更是否作为补偿和奖励的一个节点,已有明确法律规定。《民办教育促进法实施条例》第十二条明确:"民办学校举办者变更的,应当签订变更协议,但不得涉及学校的法人财产,也不得影响学校发展,不得损害师生权益;现有民办学校的举办者变更的,可以根据其依法享有的合法权益与继任举办者协议约定变更收益。"这意味着原有民办学校的举办者可以通过举办者变更,从继任举办者获得变更收益,而继任举办者将来也可以在非营利性民办学校终止清算有剩余时,按照规定取得补偿或奖励;或者在营利性民办学校终止清算时,按照《公司法》规定进行财产分配。对于原有民办学校选择非营利性办学的,尽管举办者不能在变更这个节点上直接取得补偿或奖励,但其获得的变更收益与将来继任者所能获得的补偿或奖励不无联系。因此,原有民办学校选择非营利性办学的举办者及潜在的继任举办者目光最终还是会聚焦到终止办学时补偿和奖励的额度和标准上。

2. 落实该条款的核心在于地方政策要最大程度取得举办者权益保护和办学稳定的平衡

从调查结果来看,不同利益群体对奖励、补偿方案的认识是存在差异的,各方都倾向于作出有利于自身的政策解读。其中,举办者群体对奖补的额度有比较高的期待,在出资认定上倾向于将一切可能的相关出资,包括历年出资、办学积累、贷款等等都纳入其中;而政府部门作为补偿和奖励的主体,对于奖补方案的成本和社会效益则更为关注,既要考虑到补偿与奖励对举办者选择非营利性办学的促进作用,又要防止公共利益受损。因此,落实该条款的核心在于地方政策要使奖励和补偿方案最大程度取得举办者权益保护和办学稳定的平衡。这个平衡点需要地方政府的探索,即根据地方教育发展的实际情况来确定补偿的原则、范围、标准、方式、程序,奖励的主体、等级、方式、范围、程序等。但是,各地的探索可能会引发连锁的反应,即补偿规定的不统一,极易导致各省级政府制定的实施细则与办法存在差异,从而出现补偿或奖励具体政策执行中的不公平现象。①因此,国家层面还需引导省级政府合理设置原有民办学校非营利性办学终止时补偿和奖励浮动空间及标准,譬如补偿可在"返还举办者经核准后的历年出资"和"返还举办者经核准后的历年出资及增值额"之间浮动,奖励可在清偿后的剩余资产中的20%到30%比例之间浮动。各级教育行政部门根据区域民办教育发展情况,在具体执行中可根据学校社会贡献、办学实际、举办者取得合理回报等情况综合考虑补偿和奖励的力度。

3. 原有民办学校转设非营利性民办学校的资产确权节点选择

值得注意的是,落实原有民办学校非营利性办学终止时补偿或奖励条款的难点不仅在于如何确定补偿或奖励核算方式,还有一个关键环节——资产确权。《修法决定》提出,"本决定公布前设立的民办学校,选择登记为非营利性民办学校的,根据依照本决定修改后的学校章程继续办学,终止时,民办学校的财产依照本法规定进行清偿后有剩余的,根据出资者的申请,综合考虑在本决定施行前的出资、取得合理回报的情况以及办学效益等因素,给予出资者相应的补偿或者奖励,其余财产继续用于其他非营利性学

---

①　刘永林,左伊妍,张婧梅.选择登记为非营利性民办学校的补偿与奖励制度设计[J].教育与经济,2019(6):79—86.

校办学"。因此,原有学校选择非营利性办学终止时,给予举办者相应的补偿或奖励的重要依据是办学资金、取得合理回报以及办学效益等情况。而以上依据的前提则是学校的资产确权。

那么资产确权的节点是何时呢?《修法决定》就原有学校选择登记为非营利性民办学校的,仅要求"根据依照本决定修改后的学校章程继续办学",对财务方面未作规定。各地在两类法人登记办法中,对原有民办学校转设非营利性民办学校的,也大都未涉及资产确权,仅有少数地区对财务方面提出明确要求,如《青岛市民办学校分类登记工作实施方案》(青教通字〔2020〕74 号)规定,民办学校选择登记为非营利性民办学校的,自行对学校截至2017 年 9 月 1 日前形成的财产进行清查①;《南京市民办学校分类登记实施细则》(宁教规范〔2020〕1 号)要求,原有民办学校选择登记为非营利性民办学校的,应当进行资产财务清算。②从调研结果来看,针对原有民办学校转设非营利性民办学校的,大部分地区资产确权的节点默认为办学终止时。

将资产确权的节点后移会给补偿奖励方案的设计和未来补偿奖励的落实带来困难。原有民办学校的财务状况则较为复杂,原有民办学校一旦选择登记为非营利性民办学校,那么——举办者不得取得办学收益、也不得分配剩余财产,随即,学校的财务状况也会发生变化。如果不在原有民办学校选择登记为非营利性民办学校的这个节点上,对民办学校资产、债券、债务进行清查和确权,那么补偿奖励方案设计时实践的依据则会有所不足;而在若干年后倒查学校财务情况又涉及两套财务体系,无疑会加大资产确权的难度,影响对举办者进行补偿和奖励的合理性。

二、引导非营利性稳定办学,集中在财政资金补贴上

1. 解决资金困境是原有民办学校选择非营利性办学的重要原因

如前文所述,影响原有民办学校选择非营利性办学的最重要的因素是

---

① 青岛市教育局等 5 部门.关于印发《青岛市民办学校分类登记工作实施方案》的通知[EB/OL].(2020-9-24)[2021-12-31],http://www.qingdao.gov.cn/n172/n24624151/n24625415/n24625429/n24625443/200924093237342153.html.

② 南京市教育局.关于印发《南京市民办学校分类登记实施细则》的通知[EB/OL].(2020-3-12)[2021-12-31],http://edu.nanjing.gov.cn/njsjyj/202003/t20200319_1814911.html.

"学校目前经费来源单一,希望获得更多政府扶持"。根据《中国教育经费统计年鉴 2019》数据,我国各级各类民办学校除特殊教育以外主要经费来源均为事业收入中的学费。与此同时,国家财政性教育经费已经成为各级各类民办学校第二大资金来源,部分学段民办学校对国家财政性教育经费依赖程度处于相对较高的水平,如 2018 年中等职业学校收入中有 34.1% 来自国家财政性教育经费,普通高中、普通初中、普通小学收入中国家财政性教育经费的占比分别达到 10.9%、16.1%、17.8%,其中农村普通高中、农村普通初中、农村普通小学占比还要更高。而其他来源的教育经费占比则非常低,其中民办学校中举办者投入相对可观,但也仅在农村地区部分学段超过 10%。因此,对于经费来源单一、受限于政策或自身竞争力不足导致学费上调空间比较小、且对国家财政性教育经费较为依赖的民办学校而言,一旦失去或减少财政来源的资金,仅靠学费和少量的其他收入很难维持生存。这也意味着,这一类学校一旦选择非营利性办学,天然地对国家财政性教育经费投入就会有较高的期待。

表5 2018 年各级各类民办学校教育经费收入结构情况

学校类别	国家财政性教育经费	一般公共预算教育经费	民办学校中举办者投入	捐赠收入	事业收入	学费	其他教育经费
一、普通高等学校	10.4%	9.0%	2.2%	0.5%	83.5%	74.6%	3.5%
二、中等职业学校	34.1%	33.8%	9.3%	0.2%	53.1%	41.5%	3.3%
三、普通高中	10.9%	10.3%	7.6%	0.6%	77.8%	67.4%	3.1%
♯农村	14.3%	13.4%	11.6%	0.2%	70.3%	58.6%	3.5%
四、普通初中	16.1%	15.4%	7.0%	0.5%	74.2%	65.2%	2.2%
♯农村	19.4%	18.3%	10.1%	0.2%	68.8%	57.4%	1.5%
五、普通小学	17.8%	17.4%	6.0%	0.5%	73.7%	66.0%	2.0%
♯农村	20.0%	19.5%	8.7%	0.2%	69.9%	59.2%	1.3%
六、幼儿园	8.0%	7.9%	4.4%	0.0%	86.6%	84.2%	1.1%
♯农村	8.6%	8.4%	5.2%	0.0%	85.5%	83.1%	0.7%
七、特殊教育	41.8%	40.6%	6.8%	2.3%	38.8%	34.6%	10.3%

2.完善非营利性民办学校扶持政策焦点落实在财政资金补贴上

调查发现,45.97%的受访者认为完善非营利性民办学校扶持政策需首先解决的问题是"加大对非营利性民办学校的财政支持力度,比照公办学校或公办学校的一定比例落实生均经费",25.43%的受访者认为要"对非营利性民办学校进行再分类,依据办学成本、落实法人财产权等维度细化扶持方案,明确不同类型非营利性办学财政资金扶持力度",18.96%的受访者认为要"落实非营利性民办学校与公办学校在用地政策、税收优惠等方面的同等地位",还有9.64%的受访者认为要"着力破解财政资金进入非营利性民办学校的制度障碍"。总体上,各方对完善非营利性民办学校扶持政策有较高的诉求,其中最强烈的政策需求点落在财政资金扶持力度向公办学校看齐上。

尽管国家财政性教育经费已经成为各级各类民办学校第二大资金来源,但是大部分地区尚未建立专门针对非营利性民办学校的公共财政扶持体系,财政扶持落地水平与非营利性民办学校预期仍有一定差距,尤其在学前教育阶段,问题反映突出。有民办学校相关受访者提到:

- 三线城区目前实况:非营利普惠性幼儿园政府年生均补贴100元,太低,而且仅此一项补贴,民办非营利办学面临重重困难,收费低,政府扶持几乎为零(除生源人均年补100元外,无其他)。

- 希望对民办学校生均补贴落到实处,我们区从2014年普惠园生均奖补到现在只得三年,连一次性给予3万元奖补也没得。

- 个人建议:国家支持民办学校办学的,就应当与公办学校同享受国家政府有关的扶持和补助,现民办幼儿园生均补助极少,我们市省二级幼儿园生均仅600元,是否补助到位了? 同公办有多大的距离呢?

- 国家、省教育厅、省财政厅给非营利性普惠幼儿园的补助资金,到区、县就不落实了,希望从省级戴帽下发到普惠性幼儿园。

- 希望能够落实非营利性(普惠性)幼儿园的扶持政策。

因此,在后续工作中,地方政府在建立以政府补贴、政府购买服务、税费减免等为手段的公共财政扶持体系的基础上,还需重点推动财政补贴"标准化":一方面,区分不同学段,确保义务教育阶段民办学校参照中央统一的生均公用经费基准定额、普惠性民办幼儿园参照同等级公办园生均公用经费给予补助,针对高中阶段和高等教育阶段逐步分阶段建立生均公用经费补贴制度。另一方面,依据办学成本、落实法人财产权等情况,对非营利性民办学校进行再分类,对重资产模式办学、学校法人财产明晰、办学质量较好的民办学校增设补贴项目。

第三节　营利性民办学校管理重难点

民办学校选择营利性办学主要是源于营利性民办学校的属性,相比选择非营利性办学的,对政策支持体系的预期较低,但是对配套政策如明确原有学校选择为营利性民办学校的程序及清产和资产确权原则、制定选择为营利性民办学校的税费优惠政策有较高的期望。营利性民办学校管理涉及教育系统以外多个部门,配套政策供给常处于"难产"状态,直接影响着原有学校选择营利性办学的登记进度和营利性民办学校未来的发展空间。

一、加快原有民办学校转设登记进度,理顺关键环节迫在眉睫

1. 转设程序复杂是阻碍营利性民办学校法人登记进度的直接因素

《关于鼓励社会力量兴办教育　促进民办教育健康发展的若干意见》规定"选择登记为营利性民办学校的,应当进行财务清算,依法明确财产权属,终止时,民办学校的财产依法清偿后有剩余的,依照《中华人民共和国公司法》有关规定处理。具体办法由省、自治区、直辖市制定"。除了上海、浙江、江苏等部分地区作了实践探索之外,大多数地区配套文件基本沿用国家政策文本表述方式,鲜少有针对转设营利性民办学校"财务清算、资产确权、税费清缴、校产处置"等关键程序的操作性办法。原有学校转设营利性民办学校涉及教育、市场监管、税务、财政、自然资源和规划、住建、人社等多个部门,当政策制定涉及多个政府部门,特别是在缺少统一权威的情况下,政府的组织统一性常常被"有组织的无政府"属性所替代。[①]

与各地政府行动踌躇相比,举办者对于细化营利性转设程序的需求显得格外迫切。调查发现,选择营利性办学的原有民办学校"苦"转设程序已

---

① 阎凤桥.民办教育政策推进为何缓慢——基于组织行为决策视角的考察[J].华东师范大学学报(教育科学版),2017(6):11—17.

久。原有民办学校分类转设涉及多个部门审批事项,在相对原则性的登记办法框架下,原有学校完成营利法人登记不仅需要"跑很多路",还可能"跑很多弯路、冤枉路"。地方政府未解决政策难点,无疑是将改革的试错成本留给了单个民办学校,加重了民办学校转设的难度。有多位受访者在谈到就推进民办学校分类管理改革和民办教育整体发展的意见时,首先就提到:

- 细化选择登记程序规定,对资产权属、税务缴纳出台明确的政策。
- 尽快明确登记为营利性幼儿园的后续清账等程序。
- 无论选择哪种类型,各类政策、程序、要求一定要明晰。
- 我希望申请营利性幼儿园程序简单化,不要太复杂。
- 无论是选择营利性,还是非营利性,都应该有支持其健康发展的政策,且政策是可操作性强的、能够落地的。
- 建议出台详细的分类指导细则,明确现有学校登记为营利性学校的具体审批流程。

当前,部分地区已经围绕财务清算、资产确权当中涉及的主要环节,包括财务清算的主体和程序,举办者出资、财政拨款、社会捐赠、办学积累等各类资产的认定边界等,出台了明确的工作办法。针对清产核资中的难点问题,如一贯制民办学校拆分、房产土地价值计算、举办者个人财产与学校法人财产区分等,也已有区域实践案例。对于原有民办学校普遍受困于转设程序的地区而言,或可从实践案例中找到工作要点,为其正在转设的民办学校提供操作手册。

2. 转设税费高企导致原有学校选择营利性办学制度交易成本高昂

原有学校转设营利性民办学校过程中产生的税费主要有两项:一是教育划拨用地转为教育出让用地的土地补偿金;二是资产流转过程中产生的企业所得税、个人所得税、增值税、契税、土地增值税、印花税等。

对于教育划拨用地能否举办营利性民办学校,各地配套政策较为明确,在不改变土地用途的情况下,可以改为教育出让或租赁等有偿方式使用土地。根据《中华人民共和国土地管理法》第五十五条规定,以出让等有偿使用方式取得国有土地使用权的建设单位,按照国务院规定的标准和办法,缴纳土地使用权出让金等土地有偿使用费和其他费用后,方可使用土地。各地配套政策对于土地出让金也予以了明确,例如海南省规定:"以划拨方式取得的用地,不改变土地用途的,应按规定补办土地使用权出让手续,并按国土部门同意补办时该宗地经确认的市场评估价格 40％补缴土地使用权出让金,土地出让价款可按有关规定在规定期限内按合同约定分期缴纳。"①按照现行地价计算,各地教育划拨用地和教育出让用地之间的价格差以数倍起,一般可达十倍以上,高者甚至达到数十倍。

对于资产流转过程中产生的税费,各地政策均未详细提及,仅有部分地区对行政事业性收费予以减免。按照国家税收规定,原有民办学校进行清算注销,因学校均持有不动产及土地使用权,故其清算所得按规定须缴纳25％的企业所得税。再如,以学校清偿后的剩余资产给予举办者(出资人)补偿或奖励,举办者须按偶然所得缴纳 20％的个人所得税。②有研究者认为"初步来看,现有学校登记为营利性民办学校的,将面临契税、资产增值部分的企业所得税和个人所得税、土地增值税等税费问题,金额将占到学校积累资产的一半以上"。③

在访谈过程中,不少举办者反映现有学校转设营利性民办学校的制度成本超出可承受范围,甚至导致债务剧增。有受访者提出:

- 民办学校分类管理中,对 2016 年前成立的民办学校选择营利性时原有固定资产的税收要明确,政策内容要细。
- 教育部门要深入调研和指导,对于原来举办者投入土地和房产的要加大奖励,减少税收,让民办学校顺利通过转登记。
- 地方政策制定需要多调研,行政管理部门积极作为,充分考虑各类民办学校历史原因和现实状况,支持保护举报者的意愿和利益,协调分类管理改革各部门联动措施。

二、提供精准化税收优惠被视为推动营利性民办学校发展关键

调查发现,50.71％的受访者认为构建营利性民办学校配套政策的首要

---

① 海南省人民政府.关于鼓励社会力量兴办教育　促进民办教育健康发展的实施意见[EB/OL]. (2018-2-13)[2021-12-31], https://www.hainan.gov.cn/hainan/szfwj/201802/1282e06a8b08454aa4dca704cb09db39.shtml.

② 董圣足,戚德忠.新政背景下民办学校分类转设的困局与出路——基于浙江温州的实践探索及思考[J].现代教育管理,2020(9):38—45.

③ 方建锋.推进民办学校分类管理中面临的瓶颈问题分析[J].复旦教育论坛,2018(2):43—48.

在于"细化营利性民办学校分类,对不同营利程度的营利性民办学校适用不同类型的税收优惠政策";22.43%的受访者认为要"允许对办学声誉佳、前期投入力度大的营利性民办学校,给予基金奖励";16.11%的受访者认为首先要"完善国内资本市场,允许营利性民办学校通过国内上市等手段,加强与资本市场联合,扩大融资渠道";10.74%的受访者则主张首要之举为"探索盘活闲置国有资产,以有偿使用方式扶持营利性民办学校办学"(见图34)。综合来看,营利性民办学校对办学配套政策主要诉求点集中于外部的投资环境,对于政策扶持的关注点集中在实施税收优惠政策以减少办学成本上。

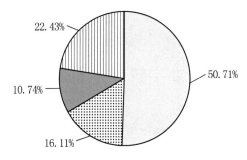

☐ A. 细化营利性民办学校分类,对不同营利程度的营利性民办学校适用不同类型的税收优惠政策;
⊞ B. 完善国内资本市场,允许营利性民办学校通过国内上市等手段,加强与资本市场联合,扩大融资渠道;
■ C. 探索盘活闲置国有资产,以有偿使用方式扶持营利性民办学校办学;
⊡ D. 允许对办学声誉佳、前期投入力度大的营利性民办学校,给予基金奖励。

图34　构建营利性民办学校配套政策的重点

分类管理之后,营利性民办学校会涉及多个税种,访谈中发现,许多举办者对营利性民办学校涉及税种和税率并不清楚,各地区征税的范围也有明显差异。在众多税种中,对营利性民办学校影响最大的是企业所得税,如果将营利性民办学校与一般企业法人等同,按照相关税法规定企业所得税的基准税率为25%,不少举办者表示这将给学校经营带来重大负担,希望能够予以优惠。全国人大代表、中国新高教集团董事长李孝轩提交的《明确营利性民办学校企业所得税税率优惠政策,促进民办教育健康发展的建议》,提出"国务院以《民办教育促进法》鼓励民办教育发展的精神为指导,充分考虑营利性民办学校的多样性,依据其'公益性'程度给予相应的税率优惠。建议参照认定技术先进型服务企业规定,制定营利性民办学校专项税收优惠政策,对营利性民办学历教育学校和幼儿园,减按15%的税率征收企业所得税"。

在实践中,税收优惠政策不仅要考虑营利性民办学校的公益性,还要与非营利性民办学校及其他行业税收政策进行综合比较,以发挥税收引导两类民办学校发展的杠杆作用。从这个角度考虑,国家相关部门可组织专家详细梳理不同性质的营利性民办学校(如从事学历教育的民办学校、从事教育培训的民办学校、高收费的民办学校、普惠性收费的民办学校)的社会效益和办学成本,并与其他行业税收优惠政策进行比较,针对不同营利程度的营利性民办学校提出企业所得税等重要税种减免的比例,为地方有效利用国家税收工具鼓励社会力量办学提供依据。

第四节　两类民办学校办学质量提升需求强烈

随着营利性民办学校、非营利性民办学校逐步地进入各自的管理轨道,分类发展成为新时期民办学校的发展路向。暂时看来,营利性民办学校和非营利性民办学校在发展路径和办学特征上尚未显现出明显的结构性差异,如办学方式、入学群体、收支结构等。但是,两类学校都呈现出强烈的质量提升需求,随着改革的深入,政策的重心势必要转向关乎民办教育长远发展的办学质量保障和两类学校办学特色的引导上。

一、财政扶持要落到提高民办学校办学质量上

在民办学校分类管理改革过程中,讨论的群体多为落实改革举措的行政部门、处于改革中心的民办学校举办者、关心民办教育发展的研究人员等,论辩焦点集中于涉及利益分配的举办者意愿、转设程序、教育公益性等话题。教育教学质量则让位于眼前的分类管理的讨论。调查发现,办学教育质量提升的需求始终存在,虽然处在分类管理改革热点议题背后,但关乎民办教育的长远发展。有受访者提到:

● 无论选择营利还是非营利,都要以办学质量作为支持的重要维度。
● 建议能真正落实分类管理的意义及达到真正提高办学质量的实质性上。

● 规范民办学校设施条件标准、教师标准、评价标准、质量标准、评价机制，淘汰不达标学校。合格民办学校与公办学校在招生、土地、日常经费等方面享受优等待遇。

在现实当中，民办学校质量评估多停留在合格评估的层面，如北京市教委公布的 2020 年度民办高等学校及其他民办高等教育机构办学状况检查结果，对各学校的评定分为：通过、基本通过、暂缓通过、不通过。社会公众仅能从以上公布的信息当中获知该学校是否具有招生资格，很难了解到学校的办学水平和办学特色情况。

专栏 5　北京 13 所民办高校未通过年检停止招生

北京市教委公布 2020 年度民办高等学校及其他民办高等教育机构办学状况检查结果，北京城市学院、北京文理研修学院等 57 所学校年检结果为"通过"或"基本通过"，准予在 2021 至 2022 学年度招生。13 所学校年检结果为"不通过"，将停止招生。

此次年检共有 75 所民办高等学校和其他民办高等教育机构参加，包括 11 所民办普通高校、5 所独立学院及 59 所民办非学历高等教育机构。另有 5 所学校未按要求参加年检。北京市民办高校办学状况年度检查工作领导小组委托专家组对学校提交的自查报告、办学状况调查表及 2020 年度财务审计报告等材料进行审核，会同相关部门对相关学校进行卫生安全、食品安全和安全稳定工作专项检查。综合考虑相关部门和专家组的评审意见，结合日常管理、招生宣传监测、章程备案、信访投诉处理等情况，评定 39 所学校年检结果为"通过"等次，18 所学校为"基本通过"等次，10 所学校为"暂缓通过"等次，13 所学校为"不通过"等次。

年检结果为"通过"和"基本通过"等次的学校，准予在 2021 至 2022 学年度招生。年检结果为"暂缓通过"等次的学校，在 2021 年 9 月 20 日前限期整改，整改期间暂停招生活动。学校应针对存在的问题，制定切实可行的整改方案和措施，在整改期限内达到要求，准予恢复招生。年检结果为"不通过"等次的学校，学校须停止招生活动，有针对性地解决存在问题，切实维护学校安全稳定。

资料来源：武文娟：《13 所民办高校未通过年检停止招生》，《北京青年报》2021 年 7 月 24 日。

发挥家长及学生"用脚投票"作用,前提则是市场信息的充分性。《民办教育促进法实施条例》第四十八条规定:"教育行政部门、人力资源社会保障行政部门应当依据职责分工,定期组织或者委托第三方机构对民办学校的办学水平和教育质量进行评估,评估结果应当向社会公开。"落实该条款,地方教育行政部门须将提高民办教育质量置于区域教育发展规划中予以谋划,通过建立健全民办学校第三方质量认证和评估制度,全面了解民办学校的规模、质量、特色,在权威平台发布评价结果,利用市场选择的力量推动民办学校加强内涵建设,包括课程建设、教学管理、校长职业化建设、师资队伍建设、信息化建设、校园环境卫生建设等。

除了消费者,政府可以直接"用手投票"。《民办教育促进法实施条例》第五十二条则明确:"各级人民政府及有关部门应当依法健全对民办学校的支持政策,优先扶持办学质量高、特色明显、社会效益显著的民办学校。"因此,地方政府需利用财政、税收等多种杠杆引导营利性民办学校和非营利性民办学校在区域教育体系中找到自己的"定位",发展不同的竞争优势,实现分类发展、错位竞争。

二、落实民办教师社保和退休待遇等方面的权益诉求强烈

在改革进程中,民办学校内部不同群体利益诉求存在差异,各方前期多关注在举办者权益上,随着改革深入,教师、学生的权益保障应得到高度重视。调查发现,在落实两类民办学校师生权益保障机制上,63.82%的受访者表示首先需要解决的问题是"完善民办学校教师社保成本分担机制,缩小民办学校教师社保待遇差距",14.85%的受访者认为要"将民办学校教师培训纳入县级以上教师培训规划,探索面向民办教师的培训,增强民办学校教师教育教学能力",另有小部分受访者提到"建立应急处理机制,维护民办学校师生在民办学校退出、转制、纠纷时的合法权益","支持将教师职称评聘权下放至民办高校尤其是民办本科高校","推动教代会、学代会建设,落实师生监督权、知情权"。由于长期以来,民办学校退休和公办学校退休的同级教师,待遇相差较大,落实师生权益保障的焦点就放在了民办学校教师社保待遇上。

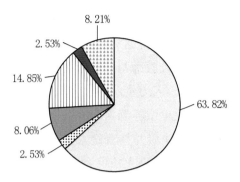

□ A. 完善民办学校教师社保成本分担机制,缩小公民办学校教师社保待遇差距;
⊞ B. 推动教代会、学代会建设,落实师生监督权、知情权;
■ C. 提高教师薪酬,建立薪酬动态调整机制;
▥ D. 将民办学校教师培训纳入县级以上教师培训规划,探索面向民办教师的培训,
　　增强民办学校教师教育教学能力;
■ E. 支持将教师职称评聘权下放至民办高校尤其是民办本科院校;
⊞ F. 建立应急处理机制,维护民办学校师生在民办学校退出、转制、纠纷时的合法权益。

图 35　落实两类学校师生权益保障机制的重点

国家在立法层面对师生权益给予了基本保障,《民办教育促进法实施条例》第三十六条规定:"民办学校应当依法保障教职工待遇,按照学校登记的法人类型,按时足额支付工资,足额缴纳社会保险费和住房公积金。"第三十九条还明确了民办学校教师、职员、受教育者在评奖评优、文艺体育活动和课题、项目申请上的同等权利。同时在第六十三条提出了未依法保障教职工待遇的违法责任。尽管法律层面明确了民办学校的教师、受教育者与公办学校的具有同等的法律地位,但是从各地实践来看,学生权益保障落地相对较快,教师权益保障操作性政策探索不多。

针对非营利性民办学校教师,少数地区将其纳入机关事业单位养老保险参保范围,取得了一定的政策效果。《民办学校分类登记实施细则》(教发〔2016〕19 号)第七条规定:"正式批准设立的非营利性民办学校,符合《民办非企业单位登记管理暂行条例》等民办非企业单位登记管理有关规定的到民政部门登记为民办非企业单位,符合《事业单位登记管理暂行条例》等事业单位登记管理有关规定的到事业单位登记管理机关登记为事业单位。"①然而,非营利性民办学校登记为事业单位不仅与《民法典》等上位立法产生

---

① 教育部等五部门.关于印发《民办学校分类登记实施细则》的通知[EB/OL].（2017-1-5）[2021-12-31]，http://www.moe.gov.cn/srcsite/A03/s3014/201701/t20170118_295142.html.

冲突，而且在实践中存在操作障碍。①因此非营利性民办学校教师较难通过获取"事业单位编制"身份来解决工资待遇和退休待遇问题。一些省、市出台相关政策，规定非营利性民办学校教师与公办学校教师同样享受机关事业单位养老保险，如杭州市教育局、人力资源和社会保障局、财政局出台的《关于民办学校教师参加机关事业单位养老保险有关问题的处理意见》（杭教人〔2019〕8 号）将在杭州市登记注册并具有法人资格的非营利性民办学校（含民办幼儿园）中的符合事业单位进人条件、具有中级及以上教师专业技术职务的教师列入机关事业单位养老保险参保对象。②这一政策对于提高非营利性民办学校教师积极性、稳定教师队伍起到了实效。一些地方成功的经验和做法，后续或可推广。但是，对于营利性民办学校教师，社会对其是否应该纳入机关事业单位养老保险参保范围有较大争议，其主要比照企业执行。地方政府应当就履行监督民办学校落实教职工待遇出台专门的政策办法，及时监督处理违规行为，并将该项纳入政府部门履职尽责事项当中。

分类登记对民办学校的政府监管主体、政策法律框架等产生较大的影响。③随着原有民办学校逐步明确法人属性、进入实质性转设阶段，相应的政策体系和管理体制将由潜在的需求变为直接的现实要求。我国民办学校分类管理并没有现成的模式和经验可套用，在国家顶层制度的落实必然面临一系列的挑战。④与公办教育相比，营利性民办学校和非营利性民办学校的政府监管主体和政策法律框架都超出了教育系统，一些地方政府尤其是基层政府部门力量薄弱、经验不足，离较好地运行营利性和非营利性民办学校管理模式还有一定距离。因此，具有资源优势的省级政府应更有担当，充分发挥宏观统筹作用，从地方立法、事权划分、能力提升多层面帮助各级地

①　张海鹏.非营利性民办学校登记为事业单位的悖论及其破解——以《民办学校分类登记实施细则》第 7 条为中心[J].复旦教育论坛,2021(1):45—51, 59.

②　杭州市教育局、杭州市人力资源和社会保障局、杭州市财政局.关于民办学校教师参加机关事业单位养老保险有关问题的处理意见[EB/OL]. (2019-12-31)[2021-12-31], http://www.hangzhou.gov.cn/art/2019/12/31/art_1228991285_6888.html.

③　李曼.制度设计与衔接:现有民办学校分类登记困境破解的关键[J].中国教育学刊,2019(7):8—13.

④　阙明坤,谢锡美,董圣足.民办学校分类管理:现实挑战与突围路径[J].中国教育政策评论,2019(8):194—213.

方政府部门准确把握改革方向。而基层政府部门则应主动作为,合理分担不同类型民办教育领域的财政事权和支出责任,加快落实民办教育新的法律政策。同时,各级教育行政部门还需定期深入民办学校和基层教育部门调研,广泛听取各级各类民办学校受教育者、教职工和举办者的权益诉求与政策期望,全面掌握基层教育行政部门民办教育治理体系和治理能力水平,综合分析各区域民办教育政策供需情况,针对各地政策创新能力和治理水平的短板,优化民办教育管理机构,提升区域民办教育治理能力。

第三部分

第六章　对民办教育分类管理的评估和改进思路[①]

"公共政策是一个生命过程。"[②]鼓励社会力量兴办教育,促进民办教育健康发展,是一项事关当前、又利于长远的重要任务。分类管理政策作为一项公共政策,其实际进展决定了政策过程不会在短期内结束,其功能属性决定了必须进行及时的新陈代谢。在分类管理顶层设计基本形成、配套政策持续完善、各地改革探索持续深化的新时期,有必要对分类管理政策做周期性的评估,即"客观、系统、经验性地检验现行政策在实现目标方面的影响"。[③]从分类管理改革的长远性看,目前所做的政策评估实际上是"政策过程中的评估",其目的是在评估过去的基础上,更好地适应更长期的政策流程。结合分类管理政策的阶段性需要,以下实施的政策评估基于政策效益、政策效率、适应性等多维理性标准,对政策内容、政策执行、政策风险等进行评估。评估过程中的验证内容融合了事实验证和规范验证,其中,事实验证主要考察分类管理政策的实际影响,以及政策与社会情境的相关性;规范验证则主要考察分类管理政策与公共政策的正向价值取向间的契合程度。

第一节　政策内容评估及改进

一、政策本身的合法性、科学性和实践性

1. 形式维度:分类管理政策经过了合法化过程,但实施条例争议大折射出新时期新挑战

1949 年以来,我国民办教育的发展主要靠政策调整,在特定问题上,政

---

①　本章执笔人:李虔,国家教育行政学院;方建锋,上海市教育科学研究院。

②　张金马.公共政策分析:概念·过程·方法[M].北京:人民出版社,2004:480—485.

③　Nachmias D. Public policy evaluation: approaches and methods[M]. St. Martin's Press, 1979.

策的权威性甚至高于法律。虽然西方发达国家的教育改革,尤其是教育行政管理体制改革往往选择以立法形式进行,但在我国历史经验中少见将教育政策的调整上升到法律条款的修订。自《国家中长期教育改革和发展规划纲要(2010—2020 年)》提出"探索营利性与非营利性民办学校分类管理"①以来,国家启动《教育法》《高等教育法》《民办教育促进法》等教育法律一揽子修订工作,推动了政策向法律转化,搭建了新时代民办教育法律框架,实现了民办教育领域的政策立法。

民办教育分类管理政策的制定和出台,体现了决策民主化、科学化和法制化的具体运用。其中,新《民办教育促进法》历时多次公开征求意见、三次上会审议,取得基本政治过程的合法性。《国家中长期教育改革和发展规划纲要(2010—2020 年)》提出分类管理后,教育部报请国务院审议《教育法律一揽子修订建议(草案)(送审稿)》(以下简称送审稿),建议对《教育法》《高等教育法》《教师法》和《民办教育促进法》相关条款进行统一修订。国务院法制办公室对送审稿反复论证、研究和修改,形成《教育法律一揽子修订草案(征求意见稿)》(以下简称"征求意见稿"),并于 2013 年 9 月 5 日正式公布,向社会各界征求完善意见。2015 年 1 月 7 日,国务院总理李克强主持召开国务院常务会议,讨论通过部分《教育法律一揽子修正案(草案)》(以下简称"草案")。②8 月 24 日,国务院提请全国人大常委会审议草案;12 月 21 日至 27 日,十二届全国人大常委会第十八次会议分组审议草案,分类管理正式列入立法程序。审议结果是,《教育法》和《高等教育法》获表决通过,但《民办教育促进法》则未交付表决,而是于 2016 年 1 月 7 日以《民办教育促进法》(二审稿)形式公开征求意见。2016 年 10 月 31 日,《民办教育促进法》被提交十二届全国人大常委会第二十四次会议进行三审,会议以 124 票赞成、7 票反对、24 票弃权,表决通过了关于修改民办教育促进法的决定。修正案自 2017 年 9 月 1 日起施行。

分类管理政策的制定与出台,是一个吸收公众参与决策、加强政治沟通

---

① 国家中长期教育改革和发展规划纲要工作小组办公室.国家中长期教育改革和发展规划纲要(2010—2020 年)[EB/OL].(2011-10-29)[2021-12-31].http://www.moe.gov.cn/srcsite/A01/s7048/201007/t20100729_171904.html.

② 司法部.教育法律一揽子修正案(草案)条文[EB/OL].(2015-9-7)[2021-12-31].http://www.npc.gov.cn/npc/c1481/201509/4b251db16ee1451ba6d8e806e8716c51.shtml.

与协调的过程。《民办教育促进法》自 2016 年修正以后，2018 年又进行了少量修正。针对我国民办教育的阶段性特征，分类管理政策强调法定性与自愿性相结合，即营利性与非营利性分类作为法律条款，具有了法定性和强制性，但同时充分赋权地方因地制宜探索研制地方方案、掌握改革节奏。分类管理旨在于法有据的基础上，进行基于自愿性的政策推动，既保证改革的法律效力，又确保地方探索的合法性，且政策制定与实施之间的步骤和时间表较为清晰。此外，为深入贯彻落实分类管理制度，国务院及有关部门推进《民办教育促进法实施条例》修订工作。作为效力较高的行政法规，《民办教育促进法实施条例》曾三次公开征求意见（分别是 2018 年 4 月教育部就《民办教育促进法实施条例（征求意见稿）》公开征求意见、2018 年 8 月司法部就《民办教育促进法实施条例（送审稿）》公开征求意见、2018 年 11 月司法部就《民办教育促进法实施条例（最新意见稿）》向部分群体征求意见）。就一部行政法规多次公开征求意见，在我国立法史上亦为少见，也拓展了我国开门立法、民主立法的内涵。经历这么多的立法程序，受到如此大的社会关注，其背后体现了不断修改完善的决策择优过程，也折射出新时期政策内容合法化的新挑战。

2. 价值维度：分类管理政策具有科学性，但与《民法典》法人分类的具体衔接仍有难度

在不同社会发展阶段，公共政策价值取向或有不同。与众多领域效率优先、兼顾公平不同，教育领域在任何时候都应当将教育公平作为根本价值取向。改革开放以来，民办教育领域尤其强调效率和效益。一方面，民办教育作为市场经济条件下的非政府办学形式，具有典型的市场化特征。在财政性教育经费不足、扩大教育资源供给压力大的双重影响下，国家层面和地方的探索中都重视发挥民办教育的市场性优势。另一方面，在教育改革过程中，我们借鉴学习了全球教育改革的有用经验，将自由市场的相关理论引入教育领域。相比较而言，欧美国家的市场机制主要体现在教育资源供给上的竞争（公办教育与民办教育），而我国学习引进的市场机制主要体现在教育经费结构上的市场化（公共资金与非公共资金）。这主要体现在两项改革中：一是具有中国特色的"合理回报制度"。2003 年颁布的《民办教育促进法》创造性地提出"合理回报"的概念，引发了实践界关于如何确定回报标准、以何种方式获取回报等争论，同时也引发了错综复杂的改革实践和地方

探索。二是具有中国特色的"独立学院现象"。20 世纪末,一些经济发达省份的普通公办高校利用自身品牌优势和富余教育教学资源吸引非财政渠道资金,形成了"二级学院"(可视为独立学院的前身)这种新生事物。这实际上是母体公办高校靠"出租本科办学许可证",在扩大办学规模的同时获取收益,造成产权关系的混乱。在此背景下,分类管理政策以制度性的突破,再次明确了公平性价值取向和发展优先的理念。鼓励基于自愿性原则选择营利性或非营利性办学,在制度上对"以非营利性之名行营利之实"的"骑墙式"办学作出约束,明确了公办学校、非营利性民办学校和营利性民办学校公平发展的政策待遇,用一时阵痛换长远发展动力。

分类管理是建立新标准、改变旧秩序的过程,涉及相关者的利益调整。在提出政策动议之初,民办学校的举办者、出资人、董事长们对分类管理政策表达了强烈的政策情绪和倾向,主要原因是取消"合理回报"触及举办者最关心最直接最现实的利益问题。随着改革进入各方利益优化配置期,分类管理政策的情境和利益配置范围大幅扩大,政策的利益相关者范围扩大到包括教职工、学生、校友、政府机构、行业组织等在内的群体。根据调研,自新《民办教育促进法》颁布实施以后,内外部利益相关者的政策态度有较明显的转变。一是大多数举办者从热衷于参与争议性讨论、释放情绪性观点,转变为积极理解政策要点、顺应改革形势。二是校长和师生等内部利益相关者,对分类管理政策的了解和讨论增多,主要认为分类管理政策事关民办学校和师生群体的切身利益。尤其是民办学校校长群体对政策有强烈的正面表达,主要原因是分类管理政策对不符合现代学校治理的办学行为构成了约束,尤其是对举办者直接从学校提取学杂费收入、以"一竿子插到底"方式干预学校管理的行为作出了禁止性规定。很多民办学校校长认为,分类管理提供了重塑民办学校治理秩序、依法治教的契机。三是行业组织、专家学者等外部利益相关者的政策参与感更强,主要原因是分类管理为调查研究、政策研讨提供了丰富的议题素材和基层需求。四是地方政府的改革意识更加明显,尤其是县区级教育行政部门加强了对法律法规和政策文本的集体学习,较之以往,更加主动地提高教育服务水平,更加主动地推动民办教育改革发展。总体而言,分类管理的政策语言和政策逻辑已为广泛的利益相关者所认同。随着改革的推进,主要利益相关者呈现基于"期望性表达"的认同,即期望通过分类管理政策,实现创新体制机制、完善扶持政策、落实师生权益、完善现代学校治理等多方诉求。

分类管理政策与相关政策法规具有一致性。一是与医疗领域分类管理政策遥相呼应。2000年,国务院《关于城镇医药卫生体制改革的指导意见》指出,将医疗机构分为非营利性和营利性两类进行管理,从而达到深化医疗机构改革、促进公平有序竞争、宏观调控医疗机构的发展方向、提高卫生事业的管理与服务水平、最终实现以比较低廉的费用提供比较优质的服务总目标。教育领域分类管理政策既是对医疗领域分类管理改革的借鉴,也形成了独特的探索和经验,引发了教育领域以外的关注和讨论。民办学校分类管理政策为整个公共事业改革贡献了积极的思路。二是符合《民法典》之立法精神,并为《民法典》立法中的法人分类问题奠定了基础。长期以来,非营利性民办学校非营利属性不明、非营利性民办学校与举办者之间产权关系不清等问题制约了民办学校的健康发展。为此,学界提出财团法人化的改革思路,即将某部分私人财产隔离出来,专门用于对整个社会或某个群体有益的目的。①虽然传统《民法》中并无"非营利法人"的概念,但分类管理政策率先从教育领域提出"非营利性学校"的概念,强调了非营利性学校的独特的法人财产权构造,以及非营利性民办学校与营利性民办学校的区别化政策待遇。《民法典》被认为是民族精神、时代精神的立法表达。《民法典》立法过程中,法人分类问题是争议最大的问题之一。确立营利法人和非营利法人的二分法,具有引领社会组织分类改革的现实意义,而民办学校分类管理符合《民法典》(《民法总则》)确立的营利法人和非营利性法人分类管理思路。

但是,民办教育分类管理与《民法典》(《民法总则》)在细节上仍有需要衔接之处。《民法典》将"社会服务机构"纳入非营利法人范畴,并规定"具备法人条件,为实现公益目的,以捐助财产设立的基金会、社会服务机构等,经依法登记成立,取得捐助法人资格"。调研发现,主要存在两个潜在冲突。一是由于"社会服务机构"即是民办非企业单位的翻版,民政部门倾向于将非营利性民办学校定位为捐助法人,而教育行政部门从民办学校捐助资产较少、举办者多以出资办学为主的历史和现实,认为社会服务机构不能直接等同于捐助法人。二是一些银行认为,分类管理政策出台后,非营利性民办

---

① 吴开华,安杨.民办学校法律地位[M].南京:江苏教育出版社,2011:82.

学校按照非营利性法人的规定,无法取得办学收益,办学结余全部用于办学,需要重新评估学校借贷还款能力,非营利性民办学校外部融资难度加大。此外,新《民办教育促进法》与《公司法》也需要进一步衔接。根据新《民办教育促进法》,营利性民办学校应适用《公司法》,但在营利性民办学校名称、治理结构等问题上,两法之间存在差异。例如,新《民办教育促进法》认为董事会是营利性民办学校的决策机构,而《公司法》规定营利性组织的决策机构是股东会或股东大会。①

3. 事实维度:分类管理政策能够适应复杂的实践,但政策自身构成复杂性的根源

我国民办教育具有超级规模性,加上民办教育与社会经济等外部因素的密切关系,民办教育改革比其他教育改革更具有综合性和复杂性特征。第一,在内部构成上,分类管理政策以"非营利性与营利性分类"为核心,形成包含登记管理、财政拨款、税收优惠、财务管理、教育用地、办学回报、捐资制度、融资制度、内部治理、外部监管、定价收费、师生权益等内容在内的"政策总体",体现了新时期综合性改革的政策供给需要。第二,在外部链条上,分类管理政策以"1+1+3+N"的形式出现,呈现出不断扩大的整体性和统一性。在新法基础上,中央层面陆续颁布出台《关于加强民办学校党的建设工作的意见(试行)》(中办发〔2016〕78号)、《国务院关于鼓励社会力量兴办教育　促进民办教育健康发展的若干意见》(国发〔2016〕81号)、《中央有关部门贯彻实施〈国务院关于鼓励社会力量兴办教育　促进民办教育健康发展的若干意见〉任务分工方案》(教发函〔2017〕88号)等配套文件,民办教育顶层设计基本形成。此后,各学段、各领域政策文件也陆续出台,如《关于学前教育深化改革规范发展的若干意见》、《关于新时代推进普通高中育人方式改革的指导意见》(国办发〔2019〕29号)、《关于规范校外线上培训的实施意见》(教基函〔2019〕8号)等对分类管理政策体系形成拓展和完善。第三,在纵向层次上,中央与地方之间形成呼应与互动。全国有31个省级人民政府制定出台了"实施意见",其中若干地区同步推出了民办学校分类许可登记等具体办法,中央与地方、宏观战略与具体政策间形成层次上的配套和逻

---

① 方建锋.推进民办学校分类管理中面临的瓶颈问题分析[J].复旦教育论坛,2018,16(2):43—48.

辑上的互通。第四,在横向关联上,多部门之间形成相互衔接与支持。财政、税收、土地、物价、教育等部门都是分类管理政策的行动主体,多领域政策与分类管理政策形成或远或近的配套。无论是静态现状还是动态趋势,分类管理政策都具有了体系化的特征,能够为复杂多元的实践提供基本指导。

一项政策的优劣乃至存废取决于其影响力,从政策本身而言,分类管理政策已经显示出"牵一发而动全身"的重大效应。民办教育是典型的政策型行业,受政策环境的影响较大。分类管理政策对行业和市场的即时性影响,较以往其他政策更为明显。以三次较大的股市震动为例:一是2018年8月10日,司法部公布《民办教育促进法实施条例(修正案)(送审稿)》,其中,规范集团化办学等条款客观上引发港股教育板块大幅下跌,相关研讨会、解读会、咨询会密集召开,引发社会广泛关注。二是2018年11月15日,新华社受权发布《中共中央国务院关于学前教育深化改革规范发展的若干意见》,其中"民办园一律不准单独或作为一部分资产打包上市"[①]的规定引发教育类中概股普遍遭遇重创,红黄蓝教育、21世纪教育集团等涉及幼教业务的集团公司不得不加速战略转型。三是2021年5月21日,中央全面深化改革委员会会议审议通过《关于进一步减轻义务教育阶段学生作业负担和校外培训负担的意见》,"强化线上线下校外培训机构规范管理"[②]等规定引发美股在线教育板块集体下挫,学而思网校、猿辅导、高途课堂等在线教育机构加快业务方向调整。这几次股市波动都是政策导向而非具体实施环节引发的连锁反应,可见分类管理政策本身就具有较大的影响潜力。

但需要注意的是,这种影响潜力既有正向的一面,也有反向的一面。一方面,从以往几次市场波动看,政策只是对市场短期情绪构成扰动,并不足以改变市场的基本面。这既与民办教育市场的韧性有关,也可能与政策导向并未真正落地实施有关。另一方面,自修改后的《民办教育促进法》颁布实施、民办教育发展进入分类管理时代以来,分类管理政策自身也成为行业波动和市场情绪的根源,加上民办教育与各类社会要素的相互渗透,政策内

---

① 新华社.中共中央　国务院关于学前教育深化改革规范发展的若干意见[EB/OL].(2018-11-15)[2021-12-31],http://www.gov.cn/xinwen/2018/11/15/content_5340776.htm.

② 新华社.中共中央办公厅　国务院办公厅印发《关于进一步减轻义务教育阶段学生作业负担和校外培训负担的意见》[EB/OL].(2021-7-24)[2021-12-31],http://www.gov.cn/zhengce/2021/07/24/content_5627132.htm.

容传递与接收之间日益呈现不确定性。

二、完善分类管理政策内容的思路

1. 进一步完善分类管理法律体系，加快推进配套政策出台

完善民办教育分类管理法律法规体系，深入推进分类管理法治化进程。一是要督促各地区、各部门抓紧清理相关法律规定，修改或废止与新法规定不相符的内容，确保涉及分类管理的法律法规不发生冲突。教育部门要对其制定或牵头制定的相关规章和规范性文件进行全面梳理，启动相关程序，落实对民办教育法律制度的根本性调整。二是要认真研究社会各界提出的意见和建议，形成以修改后的《民办教育促进法》为核心，以《教育法》《高等教育法》《教师法》等为基础，以《民办教育促进法实施条例》等配套法规规章为支撑的民办学校分类管理法律体系。

修订后的《民办教育促进法实施条例》进一步强化了分类管理的立法宗旨，对改革中出现的需要予以规范的新问题予以了明确回应。其中，关于"公参民"、关联交易、举办者变更、集团化办学、线上线下培训机构规范管理等关键问题的新增条款，还需要与之相配套的观念转变。围绕各地实际，下一步应加强地方立法，既要着眼于大局，维护国家法律法规的严肃性，也要着眼于政策细节的安排，增强分类管理法律法规的针对性、实用性和可操作性。

2. 正确处理民促法与《民法典》的关系，积极争取将民办学校赋予例外情况

《民法典》沿用了《民法总则》的分类标准，关于非营利法人不得向出资人、举办者分配或变相分配收益的规定，与修改后的《民办教育促进法》一致。但是，《民法典》明确将社会服务机构归类为非营利法人中的捐助法人，而教育部门并不认同将非营利性民办学校定位为捐助法人，主要原因是我国是部门立法，教育部牵头制定的《民办教育促进法》，与《民法典》对非营利法人的理解并不完全一致，此外这也与《民法典》与《民办教育促进法》同步修改有关。

针对非营利性民办学校是否捐助法人的问题，教育实践界及教育行政部门的主流观点是"非营利性学校是社会服务机构的，并不一定就是捐助法

人"。主要依据是《民法典》第九十二条第一款的规定"具备法人条件,为公益目的以捐助财产设立的基金会、社会服务机构等,经依法登记成立,取得捐助法人资格"。也就是说,只有"为公益目的以捐助财产设立的"社会服务机构才是捐助法人,只有"为公益目的以捐助财产设立的"非营利性民办学校才是捐助法人。①但从理论上讲,民办学校作出非营利或营利的选择,实际上已经构成了自愿选择。如果把存量民办学校理解为以往所谓的非营利的延续,实际上还是等于在走"第三条道路"。此外,在《民法典》的法人分类框架下,并不存在有关"不以捐助财产设立的社会服务机构"的表述。换言之,虽然目前大多数的非营利性民办学校并没有捐助财产,但"不以捐助财产设立的社会服务机构"在《民法典》中找不到依据。

民办教育并不是法人分类问题的孤例。实际上,医疗领域分类管理政策也面临与《民法典》法人分类框架对接的问题。针对这一现象,可考虑综合民营医疗、民办教育的共性问题,寻求在民法层面的进一步明确。根据《国务院办公厅关于印发国务院 2020 年立法工作计划的通知》(国办发〔2020〕18 号),制定《社会组织登记管理条例》再次被列入工作计划(2008 年即被列入力争当年完成的重点立法项目)。教育行政部门可积极沟通,在修订《社会组织登记管理条例》中,考虑将民办非企业类型的民办学校、民营医院等赋予例外情形。

3. 树立长期制度建设思维,更加强调政策系统的稳定性、有机性和整体性

目前,分类管理政策仍在不断地丰富和扩展。一是要处理好分类管理政策动态性与稳定性间的平衡。应该认识到,分类管理政策从产生到发展,具有一定的生命周期。在此过程中,应明确分类管理政策可达到的目标是有限的,避免将多种改革期望寄托于一两个政策周期。对分类管理政策的修订和补充,应避免新旧政策的相互抵消,避免用静态政策思维应对动态改革实践。在长期动态的发展过程中,需要辨别短周期的伴随性问题和需要制度建设的根本性问题,以相对稳定的政策环境,建立和维护一个可预期的民办教育市场。二是要处理好政策线性化、条块化与现实复杂性间的平衡。

---

①　余苏,陈航.民法典与学校——总则篇[EB/OL].(2020-6-22)[2021-12-31].http://www.junhe.com/legal-updates/1235.

目前,民办教育与教育内、外部要素建立了纵横连接,形成了较为复杂的、具有一定规模的生态体系。从政策本身而言,线性化、条块化政策在局部问题、细分领域,能够保障低成本和高效率,维护局部稳定;但也容易因为忽视宏观整体性而陷入"围追堵补"的怪圈,引发有机体的其他反应。新的法律政策实施以来,分类管理改革实践显示出政策制定相对于实践进展的迟滞,且针对热点问题的政策回应(或试图作出的政策回应)均产生了应激性的连锁反应。为提高分类管理政策的实践性,有必要就运用复杂性思维,转变应激性、线性化的政策逻辑,更加强调政策系统本身的整体性建设。

第二节　政策实施评估及改进

一、政策实施的进度、力度和效果

1. 实施进度:分类管理改革持续推进,但整体进度缓慢,多地仍处于政策实施的准备阶段

民办教育分类管理政策实施具有动态性,时间维度显得尤为重要。修改后的《民办教育促进法》和《国务院关于鼓励社会力量兴办教育　促进民办教育健康发展的若干意见》(国发〔2016〕81 号)没有明确提及改革过渡期问题,而是充分授权地方政府根据实际情况设立时间节点,以保证分类管理改革平稳进行。2018 年 5 月 23 日,《教育部办公厅关于民办教育分类管理改革地方配套文件制定工作进展情况的通报》(教发厅函〔2018〕79 号)提出,"截至 2018 年 5 月,16 个省(区、市)以政府文件形式印发了本省(区、市)的配套文件……在推进过程中,仍存在部分省份工作进展缓慢,配套文件仍未出台;部分文件操作性不强,现有民办学校分类登记的关键环节不明确"。[①]截至 2019 年 10 月,全国所有省份才都完成各自的配套文件印发。其中,安徽、天津、云南、湖北、浙江、上海、河北、内蒙古、陕西、海南、江苏、河

---

① 教育部办公厅.关于民办教育分类管理改革地方配套文件制定工作进展情况的通报[EB/OL].(2018-5-23)[2021-12-31],http://www.moe.gov.cn/srcsite/A03/s3014/201806/t20180604_338172.html.

南、宁夏、重庆、山东、四川、江西、广西、山西、西藏、吉林、北京、黑龙江、湖南、福建25个省份在关于促进民办教育健康发展的实施意见中明确过渡期限,最晚完成分类登记的时间在2020年至2022年间,即过渡期为3年至5年不等。从过渡期限看,分类管理政策实施进度较为缓慢,基本处于政策实行的准备阶段,只有个别省份进入了政策的实施阶段。此外,大多数省份提出的过渡期限为原则性表述,"现存"民办学校〔即在新《民办教育促进法》通过(2016年11月7日)或正式实施(2017年9月1日)前成立的民办学校〕在进行"营利性"和"非营利性"选择时,受到政策衔接、手续办理等因素影响,亦可能延期。

分类管理政策能否按照预期实施,与"政策网"的构建有关。目前,分类管理政策与多个领域政策挂钩形成了政策网络,聚集了一群行动者,但这种政策网络还处于弱关系状态,分类管理政策在这一网络中处于较为被动的地位。主要原因有二:一是各地方部门协调制度的指导、衔接作用未充分发挥。在国家层面,国务院建立由教育部牵头,中央编办、国家发展改革委、公安部、民政部、财政部、人力资源社会保障部、国土资源部、住房城乡建设部、人民银行、税务总局、工商总局、银监会、证监会等部门参加的部际联席会议制度,协调解决政策实施中的重点难点问题。在地方层面,各省份均提出要建立相应的部门协调机制。根据调研,各成员单位研究民办教育改革发展重大问题的主动性不强,指导下级对口部门落实具体工作办法不多,反应迅速、配合密切、应对有力的长效工作机制尚未真正形成。地方教育行政部门更多寄希望于来自上级机关的协调。二是地方政策实施部署中存在重点碎片化的问题。分类管理政策"牵一发而动全身",因此尤其要重视地方性的整体部署。同时,地方政策是中央政策的具体化。虽然很多地方定了时间表和任务图,但受政府管理体制"部门分割"的影响,分类管理政策实施的价值整合、资源配置、政策过程等都存在一定程度的碎片化,政策实施中的摩擦成本不低。随着政策实施周期的延长,分类管理改革的热度有所下降,进度有所延缓,距形成高度协调的"制度矩阵"和行动者矩阵,仍有一定的差距。

2.实施力度:地方探索有创新、有突破,但也存在较多的政策移植、政策复制和"应试主义"

有观点认为,地方政府创新支撑了整个国家发展任务在地方上的实现,政策创新扩散机制是政府创新的核心内容。①在分类管理政策实施阶段,负责"摸石头过河"的主要是地方政府。从整体上看,各地根据国家方案的原则性规定,在民办学校设立、民办学校内部治理、师生权益保障、学校资产与财务、扶持与奖励、变更与终止、登记与过渡方案、政府监管等方面作出进一步规定。其中,一些地方政府进行了自发的创新探索,形成了不同的地方激励和单点式创新。例如,浙江省率先在现有民办学校变更登记、公共财政扶持民办教育发展、民办学校财务管理、民办学校信息公开和信用管理、落实民办学校办学自主权、民办学校教师队伍建设等方面作出突破性探索;上海市在民办学校分类许可登记管理、校外培训机构设置、营利性校外培训机构管理、非营利性校外培训机构管理等方面作出突破性探索,为分类管理政策实施提供了经验的积累。

但就全国的规模体量而言,分类管理的诸多问题还需要在地方层面寻求问题解决的可能性,并通过不同区域的差别化探索进行更多的压力测试,通过区域比较提炼可以上升为国家方案的改革举措。目前,地方政策实施中的两个问题制约了这一可能。一是各省级方案与配套文件,大多以国家方案为蓝本。一些较为原则性的表述更是简单移植。在涉及分类管理政策实施路径的实质性问题方面,各地方案的探索成果不足。例如,在会计制度方面,国家方案提出"健全资产管理和财务会计制度"的要求,同时针对营利性民办学校的财务监督提出应当设立会计制度、健全财务内部控制制度、设立财务专户;各省方案基本采取重复原则性规定,直抄国家方案的情况比较多,存在不同形式的重形式轻实质的问题。目前,只有浙江专门制定民办学校的财务管理办法和财务清算办法。二是各省级方案创新,主要走的是政策复制的捷径。比较各省级方案后发现,各省级方案的内容存在较大程度的雷同,后期出台的配套文件一定程度上得益于相互间的学习。政策复制有利于扩大地方政策供给的选择集,但止步于模仿可能使地方政策实施走向同质化或刻板化,也可能导致无效制度供给过剩而有效制度供给不足。

地方在中央授权下探索政策实施的过程中,既要保证政策实施不偏离预期目标,又要促进改革目标与地方利益的共融。地方政府作出什么样的

---

① 韩福国.从单点式、区域化到整体性的政府创新何以可能? ——基于整体性扩散结构的分析[J].探索,2020(1):66—79.

政策实施行动,主要动力在于地方需求。结合调研,目前分类管理政策实施中主要有以下几种地方利益。一是规避改革风险。尽管国家方案作出大量"留白",鼓励地方针对具体问题大胆探索,但中央在很大程度上掌握了改革话语权。在此过程中,一些地方表达了"再观望下""等一等实施条例出台"等态度。有地方列举了温州探索"向前走又向后退"的案例。此前国家授权浙江温州等分类管理试点地区的探索,并未得到国家方案的认可。新的法律政策实施以后,温州率先开展的试点经验因与新的法律精神不符,只能重新退回。尤其是在《民办教育促进法实施条例》的修订存有争议的情况下,中央期待地方率先探索、积累经验,而地方则认为率先进行压力测试可能引发不稳定问题,也存在一定的政治风险。二是寻求降低改革成本的时机。改革成本是影响政策实施进程的重要因素。经过长时间的互动,民办学校与地方政府、民办教育与地方社会经济发展之间形成了错综复杂、相互依存的关系。地方政府往往变通性地执行对自己有利的政策。例如,一些地方受制于当地经济发展水平、公共财政保障水平,现阶段仍需要依靠民办教育满足旺盛的学位需求,对存在办学问题的民办中小学既同情也依赖。一些改革原则和方向,在地方则需要利益的调节。对于地方政府而言,倾向于接受概念简单、短期效果明显、社会阻力较小的实施路径。从取消合理回报到规范办学行为,近年来的政策实施举措使主要行动者倾向于认为,分类管理更多是一项"利益剥离式"改革。在此过程中,地方利益作为一种共同体利益,具有自我增强的逻辑和需要。无论是出于改革风险还是改革成本的考量,很多地方政府表现出一种"应试"心态,一定程度上影响了分类管理政策实施的力度和强度。

3. 实施效果:预期效果与非预期效果并存

各方普遍认为,分类管理政策是涉及重大利益调整的制度设计。从社会利益调控角度,中央政策可分为分配型政策和限制型政策两大类别。[1]分类管理政策兼具分配型和限制型双重特征,即既要通过政策实施使政策对象获得社会利益,乃至更大范围的公共利益,又要通过规范政策对象行为而约束一部分的社会利益行为。依据此逻辑,分类管理政策的预期效果有二:一是通过分类管理释放制度红利,支持民办学校按照非营利性和营利性两

---

① 朱广忠.认知中央政策 确保有效执行[J].中国行政管理,2000(3):25—26.

种组织属性开展现代学校制度改革创新,以实现我国民办教育的健康可持续发展。二是通过取消"合理回报"等规范办学行为的政策要求,约束变相逐利、损害学校法人财产权等办学行为。

就前项预期而言,分类管理明确了鼓励社会办学、鼓励多元化办学的政策导向。新法通过后的1—2年被业内赞誉为"政策红利释放年",此后政策实施进展缓慢,但教育行业仍被认为是"最有望穿越经济周期的消费细分领域"。同时,我们也看到,分类管理预期释放的政策红利并未充分显化。其主要体现在分类管理真正实施或在2023年后,且存量民办学校选择营利性办学遇到隐形"歧视",政策实施或将进入效力递减期。就后项预期而言,政策制定者、地方政府及专家学者普遍认为可能引起社会资金退出办学等问题。调研发现,大多数举办者在公开或非公开场合亦表达了不再出资办学的倾向,但教育经费统计年鉴显示,国家层面提出并授权地方试点分类管理改革以后,我国民办学校办学经费中的举办者投入并无明显的下降趋势。也就是说,分类管理政策的限制型功能,可能具有社会心理层面的负面效果,但在统计学意义上并不明显。这种预期与实效之间的差异,更加说明了公共政策的生命力在于实施,而实施过程中的部分因素不可控,可能导致实施结果与预期效果存在差异。

如上所述,分类管理政策并未对社会办学经费产生显著的负面影响。但对转移资金的意愿和形式产生影响。实施中的两大现象值得引起关注:一是旧的问题还没有完全解决,新的利益群体已经形成,新的问题又构成了挑战。最为典型的是,分类管理还没解决好传统意义上的"以非营利之名行营利之实"问题,却迎来了上市教育公司协议控制境内非营利性民办学校的新问题。分类管理旨在以二分法平衡公益性与营利性的矛盾,彻底解决灰色地带问题,但却较为意外地为打开了社会资本与教育对接的新渠道,带来了一系列的新问题、新挑战。二是教育和资本的对接更加紧密,分类管理中的教育议题逐渐让位于经济议题。应当承认的是,经济问题是根源性的问题,这也是分类管理要首先解决营利或非营利的问题的原因。但是,分类管理改革使社会资本以多种方式进入教育领域,追加或拟追加的约束性政策措施主要围绕经济议题,由此带来的衍生问题也主要来自资本市场的应对。在近期的讨论中,民办教育发展中的师生问题、质量保障问题等明显让位于关联交易、上市融资等问题,使得分类管理的重点产生了一定程度的偏移。

这也造成地方教育行政部门越来越难把握分类管理政策的本质和精神,很多地方教育行政部门表示相关政策内容和动向已经超出了传统教育治理的范畴,对其知识基础构成了挑战。

二、改进分类管理政策实施的思路

1. 发挥部门协调制度的指导、衔接作用,高效推进政策实施进度

应该认识到,任何改革鲜少能够以直线方式推进。分类管理政策实施是一项复杂且长期的工程,不能片面地以数量、进度、范围作为是否有效实施的标识。但是,有效地贯彻执行党及上级政府制定的公共政策是各级地方政府的重要职责,也是衡量地方政府执政效能的依据和前提。为避免停滞和懈怠,一是要督促已经设置过渡期的省份予以提前摸底调查和有效的政策供给,按时完成分类登记。没有特殊情况,不应更改已定方案和时间节点,以彰显政策要求的严肃性。对于没有明确过渡期的省份,则应尊重国家方案精神和地方实际情况,耐心等待达到实施分类登记的成熟条件。二是要充分发挥部门协调制度的指导和衔接作用,进一步完善联席会议制度,明确各部门职责,配合和协作责任落实分解到"关键个人"。鼓励各省探索在部门之间建立分类管理政策实施信息通报制度和评价指标体系建设,加强与上级机关的协同以及地区及部门间的协同,加强政策网络的关系强度和关系密度。在分类管理改革中,同步实施其他领域的改革,具体化改革方向,加快改革进度。

2. 强化地方政府内生动力,鼓励地方和基层强化政策实施和改革探索

政策实施是政策与实施主体、实施环境的一种相互作用的状态。从政策实施力度和强度看,有必要采取一定措施激励地方政府开展分类管理改革的内生动力。一是要鼓励地方政府大胆开展创新探索,避免政策实施陷入"中央期待地方、地方等待中央"的集体行动困境。目前已经出现的单点创新和探索,仅仅是全国整体战略中的一个个点。针对地方政府率先改革探索的若干顾虑,下一步可聚焦重点难点任务,继续授予有条件、有能力的地方试点资质和空间,以不同地区的压力测试,发现更多的矛盾和问题,以便在国家战略中予以精准回应。鼓励地方率先改、大胆试,争当改革标兵,争创改革经验。对于一些区域性创新,还有必要及时总结和提炼,帮助生成结构化的创新扩散路径,为国家整体性的体制创新提供经验的积累。二是

要注重激发活力,突出基层创新,重视基层官员作为政策执行重要主体的作用,协调好国家利益和地方利益、民办教育与其他利益相关主体的关系,在政策实施中更加注重强调利益拓展而非利益剥离,使政策红利惠及地方、惠及基层,在基层形成典型引路的生动局面。三是要加强政策执行督察,对以政策执行表面化、以文件落实文件、对政策内容贯彻不实、不结合实际落实政策等形式主义问题予以督察和纠偏,避免民办教育改革举措长期徘徊于低效循环,真正推进民办教育的治理结构重构。

3. 注重激发民办教育发展的内生动力,聚焦教育逻辑释放制度红利

民办教育发展需要更多的内生动力。分类管理政策实施要充分释放制度红利,并使制度红利覆盖改革成本。一是当前及下一阶段,分类管理的制度红利要从"数量型"向"质量型"转变。此前密集出台的相关政策使民办教育领域充满了期待,但随着改革的推进,分类管理相关议题在实践中被卡住,政策的数量并不能及时转化为实际的成效。要发挥好配套改革的组合效应,增强政策实施的综合配套性,以顺利深化分类管理改革。二是要以长周期视角更多关注深层次的制度性因素。公共政策是社会利益关系的权威性调节,政策实施要始终围绕政策设计的目的与初衷,尽可能保障改革逻辑在既定周期内的稳定。对已经暴露出来的政策缺陷、政策资源配置存在问题等,予以及时纠偏;但同时要保持改革定力,不被情绪化表达和短期数据波动"牵着鼻子走"。三是要重视政策本身的动态性和周期性特征,对政策实施中的新旧问题予以理性排序。把适度的利益分化作为推进民办教育改革发展的一个动力机制。有窗口期要果断推进,没窗口时不要"硬干"。四是要始终坚持民办教育改革的教育逻辑,在资本化与去资本化博弈的过程中,始终把维护和体现教育公平和质量作为实施分类管理政策的重要理念。

第三节　政策风险评估及防控

一、政策风险评估及防控思路

1. 宏观层面:改革的实务风险尚不明显,但声誉风险一直存在

改革风险思维,通常也体现为底线思维。在宏观层面,需要识别改革的

综合风险，即改革对政府部门作为关键行动者的声誉影响，以及是否有利于形成积极的社会观念。如果说商业领域的风险识别重在经济和财务要素，那么，社会改革的风险识别则重在公共利益和观念要素。就目前分类管理改革进展看，总体上步伐不快，各地方案偏重稳妥。改革的实务风险尚不明显，但声誉风险一直存在。对全国范围内民办高校举办者和校长进行访谈发现，"分类没有必要""很可能到最后不了了之"的观点一直存在。从2010年《国家中长期教育改革和发展规划纲要（2010—2020年）》提出分类管理改革议题以后，一线办学者对改革的总体预期经历了一些波动变化。2014—2015年，一线办学者的积极预期明显大幅增加，这可能与正式启动修改《教育法》相关条款有关。但随着各地方案的陆续出台，一些办学者认为"民办高校不同于其他学段学校，基本只能选择非营利性"，对分类管理的改革前景信心有所回落。

核心利益相关者对改革成效的预期与改革声誉风险密切相连。利益相关者对改革的态度变化，在一定程度上反映了行业的信心。一些核心利益相关者不愿意接受改革，并影响到公众对改革的看法。除了改革本身的宣传解读因素外，这种风险受到普遍存在的"损失规避"心理的影响。大量的理论研究和实证研究发现，虽然任何改革都无法回避利益相关者的异质性问题，但改革受众在取舍损失或收益时的风险偏好是高度一致的。虽然改革对不同群体的影响不同，但大家对待改革的风险偏好较为一致，即普遍倾向于避免损失而不是获得收益。①同时，核心利益相关者的态度可能影响到公众对于改革的看法。对以往改革的经验性认识，也可能形成定势思维，影响到公众对当前以及未来改革的总体看法。利益相关者的异质性以及他们在风险偏好上的同质性，对深入推进分类管理改革构成挑战。如何能够构建有效促进更好的公共利益的改革方案，又综合不同利益相关者的改革需要和改革成本，是改革风险分析的首要任务。有效防范和应对声誉风险不仅可以支持改革落地实施，而且可以形成促进民办高校改革发展的良好舆论环境。

2. 中观层面：部分措施的预期收益可能高于所要承担的系统风险

在中观层面，风险评估可以作为一种管理工具，即评估具体政策要求的

---

① Tversky A. & Kahneman D. Loss aversion in risk-less choice: a reference dependent model[J]. Quarterly Journal of Economics，1991(106)：1039—1061.

预期收益(主要是促进公共利益层面)是否比需要承担的系统风险高,是否比不实施政策要好。如上所述,由于目前仍处于分类管理改革"过渡期",相关政策措施的效应尚未充分显现。但就初步调研结果看,一些政策措施可能对民办教育健康发展构成风险问题。

(1)分类管理取消了合理回报制度,如不能增加新的激励措施,可能对民办教育领域的社会资金吸纳能力产生影响。如上所述,根据统计数据,并无确切证据证明,我国民办学校办学经费中的举办者投入出现下降趋势。但是,对于一部分举办者而言,分类管理改革取消了合理回报制度,新法明确规定"非营利性民办学校的举办者不得取得办学收益,学校的办学结余全部用于办学",可能暂时地影响了他们继续加大投入的意愿。根据《中国教育经费统计年鉴》数据,以 2007 年为基期扣除价格指数后计算近十多年来民办学校各项经费收入发现,2007—2016 年全国民办学校经费总收入从751.82 亿元增长至 2 862.88 亿元,增长了 2.8 倍。其中,国家财政性教育经费增长最快,由 30.27 亿元增长至 365.42 亿元,增长超过 11 倍;其次是以学费为主的事业收入,增长了 2.7 倍;举办者投入增长不到 1 倍;社会捐赠增长最少,仅增长了 20% 左右。对于民办学校而言,非财政性经费投入的充足性决定了学校可持续发展的物质基础。在持续推进分类管理改革过程中,政策变迁中社会力量投入增速放缓问题及可能产生的影响值得引起关注。

(2)分类管理鼓励创新投融资机制,但如不能准确把握民办学校资金需求特点和风险形式,可能对教育领域的资金安全产生影响。《国务院关于鼓励社会力量兴办教育　促进民办教育健康发展的若干意见》(国发〔2016〕81 号)明确提出"鼓励金融机构在风险可控前提下开发适合民办学校特点的金融产品,探索办理民办学校未来经营收入、知识产权质押贷款业务,提供银行贷款、信托、融资租赁等多样化的金融服务"。①商业银行和民办教育的合作既是民办教育事业发展的社会需求,也是市场经济发展信用关系的延伸。②引入金融工具有利于拓宽民办学校办学筹资渠道,开展银校合作是

---

① 国务院.关于鼓励社会力量兴办教育　促进民办教育健康发展的若干意见[EB/OL]. (2017-1-28)[2021-12-31], http://www.gov.cn/zhengce/content/2017-01/18/content_5160828.htm.

② 章雯燕等.民办高等教育与商业银行合作发展的亮点和前景[J].财经理论与实践,2002(s3):54.

民办高校缓解办学资金与保障可持续发展的有效路径之一。探索建立教育基金、教育信贷等教育金融服务产品，既有利于银行业务稳固发展，也能补充民办学校办学资金短缺问题。虽然民办学校在短期内能够快速发展就是基于当地银行的信贷政策效应，但金融工具天然的高风险特质值得教育领域重点关注与合理规避。

（3）分类管理规范了两类学校的法人登记，但如不能确保分类选择的真实性，可能对差别化扶持政策的实效性产生影响。对非营利和营利性民办学校进行分类管理，给予差别化政策待遇，是分类管理改革的核心内容。分类政策的风险主要体现为分类的真实性难以在短期内检验，而分类的真实性直接影响到后续政策的实效性。虽然多地提出民办学校审批分筹设审批和设立审批，由举办者向审批机关提出书面申请，根据相关规定提交申请材料，申请人对申请材料的真实性、完整性负责；但是申请材料的真实性并不能完全反映分类选择的真实意图。尤其是"非营利性"选择的真实性，决定了分类管理是否会流于形式，也决定了分类扶持政策的效率和效益。

（4）分类管理加强了监管要求，但如不能借助第三方力量，可能对监管成本和监管效果产生影响。随着分类管理改革的深入推进，不断有新的政策要求被添加进来。2018 年 8 月司法部公布的《民办教育促进法实施条例（送审稿）》提出对民办学校关联交易等问题作出规定以来，地方出台方案中增加了关于审批机关监管民办学校的资产重组和关联交易行为的规定（如重庆）；新《民办教育促进法实施条例》明确禁止实施义务教育的民办学校与利益关联方进行交易，这些内容突破了传统的教育领域监管内容。此外，校外培训机构治理、义务教育择校治理等热点问题，也在考验着政府的监管任务负荷。在无法大量扩充行政监管力量而监管任务升级的情况下，政府间各部门的监管协调成本相应上升，监管的公正性难以切实保障。尤其是非营利性民办学校作为我国教育事业的主力军，其政府规制监管存在着组织机构不健全、规制监管重点不明确、规制监管机制不完善等问题。[1]从分类管理改革需求看，有必要探索社会综合监管的可行性，逐步构建起可长期依赖的民办教育监管机制。

---

[1]　刘亮军.非营利性民办高校政府监管的"善治"选择[J].高教探索，2019(11)：84—89.

3. 微观层面：学校作为政策载体，部分办学行为面临新的不确定性影响

民办学校是分类管理改革和具体政策举措的实践载体。民办学校办学以来，受以投资为主的"办学原罪"影响，财务风险、安全风险等多种办学风险一直伴随左右。分类管理改革给学校办学层面带来新的不确定性影响。

（1）举办者由"自然人"变更为"公司"的数量增多。从举办者权力内涵看，法人型举办者和自然人型举办者差别不大。但由于新法对民办学校举办者权益的保障主要聚焦参与办学权、知情权等非财产性权益，很多非营利性民办高校举办者有意将学校举办者由自然人变更为有限责任公司，也就是将举办者权转化为股权，作为解决非营利性民办学校举办者财产权继承的一个思路。从实际变更情况看，仅 2018 年以来全国十余所民办高校在教育部官网进行举办者变更公示，从变更的类型来看，以自然人变更为公司、公司变更为公司为主。由于民办学校举办者变更属于行政许可，其结果的不确定性或对民办学校办学构成风险挑战。

（2）民办高校交易并购日益活跃。新法放开了非义务教育领域的营利性办学，民办高教类资产上市交易的政策障碍被清除。新法实施以后，多家民办高教企业登陆港股。在登陆资本市场后，不少教育集团在全国范围内大量并购民办本专科高校，民办高校并购和资本交易频发。据不完全统计，2019 年全国共 756 所民办高校，其中 57 所通过直接 IPO 或被上市公司收购的方式上市。2019 年 7 月 22 日，宇华教育以 14.92 亿元人民币收购济南双胜教育咨询有限公司持有的山东英才学院 90% 的股权，构成当时我国民办高等教育交易并购史上最大的一笔单体校交易。①并购能够迅速实现业绩增长和规模扩张，但如何从外延发展转向内涵发展，仍然是这些民办高校面临的挑战。同时，《民办教育促进法实施条例》尚未落地，民办高校资本化路径的合法性尚未明确，民办高校交易竞争可能带来法律和资金风险。

（3）"集团化办学"的新样态对传统办学格局构成挑战。新《民办教育促进法实施条例》对"同时举办或者实际控制多所民办学校的举办者或者实际控制人"的集团化办学模式作出若干规定。教育类上市公司借力资本化

---

① 宇华教育 14.92 亿元收购山东英才：民办单体校估值创新高[EB/OL].（2019-7-23）[2021-12-31]，https://www.thepaper.cn/newsDetail_forward_3982074.

平台加速整合,集团化办学模式规模迅速扩大。集团化办学模式是中国民办教育市场的新样态,满足了教育供给侧的创新需要。但是,集团化办学在教育行政部门与学校之间增加了一个管理层级,现行法律赋予的管理权限难以覆盖集团化办学模式中的学校资产经营权和使用权。[①]其中,"教育集团公司以资本扩张为根本目的,兼并收购非营利性学校"和"教育集团公司通过协议控制,抽取下属非营利性学校办学盈余"的集团化办学,不符合分类管理改革方向,在办学实践中潜藏着巨大风险。一旦教育集团遭遇资本市场突变或出现资金链断裂,集团下属民办学校将产生不可估量的资金风险甚至可能引发较大的社会事件,构成影响民办学校健康发展的不稳定因素。

(4)"关联交易"的合规基础产生变化,部分关联交易行为构成违法风险。分类管理改革之前,民办学校办学实践中大量存在的关联交易行为并未引起较大关注。在一些灰色"关联交易"中,存在举办者所在公司或个人无偿占用(挪用)学校学费的现象,甚至有利用学校平台面向社会融资后再从事商业投资的情况发生。[②]也有一些关联方利用对学校的控制与影响,通过关联方交易将学校的利益转移至关联方的过程,构成事实上的非公平关联方交易、恶意关联方交易、非规范关联方交易或利益转移型关联方交易。[③]这种凸显"投资"办学动机、通过各种手段挪用办学资金、转移既得办学利润的做法,不符合分类管理改革对非营利性民办学校的定位和要求,可能构成新的法律风险,且这种做法对学校资金流和办学投入有较大影响,可能致使师生正常利益受到侵害,对学校可持续发展造成较大损失。

二、防控分类管理政策风险的思路

1. 重视政策过程中的观念要素,持续做好法律政策宣传解读,营造"友好型"改革氛围

分类管理政策重塑了我国民办教育发展的法律框架和政策体系,这种

---

① 钟秉林等.民办高校集团化办学的发展态势、利弊分析及治理路径[J].中国高教研究,2020(2):30—31.

② 董圣足.民办学校"关联交易"的规制与自治[J].复旦教育论坛,2018(4):30—36.

③ 李立国,鞠光宇,王春雾.民办高校如何实现"非营利性"——以防范非公平关联方交易保证"非营利性"的制度设计[J].教育发展研究,2018(23):18.

较大的制度变迁存在一定的制度成本,需要重视政策过程中的观念要素。建立一个各方均满意的改革机制存在较大难度,但可以通过营造"友好型"政策氛围,提高各类主体获得感,相应减少异议和阻滞。一是要将分类管理作为一项长期的改革任务,始终保持稳中求进的内涵和底线,不断适应新形势并积极平稳施策,给行业以稳定预期,为改革营造良好环境。二是要持续做好宣传解读,及时解疑释惑,重视扭转政策受众尤其是核心利益相关者的认知偏差,不断凝聚发展共识。加强政策宣传和正确引导,增加政策主要受众了解分类管理的信息渠道。充分挖掘新兴媒体的信息传播和舆论引导功能,增加一线办学者参与政策学习和培训的机会,减少因非政策相关因素造成的偏见与成见。三是建立改革舆情管理体制与机制,执行积极的舆情管理策略。对不同阶段的改革舆情进行汇集和分析,在掌握舆情动态规律的基础上,畅通改革意见反映渠道,建立政策主、客体之间的信息沟通渠道,积极回应舆论关注的热点难点问题,引导形成积极理性的舆论环境。

2. 坚持底线思维,将风险评估作为一种特殊的问责,着力防范化解政策的潜在负面影响

对于一项重大政策而言,无法在启动之时就将所有的细节都确定下来,改革的本质就是动态调整而不断向前的。虽然风险在很大程度上取决于个人和文化层面的主观判断,但风险总是与"结果的不确定性"有关。对于分类管理政策而言,风险是一种系统性风险,是必须守住的底线。就潜在问题看,一是要继续鼓励和吸引社会资金进入教育领域。除了稳定行业信心外,更需要加大财政补贴力度,创新激励方式,带动社会资金更大程度追加投入。二是要加强对民办学校资金需求特点和风险表现形式的跨部门研究。在开发民办学校可用的金融产品和质押贷款业务时,可充分借助银行金融机构的专业力量,加强对民办学校资金需求特点和风险表现形式的合作研究,以风险控制为核心进行贷后管理,提高民办教育与金融相结合的质量。三是要平等对待两类民办学校,保障举办者可以遵从真实意愿进行分类选择。四是要借助权威的第三方专业机构力量,提升政府部门自身的监管水平;支持构建行业自律管理体系,发挥行业组织在风险防范中的积极作用。在这些问题中,风险思维通常也体现为底线思维,风险评估应当作为一种特殊的问责,作为分类管理政策进程中的一项重要原则。

3. 重视防范办学风险,规范民办学校办学行为,在不确定性中增强确定性

在学校办学层面,任何偏离既定标准或价值的行为都可以被视为风险。受政策动态变化的影响,学校经营行为存在着无数的不确定性。坚持问题导向,聚焦防范办学风险,一是规范举办者变更规程,减少变更风险。按照举办者变更的上位法要求,明晰举办者变更的基本身份和前置性审查条件,规范审核举办者变更中财务和变更协议等重要材料,建立举办者变更风险防范与信息公开制度。二是防范非公平交易,维护社会公平。加强对民办学校关联交易与集团化办学涉及的财务与法人财产权进行监管,杜绝"黑洞"产生,教育行政部门要积极协同银监、公安、市场监督等部门,建立联合执法制度,依法对涉嫌非公平交易的学校或公司进行督查或取缔。三是健全协同治理机制,实施属地管理,引进社会三方机构参与学校管理和教育评价,定期对民办学校开展专项评估。四是指导民办学校将风险分析作为一种战略思维、一种治理工具,其要点在于预防和防范,即通过尽可能全面的风险要素识别,研判政策变化对学校办学行为的影响,在发展规划中减少潜在的内生危机,提高抵御政策风险的能力。

第四节　分类管理政策评估指标

一、构建指标基本原则

第一,系统性原则。各指标之间要有一定的逻辑关系,要从不同侧面反映出分类管理推进过程或最终成效的主要特征和状态。指标体系的构建具有层次性,彼此独立又相互联系,共同构成一个有机统一体。

第二,典型性原则。力求确保评价指标具有一定的典型代表性,尽可能准确反映出特定区域分类管理的综合特征。评价指标体系的设置、权重在各指标间的分配及评价标准的划分体现出民办的特点。

第三,动态性原则。分类管理是一个推进的过程,最终效益需要一定的时间尺度指标才能反映出来。因此,指标的选择努力考虑到分类管理的开展过程,注重收集过程中的参考数据。

第四，简明性原则。各评价指标应该具有典型代表性，不能过多过细，使指标过于繁琐，相互重叠，指标又不能过少过简，避免指标信息遗漏，出现错误、不真实现象，并且数据易获且计算方法简明易懂。

第五，可量化原则。各指标要考虑能否进行定量处理，以便于进行数学计算和分析。同时，注重指标的简单明了、便于收集，具有较强的现实可操作性和可比性。

二、评估过程与方法

我们建议，对分类管理的评估采取项目自评和专家组评审相结合的办法。根据评估指标，在项目自评的基础上，专家组同时开展问卷调查、数据核对、资料审阅等工作，最终自评与他评相结合，形成较为客观的评估结论。

三、评估结果的使用

第一，内部通报。将分类管理评估结果报中央教育工作领导小组和国务院，作为评定地方行政效率的重要依据。特别是推进不力的承担方，应予以内部相应的批评，进行行政问责。

第二，表彰奖励。对推进落实积极主动并且积极提炼推进经验和教育的地区，给予表彰奖励或明令嘉奖。

第三，信息公开。视情况，将评估结论、评估等级、发现问题、整改建议等内容以及整改情况和评估结果运用情况及时通过政府门户网站、报纸、刊物、电台电视台、新闻发布会等多种途径和形式向公众和社会公开。

四、分类管理评估指标思路和框架

（一）主要思路

在方法论上，我们主要采用了专家咨询、头脑风暴、主题词分析等研究方法，并采用国际通行的 CIPP 评价模式确定国家民办教育改革分类管理的评估指标框架。即以背景（Context）来确定分类管理评估指标的目标，以投入（Input）帮助确定分类管理评估指标的评价框架，以过程（Process）引导评价的实施,以成果(Product)提供决策参考。

(二) 指标框架

在充分了解分类管理材料的基础上,我们提出了 10 个方面的评估指标(如表 6)。分别是(1)组织与人力投入,(2)经费投入与使用,(3)配套政策制定与完善程度,(4)推进地区建立健全推动机制状况,(5)社会资金吸纳增长率,(6)民办学校学生规模情况,(7)推进地区民办学校或推进学校学生满意度,(8)民办学校教师队伍发展水平,(9)民办学校教师薪酬与福利水平,(10)分类管理的满意度。后文对指标将进行详细的说明。

表 6 国家民办教育改革分类管理评估指标框架

	内 涵		指 标
投入	为了实现预期目标所进行的投入	经费投入	政府投入民办教育领域内的资金总额,具体包括民办教育发展基金、教师年金等; 为推进项目,支出的调查研究、专业咨询等经费; 税收减免
		物质设施投入	土地
		人力投入	是否建立相关的推进机构和人员配置
		机制投入	是否建立了动态监测与评估机制,适时跟踪项目过程
产出/输出	项目投入活动给学校带来的直接变化	政策变化	是否制定和完善了配套政策,当前的政策是否科学、完备,具有可操作性,并能较好地回应现实问题
		教师变化	教师数量、学历、年龄、职称等结构优化,以及队伍稳定状况; 教师薪酬福利保障的改进状况
		学生变化	学生对自身发展的信心状况
			学生对学校的认可程度
		学校变化	学生规模变化
结果	项目产出给目标人群带来的影响效应	投资/捐资办学积极性的提高	社会资金吸纳情况
			投资/捐资办学者对民办教育发展的信心
			投资/捐资办学者对当前民办教育发展政策环境的满意度,包括政策及其执行力状况

	内　涵		指　标
结果	项目产出给目标人群带来的影响效应	民办学校对社会的吸引力	学生数量变化情况
			上一级教育机构或用人单位对民办学校学生的满意度
			教师专业发展动力与渠道扩展状况
			师生对所在地区民办教育政策或者对所在民办学校的满意度

五、指标说明

（一）组织与人力投入

指标描述：为实施分类管理所组建的领导与组织机构，以及相应的人员配置。

指标测算：见评价等级标准。

指标功能：反映地方政府或学校对项目提供的组织和人力保障程度。

适用范围：地方政府项目和学校项目。

数据来源：

第一，项目地区或单位下发的关于机构设置与人员配备的相关文件。

第二，所设置的机构的会议记录、项目简报等。

第三，对项目相关者实施问卷调查或访谈。

表7　组织与人力投入的评价等级及其标准

优　秀	合　格	需要改进
组建了由地方政府或学校主要领导参与的领导或管理机构，建立了相应的监测、评估、反馈与改进工作机制，分类管理推进过程中的各项工作落实到人且权责明确，86%以上的相关者对该机构的领导或服务非常满意和满意	组建了领导或管理机构，建立了相应的监测、评估、反馈与改进工作机制，分类管理中的各项工作落实到人，60%—85%的相关者对该机构的领导或服务非常满意和满意	组建了领导或管理机构，但是尚未建立相应的监测、评估、反馈与改进工作机制或者分类管理中的各项工作尚未落实到人，不足60%的相关者对该机构的领导或服务非常满意和满意

(二) 经费投入与使用

指标描述:为实施分类管理所投入的经费数量的充足性和使用的有效性,其中,经费投入的充足性＝为实施分类管理所投入的经费(包括直接经费和间接经费)是否满足对象的需求程度;经费使用的有效性＝经费投入是否指向推进和目标学校或者群体;资金拨付是否及时足额,确保按照计划推进。

指标测算:优秀＝充足性优秀＋有效性优秀;良好＝充足性优秀＋有效性合格或者充足性合格＋有效性优秀;合格＝充足性合格＋有效性合格;需要改进＝充足性或有效性为需要改进者,均列为这一指标的需要改进。

指标功能:反映地方政府或学校对提供的经费保障程度。

适用范围:地方政府和学校。

数据来源:

第一,经费投入数量及其分配通过地方政府或学校的财务管理报表、评估组抽查的方式获得。

第二,充足性和有效性在目标单位或群体的主观感受通过对利益相关者进行问卷调查或访谈的方式获得。

表8　经费投入的充足性评价等级及其标准

优　秀	合　格	需要改进
投入的经费能满足分类管理的需要,80%以上的对象对经费投入的数量感到非常满意或满意	投入的经费能满足分类管理的需要,50%—79%的对象对经费投入的数量感到非常满意或满意	投入的经费能满足分类管理的需要,不足50%的对象对经费投入的数量感到非常满意或满意

说明:"经费投入的数量感到满意"指的是经费指向的目标单位或群体对"政府或学校为推进此次分类管理所投入经费额度的满意度"。

表9　经费使用的有效性评价等级及其标准

优　秀	合　格	需要改进
经费投入全部指向推进和与直接相关的目标学校或者群体,85%以上的经费拨付及时足额	经费投入全部指向推进和与直接相关的目标学校或者群体,60%—84%的经费拨付及时足额	经费投入没有全部指向推进和与直接相关的目标学校或者群体,不足60%的经费拨付及时足额

（三）配套政策制定与完善程度

指标描述：为实施分类管理所制定或完善的配套政策状况。

指标测算：参见评价等级标准。

指标功能：反映地方政府或学校对提供的政策的保障程度。

适用范围：地方政府和学校。

数据来源：

第一，地区或单位下发的关于机构设置与人员配备的相关文件。

第二，对相关者实施问卷调查或访谈。

表 10　配套政策制定与完善程度评价等级及其标准

优　　秀	合　　格	需要改进
结合目标和内容，制定或完善了配套的地方法规或规范性政策文件。新的政策能较好地回应现实问题，与相关政策兼容性强，且具有较强的可行性和可操作性	结合目标和内容，制定或完善了配套的地方法规或规范性政策文件。但是，新的政策在回应现实问题、与相关政策相互兼容、可行性和可操作性等方面至少有 1—2 处还有待改进	尚未结合目标和内容，制定和完善了配套的地方法规或规范性政策文件。又或者，虽然制定或完善了配套政策，但是，新的政策在回应现实问题、与相关政策相互兼容、可行性和可操作性等方面至少有 3 处或 3 处以上还有待改进

说明："可行性"指的是新制定或完善的政策具备了推行政策所需要的人财物等方面的支持。"可操作性"指的是政策目标明确、内容清晰，且过程能被监测，结果能被衡量。"兼容性"指的是新制定的政策与已有的相关政策之间能够相互兼容，不易发生政策冲突。

（四）推进地区建立健全推动机制状况

指标描述：推进地区或推进学校推动机制的建立与运行状况，具体包括地区是否选择下属单位执行分类管理、是否建立健全了动态监测、评估与改进机制。

指标测算：参见评价等级标准。

指标功能：反映地方政府推进的力度。

适用范围：地方政府。

数据来源：

第一，地区或单位下发的关于机构设置与人员配备的相关文件。

第二，对相关者实施问卷调查或访谈。

表 11　地区推进落实情况的评价等级及其标准

优　　秀	合　　格	需要改进
结合目标和内容,确定了下属单位进行推进,且动态监测与评估推进单位的推动过程,并能及时、有效地帮助推进单位解决推进过程中的问题	结合目标和内容,确定了下属单位进行推进,能动态监测与评估推进单位推动推动过程。但是,未能及时、有效地采取措施帮助推进单位解决推进过程中的问题	未结合目标和内容,确定了下属单位进行推进。或者,虽然明确了推进的下属单位,但是未建立动态监测与评估推进单位推动的机制,未能帮助推进单位解决推进过程中的问题

(五) 社会资金吸纳增长率

指标描述:实施分类管理以来,历年地方或学校吸纳社会资金的增长率。

指标测算: $\dfrac{\text{本年吸纳社会资金总数}-\text{上年吸纳社会资金总数}}{\text{上年吸纳社会资金总数}}\times 100\%$

指标功能:反映推进地区或单位实施分类管理对社会力量办学积极性的影响情况。

适用范围:地方政府和学校。

数据来源:财务报表或经费审计报告。

表 12　社会资金吸纳增长率的评价等级

优　　秀	合　　格	需要改进
近三年教育领域吸纳社会资金呈现逐年增长的状况	近三年教育领域内吸纳社会资金数与 2010 年分类管理实施前相比,有所增长	2010—2014 年度教育领域吸纳社会资金呈现负增长

说明:"教育领域"指的是各级各类学历教育和社会培训事业。

(六) 民办学校学生规模情况

指标描述:实施分类管理以来,历年地方或推进学校学生在读人数的变化情况。

指标测算: $\dfrac{\text{本年学生在读人数}-\text{上年学生在读人数}}{\text{上年学生数(或政府限定在读人数)}}$

指标功能:反映推进地区或单位实施分类管理后,民办学校对学生的吸引力情况或执行规模发展情况。

适用范围：地方政府和学校。

数据来源：教育事业统计报表。

表 13　民办学校学生规模情况的评价等级

优　秀	合　格	需要改进
近三年民办学校学生在读人数呈现逐年增长的状况	近三年民办学校学生在读人数与 2010 年分类管理实施前相比，有所增长	2010—2014 年民办学校学生在读人数呈现负增长

说明："民办学校在读人数"指的是在各级各类学历教育和社会培训机构在读的受教育者人数。

（七）地区民办学校或推进学校学生满意度

指标描述：用人单位或上一级教育机构对推进地区民办学校或推进学校学生的满意度情况。

指标测算：参见评价标准。

指标功能：反映民办学校在促进学校内涵发展、提高人才培养质量方面的成效。

适用范围：地方政府和学校。

数据来源：问卷调查或访谈。

表 14　民办学校学生受满意度的评价等级

	优　秀	合　格	需要改进
幼儿园 小　学 初　中 高　中	上一级教育机构对推进学校输送的学生的满意度（非常满意或比较满意）明显高于未分类管理的同级同类学校的学生	上一级教育机构对推进学校输送的学生的满意度（非常满意或比较满意）与未分类管理的同级同类学校学生的满意度持平	上一级教育机构对推进学校输送的学生的满意度（非常满意或比较满意）低于未分类管理的同级同类学校学生的满意度
高等院校	用人单位对推进学校输送的学生的满意度（非常满意或比较满意）明显高于未分类管理的同级同类学校的学生	用人单位对推进学校输送的学生的满意度（非常满意或比较满意）与未分类管理的同级同类学校学生的满意度持平	用人单位对推进学校输送的学生的满意度（非常满意或比较满意）低于未分类管理的同级同类学校学生的满意度

（八）民办学校教师队伍发展水平

指标描述：民办学校教师队伍的数量、学历、职称、年龄结构优化，以及队伍稳定情况。

指标测算："优秀"意味着上述 5 个子指标中，至少有 4 个或 4 个以上指标的评价等级均为优秀。"合格"意味着上述 5 个子指标均为合格或 1—3 个优秀，其余为合格；"需要改进"意味着 5 个子指标中，至少有 2—3 个指标为需要改进。子指标的评价等级参见评价标准。

指标功能：反映推进地区或单位实施分类管理后，民办学校吸引、稳定和发展教师队伍的情况。

适用范围：地方政府和学校。

数据来源：教育事业统计报表。

表 15　教师队伍数量充足性的评价等级

优　秀	合　格	需要改进
近三年民办学校生师比不高于当地同级同类公办学校，且 90% 以上的教师所学专业与任教学科匹配	近三年民办学校生师比不高于当地同级同类公办学校，80%—89% 的教师所学专业与任教学科匹配	近三年民办学校生师比不高于当地同级同类公办学校，低于 80% 的教师所学专业与任教学科匹配

表 16　教师队伍学历优化的评价等级

	优　秀	合　格	需要改进
幼儿园小学	近三年专科以上学历教师所占比例逐年上升	近三年专科以上学历教师所占比例与分类管理实施前相比，有所增长	专科以上学历教师所占比例呈现负增长
初　中	近三年本科以上学历教师所占比例逐年上升	近三年本科以上学历教师所占比例与分类管理实施前相比，有所增长	本科以上学历教师所占比例呈现负增长
高　中	近三年研究生学历教师所占比例逐年上升	近三年研究生学历教师所占比例与类管理实施前相比，有所增长	研究生学历教师所占比例呈现负增长
高等院校	近三年博士研究生学历教师所占比例逐年上升	近三年博士研究生学历教师所占比例与分类管理实施前相比，有所增长	博士研究生学历教师所占比例呈现负增长
社会培训机构	近三年本科学历教师所占比例逐年上升	近三年本科学历教师所占比例与分类管理实施前相比，有所增长	本科学历教师所占比例呈现负增长

表 17　教师队伍职称结构优化的评价等级

优　秀	合　格	需要改进
近三年民办学校中,中高级职称教师所占比例不低于当地同级同类公办学校,且该比例总体呈现上升趋势	近三年民办学校中,中高级职称教师所占比例不低于当地同级同类公办学校,但是历年来该比例为呈现上升趋势	近三年民办学校中,中高级职称教师所占比例低于当地同级同类公办学校

表 18　教师队伍年龄结构优化的评价等级

优　秀	合　格	需要改进
近三年民办学校中,45 岁以下教师所占比例不低于当地同级同类公办学校,且该比例总体呈现上升趋势	近三年民办学校中,45 岁以下教师所占比例不低于当地同级同类公办学校,但是历年来该比例为呈现上升趋势	近三年民办学校中,45 岁教师所占比例低于当地同级同类公办学校

表 19　教师队伍稳定性的评价等级

优　秀	合　格	需要改进
近三年民办学校中,主动离职的教师所占比例逐年减少	近三年民办学校中,主动离职的教师所占比例与2010 年分类管理实施前相比,有所减少	民办学校中主动离职的教师所占比例呈增长趋势

(九) 民办学校教师薪酬与福利水平

指标描述:民办学校教师薪酬与福利水平及其保障程度。

指标测算:参见评价标准。

指标功能:反映推进地区或推进学校教师薪酬和福利水平,从而评价民办学校教师政策的公平性。

适用范围:地方政府和学校。

数据来源:

第一,工资报表。

第二,地区行业相关数据。

表 20　民办学校教师薪酬与福利水平的评价等级

优　秀	合　格	需要改进
民办学校教师工资水平不低于同级同类学校教师的工资水平。探索教师社保制度改革,80%以上的教师对社保政策感到非常满意或比较满意	民办学校教师工资水平不低于同级同类学校教师的工资水平,50%—79%的教师对社保政策感到基本满意	民办学校教师平均工资水平低于同级同类学校教师的平均工资水平,高于50%的教师对社保政策感到不满意

（十）分类管理的满意度

指标描述:相关者(包括投资者、办学者、教师、学生、学生家长)对分类管理的满意程度。

指标测算:参见评价标准。

指标功能:反映分类管理在相关者中的满意程度。

适用范围:地方政府和学校。

数据来源:问卷调查或访谈。

表 21　分类管理满意度的评价等级

	优　秀	合　格	需要改进
推进地区	投资者、办学者、教师、学生、学生家长对运行过程及其结果的满意度(非常满意或比较满意)均在85%以上	投资者、办学者、教师、学生、学生家长对运行过程及其结果的满意度(基本满意)均在85%以上	投资者、办学者、教师、学生、学生家长中,有1—2类人群对运行过程及其结果的满意度(基本满意)低于85%
推进学校	管理人员、教师、学生、学生家长对运行过程及其结果的满意度(非常满意或比较满意)均在85%以上	管理人员、教师、学生、学生家长对运行过程及其结果的满意度(基本满意)均在85%以上	管理人员、教师、学生、学生家长中,有1—2类人群对运行过程及其结果的满意度(基本满意)低于85%

第七章　分类管理中税收优惠
政策的设计与推进策略①

民办学校分类管理的顶层设计,可为非营利性、营利性两种民办学校设立不同的配套制度,避免出现属性混同的灰色地带。2016 年修正后的《民办教育促进法》第四十七条明确规定:"民办学校享受国家规定的税收优惠政策;其中,非营利性民办学校享受与公办学校同等的税收优惠政策。"这一规定是落实民办学校配套税收优惠政策的主要依据。立足于法律法规和现有的教育税收政策文本,本章重点围绕与民办学校办学相关的增值税、进出口税、企业所得税、城镇土地使用税、房产税、印花税、契税、城市维护建设税、土地增值税、耕地占用税十个税种进行梳理,寻找民办学校税收政策理论和实践的破解口。

第一节　民办学校明晰税收优惠
政策的必要性与可行性

一、厘清民办学校税收优惠政策的必要性

税收优惠是政府为发展某种产业而对该产业的应征税款予以少收或不收的政策性制度。②通过合理设置税种和税率,可以鼓励薄弱行业的发展,限制畸形行业发展,提高资源配置效率,服务国家战略布局。

---

① 本章执笔人:张歆、方建锋,上海市教育科学研究院。本章主要内容已经公开发表,见《营利非营利分类管理下民办学校税收问题与建议》,《复旦教育论坛》2020 年第 4 期。
② 李司东.促进社会教育投入的税收优惠政策分析[J].经济与社会发展,2013,11(5):46—48.

1. 加快分类管理进程,杜绝"非营利之名行营利之实"的必然要求

长期以来,民办学校虽然登记为非营利性单位,但因为其投资办学、合理回报的特点长期被质疑是"以非营利之名行营利之实"。分类管理的实施目的就是解决我国民办教育性质模糊的问题,在严格界定非营利性民办学校的基础上,构建包括税收优惠在内的差别化政策扶持体系,促进民办教育健康发展。民办教育分类管理改革已进入攻坚阶段,按照各省级政府落实民办教育新政策文件的规定,除特殊情况外2022年年底全国原有民办学校基本完成分类登记。事实上,分类管理实施以来,民办学校以"非营利之名行营利之实"的现象得到进一步拓展。

2015年以后,国内一批学历教育阶段民办教育集团通过VIE架构赴境外上市。截至2021年上半年,在境外上市的举办(包括实际控制)实施学历教育、学前教育的民办教育集团共27家,其中:我国香港上市23家,美国上市4家,上市教育集团实际控制民办学校784所,在校生165.82万人。按照2021年上半年股价计算,27家教育集团合计市值1 725亿元,平均市值63.89亿元,市值最高已经达到318.64亿元。需要强调的是境外上市民办教育集团通过协议控制等形式,合并国内非营利性民办学校财务报表,将办学结余通过资本市场实现分红,变相实现营利。根据2015—2017财年13家香港上市教育机构公开的财报,计算出其平均毛利润率始终保持在50.00%左右,平均净利润率为35.96%。同期,全国国有企业平均净利润率仅为4.2%,28家A股上市房企平均净利润率也仅为10.5%。财报数据显示,民办教育集团税收支出金额非常低,地方考虑到学校属性,并未对学校严格课税。可以说,这些机构之所以维持着较高的利润水平,很大程度上得益于政府补贴、税费减免等诸多优惠政策。若企业所得税优惠和政府补贴取消,其毛利润率就将降低至30%左右。厘清民办学校税收优惠政策,杜绝直接和间接上市的非营利性民办学校按照公办学校同等待遇享受税收优惠,才能保护非营利性民办学校的办学积极性,推动民办教育分类管理改革的有效实施。

2. 打击资本无序运作,规范民办学校办学秩序的必然要求

民办教育上市集团的高利润吸引了更多的二级市场资金,这些资金主要被用于学校兼并收购、发放举办者和高管的薪酬,其薪酬水平最高可达普通老师的200倍以上,而学校的教育教学活动、办学条件和教职工待遇并未因此得到较大改变。也就是说民办教育集团通过上市获得的融资并未全部

甚至大部分用到已有学校办学条件的改进上。由于资本市场对利润的高要求，跑马圈地成为民办教育上市集团追求利润的最多选择。全国民办高校举办者信息数据搜集结果显示，截至2021年年底，12家已经上市的民办教育集团共控制了66所国内民办高校。另有30家机构或个人控制了至少87所民办高校（其中，本科48所）。也就是说至少160所民办高校是集团化办学，占全部民办高校数的21％；平均每个机构或个人控制学校数为3.8所。被并购的民办高校创始举办者通过出让股份，直接变现，变相实现办学利润分配。严格界定非营利性民办学校内涵和外延，建立非营利性民办学校税收优惠监管机制，加强民办学校尤其是非营利性民办学校兼并收购过程中资本运作的监管，落实在税收优惠条件设置上，能有效缓解资本运作的无序化，规范民办学校办学秩序。

3. 落实差别化扶持，构建稳定政策环境的必然要求

2017年9月1日，民办教育正式进入分类管理时代。为落实民办教育分类管理新政策，加快民办学校分类登记，按照非营利性营利性两类法人属性，构建民办学校差别化政策体系极其关键。从实践来看，政府对民办教育的调控措施包括扶持政策和规范措施，其中扶持政策主要包括财政扶持、税费优惠、土地供给、价格调控等举措。根据"税由法定"的条款，税费优惠，尤其是税收优惠具有长期稳定的调节作用，对构建差别化扶持政策、落实民办教育新政策更为重要。

教育行业税收优惠意在通过税收手段的引导扶持作用，按照非营利、营利两种不同的法人类型分别给予不同的税收优惠，调动社会对教育投入的积极性，确保所有的民办学校均能享有一定的税收优惠以体现国家对公益性事业的扶持。[1]同时，落实非营利性民办学校享受与公办学校同等的税收优惠政策，以此体现对更强外部性、公益性的支持，有效发挥税收对社会资金进入教育领域的调节作用，体现社会公平。

二、民办学校享受税收优惠的可行性

1. 民办教育属于公益事业，民办学校依法享受国家规定的税收优惠政策

《民办教育促进法》第三条指出"民办教育事业属于公益性事业，是社会

---

① 周海涛，张墨涵.完善民办学校税收分类优惠政策的思考[J].教育与经济，2014(5)：25—30.

主义教育事业的组成部分"。因此,公益属性是非营利性民办学校和营利性民办学校的本质属性。《民办教育促进法》第四十七条、《民促法实施条例》第五十四条明确"民办学校享受国家规定的税收优惠政策;其中,非营利性民办学校享受与公办学校同等的税收优惠政策"。由此可见,非营利性和营利性民办学校均依法享受国家规定的税收优惠政策。

《关于鼓励社会力量兴办教育　促进民办教育健康发展的若干意见》第十四条指出"民办学校按照国家有关规定享受相关税收优惠政策",并在城镇土地使用税、房产税、个人所得税减免方面作了规定,同时在"完善扶持制度"部分中,明确将扩大财政投入、创新财政投入方式、学生同等资助、税收优惠、土地使用、分类收费、办学自主权、师生权益等共同作为扶持制度的构成因素。也就是说享受国家规定的税收优惠政策是国家扶持民办教育发展的举措。

2. 教育领域税收优惠政策体系已经初步建立

民办学校享受税收优惠政策并非从天而降,早在 2004 年教育领域税收优惠政策就已经逐步形成。2004 年 2 月印发的《财政部　国家税务总局关于教育税收政策的通知》(财税〔2004〕39 号,以下简称《教育税收通知》)对教育税收优惠作了全面、集中的规定。其中涉及营业税、增值税、房产税、城镇土地使用税等 12 个税种、5 个纳税主题,这也是迄今为止对教育领域税收政策最全面的规定,包括民办学校等各级各类学校在增值税、企业所得税、关税等税种享受免征优惠政策。

2016 年 3 月发布的《财政部　国家税务总局关于全面推开营业税改征增值税试点的通知》(财税〔2016〕36 号)和同年 6 月发布的《财政部　国家税务总局关于进一步明确全面推开营改增试点有关再保险不动产租赁和非学历教育等政策的通知》(财税〔2016〕68 号),对《教育税收通知》中增值税的内容作了相应的调整。2016 年 12 月发布的《关于鼓励社会力量兴办教育促进民办教育健康发展的若干意见》和随后各个地方政府落实民办教育新政的实施意见,以这些文件为基础,在国家税收政策框架内进一步进行了细化。

第二节　民办学校税收政策环境现状

目前我国共有 7 类 18 个税种,其中流转税制 3 种,即增值税、消费税、进出口关税;所得税制 2 种,即企业所得税和个人所得税;资源税制 2 种,即资源税和城镇土地使用税;财产税制 3 种,即房产税、车船税、船舶吨税;行为税制 4 种,即车辆购置税、印花税、契税、环境保护税;特定目的税 2 种,即城市维护建设税和土地增值税;农业税 2 种,即烟叶税和耕地占用税。消费税、个人所得税、资源税、车船税、船舶吨税、车辆购置税、环境保护税、烟叶税 8 项与纳税人从事的行业领域没有减免关系,因此本节内容主要从增值税、进出口税、企业所得税、城镇土地使用税、房产税、印花税、契税、城市维护建设税、土地增值税、耕地占用税 10 个税种,分析民办学校现有的税收政策环境。

目前与民办学校相关的税种中,明确颁布专门法律的有《印花税法》《契税法》《城市维护建设税法》《企业所得税法》《耕地占用税法》。以行政法规为最高法律效力文件的税种有增值税、进出口关税、城镇土地使用税、房产税、土地增值税。从时间来看,在《民办教育促进法》正式实施之后颁布实施的法律法规是《印花税法》《契税法》《城市维护建设税法》《企业所得税法》《企业所得税法实施条例》《耕地占用税法》《城镇土地使用税暂行条例》《增值税暂行条例》。也就是说除进出口税、房产税、土地增值税外,其他税种的法律法规都适用于两类民办学校法人。民办学校分类管理实施以来,财政部和国家税务总局尚未更新教育类税收优惠政策,因此本节结合上述法律法规,以及各种教育税收文件,论述民办学校税收优惠环境现状。

一、非营利性民办学校税收优惠政策环境初步建立

当前针对非营利性民办学校的税收优惠手段包括特定条件下免征部分税种,以及税率和应纳税所得额的计算优惠两种形式。

1. 非营利性民办学校办学过程中多个税种可以免征或有条件免征

根据法律法规,非营利性民办学校免征税种涉及增值税、企业所得税、房产税、城镇土地使用税、契税、印花税、进口关税和进口环节增值税等多个税种。从免税来源来看,包括法律、法规和部委文件三类来源;从免税条件来看,存在直接免税和设置规定条件范围内免税两种情况。

一是契税、耕地占用税属于法定免税税种。《契税法》第六条明确"非营利性的学校······承受土地、房屋权属用于办公、教学、科研······"免征契税。

《耕地占用税法》第七条提出"军事设施、学校、幼儿园、社会福利机构、医疗机构占用耕地，免征耕地占用税"。因此非营利性民办学校依法免缴契税和耕地占用税。

二是非营利性民办学校进口仪器设备时，部分增值税、关税、进口环节增值税可以免征。根据《增值税暂行条例》，非营利性民办学校直接用于科学研究、科学试验和教学的进口仪器、设备免征增值税；《进出口关税条例》第四十二条明确，缴纳一定保证金的前提下，入境开展科研、教学活动使用的仪器设备及用品可以暂不缴纳关税。境外无偿捐赠的直接用于各级各类非营利性民办学校和幼儿园教育的教学仪器、图书资料和一般学习用品，免征进口关税和进口环节增值税。非营利性民办高校合理数量范围内的境内不能生产的科学研究和教学用品，直接用于科学研究或教学的，免征进口关税和进口环节增值税、消费税。

三是特定条件下，房产税、城镇土地使用税、印花税、部分企业所得税可以免征。根据《印花税》第十二条，财产所有人将财产赠与非营利性民办学校书立的产权转移书据免征印花税。《教育税收通知》明确，非营利性民办学校（含幼儿园、托儿所）对报经当地有关部门备案并且公示的收费标准范围内的收取教育费、保育费取得的收入免缴增值税；非营利性民办高校和职业学校服务于各业的技术转让、技术培训、技术咨询、技术服务、技术承包所取得的技术性服务收入，暂免征收企业所得税。

2. 非营利性民办学校部分税种可以依法享受计算优惠

除对相关税种在特定条件下予以免税外，优惠的计算方式也是非营利性民办学校税收优惠的另一路径。计算优惠主要集中在增值税和企业所得税上，这两种是非营利性民办学校缴税金额最多的税种。

一是非营利性民办教育培训机构按照简易计税法缴纳增值税。根据相关规定，一般纳税人提供非学历教育服务，可以选择按照3%征收率计算缴纳增值税。因此提供非学历教育服务的非营利性民办教育培训机构，可以按照3%计算应纳税额。

二是企业所得税应纳税所得额可以按照一定比例扣除企业公益性捐赠支出。根据《企业所得税法》针对企业发生的公益性捐赠支出的相关规定，非营利性民办学校发生的公益性捐赠支出在年度利润总额12%以内的部分，准予在计算应纳税所得额时扣除；超过年度利润总额12%的部分，准予结转以后三年内在计算应纳税所得额时扣除。

二、营利性民办学校税收优惠主要源自企业政策

营利性民办学校作为新生事物,尚未有与之相匹配的专门税收优惠政策。在专门税收优惠政策缺位的情况下,按照其企业法人属性,针对企业的一些地区或产业税收优惠政策成为营利性民办学校享受税收优惠的主要依据。因此,营利性民办学校税收优惠现状,在分类管理实施之后出台的法律法规基础上,着重参考企业税收优惠政策。

1. 营利性民办学校可依法免征耕地占用税和部分印花税、增值税

由于《印花税法》《耕地占用税法》和《增值税暂行条例》在《民办教育促进法》实施之后颁布实施,因此虽然这三部法律没有区分营利性民办学校和非营利性民办学校,但是相关优惠条款应涵盖营利性民办学校。根据《印花税法》第十二条,财产所有人将财产赠与营利性民办学校书立的产权转移书据免征印花税;根据《耕地占用税法》第七条,营利性民办学校可以依法免征耕地占用税;《增值税暂行条例》第十五条明确,营利性民办学校直接用于科学研究、科学试验和教学的进口仪器、设备可以免征增值税。

《教育税收通知》和本章第一节末提及的两项通知等规定的优惠政策均在 2016 年 11 月《民办教育促进法》修改之前印发,当时法律尚未允许设立营利性民办学校。因此,虽然《教育税收通知》等系列文件中未明确优惠对象的法人属性,但将分类管理之前出台的民办学校办学过程中的税收优惠政策覆盖范围默认涵盖全部民办学校并不妥当,因此将减免默认为针对非营利性民办学校。

2. 营利性民办学校按照产业规定可享有一定程度上的企业税收优惠

营利性民办学校可以按照高新技术企业和西部地区鼓励类产业标准,享受一定额度的企业所得税优惠。具体来说,设在西部地区的营利性民办高校,可以根据《西部地区鼓励类产业目录》中鼓励类产业项目,减按 15% 税率缴纳企业所得税。国家发改委 2021 年 1 月公布的《西部地区鼓励类产业目录(2020 年本)》与教育相关的产业显示,西藏以外的其他西部地区教育相关的鼓励类产业主要集中在教具教学仪器开发及生产、艺术及技能培训、教育技术装备开发及生产三类;西藏从事初等教育、中等教育、高等教

育、技能培训、教育辅助等教育服务业均可享受 15％ 企业所得税率。

除按照所在地区享受税收优惠外,营利性民办高校也可以通过高新技术企业认定,依法享受高新技术企业税收优惠政策。2008 年科技部、财政部、国家税务总局联合发布了《高新技术企业认定管理办法》(国科发火〔2008〕172 号),2016 年三部门联合发布了修订完善后的《高新技术企业认定管理办法》(国科发火〔2016〕32 号)。其附件《国家重点支持的高新技术领域》也作了修订,与原技术领域相比,新增"智慧城市服务支撑技术"等行业特征明显的服务业支撑技术。其中互联网教育作为智慧城市服务支撑技术被纳入高新技术领域,具体包括提供数字化学习资源和工具、智能设备和网络学习环境等服务的支撑技术;以及面向教育机构提供教育工具、教育平台运营及维护、内容制作及发布服务的支撑技术等。营利性民办学校在获得高新技术企业资格后,按照要求备案即可享受税收优惠。

3. 规模小的营利性民办学校可参照小微企业享受税收优惠

2022 年 3 月,《财政部　税务总局关于进一步实施小微企业"六税两费"减免政策的公告》(财政部　税务总局公告 2022 年第 10 号)与《财政部　税务总局关于进一步实施小微企业所得税优惠政策的公告》(财政部　税务总局公告 2022 年第 13 号)相继正式发布并实施。两个公告对小型微利企业的界定已经统一,明确是指从事国家非限制和禁止行业,且同时符合年度应纳税所得额不超过 300 万元、从业人数不超过 300 人、资产总额不超过 5 000 万元三个条件的企业。营利性民办学校在满足上述三个条件的基础上,可以享受"六税两费"以及企业所得税的减征。

一是符合小微企业条件的营利性民办学校可按照 50％ 税额幅度减征的"六税两费"。根据上述文件规定,属于小微企业的营利性民办学校依据所在地区政策,在 50％ 的税额幅度内减征资源税、城市维护建设税、房产税、城镇土地使用税、印花税(不含证券交易印花税)、耕地占用税和教育费附加、地方教育附加。除青海没有明确"六税两费"的减征额度外,有 30 个省级人民政府均明确是按照 50％ 税额幅度减征。30 个省级地区中,除西藏减征优惠里不包括房产税,实行"五税两费",其余 29 个地区均是执行"六税两费"优惠政策。

二是符合小微企业条件的营利性民办学校可享受应纳税所得额和税率双重减免。上述文件规定,符合小微企业的营利性民办学校年应纳税所得额超过 100 万元但不超过 300 万元的部分,减按 25％计入应纳税所得额,按 20％的税率缴纳企业所得税。应纳税所得额不超过 100 万元的部分,依据《财政部　税务总局关于实施小微企业普惠性税收减免政策的通知》(财税〔2019〕13 号)和《财政部　税务总局关于实施小微企业和个体工商户所得税优惠政策的公告》(财政部　税务总局公告 2021 年第 12 号),减按 25％计入应纳税所得额,在按 20％的税率缴纳企业所得税的基础上,再减半征收企业所得税。

三、税收优惠法定,地方在行政事业性收费优惠上探索

在税收优惠上,地方政策以执行国家税收规定为主。这是由《立法法》中的"税由法定"条款约束的。在这一背景下,各地在行政事业性收费优惠上作出了一定探索。如资产过户方面,上海、辽宁、宁夏明确将不动产登记到民办学校名下的,只缴纳证照工本费和登记费;贵州提出减免资产过户时的服务性收费;安徽、陕西可以免除办理过户手续中的行政事业性收费。在基础设施建设费方面,内蒙古提出民办学校新建扩建基础设施,其城市配套费、建设费、人防费等相关费用可享受规定优惠政策。在公办民办同等政策方面,云南、宁夏提出非营利性民办学校校舍及附属性设施建设在报建立项、规费减免、水电气供给、环境保护等方面享受公办学校同等政策;重庆要求民办学校的教育教学房屋建设涉及的城市建设配套费等行政事业性收费、服务性收费,公用事业性收费,享受与公办学校相同的价格政策同等待遇。

第三节　当前民办学校税收优惠
环境存在的主要问题

从已有的税收优惠政策看,无论是非营利性民办学校还是营利性民办学校均已经形成一定的优惠基础,从民办学校规范发展的政策环境构建看,已有的民办学校税收优惠政策还不完整,其引导的功能尚不能完全发挥。

一、缺乏专门规定，二元税收优惠政策体系有待进一步建立

在已有的税收优惠体系中，没有针对民办学校的专门税收规定，非营利性民办学校的税收优惠主要从《教育税收通知》找依据，营利性民办学校更是只能从企业优惠政策里探索。《教育税收通知》作为教育领域最完整的税收优惠政策，存在出台时间久、与当下教育环境和税收政策匹配度不够、政策性文件位阶效力低等问题。

1.《民办教育促进法》与其他法律规定之间尚未有效衔接

《民办教育促进法》第四十七条、四十八条为民办学校享受税收优惠提供了法律依据，同时也明确了民办学校税收优惠的二元管理机制，《民办教育促进法实施条例》承袭了《民办教育促进法》在税收优惠上的二元管理机制。然而《民办教育促进法》及其实施条例仅仅为民办学校税收优惠指明了方向，其具体规定过于笼统，缺乏可操作性，因此民办学校的具体税收优惠政策还是源自专门的税收法律法规，以及相关通知文件。

由于民办学校办学过程涉及众多税种，这些税种散落在各种专项税法、公告文件里的优惠举措，初步构建了民办学校税收优惠环境。从民办学校来说，由于缺乏完整的法律制度设计，不同税种优惠政策统筹力度不足，散落的税收优惠文件数量与体系极不平衡。《民办教育促进法》构建的税收优惠二元管理机制，与专门税收法律法规尚未有效衔接，已有的税收法律规范也难以支撑《民办教育促进法》提出的税收优惠二元管理机制。通过税收优惠二元管理机制，构建稳定的扶持环境，引导民办学校规范有序发展的功能并未得到有效发挥。

2. 税收优惠政策时效滞后，削弱民办学校扶持力度

2017 年 9 月 1 日，民办教育正式进入分类管理时代，营利性民办学校作为新鲜事物，兼具教育的公益属性和企业法人的营利性，但已有的税收政策并不能有效覆盖营利性民办学校的办学过程。从税收法律法规看，明确在民办学校分类管理实施之后颁布并实施的包括《印花税法》《契税法》《城市维护建设税法》《耕地占用税法》和《城镇土地使用税暂行条例》《增值税暂行条例》，其中对营利性民办学校的税收优惠并未提及，对民办教育税收优惠也着墨甚少，《企业所得税法》及其实施条例虽然在民办教育分类

管理实施之后作了修正,但由于修改内容较少,并未对原有规定作出大幅度调整。

实际上对教育税收优惠最完整的规定还是要追溯到《教育税收通知》,该文件是 2004 年公布并实施,当时营利性民办学校尚未出现,因此其中规定的民办学校税收优惠举措并不能适用于营利性民办学校。另外,由于《教育税收通知》出台时间早,印花税、契税、企业所得税、城市维护建设税、耕地占用税、城镇土地使用税、增值税、进出口关税、土地增值税等多个税种的法律法规在此期间均已经完成修正。国家税务总局官网显示,涉及印花税、营业税、企业所得税、契税的 8 个条款被废止,因此《教育税收通知》的税收优惠已经难以起到促进教育事业发展的作用。在对民办学校二元管理的机制下,已有的教育税收政策的时效性大大削弱,难以构建民办学校规范、稳定发展的政策环境。

3. 教育税收优惠以规范性文件为主,稳定性和持久性不足

教育领域最完整的税收优惠依据是《教育税收通知》,该文件是教育部和国家税务总局于 2004 年联合印发的通知,属于规范性文件。在与税收法律法规相比,其法律效力位阶明显较低,一旦相关税法进行修正,相关优惠条款将难以实施,甚至作废。从实际情况来看,《教育税收通知》18 条优惠条款,已经明确作废的有 8 条。

与此同时,已经完成修正的税法均明确相关税种的减免由国务院财税部门规定,实际上明确了税收法律、行政法规在计算税收优惠时的最高地位。《企业所得税法》第二十条规定"本章规定的收入、扣除的具体范围、标准和资产的税务处理的具体办法,由国务院财政、税务主管部门规定",第二十一条规定"计算应纳税所得额时,企业财务、会计处理办法与税收法律、行政法规的规定不一致的,应当依照税收法律、行政法规的规定计算"。《城镇土地使用税暂行条例》第六条提出"财政部另行规定免税的其他用地"免交城镇土地使用税,第七条规定"纳税人缴纳土地使用税确有困难需要定期减免的,由县以上税务机关批准"。《增值税暂行条例》明确增值税的免税、减税项目由国务院规定,任何地区、部门均不得规定免税、减税项目。在税收法定的时代背景下,已经完成 12 部税法的修正,规范性文件的政策属性也导致其随意性较大,缺乏稳定性、持久性。这既降低了政策的权威性,也不利于构建支持民办教育事业规范发展的政策环境。

4. 税收优惠集中在办学过程,现有民办学校转设成为税收优惠洼地

据《修法决定》,"选择登记为营利性民办学校的,应当进行财务清算,依法明确财产权属,并缴纳相关税费,重新登记,继续办学"。但是,关于民办学校的已有税收优惠政策主要是针对民办学校办学行为而制定的,对原有民办学校由非企业法人转制为企业法人时,可能产生的增值税、企业所得税、契税等税收的缴纳均无明确规定。学校转制后,法人属性发生了根本性的改变,原有纳税义务是否由新法人承担,原有民办学校分拆成两个民办学校法人时相关税收如何缴纳等情况,均缺乏清晰说明。

二、非营利性民办学校享有同等的税收优惠政策面临困难

根据《民办教育促进法》,非营利性民办学校享受与公办学校同等的税收优惠政策。非营利性民办学校与公办学校经费来源的根本差异,导致二者在实际税收优惠中,同等待遇落实存在困难。

1. 非营利性民办学校企业所得税优惠举措落实难度较高

在已有的非营利性民办学校税收优惠政策中,企业所得税涉及税额最多、影响最大。按照民办学校收入的 40% 结余、25% 的企业所得税税率计算,非营利性民办学校企业所得税额占收入比超过 10%。《企业所得税法》第二十六条规定,符合条件的非营利组织的收入可以免征企业所得税。《企业所得税实施条例》第八十四条提出了 7 条非营利性组织需满足的条件,同时授权国务院财政、税务主管部门会同国务院有关部门制定《非营利组织认定管理办法》。2009 年财政部和国家税务总局首次颁布《非营利组织认定管理办法》,2018 年经过两次修正的《财政部　国家税务总局关于非营利组织免税资格认定管理有关问题的通知》(财税〔2018〕13 号,以下简称《非营利组织免税资格认定办法》)已经颁布并实施。也就是说非营利性民办学校如若享受企业所得税优惠,需满足该通知中的"非营利组织认定条件"。

究其落实难度较高的原因,一方面是因为"非营利组织认定条件"相较于《民办教育促进法》规定的非营利性民办学校的条件,更加严格、更加具体。《非营利组织免税资格认定办法》在吸纳《民办教育促进法》关于非营利性民办学校定义的基础上,在工作人员工资福利开支比例、举办人投入财产不保留任何财产权利方面也作出明确规定。实践中,民办学校为了吸引优

质师资,也很难达到非营利组织免税资格认定所规定的"工作人员平均工资薪金水平不得超过税务登记所在地的地市级(含地市级)以上地区的同行业同类组织平均工资水平的两倍",因此并非所有的非营利性民办学校均能通过免税资格认定。

另一方面《修法决定》考虑到我国民办教育投资办学的属性,明确原有民办学校选择非营利性办学,在终止时,给予出资者相应的一次性补偿或者奖励。部分专家学者认为这种"一次性奖补"与非营利性组织"不向出资人、设立人或者会员分配所取得利润"的界定存在矛盾,使得非营利性民办学校的非营利性存在争议。从《非营利组织免税资格认定办法》规定的非营利组织的认定条件看,"投入人对投入该组织的财产不保留或者享有任何财产权利","该组织注销后的剩余财产用于公益性或者非营利性目的,或者由登记管理机关采取转赠给与该组织性质、宗旨相同的组织"。取得免税资格的非营利组织注销时,剩余财产处置违反这一规定的,"主管税务机关应追缴其应纳企业所得税款"。考虑到这一规定的重申日期是 2018 年 2 月 7 日,晚于 2016 年 11 月 7 日的《修法决定》,这将对非营利性民办学校特别是通过了免税资格认定的非营利性民办学校剩余资产的处置产生影响。

2. 学费收入不属于企业所得税免税收入

根据《企业所得税法》第二十六条,非营利性民办学校的收入免征企业所得税需要满足两个条件,一是非营利性民办学校本身满足《非营利组织免税资格认定办法》提出的认定条件;二是收入类别属于免税收入。依据《关于非营利组织企业所得税免税收入问题的通知》(财税〔2009〕122 号),免税收入范围包括捐赠的收入、政府补助收入、会费及相应的银行存款利息收入、其他收入。非营利性民办学校通过免税资格认定后,免税收入范围内的收入可以免征企业所得税。民办学校学费收入不属于企业所得税免税收入,因此即便通过非营利组织免税资格认定的非营利性民办学校,其学费收入也不能明确包括在免税收入范围内。

民办学校的学费收入占到总收入的 80% 以上,甚至很多学校接近100%,学费收入不能免征企业所得税,实际上相当于非营利性民办学校不能在企业所得税上有优惠。公办学校的学费收入,按照《企业所得税法》被视为"依法收取并纳入财政管理的行政事业性收费",直接归为"不征税收入",这意味着民办学校的学费收入,从来源上就被列入与公办学校不同的科目。因此虽然公办学校也处于企业所得税的缴纳范围内,但由于其学费收入属于不征税收入,公办学校几乎不用缴纳企业所得税。非营利性民办学校不同收入来源,导致其无法享受与公办学校同等的税收政策,也可以说基本上不享有企业所得税免的优惠。这是非营利性民办学校对免税资格认定不积极的主要原因,同时也是近年来发生多起地方向非营利性民办学校收取企业所得税事件的根本原因。

3. 特定条件下营利性民办学校的税收优惠力度有可能大于非营利性民办学校

按照小微企业标准享受税收优惠是营利性民办学校,尤其是营利性民办幼儿园最切实可行的优惠渠道。截至 2021 年年底,天眼查数据平台显示,全国完成登记的营利性民办学校和幼儿园已经超过了 1.2 万所,其中97％是营利性民办幼儿园。规模小、数量多是营利性民办幼儿园最重要的特点,由于与小微企业标准接近,营利性民办幼儿园可以按比例缩减应纳税所得额和税率,税收减免幅度可达 60％,规模更小的营利性民办学校甚至可以达到 90％的减免幅度①。这就有可能导致一种尴尬的情况:在同等规模下,营利性民办学校税收优惠力度可能远大于非营利性民办学校。这与构建差别化的二元税收优惠机制,引导鼓励非营利性民办学校发展的政策目标相违背。

4. 不同学段非营利性民办学校无法享受同等优惠政策

已有的税收优惠条件与民办学校法人分类维度不一致导致非营利性民办学校因处于不同层次而享受不同的税收优惠政策。非营利性学前教育机构、培训机构不能享受学历教育税收优惠。在增值税优惠方面,一般纳税人提供非学历教育服务的,可以适用简易计税方法,即,按照 3％征收增值税;同等条件下从事学历教育的机构提供的教育服务收入可免征增值税。在耕地占用税方面,《耕地占用税法》明确学校可以免缴耕地占用税,培训机构并不在免税范围。因此即便同样选择非营利性办学,非学历教育机构与学历教育机构也不能享受同等税收优惠政策。

---

① 以应纳税所得额分别为 100 万元、300 万元、400 万元为例计算,根据按比例缩减应纳税所得额和税率,三种情况下,应纳税减免幅度分别为 90％、83％、60％。

三、营利性民办学校税收优惠政策有待持续建立健全

营利性民办学校是民办教育分类管理改革后出现的新鲜事物,是具有公益属性的公司制企业法人,一方面相较于非营利性民办学校,其运行模式更加"市场化",另一方面其"公益性事业"的定位是得到法律承认,并在多个国家文件中加以强调。然而现有税收优惠政策并未兼顾营利性民办学校的双重属性。

1. 已有的税收优惠政策立足企业法人,忽视其法定公益属性

《民办教育促进法》第三条明确规定"民办教育事业属于公益性事业,是社会主义教育事业的组成部分"。《民办学校分类登记实施细则》第二条指出"民办教育是社会主义教育事业的重要组成部分。民办学校应当遵守国家法律法规……坚持公益性导向"。《营利性民办学校监督管理实施细则》第三条规定"营利性民办学校应当坚持教育的公益性,始终把培养高素质人才、服务经济社会发展放在首位,实现社会效益与经济效益相统一"。因此,公益性是营利性民办学校的法定属性,营利性民办学校是市场机制和教育相融合的产物,提供的服务和功能具有正外部性,与一般市场经济主体的运行方式也不完全相同。单纯以企业为参照设计营利性民办学校税收优惠政策,忽视了其"公益性事业"的定位。

另外,营利性民办学校公益属性程度也因为所处学段不同而有所差异。学历型营利性民办学校与非营利性民办学校提供的教育服务别无二致,同样具有准公共物品的属性,其公益性更强,不可简单地将营利性民办学历教育机构等同于企业法人。非学历教育机构,尤其是教育培训机构,其公益性相对更弱。因此在税收优惠政策设计过程中,在考虑营利性民办学校公益属性的基础上,还应对营利性民办学校内部不同学段进行区分,以体现其公益程度的差异。

2. 已有的产业方面的税收优惠政策具有时间和地域限制,可持续性有所弱化

《企业所得税法》第二十八条明确小微企业和高新技术企业分别按照20%和15%征收企业所得税。第二十九条规定"民族自治地方的自治机关对本民族自治地方的企业应缴纳企业所得税中属于地方分享的部分,可以

决定减征或免征。自治县、自治州决定减征或免征的,须报省级政府批准"。根据《高新技术企业认定管理办法》,通过认定的高新技术企业,其资格自颁发证书之日起有效期为三年。另外,高新技术认定范围集中在电子信息、生物工程、新能源等工科领域,与教育领域相关度不大,具体要求与教育适切性很低,民办学校想要享受高新技术企业税收优惠难度非常大,并且只有三年有效期。

小微企业税收优惠始于 2013 年,从最初的增值税和营业税的优惠发展至包括企业所得税、"六税两费"等多个税种的优惠。小微企业的设定条件也一直在更新。每年出台的小微企业税收优惠政策都明确具体的有效时间。根据国家税务总局公告,小微企业税收优惠的有效期是至 2024 年 12 月 31 日。营利性民办学校能否符合上述要求、符合后优惠政策到期是否可以延续,都具有一定的不确定性。

西部地区产业优惠政策也是营利性民办学校享受税收优惠途径的之一。设在西部地区的营利性民办高校,可以根据《西部地区鼓励类产业目录》中鼓励类产业项目,减按 15%税率缴纳企业所得税。营利性民办学校要将学校设在西部地区,西藏以外的其他西部地区营利性民办学校主营业务应集中在教具教学仪器开发及生产、艺术及技能培训、教育技术装备开发及生产三类;西藏从事初等教育、中等教育、高等教育、技能培训、教育辅助等教育服务业均可享受 15%企业所得税率。营利性民办学校享受西部地区鼓励类产业企业所得税优惠,则具有明确的地域限制,与此同时《西部地区鼓励类产业目录》也在不断变化。

第四节　民办学校办学税收优惠政策建议

构建民办学校税收分类优惠政策,是完善民办学校分类管理配套制度的要求,也是引导社会力量进行非营利性办学的重要手段。民办学校税收分类优惠政策制定过程,应在税收法定原则指导下完成,才能切实落实民办教育分类管理的法律设想。考虑到民办学校税收优惠政策的制定滞后于民办学校分类管理的现实发展,建议由国务院财税部门主导、教育行政部门共同参与,尽快明确教育税收政策。具体来说可包括但不限于以下几方面:

一、加强统筹力度，健全民办教育税收优惠法律法规体系

按照《中共中央关于全面深化改革若干重大问题的决定》"税收优惠政策统一由专门税收法律法规规定，清理规范税收优惠政策"的思想，民办教育税收优惠法律体系的健全应该确立以立法为主、以政策为辅的体系格局。①

1. 在立法规制的基础上，制定教育税收优惠新法规或政策文件

在《立法法》第八条"税收法定"的基本原则下，十八届三中全会明确"落实税收法定"要求，税收立法工作不断加快，已经完成十余个税种的立法工作，与民办教育相关的税种至少有 5 个已经完成立法工作。在暂行条例逐步被法律取代的前提下，在已经出台和即将出台的税收法律框架下，应授权国务院在充分吸收相关税种立法精神的基础上，对具体税收优惠政策作出专门规定。

针对《教育税收通知》年代久远，相关条款已经废止或是不合时宜的现实情况，建议国务院教育行政部门和财税部门应废止该文，出台包含民办学校在内的教育税收优惠行政性法规或是多部门联合发文的政策性文件，加强民办教育的税收优惠统筹力度，着力解决政策前后冲突问题，避免因执行依据不一带来的社会纠纷，强化民办学校税收优惠的稳定性、权威性。

2. 立足免征和计算优惠，探索多主体多渠道设计民办学校税收优惠

既有的民办学校税收优惠主要集中在税种直接免征、特定条件下办学行为税种免征，以及税率计算优惠等直接方式。有学者指出过分偏重于直接税收优惠方式不利于民办学校长期稳定的发展，过多的直接税收优惠容易导致举办者更加关注短期回报，甚至导致造假骗取税收优惠的违法现象。②建议在已有的直接优惠基础上，增加延迟缴纳、投资减免、加速折旧、税式支出等间接优惠方式，形成直接与间接方式相平衡、优惠渠道多元化的税收优惠政策环境，从而引导举办者办学行为长期化、稳定化。

另外，已有的税收优惠政策的考量多以民办学校为主体，对受教育者的

①②　孟波,刘旭东.我国民办教育税收优惠制度的检视与完善[J].税收经济研究,2022,27(2):17—26+40.

税收优惠明显单薄。民办学校办学成本主要靠学费支撑,收费历来颇高,民办学校助学贷款和助学金覆盖面有限,这对家庭经济困难的学生带来负担。针对受教育者,已有的税收优惠集中在《个人所得税专项附加扣除暂行办法》子女教育专项扣除条款。该条款主要针对年收入达到个人所得税起征点的家庭中的未成年子女,偏远农村地区收入尚未达到个人所得税起征点的家庭承担民办学校高昂的学费依旧困难。建议在制度设计上,对未达到个人所得税起征点的家庭未成年子女在民办学校接受学前教育和学历教育,实施退税制;对成年人参加的非学历教育培训可以按年度进行个人所得税定额抵扣。

3. 加强监管制度设计,提升税收优惠的有效性

完善的税收优惠应建立在规范严格的监管制度基础上。非营利性民办学校享受优厚的税收优惠政策的基础是加强对其监管制度的设计,避免举办者利用非营利性民办学校避税逃税,以获得一定的利润空间。建议妥善认定非营利性民办学校,对非营利性民办学校或是尚完成企业法人转设登记的民办学校,如果存在通过 VIE、红筹、兼并收购等形式被上市公司合并报表的情况,不能按照非营利性民办学校享受税收优惠。应将其等同营利性民办学校,按照企业法人享受国家规定税收政策,避免非营利性民办学校在享受国家税收优惠的前提下,对办学结余进行利润分配。

同时对民办学校举办者或经营主体,与所办学校在不同地方登记注册的情况加强监管。部分控制非营利性民办学校的举办者或实际控制人在西藏等西部地区注册,在非营利性民办学校享受税收优惠的基础上,举办者或实际控制人在办学并非主营业务的前提下,是否可以享受西部税收优惠有待商榷。

4. 突出税收导向作用,引导和支持民办学校规范发展

民办教育发展处于不断变革中,规范发展、落实立德树人是未来民办教育发展的主要方向。然而民办教育还存在法人财产权落实不到位、资本无序运作依旧明显、办学行为不够规范等现象。建议发挥税收的引导作用,通过税收优惠对民办学校规范办学行为进行引导。如对举办者将土地、校舍等过户学校名下,积极落实法人财产权,可以对印花税和契税进行减免等,加快民办学校法人财产权落实;通过设置阶段性税收优惠举措,引导培训机构拓展非学科类培训和成人培训业务等。

二、聚焦重点,落实非营利性民办学校同等税收优惠地位

非营利性民办学校应围绕落实与公办学校同等税收优惠地位,健全优惠政策体系。制约同等地位落实的关键是经费来源差异,对此建议将学费等收入纳入免税收入范围,同时对"一次性奖补"性质进行明确,对可能存在的举办者权益的转让带来的办学结余利润分配等不同情况作出界定。

1. 扩大免税收入范围,落实同等税收优惠地位

扩大非营利性民办学校免税收入范围,将学费纳入免税收入。参考《教育税收通知》,建议将非营利性民办幼儿园、托儿所备案并公示的收费标准范围内收取的教育费、保育费,非营利性民办学校提供学历教育的学费、住宿费、课本费、作业本费、考试报名费,非营利性校外培训机构标准范围内的课时费纳入企业所得税免征收入范围。对非营利性民办学校从事营利性活动取得的收入,应明确不纳入企业所得税优惠范畴,并且统一课税。

鼓励非营利性民办学校进行免税资格认定,对通过免税资格认定的民办学校、培训机构实行包括学费收入在内的"免税收入"免征企业所得税。对未通过或是未参加免税资格认定的非营利性民办学校、培训机构,对"免税收入"范围内的收入,可以按所处学段享受一定的优惠幅度企业所得税缴纳政策。具体来说包括减计收入、税率优惠两个路径,如按照 30%—50%计算应纳税所得额,或按照 15%—20%的税率缴纳企业所得税,切实减轻非营利性民办学校税负。

2. 妥善处理"一次性奖补",保障举办者合法权益

依托民办学校部际联席会议机制,对原有民办学校选择非营利性办学终止时,举办者获得的补偿和奖励性质进行明确。"一次性奖补"是对我国民办教育办学历史问题的回应,根本原因是正视投资办学的历史,保护举办者合法权益,鉴于其获得奖补的"一次性",不能等同于"合理回报"的属性,应明确不属于办学结余的利润分配,不能将此作为非营利性民办学校获得免税资格的必要条件。但是需要强调的是,"一次性奖补"只面向 2016 年11 月 7 日之前登记的原有民办学校,在此之后登记的民办学校举办者减持套现、转让举办者权益获得收益的行为,应作为免税资格考量标准。对于原

有民办学校原始举办者与继任举办者因"一次性奖补"签署转让协议的,对转让金额在"一次性奖补"范围内的,可以考虑参照"一次性奖补"的性质认定予以税收优惠。对于已经完成一次转让,继任举办者与后续举办者之间签订的再转让协议,即使金额在允许范围内,也不能通过非营利性组织免税认定。

3. 加强内部细分,合理规定不同学段非营利性民办学校税收优惠

针对非营利性民办学校内部不同学段享受税收优惠不一的情况,建议加强营利性民办学校内部细分,按照公益性差异分层分段明确税收优惠程度。鼓励非营利性校外培训机构通过免税资格认定,对通过认定的培训机构,对包括课时费在内的免税收入免征企业所得税。增值税在内的其他税种可以参考已有的规定予以计算优惠。

三、回应公益属性,系统设计营利性民办学校税收政策

营利性民办学校首要属性是公益性,国家对教育领域的税收优惠政策也应涵盖营利性民办学校。分类管理后财政资助的下降及税负成本的上升,将使对营利性民办学校提供税收优惠成为保持其市场竞争力的必要选择。

1. 立足公益属性,明确营利性民办学校税收优惠地位

《民办教育促进法》及其实施条例显示,在性质上营利性民办学校属于公司制企业法人,但营利性民办学校并不等同于一般的公司。二者之间的差别是营利性民办学校必须体现民办教育的公益性,贯彻国家的教育方针,保障教育质量,致力于培养社会建设事业的各类人才,不能将营利作为学校的唯一目标,更不能通过举办学校牟取暴利。[1]为确保民办学校公益属性,在治理架构设计上,《民办教育促进法》赋予董事会决策机构地位,行使《公司法》中权力机构的主要职能。建议在国务院制定的教育税收文件中,明确营利性民办学校在企业所得税、房产税、城镇土地使用税、增值税、契税等方面享受税收优惠政策,并配套明确的优惠举措,构建民办学校税收优惠二元管理机制。

---

① 黄薇主编.《中华人民共和国民办教育促进法》实用问答[M].中国民主法制出版社,2016.

2. 分层设计不同学段优惠程度，营造稳定持续的税收环境

针对营利性民办学校内部，不同学段公益属性也存在差异，在正视营利性民办学校公益属性的基础上，根据公益性程度差异，分层设计不同学段企业所得税优惠。目前看来学历型民办学校公益性更加突出，建议按照从事学历教育和非学历教育，对营利性民办学校进一步细化税收优惠政策设计。

企业所得税是营利性民办学校办学过程中面临的最主要的税种。切实加大企业所得税优惠力度和稳定性，有助于引导营利性民办学校长远稳定发展。建议对学历教育营利性民办学校和幼儿园可以参考西部地区企业 15% 和高新技术企业 20% 的税率征收企业所得税。明确学历教育民办学校和民办幼儿园按 50% 的税额幅度减征资源税、城市维护建设税、房产税、城镇土地使用税、印花税(不含证券交易印花税)、耕地占用税。

四、明确税收优惠，加快原有民办学校分类进程

原有民办学校转设与企业重组、事业单位重组具有相似之处，因此可在遵循税法的基础上，结合民办学校的特殊性，通过梳理企业重组、改制过程中的税收优惠政策，制定原有民办学校转设的税收优惠政策。原有民办学校转设为营利性民办学校不可避免会涉及增值税、企业所得税、契税、土地增值税、印花税 5 项。对此的主要建议有：

1. 不动产转让归入不征收增值税项目

2011 年 2 月 18 日，《国家税务总局关于纳税人资产重组有关增值税问题的公告》(2011 年第 13 号)提出纳税人在资产重组过程中，将全部或者部分实物资产以及与其相关联的债权、负债和劳动力一并转让给其他单位和个人，不属于增值税的征税范围。全面实施营改增之后，在转让行为中，涉及的不动产、土地使用权转让行为，属于不征收增值税项目。参考上述规定，原有民办学校转设为企业法人时，清算后的剩余资产全部用于营利性民办学校办学的，涉及土地使用权、房产等不动产转让的行为，可归入不征收增值税项目。

2. 企业所得税征收可享受特殊性税务处理

关于企业重组企业所得税处理方面，国家从 2009 年开始连续出台文

件,对企业重组含义、不同税务处理方法等问题作了规定,其中《财政部　国家税务总局关于企业重组业务企业所得税处理若干问题的通知》(财税〔2009〕59号)规定得最完整。根据该文件,原有民办学校转设为企业法人涉及企业注册名称、组织形式改变满足文件对企业重组含义的界定。因此,在满足具体要求的条件下,原有民办学校转设过程中应纳所得税额可分期缴纳完成;原有民办学校转设时,通过转让非货币性资产所得,可分期缴纳所得税;重组后所得税纳税义务由重新登记后的法人承担。

3. 暂不征收原投资主体存续的土地增值税

土地增值税方面,根据《财政部　税务总局关于继续实施企业改制重组有关土地增值税政策的通知》(财税〔2018〕57号),对整体改制的企业、分立与合并后的企业,将原国有土地使用权、房地产转移、变更到改制后的企业,暂不征土地增值税。建议在民办学校转设过程中,对不改变原投资主体,并承继原企业权利、义务的,原有民办学校土地使用权、房地产等转移、变更到重新登记后法人的,暂不征土地增值税。原有民办学校分立为两个独立法人办学时,对原投资主体存续的,以及举办者有房地产作价投入转设后的营利性民办学校的,对原有民办学校将房地产转移、变更到合并后重新登记后法人的,暂不征土地增值税。

4. 满足条件的原投资主体免征契税

《财政部　税务总局关于继续支持企业事业单位改制重组有关契税政策的通知》(财税〔2018〕17号)规定,整体改制后公司承继原企业权利、义务的,原投资主体在改制后企业中出资(股权、股份)比例超过50%的,改制(变更)后公司承受原企业土地、房屋权属,免征契税。因此,建议对原有民办学校在转设过程中原投资主体存续并在改制(变更)后的公司中所持股权(股份)比例超过75%,涉及房屋、土地权属变更到重新登记后的法人的,可免征契税。

5. 不动产转移变更的免征印花税

《财政部　国家税务总局关于企业改制过程中有关印花税政策的通知》(财税〔2003〕183号)规定,"企业因改制签订的产权转移书据免予贴花"。建议对现有民办学校在转设过程中,土地使用权、房地产等转移、变更到重新登记后法人的,免征印花税。

表 22　民办学校相关税种政策文件一览

序号	税　种	规制文件	制定机关	公布时间
1	印花税	《中华人民共和国印花税法》	全国人大常委会	2021 年 6 月 10 日
2	契　税	《中华人民共和国契税法》	全国人大常委会	2020 年 8 月 11 日
3	城市维护建设税	《中华人民共和国城市维护建设税法》	全国人大常委会	2020 年 8 月 11 日
4	企业所得税	《中华人民共和国企业所得税法》	全国人大	2018 年 12 月 29 日
5	耕地占用税	《中华人民共和国耕地占用税法》	全国人大常委会	2018 年 12 月 29 日
6	税收征收	《中华人民共和国税收征收管理法》	全国人大常委会	2015 年 4 月 24 日
7	企业所得税	《中华人民共和国企业所得税实施条例》	国务院	2019 年 4 月 23 日
8	城镇土地使用税	《中华人民共和国城镇土地使用税暂行条例》	国务院	2019 年 3 月 2 日
9	增值税	《中华人民共和国增值税暂行条例》	国务院	2017 年 11 月 19 日
10	进出口关税	《中华人民共和国进出口关税条例》	国务院	2017 年 3 月 1 日
11	税收征收	《中华人民共和国税收征收管理法实施细则》	国务院	2016 年 2 月 6 日
12	土地增值税	《中华人民共和国土地增值税暂行条例》	国务院	2011 年 1 月 8 日

第八章 分类管理中两类学校法人治理结构设计与推进策略[①]

随着民办学校分类管理制度的不断实践,营利性民办学校作为新生事物,越来越成为民办学校的重要组成部分。虽然在《民办教育促进法》背景下的非营利学校的管理要求与原《民办教育促进法》时代的非营利学校也发生了很大变化,但是营利性民办学校毕竟在中国民办教育发展史上无例可循。作为营利性法人的营利性民办学校与作为非营利性法人的非营利性民办学校在治理结构、管理要求与学校制度等方面究竟有哪些不同,营利性民办学校是否可以等同于一般的营利性主体,这些虽是基础问题但都很值得研究。本章着重于对营利性民办学校与非营利性民办学校在法人治理结构方面进行探索和讨论,主要围绕民办学校的举办者、决策机构、执行机构、监督机构等问题,对非营利性民办学校与营利性民办学校、对营利性民办学校与有限责任公司进行比较分析,尝试提出建立不同属性民办学校法人治理结构的设想。

第一节 民办学校法人属性的分析

2016年《民办教育促进法》修正,将民办学校划为非营利性和营利性两种,明确了非营利性民办学校和营利性民办学校的划分标准。《民办教育促进法》第十条明确规定"民办学校应当具备法人条件"。同时又在第十九条规定了"民办学校的举办者可以自主选择设立非营利性或者营利性民办学校。但是,不得设立实施义务教育的营利性民办学校。非营利性民办学校

的举办者不得取得办学收益，学校的办学结余全部用于办学。营利性民办学校的举办者可以取得办学收益，学校的办学结余依照公司法等有关法律、行政法规的规定处理"。可见，区别非营利性民办学校和营利性民办学校的关键之一在于办学收益能否分配。

2021 年 1 月 1 日正式实施的《民法典》将法人的类别分为营利法人、非营利法人和特别法人。《民法典》直接关于营利法人的规定共计 11 条，关于非营利法人的规定共计 9 条，内容涵盖了它们各自的定义、组织机构、出资人权利限制、关联交易和决议的撤销等，该等规定具有普适性。为将营利法人与非营利法人从本质上区别开，《民法典》对营利法人和非营利法人从性质上作出界定。《民法典》第七十六条规定："以取得利润并分配给股东等出资人为目的成立的法人，为营利法人。营利法人包括有限责任公司、股份有限公司和其他企业法人等。"《民法典》第八十七条规定："为公益目的或者其他非营利目的成立，不向出资人、设立人或者会员分配所取得利润的法人，为非营利法人。非营利法人包括事业单位、社会团队、基金会和社会服务机构等。"故而要理解这两种不同的法人属性本质上的区别，不应以主观目的为导向，而应以客观权利为导向进行判断，也即，判断营利法人的本质要素是股东等出资人是否可以取得利润并进行分配，不允许向出资人、设立人或者会员分配所取得的利润的为非营利法人。

那么，非营利性民办学校是否属于非营利法人？营利性民办学校是否属于营利法人呢？

一、非营利性民办学校是否属于非营利法人

1. 非营利性民办学校的组织形式是法人

法人是指具有民事权利能力和民事行为能力，依法独立享有民事权利和承担民事义务的组织。《民办教育促进法》第十条第三款规定"民办学校应当具备法人条件"，从而直接排除了历史上曾经存在的民办学校采用民办非企业单位（个人）或者民办非企业单位（合伙）等非法人组织形式。

2. 非营利性民办学校的举办者不能分配取得利润也不能取得剩余财产

《民办教育促进法》第十九条第二款规定"非营利性民办学校的举办者不得取得办学收益，学校的办学结余全部用于办学"，非常明确地规定了非

营利性民办学校的两大特点,不向举办者分配利润,不向举办者分配剩余财产,这与《民法典》关于非营利法人的定义相契合。①

3. 民办非企业法人是否属于非营利法人

我们都知道非营利性民办学校领取的是《民办非企业单位登记证书》,那么民办非企业单位是否属于非营利法人呢? 我们注意到《民法典》中规定的非营利法人的形式只有事业单位、社会团体、基金会和社会服务机构②,似乎并没有"民办非企业单位",这是否意味着民办非企业单位不是非营利法人? 民政部在 2018 年 8 月 27 日作出的《对"关于进一步明确'民办非企业'名称和性质的建议"的答复》中明确回答了这一问题。

民办非企业单位是我国改革开放以来发展形成的一类社会组织,最初也被人们称为"民办事业单位"。1996 年,经中央政治局常委会专门研究决定,将"民办事业单位"的名称确定为"民办非企业单位",由民政部门统一归口登记。1998 年 10 月,国务院颁布了《民办非企业单位登记管理暂行条例》,第二条规定"本条例所称民办非企业单位,是指企业事业单位、社会团体和其他社会力量以及公民个人利用非国有资产举办的,从事非营利性社会服务活动的社会组织",进一步明确了民办非企业单位的定义和登记、管理、执法等规范。民政部于 2016 年启动了《民办非企业单位登记管理暂行条例》的修订工作,并形成了《社会服务机构登记管理条例(修订草案征求意见稿)》公开征求社会意见。征求意见稿将"民办非企业单位"名称修改为"社会服务机构",这是一个新的概念。2016 年 6 月,中共中央办公厅、国务院办公厅《关于改革社会组织管理制度促进社会组织健康有序发展的意见》提出社会组织的主体包括社会团体、基金会、社会服务机构等,明确其属于社会组织范畴。由此可见,非营利性民办学校属于非营利法人。

二、营利性民办学校是否属于营利法人

再来看看营利性民办学校几个重要的特征。

---

① 详见《民法典》第八十七条第一款及九十五条。
② 详见《民法典》第八十七条第二款。

1. 营利性民办学校的组织形式是法人

《民办教育促进法》第十条第三款规定"民办学校应当具备法人条件"，故而营利性民办学校是法人。

2. 营利性民办学校的举办者可以取得办学收益

营利法人最本质的要素是投资人可以分配利润。《民办教育促进法》第十九条第三款规定"营利性民办学校的举办者可以取得办学收益，学校的办学结余依照公司法等有关法律、行政法规的规定处理"，肯定了民办学校举办者取得办学收益的权利，抛弃原有不明性质的"合理回报"的表述，与《民法典》关于营利法人的定义相契合。

3. 营利性民办学校的剩余财产按照《公司法》规定处理

《民办教育促进法》第五十九条第二款规定"营利性民办学校清偿上述债务后的剩余财产，依照公司法的有关规定处理"。《公司法》是典型的适用于有限责任公司与股份有限公司这两类营利法人的法律。营利性民办学校的剩余资产按照《公司法》的规定处理，表明营利性民办学校属于营利法人。

三、营利性民办学校是否等同于公司

在我们了解营利性民办学校属于营利法人后，另一个问题是营利性民办学校是否等同于公司？由时任全国人大常务委员会法工委行政法室副主任黄薇主编的《〈中华人民共和国民办教育促进法〉实用问答》，对《民办教育促进法》修改的背景、意义和精神进行解答。"从性质上看，营利性民办学校属于公司，举办者可以从办学结余中分配利润。……应当说明的是，营利性民办学校并不等同于一般的公司，必须体现民办教育的公益性，必须遵守法律、法规，贯彻国家的教育方针，保障教育质量，致力于培养社会建设事业的各类人才，不能将营利作为学校的唯一目标，更不能通过举办学校牟取暴利。"[①]可见，在立法层面，将营利性民办学校作为公司看待，但又不能等同于一般的公司。于是，进一步的问题来了，同为营利性法人，营利性民办学校与一般的公司区别在哪里？除了必须体现公益性之外，最大的不同恐怕体现在治理结构上。而法人属性不同的非营利性民办学校与营利性民办学

---

① 黄薇主编.《中华人民共和国民办教育促进法》实用问答[M].中国民主法制出版社，2016.

校在法人治理结构上当然就存在更多的不同。

第二节 不同法人属性民办学校
在治理结构上的差异

《国务院关于鼓励社会力量兴办教育促进民办教育健康发展的若干意见》(国发〔2016〕81 号)第十九条关于"完善学校法人治理"中明确规定:"民办学校要依法制定章程,按照章程管理学校。健全董事会(理事会)和监事(会)制度,董事会(理事会)和监事(会)成员依据学校章程规定的权限和程序共同参与学校的办学和管理。董事会(理事会)应当优化人员构成,由举办者或者其代表、校长、党组织负责人、教职工代表等共同组成。监事会中应当有党组织领导班子成员。探索实行独立董事(理事)、监事制度。健全党组织参与决策制度,积极推进'双向进入、交叉任职',学校党组织领导班子成员通过法定程序进入学校决策机构和行政管理机构,党员校长、副校长等行政机构成员可按照党的有关规定进入党组织领导班子。学校党组织要支持学校决策机构和校长依法行使职权,督促其依法治教、规范管理。完善校长选聘机制,依法保障校长行使管理权。民办学校校长应熟悉教育及相关法律法规,具有 5 年以上教育管理经验和良好办学业绩,个人信用状况良好。学校关键管理岗位实行亲属回避制度。完善教职工代表大会和学生代表大会制度。"①完善学校法人治理是加快现代学校制度建设的重要保障,学校法人治理的内容就包括举办者、董事会(理事会)、监事(会)、校长、教职工代表大会和学生代表大会等。

一、举办者

1.举办者要求

《民办非企业单位登记管理暂行条例》(国务院令第 251 号,1998 年 10

---

① 国务院.关于鼓励社会力量兴办教育促进民办教育健康发展的若干意见[EB/OL]. (2017-1-18)[2021-12-31]. http://www.gov.cn/zhengce/content/2017-01/18/content_5160828.htm.

月 25 日发布)第二条规定:"本条例所称民办非企业单位,是指企业事业单位、社会团体和其他社会力量以及公民个人利用非国有资产举办的,从事非营利性社会服务活动的社会组织。"①

《营利性民办学校监督管理实施细则》(教发〔2016〕20 号,2016 年 12 月 30 日实施)第九条规定:"举办营利性民办学校的社会组织,应当具备下列条件:(1)有中华人民共和国法人资格。(2)信用状况良好,未被列入企业经营异常名录或严重违法失信企业名单,无不良记录。(3)法定代表人有中华人民共和国国籍,在中国境内定居,信用状况良好,无犯罪记录,有政治权利和完全民事行为能力。"第十条规定:"举办营利性民办学校的个人,应当具备下列条件:(1)有中华人民共和国国籍,在中国境内定居。(2)信用状况良好,无犯罪记录。(3)有政治权利和完全民事行为能力。"②

由上可见,营利性民办学校举办者资格的规定显然比非营利性民办学校的规定更为详细和严格。

2. 举办者的权利

《民办教育促进法》虽然并未专章或专条规定民办学校举办者的权利,但是《广东省人民政府关于鼓励社会力量兴办教育促进民办教育健康发展的实施意见》将举办者权利归纳为依法按章程选择登记类型、日常运营管理、重大事项变更、获取劳动报酬、获得补偿或奖励等权利。③从已有的法律法规的规定来看,不同属性的民办学校举办者权利并没有明显不同。

但是,营利性民办学校举办者与公司股东的权利却存在很大差异。

根据《工商总局、教育部关于营利性民办学校名称登记管理有关工作的通知》(工商企注字〔2017〕156 号)的有关规定,营利性民办学校应登记为有

---

① 民办非企业单位登记管理暂行条例(1998 年 10 月 25 日国务院令第 251 号发布)[EB/OL].(2007-9-5)[2021-12-31],http://www.mca.gov.cn/article/gk/fg/shzzgl/201507/20150715847908.shtml.

② 教育部、人力资源社会保障部、工商总局.关于印发《营利性民办学校监督管理实施细则》的通知[EB/OL].(2017-1-18)[2021-12-31],http://www.gov.cn/xinwen/2017-01/18/content_5160935.htm#1.

③ 《广东省人民政府关于鼓励社会力量兴办教育促进民办教育健康发展的实施意见》:"(十七)保障举办者权益。保障民办学校的举办者或其代表依照政策法规和学校章程规定的权限及程序参与办学和管理。保障举办者依法按章选择登记类型、日常运营管理、重大事项变更、获取劳动报酬、获得补偿或奖励等权利。"

限责任公司或股份有限公司。①进而,从各营利性民办学校工商登记信息来看,营利性民办学校举办者即登记为公司的股东。

根据《公司法》的有关规定②,公司股东依法享有资产收益、参与重大决策和选择管理者的权利。股东会是公司的权力机构,行使公司重大事项决定权。也就是说,公司的决策权掌握在出资设立公司的股东手中。但是,营利性民办学校尽管登记为公司法人,其全体股东并不当然作为学校的最高权力机构,行使决策权。学校的最高决策权力属于依法组成的董事会,而董事会不是全体股东意志的实现机构,从而存在董事会意志与全体股东意志相左的可能。

在公司股东权利层面,股东享有资产收益权、重大决策权、股权转让权、股权优先购买权、特殊情况股权回购权、合法继承人股东资格继承权等,与公司股东相比,营利性民办学校的举办者是否享有同等权利? 就举办者权利和公司股东权利范围对比如下(见表23):

表 23　举办者权利和公司股东权利范围对比

《民办教育促进法》中营利性民办学校举办者权利	《公司法》规定的公司股东权利	营利性民办学校举办者是否享有公司股东权利
举办者取得办学收益(《民办教育促进法》第19条)	利润分配请求权(《公司法》第34条)	是
参与学校办学和管理(《民办教育促进法》第20条)	股东表决权(《公司法》第42条)	否
委派代表担任董事权(《民办教育促进法》第21条)	新股优先认购权(《公司法》第34条)	待明确
举办者变更权(《民办教育促进法》第54条)	股权转让权(《公司法》第71条)	是
/	股东优先购买权(《公司法》第72条)	待明确
/	股东知情权、质询权(《公司法》第97条)	待明确(有判例确认举办者享有知情权)

---

① 工商总局、教育部.关于营利性民办学校名称登记管理有关工作的通知[EB/OL].(2017-8-31)[2021-12-31],http://www.moe.gov.cn/jyb_xxgk/moe_1777/moe_1779/201709/t20170901_312956.html.

② 《公司法》第十四条规定"公司股东依法享有资产收益、参与重大决策和选择管理者等权利"。

（续表）

《民办教育促进法》中营利性民办学校举办者权利	《公司法》规定的公司股东权利	营利性民办学校举办者是否享有公司股东权利
/	异议股东股权回购请求权（《公司法》第 74 条）	待明确
/	股东代表诉讼权（《公司法》第 151 条）	待明确
/	确认股东会、董事会决议效力及撤销的权利（《公司法》第 22 条）	待明确
/	申请公司解散、清算权（《公司法》第 182 条）	待明确
/	公司剩余财产分配权（《公司法》第 186 条）	是

综上，通过将营利性民办学校举办者权利范围与一般公司法人的股东权利范围相比较，我们可以明显看出营利性民办学校举办者权利范围比一般公司法人的股东权利范围小。

3. 举办者的诉讼地位

近年来，关于民办学校的诉讼纠纷明显增多，涉及举办者的争议纠纷也层出不穷。举办者是否当然具有诉讼资格，不同属性的民办学校举办者的诉讼地位是否相同？我们以实际案例进行分析。

陶某明、乐某、李某博等五人于 2011 年 7 月 12 日签署形成了合子学校（上海虹口区艺术合子美术进修学校）第一届董事会第 1 次会议通过的董事会决议，章程中载明：学校的举办者意动公司（上海意动互联艺术设计有限公司），学校的注册资金 50 万元。上海市虹口区民政局于 2011 年 11 月 10 日出具《准予民办非企业单位登记决定书》，准予合子学校成立登记，发给《民办非企业单位（法人）登记证书》。李某博和意动公司、陶某明、乐某于 2012 年 3 月 29 日签字或盖章形成《上海虹口区艺术合子美术进修学校股东管理制度修订版》，载明："股东陶某明、李某博、乐某于 2011 年共同出资创建上海虹口区艺术合子美术进修学校，三人为上海虹口区艺术合子美术进修学校的实际、唯一出资方，持股比例分别为陶某明 40%、李某博 35% 和乐某 25%，分红比例与持股比例一致"等内容。2012 年 7 月 2 日，陶某明向李某博银行账户转入 30 万元。次日,李某博分别向陶某明、乐某银行账户转账 12 万元和 75 000 元。2013 年 3 月 27 日,李某博和意劢公司、陶某明、乐某签字或盖章后形成《上海虹口区艺术合子美术进修学校股东会议》,合子学校在学校盖章确认栏盖章。《上海虹口区艺术合子美术进修学校股东会议》载明内容为关于补交税款、股东后期合作事宜;参加会议的股东为李某博、陶某明、乐某等。此后,李某博以确认李某博为合子学校的出资人暨举办者,出资比例为 35% 为由,向法院提起诉讼。

　　人民法院认为:民办学校的成立应经过行政部门行政许可登记,民办学校举办者的变更,须由举办者提出,清算财务后,经学校董事会同意,报行政审批机关核准。而民办学校举办者要求确认其民办学校举办者的身份属于民办学校举办者的变更,即应报行政审批机关核准,而并非提起民事诉讼。行为人提起要求确认其民办学校举办者的身份的诉讼不属于人民法院受理民事诉讼的范围,人民法院应裁定驳回起诉。

　　该案发生于 2011 年,案涉学校的性质当然还是非营利性民办学校。根据最高人民法院《民事案件案由规定》(法〔2011〕42 号),行为人要求人民法院确认民办学校举办者身份确实不属于人民法院受理民事诉讼的范围。即使根据最新的《最高人民法院关于印发修改后的〈民事案件案由规定〉的通知》(法〔2020〕347 号)的规定,仍然没有民办学校举办者身份确认纠纷这一案由,甚至没有关于任何与非营利法人、民办非企法人有关的纠纷案由规定。

　　营利性民办学校根据规定应登记为公司法人,举办者则登记为公司股东。那么,营利性民办学校一旦发生纠纷,是否可以适用《民事案件案由规定》中与公司有关的纠纷,比如股东(举办者)资格确认纠纷、股东(举办者)出资纠纷、股权(举办者)转让纠纷等等?虽然根据《民办教育促进法》第五十四条规定"民办学校举办者的变更,须由举办者提出,在进行财务清算后,经学校理事会或者董事会同意,报审批机关核准"。营利性民办学校举办者变更的要求并没有改变,但是如果按照前述案例中的裁判规则,作为营利性民办学校举办者(股东)也应该可以请求人民法院确认其股东资格。

二、决策机构

　　根据《民办教育促进法》的规定,民办学校应当设立学校理事会、董事会或其他形式的决策机构,并建立相应的监督机制。董事会是民办学校的决策机构,决定民办学校的重大事项。从这点上来讲,不同属性的民办学校也没有明显不同。但是,营利性民办学校的决策机构与公司的决策机构却存在很大差异。

民办学校的董事会与公司法人的董事会存在根本区别,民办学校的董事会是作为最高权力机构存在的,公司法人的董事会则是执行机构,从该等意义上民办学校董事会相当于公司法人的股东会,但又与股东会不同。民办学校组织机构与公司法人(以下均以有限责任公司为例)组织机构设置的不同导致公司法规定的股东会、董事会的规定无法直接适用于民办学校。

1. 营利性民办学校董事会成员与公司的董事会成员构成不同

根据《民办教育促进法》的规定,营利性民办学校的董事会由举办者或者其代表、校长、教职工代表等人员组成。其中三分之一以上的董事应当具有五年以上教育教学经验。学校董事会由五人以上组成,设理事长或者董事长一人。理事长、理事或者董事长、董事名单报审批机关备案。一般而言,首届董事会成员由举办者推选产生。董事会和监督机构的产生方法、人员构成、任期、议事规则等由章程规定。

根据《公司法》的规定,有限责任公司设董事会,其成员为三人至十三人。非职工代表担任的董事、监事由股东会选举和更换。股东会是有限责任公司的权力机构,由全体股东组成。有限责任公司董事会产生办法、职权、议事规则由章程规定。

通过法律规定的比较研究,营利性民办学校的董事会作为学校最高决策机构并非由全体举办者构成,而是由包括举办者代表、校长、教职工在内的成员共同构成。民办学校的董事会并不对举办者负责,但公司的董事会对公司股东会负责。由于民办学校董事会和公司法人董事会存在本质的不同,因此,公司董事会的有关规定无法适用于民办学校的董事会。

2. 营利性民办学校的最高权力机构与有限责任公司的最高权力机构权限不同

营利性民办学校的最高决策机构为董事会,但有限责任公司的最高权力机构为股东会。营利性民办学校最高权力机构的成员结构、机构职权等与有限责任公司也存在较大不同。基于民办学校的公益属性,民办学校的最高权力机构不由全体举办者构成，尤其是根据《国务院关于鼓励社会力量兴办教育促进民办教育健康发展的若干意见》（国发〔2016〕81 号）第十九条的要求，董事会成员还应包括党组织负责人。根据"特别法优于普通法"的原则，民办学校的组织机构设置上应优先适用《民办教育促进法》的规定。因此，全体股东不能直接构成营利性民办学校有限责任公司的股东会并作为最高权力机构存在。

营利性民办学校董事会职权与有限责任公司股东会职权对比如下（见表 24）：

表 24　营利性民办学校董事会与有限责任公司股东会职权对比

《民办教育促进法》中营利性民办学校董事会职权	《民法典》中营利法人权利机构职权	《公司法》对有限责任公司股东会职权的规定
（一）聘任和解聘校长	选举或更换执行机构、监督机构成员	（一）选举和更换非由职工代表担任的董事、监事
（二）修改学校章程和制定学校的规章制度	修改法人章程	（二）修改公司章程
（三）制定发展规划，批准年度计划	/	（三）决定公司的经营方针和投资计划
（四）筹集办学经费，审核预算、决算	/	（四）审议批准公司的年度财务预算方案、决算方案
/	/	（五）审议批准公司的利润分配方案和弥补亏损方案
（五）决定教职工的编制定额和工资标准	/	（六）决定有关董事、监事的报酬事项
/	/	（七）对公司增加或者减少注册资本作出决议
/	/	（八）对发行公司债券作出决议
（六）决定学校的分立、合并、终止	/	（九）对公司的合并、分立、解散、清算或者变更公司形式作出决议
（七）决定其他重大事项	章程规定的其他职权	（十）公司章程规定的其他职权

　　从表 24 的对比来看,营利性民办学校董事会与公司的股东会均享有重大事项的决策权。但公司股东会法定职权显然要比民办学校董事会法定职权要宽。民办学校董事会是否享有公司法人股东会的职权,是需要进一步考虑的问题。

　　这里不得不提的是 2020 年 7 月 24 日,教育部办公厅印发人大法工委关于《对营利性民办学校决策机构法律适用问题的答复意见》(法工委复〔2020〕5 号),解答关于营利性民办学校决定机构法律适用的相关问题。其包含三条意见:

　　第一条说的是营利性民办学校的决策机构应该适用《民办教育促进法》的特别规定。虽然根据《民办教育促进法》第二十条①的规定,营利性民办学校的决策机构可以是其设立的理事会或者董事会,也可以是其他形式的决策机构。但是《民办教育促进法》第二十一条②、二十二条③、五十四条④和五十五条⑤规定的均是理事会或董事会构成要求,变更要求,并没有提及"其他形式的决策机构"是什么,以及相关人员构成要求和职权等。

　　第二条说的是营利性民办学校如果股权变更涉及举办者变更的,也应该适用《民办教育促进法》的特别规定。即《民办教育促进法》第五十五条的规定,由举办者提出,在进行财务清算后,经学校理事会或者董事会同意,报审批机关核准。这里没有提到经"其他形式的决策机构"同意。可是,正如前述,不论是多个股东还是单一股东,只要股东发生变化就势必造成举办者

---

　　① 《民办教育促进法》(2018 年修订)第二十条规定:"民办学校应当设立学校理事会、董事会或者其他形式的决策机构并建立相应的监督机制。民办学校的举办者根据学校章程规定的权限和程序参与学校的办学和管理。"

　　② 《民办教育促进法》(2018 年修订)第二十一条规定:"学校理事会或者董事会由举办者或者其代表、校长、教职工代表等人员组成。其中三分之一以上的理事或者董事应当具有五年以上教育教学经验。学校理事会或者董事会由五人以上组成,设理事长或者董事长一人。理事长、理事或者董事长、董事名单报审批机关备案。"

　　③ 《民办教育促进法》(2018 年修订)第二十二条规定:"学校理事会或者董事会行使下列职权:(一)聘任和解聘校长;(二)修改学校章程和制定学校的规章制度;(三)制定发展规划,批准年度工作计划;(四)筹集办学经费,审核预算、决算;(五)决定教职工的编制定额和工资标准;(六)决定学校的分立、合并、终止;(七)决定其他重大事项。其他形式决策机构的职权参照本条规定执行。"

　　④ 《民办教育促进法》(2018 年修订)第五十四条规定:"民办学校举办者的变更,须由举办者提出,在进行财务清算后,经学校理事会或者董事会同意,报审批机关核准。"

　　⑤ 《民办教育促进法》(2018 年修订)第五十五条规定:"民办学校名称、层次、类别的变更,由学校理事会或者董事会报审批机关批准。"

变化，那么就应适用《民办教育促进法》第五十五条的规定，由教育行政管理部门审批登记。但是，按照该意见的表述，应该还存在股东变化不必然造成举办者变化的情形，这是一种什么情况，至今未解。

真正令人费解的问题来自第三条，《民办教育促进法》第十九条第三款①、第五十九条第二款②规定了营利性民办学校的办学结余、清偿有关债务后的剩余财产，依照公司法的有关规定处理，还规定由理事会（董事会）决策后，提交股东会（股东）表决。

对此，不禁让人有如下疑问：

（1）营利性民办学校股东会的法律地位是什么？如果属于《民办教育促进法》规定的"其他形式决策机构"，该意见第三条讲得很清楚，"由理事会（董事会）决策后，提交股东会表决"。也就是说，营利性民办学校的决策机构仍然是理事会（董事会）。但如果不属于决策机构，营利性民办学校理事会（董事会）的决策结果并不是最后结果，还需要报股东会表决，那么这个股东会是凌驾于理事会（董事会）之上的"终极决策机构"吗？

（2）营利性民办学校的股东会如何构成？顾名思义，营利性民办学校是公司法人，根据《公司法》的规定应该有股东会。如果营利性民办学校举办者是单个个人或公司即单一举办者的，则营利性民办学校的股东即为该个人或公司；如果营利性民办学校举办者是多个个人或公司即多个举办者的，则由该多个个人或公司共同组成该营利性民办学校的股东会。

（3）营利性民办学校的股东会职责是什么？《民办教育促进法》第二十二条规定了理事会（董事会）的具体职责，同时规定"其他形式决策机构的职权参照本条规定执行"。鉴于前述，营利性民办学校的股东会显然并非《民办教育促进法》规定的"其他形式决策机构"，因此我们理解营利性民办学校股东会没有法定职责。但是从该意见看来，全国人大法工委显然在该意见中赋予营利性民办学校股东会（股东）以新的职责，即"营利性民办学校办学结余分配、剩余财产处理由理事会（董事会）决策后，提交股东会（股东）表决"。这个表决权的实际意义在哪里？

---

① 营利性民办学校的举办者可以取得办学收益，学校的办学结余依照公司法等有关法律、行政法规的规定处理。

② 非营利性民办学校清偿上述债务后的剩余财产继续用于其他非营利性民办学校办学；营利性民办学校清偿上述债务后的剩余财产，依照公司法的有关规定处理。

（4）该意见是否属于对《民办教育促进法》的立法解释？根据《立法法》（2023 修正）第四十八条①和第六十九条②的规定，法律解释权属于全国人大常委会，对于需要对法律规定进一步明确具体含义的，应当由全国人大常委会进行解释。全国人大法工委作为全国人大常委会的工作机构可以对有关具体问题的法律询问予以答复，但其作出的答复不应属于立法解释。也就是说该意见其实是无权对《民办教育促进法》作出立法解释的，自然无权赋予营利性民办学校股东会（股东）以新的职责。

（5）如果股东会表决不通过理事会（董事会）的决策结果怎么办？既然该意见规定营利性民办学校办学结余分配、剩余财产处理由理事会（董事会）决策后，提交股东会（股东）表决，无非出现两种结果：一种是股东会表决通过，这没有问题；另一种是股东会表决不通过，那怎么办？重新交回董事会决策吗？如果董事会的决策结果和股东会的表决结果形成僵局怎么办？

综上所述，我们认为该意见虽然明确了营利性民办学校的决策机构适用《民办教育促进法》的特别规定，但是对于学校股东会的法律地位、职责以及其与董事会之间的法律关系等关键问题并未明确，可能导致营利性民办学校和各级教育主管部门在实际运营管理过程中无所适从、无法执行。

三、执行机构

《民办教育促进法》尚未明确规定营利性民办学校的执行机构，但规定了校长的任职资质以及校长的职权。民办学校的校长负责学校的教育教学和行政管理工作，可以说，校长职位在民办学校中至关重要，扮演着与执行机构相似的角色。有限责任公司的执行机构为董事会，董事会依法享有法律规定及公司章程赋予的职权。

通过对比分析，我们既不能将校长作为一个机构等同于有限责任公司的董事会，也无法将校长作为一个职位等同于有限责任公司的经理。因此，

---

① 《立法法》第四十八条规定："法律解释权属于全国人民代表大会常务委员会。法律有以下情况之一的，由全国人民代表大会常务委员会解释：（一）法律的规定需要进一步明确具体含义的；（二）法律制定后出现新的情况，需要明确适用法律依据的。"

② 《立法法》第六十九条规定："全国人民代表大会常务委员会工作机构可以对有关具体问题的法律询问进行研究予以答复，并报常务委员会备案。"

营利性民办学校是必须具备公司法意义上的执行机构，还是可以通过以校长为行政负责人的行政机构如校长办公会等类比有限责任公司的执行机构，是一个法律冲突问题。

表25　营利性民办学校、公司执行机构职权对比

《民办教育促进法》中营利性民办学校校长的职权	《民法典》中营利法人执行机构的职权	《公司法》中有限公司董事会职权
民办学校校长负责学校的教育教学和行政管理工作，行使下列职权：	执行机构行使召集权力机构会议，决定法人的经营计划和投资方案，决定法人的内部管理机构的设置，以及法人章程规定的其他职权。	董事会对股东会负责，行使下列职权：（一）召集股东会会议，并向股东会报告工作
（一）执行学校董事会的决定	/	（二）执行股东会决议
（二）实施发展规划，拟订年度工作计划、财务预算和学校规章制度		（三）决定公司的经营计划和投资方案 （四）制定公司的年度财务预算方案、决算方案 （五）制订公司的利润分配方案和弥补亏损方案 （六）制订公司增加或者减少注册资本以及发行公司债券的方案 （七）制订公司合并、分立、解散或者变更公司形式的方案 （八）决定公司内部管理机构的设置 （十）制定公司的基本管理制度
（三）聘任和解聘学校工作人员，实施奖惩	/	（九）决定聘任或者解聘公司经理及其报酬事项，并根据经理的提名决定聘任或者解聘公司副经理、财务负责人及其报酬事项
（四）组织教育教学、科学研究活动，保证教育教学质量	/	/
（五）负责学校日常管理工作	/	/

四、监督机构

《民办教育促进法》第二十条规定:"民办学校应当设立学校理事会、董事会或者其他形式的决策机构并建立相应的监督机制。"《营利性民办学校监督管理实施细则》第十六条规定:"营利性民办学校应当建立董事会、监事(会)、行政机构,同时建立党组织、教职工(代表)大会和工会。营利性民办学校法定代表人由董事长或者校长担任。"第十八条规定:"营利性民办学校监事会中教职工代表不得少于1/3,主要履行以下职权:(1)检查学校财务。(2)监督董事会和行政机构成员履职情况。(3)向教职工(代表)大会报告履职情况。(4)国家法律法规和学校章程规定的其他职权。"

监事会固然是传统的监督机构,但是参考在美、英等国公司法确定的公司治理结构中,公司权力机构仅包括股东大会和董事会,无监事会之设,是独立董事在实际上行使决策和监督并重的职能。[1]独立董事制度 20 世纪 30 年代起源于美国,1940 年颁布的《投资公司法》是其产生的标志。其《投资公司法》指出投资公司的董事会成员中应该有不少于 40％的独立人士担任一些职务。独立董事制度的设计目的在于防止控制股东及管理层的内部控制,损害公司整体利益。中国证监会于 2001 年颁布了《关于在上市公司建立独立董事制度的指导意见》,根据该规范性文件,上市公司独立董事是指不在公司担任除董事外的其他职务,并与其所受聘的上市公司及其主要股东不存在可能妨碍其进行独立客观判断的关系的董事。独立董事对上市公司及全体股东负有诚信与勤勉义务。独立董事独立履行职责,不受上市公司主要股东、实际控制人或者其他与上市公司存在利害关系的单位或个人的影响。

民办学校或许可以借鉴我国上市公司独立董事制度,在学校董事会中专门设置独立董事,对学校的重大关联交易认可后,提交董事会讨论;独立董事向董事会提议聘请中介机构出具独立财务顾问报告及财务审计报告;提议召开董事会;独立聘请外部审计机构和咨询机构;参与民办学校薪酬制度设计等等,在民办学校章程中对独立董事制度作出专门的规定,使其可以全面而独立地参与民办学校的决策和监督。

---

① 陆雄文.管理学大辞典[M].上海:辞书出版社,2013.

第三节 民办学校法人治理结构的探索建议

一、依法规范非营利性民办学校并注重发挥学校自主能动性

1. 建立非营利性民办学校独立董事制度,规范非营利性民办学校的管理

20 世纪 70 年代之前,美国上市公司董事会的情况与我国现在的民办学校董事会情况非常相似,董事会的席位基本上为内部董事所把持,绝大多数的民办学校董事会为举办者实际控制,即使法律规定民办学校的董事会成员中必须有校长、党组织负责人和教职工代表,但这些董事对举办者仍然是言听计从,没有起到应有的规范治理的作用。上市公司的独立董事制度发展至今,我们已经可以看到其在公司治理结构中对于提高公司决策过程的科学性、效益性、安全性,预防公司总裁和其他公司内部控制人为所欲为、鱼肉公司和股东利益,强化公司内部民主机制,维护小股东和其他公司利害关系人的利益发挥了积极作用。此外,考虑到营利性民办学校的治理如果《民办教育促进法》没有特别规定的,可以比照《公司法》的相关规定,中国公司法制度体系发展至今已相对成熟,故而营利性民办学校的治理相对依据充分。但我国历来对于民办非企业单位的法律规定较少,制度相对不完善,而非营利性民办学校又是民办学校的主流形式,对于民办学校的发展至关重要,因此,我们建议在非营利性民办学校治理结构中首先尝试引进独立董事制度。主要可以从以下几个方面搭建非营利性民办学校的独立董事制度。

一是民办学校独立董事的基本要求:(1)民办学校的独立董事是指不在学校担任除董事外的其他职务,并与其所受聘的民办学校及其主要举办者不存在可能妨碍其进行独立客观判断的关系的董事。(2)独立董事对民办学校负有诚信与勤勉义务。独立董事应当按照相关法律法规和学校章程的要求,认真履行职责,维护学校整体利益,尤其要关注教师和学生的合法权益不受损害。(3)独立董事应当独立履行职责,不受民办学校举办者、实际控制人或者其他与民办学校存在利害关系的单位或个人的影响。(4)独立董事原则上最多在 5 家学校兼任独立董事,并确保有足够的时间和精力有

效地履行独立董事的职责。(5)民办学校按照学校章程的规定,聘任适当人员担任独立董事,建议其中至少包括一名会计专业人士及一名法律专业人士。

二是独立董事应当具备与其行使职权相适应的任职条件:(1)具有独立性;(2)具备民办学校运作的基本知识,熟悉相关法律、行政法规、规章及规则;(3)具有五年以上法律、经济或者其他履行独立董事职责所必需的工作经验;(4)公司章程规定的其他条件。

三是下列人员不得担任独立董事:(1)在民办学校或其关联主体任职的人员及其直系亲属、主要社会关系(直系亲属是指配偶、父母、子女等;主要社会关系是指兄弟姐妹、岳父母、儿媳女婿、兄弟姐妹的配偶、配偶的兄弟姐妹等);(2)直接或间接持有民办学校举办权的自然人及其直系亲属;(3)为民办学校及其关联主体提供财务、法律、咨询等服务的人员;(4)学校章程规定的其他人员。

四是独立董事的提名、选举和更换应当依法、规范进行。

五是除具有《民办教育促进法》和其他相关法律、法规赋予董事的职权外,民办学校还应当赋予独立董事一些特别职权:(1)重大关联交易应由独立董事认可后,提交董事会讨论,独立董事作出判断前,可以聘请中介机构出具独立财务顾问报告,作为其判断的依据;(2)向董事会提议聘用或解聘会计师事务所;(3)向董事会提请召开临时董事会;(4)独立聘请外部审计机构和咨询机构等。

六是独立董事应当对民办学校重大事项发表独立意见:(1)提名、任免董事;(2)聘任或解聘高级管理人员;(3)学校董事、高级管理人员的薪酬;(4)学校举办者、实际控制人及其关联企业对学校现有或新发生的重大关联交易的合法性、合理性和正当性;(5)独立董事认为可能损害教师和学生利益的事项;(6)公司章程规定的其他事项。

七是为了保证独立董事有效行使职权,学校应当为独立董事提供必要的条件:(1)学校应当保证独立董事享有与其他董事同等的知情权;(2)学校应提供独立董事履行职责所必需的工作条件;(3)独立董事行使职权时,学校有关人员应当积极配合,不得拒绝、阻碍或隐瞒,不得干预其独立行使职权;(4)独立董事聘请中介机构的费用及行使其他职权时所需的费用由学校承担;(5)学校应当给予独立董事适当的津贴。除上述津贴外,独立董事不可从该学校及其举办者或有利害关系的机构和人员取得额外的、未予披露的其他利益。

2. 赋予非营利性民办学校章程制定的自主权,提倡根据学校实际情况制定个性化章程

关于民办学校的章程,最早民政部《关于印发〈民办非企业单位章程示范文本〉的通知》(民函〔2005〕24 号)给出了章程的示范文本,这之后的十多年里广大民办学校的章程基本使用该文本。随着《民办教育促进法》的修正,国家相关配套法律法规及政策的出台,我们看到新的政策背景下民办学校的章程地位越来越重要,主要体现在:

(1) 民办学校要依法制定章程,按照章程管理学校。健全董事会(理事会)和监事(会)制度,董事会(理事会)和监事(会)成员依据学校章程规定的权限和程序共同参与学校的办学和管理。

(2) 民办学校董事会、行政机构、校长应当依据国家有关法律法规和学校章程设立和行使职权。

(3) 民办学校监事会根据学校章程规定行使其他法律规定以外的职权。

(4) 民办学校终止时,应当依法进行财务清算,财产清偿依据《中华人民共和国民办教育促进法》等法律法规和学校章程的规定处理。

(5) 学校章程可规定法律规定以外的学校终止事宜。

(6) 2016 年 11 月 7 日后设立的民办学校终止时,财产处置按照有关规定和学校章程处理。

由此可见,要求各非营利性民办学校使用章程示范文本制定千篇一律的章程意义不大,每个地区每个学校的具体情况不一样,教育主管部门需要赋予非营利性民办学校章程制定的自主权,提倡根据学校实际情况制定个性化章程才能真正做到鼓励非营利性民办学校的发展。

二、尊重市场规律并比照公司制度,扩大营利性民办学校举办者的权利范围

营利性民办学校在制订其章程时应综合考虑《民办教育促进法》《民法典》及《公司法》的相关规范,使《民办教育促进法》和《公司法》的规定在学校

章程中得以协调,从而避免法律适用上的困惑。具体而言,营利性民办学校的举办者借鉴公司股东的若干权利,可考虑如下几个方面:

1. 新增投资的优先认购权

参照《公司法》第三十四条的规定①,如果营利性民办学校的举办者决定对学校增加出资,那么建议明确举办者有权按照各自实缴的出资比例享有举办权。

2. 举办者的优先购买权

参照《公司法》第七十二条的规定②,如果学校的举办权发生变更,建议明确原举办者享有优先购买权,以保持学校的相对稳定。

3. 异议举办者的举办权回购请求权

参照《公司法》第七十四条的规定③,建议符合特定情形下对民办学校董事会该项决议投反对票的举办者可以请求学校按照合理的价格收购其举办权,这对于解决学校治理僵局非常有帮助。

4. 举办者的知情权、质询权

因为受民办学校董事会席位的限制,可能部分举办者无法作为举办者代表进入董事会参与学校管理,因此参照《公司法》第九十七条的规定④,建议明确举办者对学校的知情权和质询权。

5. 申请学校解散、清算权

《民办教育促进法》等相关法律法规仅规定了学校终止的三种情形,即:根据学校章程规定要求终止,并经审批机关批准的;被吊销办学许可证的;

---

①　《公司法》第三十四条:"公司新增资本时,股东有权优先按照实缴的出资比例认缴出资。"

②　《公司法》第七十二条:"人民法院依照法律规定的强制执行程序转让股东的股权时,应当通知公司及全体股东,其他股东在同等条件下有优先购买权。其他股东自人民法院通知之日起满二十日不行使优先购买权的,视为放弃优先购买权。"

③　《公司法》第七十四条:"有下列情形之一的,对股东会该项决议投反对票的股东可以请求公司按照合理的价格收购其股权:

(一)公司连续五年不向股东分配利润,而公司该五年连续盈利,并且符合本法规定的分配利润条件的;

(二)公司合并、分立、转让主要财产的;

(三)公司章程规定的营业期限届满或者章程规定的其他解散事由出现,股东会会议通过决议修改章程使公司存续的。自股东会会议决议通过之日起六十日内,股东与公司不能达成股权收购协议的,股东可以自股东会会议决议通过之日起九十日内向人民法院提起诉讼。"

④　《公司法》第九十七条:"股东有权查阅公司章程、股东名册、公司债券存根、股东大会会议记录、董事会会议决议、监事会会议决议、财务会计报告,对公司的经营提出建议或者质询。"

因资不抵债无法继续办学的。但这并不能满足现实需求,因此建议参照《公司法》第一百八十二条的规定①,明确举办者申请学校解散和清算的权利。

6. 明确赋予营利性民办学校具有与公司同等的诉讼资格

比如规定涉及营利性民办学校的纠纷案由均可套用与公司有关的纠纷案由;比如明确举办者也可以参照《公司法》第一百五十一条的规定②享有代表诉讼权。

非营利性民办学校和营利性民办学校因为法人属性不同,其治理结构先天就存在很大的不同。但不论哪种属性的法人,治理结构的合理搭建,不同的治理机构之间的责权利设定、制衡、协同对于完善学校法人治理,建设现代学校制度都具有重大的意义,治理结构就相当于学校法人的大脑和中枢神经。除了举办者、决策机构、执行机构和监督机构之外,还可以继续研究学校的教师代表大会制度和学生代表大会制度对于学校法人治理的影响,促进中国民办教育健康良性发展。

---

① 《公司法》第一百八十二条:"公司经营管理发生严重困难,继续存续会使股东利益受到重大损失,通过其他途径不能解决的,持有公司全部股东表决权百分之十以上的股东,可以请求人民法院解散公司。"

② 《公司法》第一百五十一条:"董事、高级管理人员有本法第一百四十九条规定的情形的,有限责任公司的股东、股份有限公司连续一百八十日以上单独或者合计持有公司百分之一以上股份的股东,可以书面请求监事会或者不设监事会的有限责任公司的监事向人民法院提起诉讼;监事有本法第一百四十九条规定的情形的,前述股东可以书面请求董事会或者不设董事会的有限责任公司的执行董事向人民法院提起诉讼。

监事会、不设监事会的有限责任公司的监事,或者董事会、执行董事收到前款规定的股东书面请求后拒绝提起诉讼,或者自收到请求之日起三十日内未提起诉讼,或者情况紧急、不立即提起诉讼将会使公司利益受到难以弥补的损害的,前款规定的股东有权为了公司的利益以自己的名义直接向人民法院提起诉讼。

他人侵犯公司合法权益,给公司造成损失的,本条第一款规定的股东可以依照前两款的规定向人民法院提起诉讼。"

第九章 分类管理中民办学校办学
自主权的保障与落实策略[①]

　　民办学校的自主权是民办教育发展需要解决的核心问题之一。办学自主权是民办学校作为独立法人所必须具备的基本条件，也是其基本权利。拥有比公办学校更大更全面的办学自主权是发挥民办学校体制优势，促进教育改革和多元化发展的根本保障。充分落实办学自主权，对发挥民办学校的体制优势，深化教育教学改革，加快优质教育资源的成长，满足社会和经济发展的需要，具有重要的意义。相比之下，营利性民办学校具有较强的自主性，非营利性民办学校的权益保护反而成为分类管理背景下促进民办教育发展的重要现实问题。非营利性民办学校权益保护的核心在于学校办学自主权的有效落实。办学自主权是激发非营利性民办学校办学活力的根本，是充分配置人、财、物等教育教学资源的重要内在机制，对学校的生存和发展起着决定性的作用，是非营利性民办学校权益保护的核心内容。因此，落实办学自主权，是依法保护非营利性民办学校权益的内在要求，也是落实民办学校分类管理政策工作中的重要工作。准确把握、合理平衡政府监管与学校自主办学之间的关系，深入推进教育领域管办评分离，完善监管制度，依照章程规范办学，增强责任行政，防范权力滥用，是保护非营利性民办学校办学自主权的有效路径。

---

　　① 本章执笔人：黄元维、王慧英、郎佳，辽宁教育学院；姬华蕾，吉林外国语大学；黄颖初，辽宁大学；黄洪兰，吉林师范大学；白优优，沈阳化工大学。

第一节　关于民办学校办学自主权的基本问题

一、相关概念及法律界定

1. 办学自主权

学校自主权是由宪法、法律、法规和规章规定的,由学校根据自身办学特点行使的自由裁量权。自主即"独立地管理自己的事务",自主权即"对自己事务在职责范围内独立自主地进行支配"。现代社会的自主是法律范围内的自主。学校自主权就是指学校依据法律、法规,在其职责范围内,按照自身特点和内部规律的要求,自主决策、自主实施、自主承担责任的资格和能力。①

学校自主权是一个历史的、相对的、具有多层次涵义的概念。作为历史的概念,学校自主权在不同历史时期具有不同的内容,而且由于不同国家、不同地区的经济、政治、文化传统、习俗等不同,学校自主权呈现具有多样性的特点。进一步,办学自主权是指学校为实现其办学目标依法享有的独立自主地进行教育教学管理、实施教学科研等活动的资格和能力。

2. 我国法律关于学校办学自主权的规定

《中华人民共和国教育法》第二十九条明确规定了学校及其他教育机构的 9 项权利:(1)按照章程自主管理;(2)组织实施教育教学活动;(3)招收学生或者其他受教育者;(4)对受教育者进行学籍管理,实施奖励或者处分;(5)对受教育者颁发相应的学业证书;(6)聘任教师及其他职工,实施奖励或者处分;(7)管理、使用本单位的设施和经费;(8)拒绝任何组织和个人对教育教学活动的非法干涉;(9)法律、法规规定的其他权利。

由于不同层次、不同类型的功能不完全相同,其拥有的办学自主权并不完全一样。以高等学校为例,根据高等学校的自身功能和内在逻辑,结合《高等教育法》的有关规定,高等学校办学自主权可以归纳为以下七项内容。

---

① 蒋后强.高等学校自主权及其限度[J].高等教育研究,2006(2):57—61.

（1）招生自主权。《高等教育法》第三十二条规定"高等学校根据社会需求、办学条件和国家核定的办学规模，制定招生方案，自主调节系科招生比例"。这一规定的基本含义是国家只控制办学规模，高等学校在办学规模内自主招生，并自主调节系科招生比例。

（2）学科专业设置自主权。《高等教育法》第三十三条规定"高等学校依法自主设置和调整学科、专业"。将学科、专业设置权赋予学校，高等学校根据社会需求，自主决定设置什么学科、什么专业，国家主要是以法律的形式规定学科、专业设置的条件。

（3）教学自主权。《高等教育法》第三十四条规定"高等学校根据教学需要，自主制定教学计划，选编教材、组织实施教学活动"。教学权包括三个方面，即制定教学计划权、选编教材权、组织实施教学活动权。这三种权力的自主行使是由高等教育自身特点决定的。高等教育不同于基础教育，是专业教育，高等学校只有根据各专业的特点和社会的需要确定和调整教学计划、选编教材、组织实施教学活动，才能培养出有创新精神和实践能力的高级专业人才。

（4）科研和社会服务自主权。《高等教育法》第三十五条第一款规定"高等学校根据自身条件，自主开展科学研究、技术开发和社会服务"。该条第二款还规定"国家鼓励高等学校同企业事业组织、社会团体及其他社会组织在科学研究、技术开发和推广等方面进行多种形式的合作"。高等学校不仅是教学单位，而且是研究机构，科学研究历来是高等学校的重要任务之一。高等学校根据自身条件，自主进行科研活动有利于调动科研的积极性与创造性，技术开发和社会服务是促使科学技术向现实生产力转化的重要途径。

（5）对外交流合作自主权。《高等教育法》第三十六条规定"高等教育有权按照国家规定，自主开展与境外高等学校之间的科学技术文化交流与合作"。通过这种合作，有利于我国高等学校学习外国高等学校的管理经验，提高我国高等学校的科技文化水平，也是培养高级人才的重要方式之一。

（6）机构设置与人事管理自主权。《高等教育法》第三十七条规定"高等学校根据实际需要和精简效能的原则，自主确定教学、科学研究、行政职能部门等内部组织机构的设置和人员配备按照国家有关规定，评聘教师和其他专业技术人员的职务，调整津贴及工资分配"。

（7）财产自主权。《高等教育法》第三十八条规定"高等学校对举办者提供的财产、国家财政性资助、受捐赠财产依法自主管理和使用"。这项权利为高等学校办学自主权提供了物质保障。

与高等学校相比，中小学在教育教学、人事工作和经费使用等方面的自主权要小得多。由于教育阶段和自身功能的不同，中小学，特别是公办中小学所拥有的办学自主权与高等学校就有很大区别，如科研和社会服务属于高等学校才具有的功能，在对外交流合作和机构设置等方面，中小学自主权也非常有限。

近年来，我国逐步扩大中小学的办学自主权。教育部等八部门印发的《关于进一步激发中小学办学活力的若干意见》（教基〔2020〕7号）提出：（1）保证教育教学自主权。鼓励支持学校"结合实际科学构建基于学校办学理念和特色的校本课程。学校在遵循学科教学基本要求基础上，可自主安排教学计划、自主运用教学方式、自主组织研训活动、自主实施教学评价；对于学科间关联性较强的学习内容，可自主统筹实施跨学科综合性主题教学"。（2）扩大人事工作自主权。"进一步扩大学校在副校长聘任中的参与权和选择权"，鼓励"学校根据办学实际需要，按照精简效能的原则，自主设置内设机构，自主择优选聘中层管理人员"。"按照核定的岗位设置方案，中初级职称和岗位由具备条件的学校依据标准自主评聘，高级职称和岗位按照管理权限由学校推荐或聘用，并依据教师的工作表现和实际业绩，推动教师岗位能上能下、人员能进能出。奖励性绩效工资由学校在考核的基础上自主分配"等。（3）落实经费使用自主权。允许"学校依法依规自主使用社会捐资助学的经费"。[①]

不仅不同层次的学校办学自主权会有差异，公办学校和民办学校、营利学校和非营利民办学校的自主权也会有差异。

3. 完全自主权和有限自主权

学校的各项自主权可能是完全自主权，也可能是有限自主权。以高等学校为例，有些自主权是完全自主权，有些自主权则是有限自主权。

---

①　教育部等八部门.关于进一步激发中小学办学活力的若干意见[EB/OL].（2020-9-22）[2021-12-31]，http://www.moe.gov.cn/srcsite/A06/s3321/202009/t20200923_490107.html.

高等学校的科学研究、技术开发和社会服务、内部机构设置等权利是完全自主权。"国家鼓励高等学校同企事业组织、社会团体及其他社会组织在科学研究、技术开发和推广等方面进行多种形式的合作。国家支持具备条件的高等学校成为国家科学研究基地",这说明了高校社会服务所涵盖的主要内容,表明高校的科学研究、技术开发和社会服务是完全自主权。《高等教育法》第三十七条规定:"高等学校根据实际需要和精简、效能原则,自主确定教学、科学研究、行政职能部门等内部组织机构的设置和人员配备;按照国家有关规定,评聘教师和其他专业技术人员的职务,调整津贴及工资分配。"这说明高校拥有完全的内部机构设置自主权。

而财产自主权、招生自主权、对外交流合作自主权、内部人事管理权都是有限自主权。有关法律虽然规定了高校广泛的筹资权和自主支配资金权,但对这些经费的用途也作了明确的规定,表明高校的财产自主权是有限自主权。其有限性表现为:自主管理和使用财产必须依据有关法律,用于教学和科学研究的财产不得挪作他用。尽管高等学校比中小学拥有更大的招生自主权,但高等学校的招生自主权仍然是有限自主权。如高校每年的招生数必须经过国家有关部门的批准,不能随意增减。高等学校的对外交流合作自主权仅指与"境外高等学校"之间的交流与合作,不适用同境外其他组织、团体和个人之间的交流与合作。同时,对外交流合作的内容也不能超出"科学技术文化"的范围。再者,高校在与境外高校之间进行科学技术文化交流与合作,在程序和有关内容上,还要符合国家有关法律的规定。这说明高校对外交流合作自主权是有限自主权。关于高等学校的内部人事管理权,《高等教育法》规定了高校在评聘教师和其他专业技术人员的职务和调整校内津贴及工资分配时,不能违背国家有关规定,权力的行使有事实上的限制范围。因此,高校人事管理权是有限自主权。

不同层次、类型的学校之间,办学自主权的自主程度是存在差异的。基础教育的教学自主权是有限自主权,国家对于基础教育的课程设置和教材选择都有严格的规定。而高等教育不同于基础教育,高等教育具有较强的学术性、专业性、职业性,高校只有根据专业特点和社会需要确定教学计划、选择教材、组织实施教学活动,才能培养出具有创新精神和实践能力的高级专门人才。这表明高校的教学自主权更接近于完全自主权。

完全自主权和有限自主权的转化。随着政府职能的转变,完全的办学自主权和有限的办学自主权有可能发生转化。比如,高校绝大多数的专业设置都必须参照教育部制订的《普通高校本科专业目录》,原则上不能设置《普通高校本科专业目录》以外的自创名称的专业,但对经过论证设置的《普通高校本科专业目录》以外的专业,经教育部批准后也可设置。这表明我国高校的专业设置权正在逐步由有限自主权转变成为完全自主权。而2021年修订通过的《民办教育促进法实施条例》对于民办中小学(尤其是义务教育阶段的民办中小学)的招生自主权作了较多的限制。

二、民办学校办学自主权

民办学校办学自主权,是指民办学校在不受其他组织或个人非法干扰和阻碍的前提下,作为具有独立法人资格的机构,根据相关的教育法规,结合自身办学特色,在教育教学活动中享有独立决策执行、独立管理监督的法人地位和独立自主决定办学事务的权力。《民办教育促进法》第五条规定:"民办学校与公办学校具有同等的法律地位,国家保障民办学校的办学自主权。国家保障民办学校举办者、校长、教职工和受教育者的合法权益。"

民办教育是国家教育服务体系的重要组成部分。民办学校是具有民事权利能力和民事行为能力,依法独立享有民事权利和承担民事义务的组织,依法拥有与公办学校同等的法律地位,依法享有作为学校组织的办学自主权等相关权益。民办学校作为一个法人团体,可以在国家法律许可范围内自主处理学校的内部事务,最大限度地排除来自外界的干扰和支配。

1. 我国法律对民办学校办学自主权的规定

《教育法》《高等教育法》《民办教育促进法》等法律规定了民办学校的办学自主权,其中有些自主权与公办学校相同或相似,但也有些自主权与公办学校有差异,或者说具有比公办学校更大的办学自主权。

(1)法人财产权。民办学校是独立的法人,能够对自己的行为承担独立的法律责任。财产是法人成立的基本条件,财产自主权是民办学校法人的活动基础。财产自主权体现为民办学校法人的民事主体地位和民事权利。关于民办学校财产制度,《民办教育促进法》第三十六条规定:"民办学校对举办者投入民办学校的资产、国有资产、受赠的财产以及办学积累,享有法人财产权。"第三十七条规定:"民办学校存续期间,所有资产由民办学校依法管理和使用,任何组织和个人不得侵占。任何组织和个人都不得违反法律、法规向民办教育机构收取任何费用。"

(2)举办者管理权。《民办教育促进法》第二十条规定:"民办学校的举办者根据学校章程规定的权限和程序参与学校的办学和管理。"

(3)招生自主权。《民办教育促进法实施条例》第三十一条规定:"县级以上地方人民政府教育行政部门、人力资源社会保障行政部门应当为外地的民办学校在本地招生提供平等待遇,不得设置跨区域招生障碍,实行地区封锁。"这明确了民办学校具有招生自主权。

(4)教职工聘任及管理权。《教育法》第二十九条规定:"学校及其他教育机构行使下列权利……(六)聘任教师及其他职工,实施奖励或者处分……"《民办教育促进法》第二十二条规定:"学校理事会或者董事会行使下列职权:(1)聘任或解聘校长……(5)决定教职工的编制定额和工资标准……"

(5)内部制度和发展规划的制定权。《民办教育促进法》第二十二条规定:"学校理事会或者董事会行使下列职权……(2)修改学校章程和制定学校的规章制度;(3)制定发展规划,批准年度工作计划;(4)筹集办学经费,审核预算、决算;(5)决定教职工的编制定额和工资标准……"民办学校应根据社会经济发展需要与自身办学条件,自主制定学校阶段性的发展规划,这既符合法律、政策的规定,又符合教育自身发展的规律。因为学校资源的潜力、规模的发展,只有学校本身最清楚。校内具体规章是民办学校办学的直接规范。制定一套符合法律、法规、规章的校内具体规章制度是民办学校实现依法治校的基础。

(6)民办高校和民办职业学校的专业设置自主权。《教育部关于鼓励和引导民间资金进入教育领域促进民办教育健康发展的实施意见》(教发〔2012〕10号)[1]提出,实施高等学历教育和中等职业学历教育的民办学校,按照国家课程标准和有关规定自主设置和调整专业、开设课程、选用教材、制订教学计划和人才培养方案。

---

[1] 教育部.关于鼓励和引导民间资金进入教育领域促进民办教育健康发展的实施意见[EB/OL].(2012-6-18)[2021-12-31].http://www.gov.cn/zhengce/2016-05/22/content_5075597.htm.

2.民办学校的办学自主权受严格的法律限制

民办学校自批准设立之日起取得法人资格,在民事活动中依法享有民事权利,承担民事责任。但民事主体地位的这一性质只能解释学校的民事行为,不能解释其教育行为。民办学校的办学自主权作为一种权利,是为了实现学校的理念、保证学校功能的正常运行而存在的。除财产权等少数法人权利外,民办学校的办学自主权更多的是依据国家教育立法授予的,如学位授予权、学籍管理权等,这些权利的内容、范围甚至形式都受到严格的法律制约。因此,尽管民办学校的内部事务应当减少甚至避免外部力量的介入,但这绝不等于民办学校要实行完全的自治,也不意味着教师想教什么就教什么或想研究什么课题就研究什么课题。民办学校的办学自主权应当严格遵守法律规定的程序性权利和实体权利,受严格的法律限制。民办学校的教学和学术研究首先要以不妨害公众的利益为前提,民办学校必须接受国家和政府相关部门的管理、监督和宏观调控。

即使是民事行为,学校也与一般民事主体不同,其权利非但不能自由行使,且不能自由放弃,往往更多地受到法律规范的制约。如,教学设施不能抵押,校园校舍建设必须符合有关标准等。

(1)关于法人财产权的限制。《民办教育促进法》规定了民办学校广泛的筹资权和自主支配资金权,但对这些经费的用途也作了明确的规定。第三十八条规定:"民办学校收取的费用应当主要用于教育教学活动、改善办学条件和保障教职工待遇。"这表明民办学校尽管具有较之公办学校更大的财产自主权,但其财产自主权仍然是有限自主权,其有限性表现为:自主管理和使用财产必须依据有关法律,用于教学和科学研究的财产不得挪作他用。

(2)关于招生自主权的限制。《民办教育促进法实施条例》第三十一条对不同层次的民办学校招生自主权利作了差异化的规定,并规定:"民办学校招收学生应当遵守招生规则,维护招生秩序,公开公平公正录取学生。实施义务教育的民办学校不得组织或者变相组织学科知识类入学考试,不得提前招生。民办学校招收境外学生,按照国家有关规定执行。"这表明,尽管民办学校在招生方面比起公办学校具有更大自主权,但民办学校招生自主权仍然是有限自主权。同时,与民办高等学校和民办职业学校相比,民办中小学招生自主权受到更多限制。

（3）关于教职工聘任及管理权的限制。在教师的管理上，民办学校必须遵守《宪法》《劳动法》《教育法》《教师法》《高等教育法》所规定的公民政治权利和劳动权利，依法保障教职工的工资、福利待遇及其合法权益。因此，民办学校的教职工聘任及管理权同样是有限自主权。

（4）关于内部制度和发展规划制定权的限制。合法性和合教育规律性是制定校内具体规章的两大原则。同时，民办学校内部具体规章的制定必须尊重民主管理和具体规章制定的程序。因此，民办学校的内部规章制定权是严格的有限自主权，受国家法律、法规、规章的限制。

三、非营利民办学校的办学自主权

作为民办学校的一个重要类型，非营利性民办学校从依法成立时起，自然获得独立于举办者的法人属性及相应的法律地位。作为非营利性法人，非营利性民办学校依法独立享有民事权利和法人财产权，承担民事义务，并以其全部财产保障独立承担民事责任。基于其非营利法人属性，非营利性民办学校的合法权益不得受监管者、举办者、内部管理者及其他利益相关者任何形式的侵犯，依法享受与公办学校同等的法律地位和办学自主权等权益。这是非营利性民办学校权益保护理论逻辑和实践操作的题中应有之意。

由全国人大审议通过并于 2017 年 10 月 1 日正式实施的《民法总则》，明确了营利性法人与非营利性法人的分类和界定。营利性法人是以取得利润并分配给股东等出资人为目的成立的法人；非营利性法人是为公益目的或者其他非营利目的成立，不向出资人、设立人或者会员分配所取得利润的法人。这种分类在根本上为当前民办教育分类管理中面临的学校法人定位问题明确了方向、提供了依据，彻底解决了民办学校长期处于法人属性不清的尴尬境地问题。

修正后的《民办教育促进法》对民办学校进行营利性与非营利性的分类和界定，在法人权益保障上废除了原有的合理回报制度。对于非营利性民办学校，法律明确其与公办学校在税收和土地使用等方面享受同等待遇。《民法总则》对营利法人与非营利法人的分类和界定，为修正后的《民办教育促进法》的实施提供了法理依据，允许设立营利性民办学校。非营利性法人的明确,成为非营利性民办学校办学自主权和法人财产权制度设计的出发点和归宿。①

1. 非营利性民办学校举办者不再拥有财产收益权和剩余财产所有权

第一,非营利性民办学校举办者不再拥有财产收益权。修正前的《民办教育促进法》回应举办者办学诉求的方式是允许其获得合理回报,但须在学校章程中加以标明并按照相应的程序提取回报。虽然大部分民办学校的举办者都未在学校章程中标明要求获得合理回报,但是举办者可以利用自己对学校的控制权(尤其是财务控制权),通过关联交易等"打擦边球"的手段获得办学收益。由于当时法律允许举办者获得合理回报,国家并没有对此进行严格监管。修正后的《民办教育促进法》第十九条规定,"非营利性民办学校的举办者不得获取办学收益,学校的办学结余全部用于办学"。一旦选择成为非营利性民办学校,就不能取得办学收益。随着分类管理的实施,国家会加强对非营利性民办学校的资金监管,民办学校继续通过其他手段获得经济回报的成本会增加。

第二,非营利性民办学校举办者不再拥有剩余财产所有权。修正后的《民办教育促进法》第五十九条规定,"非营利性民办学校清偿上述债务后的剩余财产继续用于其他非营利性学校办学;营利性民办学校清偿上述债务后的剩余财产,依照公司法的有关规定处理"。这就明确了非营利性民办学校的举办者不拥有剩余财产的所有权。

2. 非营利民办学校的收费自主权和薪酬自主权是有限自主权

非营利性不等于不收费或者低收费,收费高不等于营利性。《民办教育促进法实施条例》第四十二条规定:"民办学校应当建立办学成本核算制度,基于办学成本和市场需求等因素,遵循公平、合法和诚实信用原则,考虑经济效益与社会效益,合理确定收费项目和标准。对公办学校参与举办、使用国有资产或者接受政府生均经费补助的非营利性民办学校,省、自治区、直辖市人民政府可以对其收费制定最高限价。"第四十四条规定:"非营利性民办学校收取费用、开展活动的资金往来,应当使用在有关主管部门备案的账户。有关主管部门应当对该账户实施监督。"这既说明,除公办学校

---

① 刘永林,杨小敏.非营利性民办学校权益保护的基石、核心与关键[J].浙江树人大学学报,2018,18(2),6—9+25.

参与举办、使用国有资产或者接受政府生均经费补助的学校以外,非营利民办学校是具有收费自主权的,也说明非营利民办学校的收费自主权是有限自主权。

《财政部、国家税务总局关于非营利组织免税资格认定管理有关问题的通知》(财税〔2018〕13 号)规定,"一、依据本通知认定的符合条件的非营利组织,必须同时满足以下条件……(七)工作人员工资福利开支控制在规定的比例内,不变相分配该组织的财产,其中:工作人员平均工资薪金水平不得超过税务登记所在地的地市级(含地市级)以上地区的同行业同类组织平均工资水平的两倍"。[①]此款和原规定相比有较大的变化。对用于衡量非营利组织工资水平的"平均工资"作出进一步的明确。一是对"平均工资"的所在地作出进一步明确:"地市级(含地市级)以上地区",二是增加了"同行业同类组织"的规定,应该是按照事业单位、社会团体、基金会、社会服务机构、宗教活动场所、宗教院校等细分比对。这说明,非营利民办学校的薪酬自主权是有限自主权,而营利性民办学校的薪酬自主权则是完全自主权。

第二节　落实民办学校办学自主权的实践进展、问题及原因

一、落实民办学校办学自主权的实践进展

《民办教育促进法》对民办学校的办学自主权有明确规定。《教育部关于鼓励和引导民间资金进入教育领域促进民办教育健康发展的实施意见》(教发〔2012〕10 号)强调"落实民办学校办学自主权"。各地落实民办教育新政相关工作已经启动,越来越多的相关文章见诸媒体,一些地方所起草的落实新修订的《民办教育促进法》和《国务院关于鼓励社会力量兴办教育促进民办教育健康发展的若干意见》的相关文件草案或征求意见稿文本内

---

①　财政部、税务总局.关于非营利组织免税资格认定管理有关问题的通知[EB/OL]. (2018-2-7)[2021-12-31], http://www.chinatax.gov.cn/n810341/n810755/c3317344/content.html.

容也有所披露。

1. 招生自主权的落实

《民办教育促进法实施条例》第二十七条规定:"民办学校享有与同级同类公办学校同等的招生权,可以自主确定招生的范围、标准和方式;但是,招收接受高等学历教育的学生应当遵守国家有关规定。"《教育部关于鼓励和引导民间资金进入教育领域促进民办教育健康发展的实施意见》(教发〔2012〕10号)提出:"落实民办学校招生自主权。支持民办高校参与高等学校招生改革试点。进一步扩大民办本科学校招生自主权,省级教育行政部门可视生源情况允许民办本科学校调整招生批次。完善民办高等专科学校、高等职业学校自主招生制度,有条件的地区教育行政部门可允许办学规范、管理严格的学校,在核定的办学规模内自主确定招生范围和年度招生计划。中等层次以下民办学校按照核定的办学规模,与当地公办学校同期面向社会自主招生。"①

在落实新的法律政策的过程中,很多地方积极落实和扩大民办高等学校的招生自主权。广东省规定,教育部门应将招生计划增量部分优先安排给管理规范的民办高等院校,自主确定招生范围。浙江省支持民办高校面向全国拓展生源范围,在核定的年度招生规模内,自主确定分省份的招生计划,探索自主招生方式。

2. 收费自主权的落实

收费政策是政府对民办学校的重要监管举措,应该成为促进民办教育发展的重要举措,同时也应该是受教育者权利的重要保障。随着放开民办学校价格管制的呼声不断高涨,民办学校收费自主权正在一些省级政府的政策制订中得到逐步扩大。各地新的政策提出对营利性民办学校收费按新的法律规定实行市场化调节。对非营利性民办学校,云南、湖北、内蒙古、江西等省份全面放开收费自主定价,另有安徽、甘肃、天津、河南、海南、江苏、广东等省份提出逐步有序放开收费。广东实行收费备案制,规定,民办高等院校的收费由学校根据市场情况、自身办学条件和各专业的学习培养成本合理确定,报相关部门备案后执行。浙江省营利性民办高校和幼儿园的收

---

① 教育部.关于鼓励和引导民间资金进入教育领域促进民办教育健康发展的实施意见[EB/OL]. (2012-6-18)[2021-12-31], http://www.gov.cn/zhengce/2016-05/22/content_5075597.htm.

费完全放开,实行自主定价。将非营利性民办中小学校收费政策下放给各级政府,由其按照市场化方向来制定。

专栏6 青岛市深化非营利性中等及以下民办学校收费改革

实行分类收费管理。青岛市非营利性中等及以下民办学历教育学校学费、住宿费收费标准实行政府指导价,由青岛市政府制定,具体工作由青岛市价格主管部门会同青岛市教育主管部门负责;青岛市非营利性民办学前教育保育教育费、住宿费收费标准实行政府指导价,由所在区(市)政府制定。青岛市其他民办学校收费实行市场调节价,具体收费标准由学校自主制定。

民办学校学费收费标准以办学成本、办学质量、财政补助水平、学校可持续发展、市场需求等因素核定最高限价,允许民办学校在不超过政府规定的本校收费标准上限的范围内,自主确定具体收费标准;住宿费收费标准依据住宿成本核定最高限价,允许民办学校在不超过政府规定的本校收费标准上限的范围内,自主制定具体收费标准。

资料来源:青岛市发展和改革委员会 青岛市教育局 青岛市市场监督管理局《关于深化非营利性中等及以下民办学校收费改革的通知》(青发政规〔2019〕2号),有删减

---

3. 民办高校和中等职业学校专业设置权的落实

一些地方正在逐步放开民办高校的专业设置权。浙江省出台文件,鼓励支持民办高校和职业学校根据国家战略需求和经济社会发展需要,设置和调整学科专业。政府部门加强对专业设置的事中事后监管,加强专业建设信息服务,公布紧缺专业和就业率较低专业名单。湖北省扩大专业设置自主权,支持民办普通高校根据经济社会发展对人才的需求和学校办学特色定位,建立学科专业动态调整机制。除国家控制的专业外,民办普通高校可按照教育部专业设置管理的有关规定,自主设置和调整本专科专业。浙江省教育厅在专业设置总数内,允许民办高校根据教育部修订的学科专业目录及设置管理办法,自主设置除国家和省控制布点外的专业,允许民办高校自主确定专业方向。如浙江越秀外国语学院开设了传播学的网络传播、网络经营与管理、网络与新媒体三个专业方向,专业代码单列,以满足互联

网迅猛发展对网络传播人才的需要。福建省支持民办高校主动适应新兴产业的人才需求,申办教育部专业目录外专业,灵活调整专业方向。但总体上,目前民办高校的学科设置基本按传统的学科体系进行,专业根据教育部的学科目录进行设置。教育部对学科专业的设置划分较细,口径较窄,一些社会急需的专业难以及时设置。

专栏 7　民办高校本科专业备案和审批结果

根据《普通高等学校本科专业设置管理规定》(教高〔2012〕9 号),教育部组织开展 2020 年度普通高等学校本科专业设置和调整工作,确定了同意设置的国家控制布点专业和尚未列入专业目录的新专业名单。

根据名单,辽宁省共新增备案本科专业 86 个,46 个专业为民办高校新增,其中辽宁传媒学院新增专业 8 个;吉林省新增备案备课专业 49 个,其中 28 个为民办高校新增;浙江省新增备案备课专业 49 个,其中 27 个为民办高校新增。

资料来源:根据《教育部关于公布 2020 年度普通高等学校本科专业备案和审批结果的通知》(教高函〔2021〕1 号)整理

4. 教育教学权的落实

《教育部关于鼓励和引导民间资金进入教育领域促进民办教育健康发展的实施意见》(教发〔2012〕10 号)提出,"实施高等学历教育和中等职业学历教育的民办学校,按照国家课程标准和有关规定自主设置和调整专业、开设课程、选用教材、制订教学计划和人才培养方案。基础教育阶段的民办学校在完成国家规定课程的前提下可以自主开展教育教学活动"。①

《中华人民共和国民办教育促进法实施条例》(修订)明确,实施高等教育和中等职业技术学历教育的民办学校,可以按照办学宗旨和培养目标自主设置专业、开设课程、选用教材。实施普通高中教育、义务教育的民办学校可以基于国家课程标准自主开设有特色的课程,实施教育教学创新,自主设置的课程应当报主管教育行政部门备案。

---

① 教育部.关于鼓励和引导民间资金进入教育领域促进民办教育健康发展的实施意见[EB/OL]. (2012-6-18)[2021-12-31]. http://www.gov.cn/zhengce/2016-05/22/content_5075597.htm.

二、落实非营利民办学校办学自主权中存在的问题及争议

从中央到地方的各级政府,在贯彻民办教育新的法律政策过程中,为落实乃至扩大民办学校办学自主权付出了很多努力。但是,在落实民办学校办学自主权方面仍存在许多争议和问题。一些学者认为,相比营利性民办学校,非营利民办学校的办学自主权应当受到较多的限制。如某学者认为:"对非营利性民办学校的教师社保、财政扶持、税收优惠等方面,可以参照公办学校进行管理,同时提出在招生、收费、课程设置等办学自主权方面的公益性办学要求。对营利性民办学校,教师社保按企业缴纳、财政扶持和税收优惠可享受如高新技术企业的优惠政策,但是在招生、收费、课程设置等办学自主权方面,享有充分的办学自主权。"[①]

关于民办学校办学自主权,不仅在学界存在争议,而且在各地政策文件和管理实践中,我们既能看到中央和地方积极落实乃至扩大民办学校办学自主权的努力,又发现了限制或削减民办学校特别是非营利民办学校、民办中小学办学自主权的倾向,对此,业界存在较多争议。

1. 民办中小学特别是只能选择非营利办学的义务教育阶段民办学校的招生自主权受到限制

总体上看,在招生计划及自主招生考试录取方面,民办中小学的招生自主权受到了比较严格的限制。《民办教育促进法实施条例》第三十一条规定"实施学前教育、学历教育的民办学校享有与同级同类公办学校同等的招生权,可以在审批机关核定的办学规模内,自主确定招生的标准和方式,与公办学校同期招生"。同时规定:"实施义务教育的民办学校应当在审批机关管辖的区域内招生,纳入审批机关所在地统一管理。实施普通高中教育的民办学校应当主要在学校所在设区的市范围内招生,符合省、自治区、直辖市人民政府教育行政部门有关规定的可以跨区域招生。"显然,按照修正后《民办教育促进法》的规定,只能选择非营利办学的义务教育阶段民办学校在招生自主权上受到了更大的限制。

---

① 政协委员胡卫:完善营利性非营利性民办学校的配套制度[EB/OL].(2015-3-6)[2021-10-6],https://www.sohu.com/a/4894652_112831.

专栏8　广州市民办义务教育学校招生工作实施方案

　　民办义务教育学校原则上不得跨区招生,其面向本区的招生计划由属地区教育行政部门直接核定。

　　有寄宿条件且确有跨区招生需求的民办学校,其跨区招生计划先报属地区教育行政部门初核;区教育行政部门根据学校近年生源分布、宿位数等情况,并结合区域内学位供求情况等研判及初步核定学校的跨区招生计划后,报广州市教育行政部门核准,各校跨区招生计划不超过总计划的50%,面向市内外区招生。

　　资料来源:《广州市教育局关于印发广州市义务教育学校招生工作指导意见的通知》(穗教规字〔2021〕3号)附件1,有删减

　　对此,有学者认为,民办学校是提供选择性教育服务的,是针对不同家庭、不同特质学生提供特色化、多样化教育服务的。民办学校应该具有招生范围、标准和方式的招生自主权。即民办学校可以在全国范围内自主选择招生对象,不受学校所在地的影响,不受招生对象户口所在地的影响。民办学校有自主设立招生标准的权利。招生标准体现在民办学校对被招生对象的选择条件上,如考试分数、身体状况、品德要求等。对于民办学校来讲,可以根据办学宗旨和发展要求,在不违背公共道德、不违反法律规定的前提下,确定被招收对象应当满足什么样的条件。民办学校有自主设立招生方式的权利。除招收接受高等学历教育的学生的民办高校在招生方式上纳入国家统一部署和要求外,其他民办学校可以自主确定招生方式,如可以选择网上招生、面试招生、联合招生等。义务教育阶段的非营利民办学校也应具有与学生双向选择的权利。《义务教育法》第十二条规定"适龄儿童、少年免试入学。地方各级人民政府应当保障适龄儿童、少年在户籍所在地学校就近入学"。但这并不意味着学生只能"在户籍所在地学校就近入学"。"就近入学"是对政府的强制性规范或义务性规范,即政府有义务保障适龄儿童少年就近入学;对于学生而言,他(她)的义务就是接受义务教育,法律尤其是《义务教育法》并没有限定学生只能在户籍所在地学校就近入学。①

---

　　①　陈斯彬.受教育权关照下的办学自主权——从泉州民办学校招生案件谈起[J].华侨大学学报(哲学社会科学版),2008(2):52—60.

2. 非营利性民办学校的收费自主权受到限制

很多地方政府主张对非营利性民办学校的收费项目及标准实行政府定价或指导价管理。非营利性不等于不收费或者低收费。对于非营利性民办学校的薪酬自主权受到限制，很多学者和非营利组织的负责人持不同意见。他们认为，民办学校不同于慈善组织，作为知识生产和人才培养机构，限薪不符合民办学校向高水平发展的需要。

3. 非营利性民办学校的薪酬自主权受到限制

财政部和税务总局《关于非营利组织免税资格认定管理有关问题的通知》（财税〔2018〕13 号）规定，"工作人员工资福利开支控制在规定的比例内，不变相分配该组织的财产，其中：工作人员平均工资薪金水平不得超过税务登记所在地的地市级（含地市级）以上地区的同行业同类组织平均工资水平的两倍，工作人员福利按照国家有关规定执行"。[①]这一规定较《关于非营利组织免税资格认定管理有关问题的通知》（财税〔2014〕13 号）的规定（"工作人员平均工资薪金水平不得超过上年度税务登记所在地人均工资水平的两倍"），更符合非营利民办学校的实际，但尚未达到非营利民办学校举办者和教职员工的期待。

三、制约落实非营利性民办学校办学自主权的原因分析

制约落实非营利性民办学校办学自主权的原因既有认识问题，又有法制和管理问题。

1. 关于非营利性民办学校的几个认识误区

误区一：非营利性等于公办。有人认为，非营利性学校既然享受与公办学校同等的政策，其办学自主权也应与公办学校一样。这一观点的误区在于混淆了非营利与民办学校的概念。非营利只说明办学的类别，而民办学校体现办学的性质，两者不是一个层面的概念。民办学校可以办成非营利性的，也可以在符合国家法律法规规定的前提下办成营利性的。从政策来看，民办学校不可能享受到与公办学校相同的政策，因此应具有比公办学校

---

① 财政部、税务总局.关于非营利组织免税资格认定管理有关问题的通知［EB/OL］.（2018-2-7）［2021-12-31］，http://www.chinatax.gov.cn/n810341/n810755/c3317344/content.html.

更多的办学自主权。

误区二：非营利性等于低收费。这一观点也是不准确的。举办者选择非营利性办学以后，其民办的性质不变，从实际情况来看，绝大多数民办学校的主要经费来源还是学费收入。学校要走向市场、办出质量及留住优质师资，势必增加办学成本，收费也较高。教育部发展规划司前司长谢焕忠曾指出："目前社会上有人认为高价学校或者贵族学校等同营利性学校，这种认识并不准确。收费高不一定就是营利性。收费比较高的学校，会高薪聘请很好的老师，学费收得高，但是支出也会很高。这些学校的开支和耗费都比较大。非营利性不等于不收费或者低收费。"①

误区三：非营利性等于低酬金。这一观点也是错误的，会影响到非营利性民办学校师资队伍的稳定性。其实选择举办非营利性民办学校，不涉及内部分配。无论是营利性民办学校还是非营利性民办学校，若要办出特色和水平，就必须培养、引进和留住优秀人才，就需要下大力气和成本建好队伍，当然也包括提高教职员工的待遇等。因此，非营利性学校也需要高酬金招揽人才，应得到政府的支持。

误区四：非营利性办学等于剥夺举办者管理权。这一观点确实引发不少举办者的担心。有人认为，非营利性办学就是捐资办学，而捐资办学是不能参加管理的。这一观点是不准确的。法律并无规定非营利性办学就得放弃学校管理权。从私立大学发展的实践来看，日本、韩国和我国台湾地区的私立大学都是非营利性办学，且大多是由举办者自行管理的，甚至家族式管理的私立大学也不在少数。法律规定"民办学校的举办者根据学校章程规定的权限和程序参与学校的办学与管理"。民办学校举办者是否参与管理应由学校章程约定，与营利、非营利的办学类别无关。②

2. 影响落实非营利性民办学校自主权的法制和管理问题

一是法制环境不完善，没有明确界定学校与政府之间的权责关系。《教育法》《高等教育法》《民办教育促进法》等法律法规规定了民办学校办学自主权的主要内容，各地也相继出台了一些相关政策，但法律层面失之具体，规章层面管控过度。我国现行法律所规定的民办学校自主权大多属于原则性的

① 教育部:民办学校营利性区分关键看创办者是否分红[EB/OL].(2016-11-2)[2021-10-4],https://www.sohu.com/a/117973634_112831.
② 徐绪卿.把握六大区别,消除六大误区,贯彻落实《新法》[J].教育发展研究,2017(3):57—59.

或者纲要式的,缺乏具体规定和具体解释,可操作性较差,难以落实。另外,我国现行立法仅仅规定了民办学校的各种自主权,却没有划定政府的权力边界,没有明确界定学校与政府之间的具体权责关系。如法律在赋予政府对民办学校监督权力的同时,却没有规定政府监督权力的行使范围、方式和程序。例如《民办教育促进法》只规定了民办学校有面向社会自主办学的权力,但政府对民办学校可以行使哪些方面的权力、通过哪些方式监督民办学校办学等都没有作明确的规定。与此同时,由教育行政管理部门制定的规章政策却具体而细微,其内容有时与上位规范的规定和精神相悖。基于上述情况,在管理过程中就会出现冲突,而民办学校对行政管理行政机关侵犯其自主权的行为,也缺乏有效的法律救济途径,从而影响民办学校办学自主权的落实。

二是政府"不放心",教育行政部门对民办学校的微观管理过度。民办教育领域不断涌现的违规办学事件是各级政府对民办学校"不放心"的重要原因。近年来,民办教育领域不断出现"黑天鹅事件",如携程亲子园和红黄蓝幼教集团虐童事件;中芯国际学校寒假作业"涉黄"事件,个别上市教育企业涉嫌财务造假事件;多家 VIE 境外上市公司超高利润率(71%)及实际控制人巨额年薪(1 900 万);某著名培训机构七成教材超纲事件;维乐教育接盘"培正逗点"后甩盘,恶意关停 12 家培训机构后继续在全国行骗(套取剩余课时费)。这些违法违规行为的频频发生,暴露出了我国民办学校一些深层次的、制度性的问题,需积极探索有效的解决机制。民办教育行业秩序需要治理整顿,但一直以来,各地政府对于民办教育领域的问题习惯于用行政手段处理,导致一些本应该由司法机关和社会组织承担的职能转嫁给政府,导致政府负担过重,阻碍民办学校办学自主权的落实。

三是民办学校内部治理结构存在缺陷,缺乏良好的自我管理机制。民办学校缺乏良好的自我管理机制是造成政府不信任民办学校,并影响民办学校办学自主权落实的重要内部原因。

作为学校法人,合理的法人治理结构是行使法人权力的必要前提,严格的章程和规章是权力正确和有效运行的保障。我国民办学校内部治理结构中的权力构造与配置,在相关的教育法律法规中已有原则性的概述与表达。但在实际的运作层面,我国民办学校内部治理结构存在着较大缺陷,以民主决策、有效监督为特征的民办学校法人治理结构并没有建立起来,权力的运行缺乏基本的程序和规则约束,更缺乏制衡和监督。缺乏行之有效的监督方式和自我约束机制,导致乱招生、乱收费、乱发文凭、恶性竞争、侵害师生合法权益等现象的不断发生。完备的法人治理结构是民办学校自主办学的基础,承担着办学自主权落实的重要职责,然而,我国民办学校法人治理机构仍不健全,在民主管理、决策机构和监督制度等方面都存在较多问题。目前大多数民办学校实行"家族式、家长式"管理,即便按照《民办教育促进法》要求设置相应的决策机构,不少也是为形式上应付法律而设立。

毋庸讳言,从整体上来看,我国民办学校内部治理结构行政权强势,学术权、监督权弱化,权力配置不科学,外部监督机制严重缺位,这是造成政府对民办学校信任度不高,影响民办学校办学自主权有效落实的重要原因。

第三节　关于落实非营利民办学校办学自主权的政策建议

落实办学自主权是非营利性民办学校权益保护的核心,也是激发非营利性民办学校办学活力的根本,是充分配置人、财、物等教育教学资源的重要内在机制,对学校的生存和发展起着决定性的作用,是非营利性民办学校权益保护的核心内容。因此,落实和扩大办学自主权,明确新的权利内容和形式,并将之上升为法律规范,是依法保护非营利性民办学校权益的内在要求。与此同时,准确把握、合理平衡政府监管与学校自主办学之间的关系,依法落实教育领域的管办评分离,完善监管制度,依照章程规范办学,增强责任行政,防范权力滥用,是保护非营利性民办学校办学自主权的有效途径。

《民办教育促进法》等法律明确规定的民办学校的各项权利要切实落到实处。民办学校的办学自主权不是政府的选择,而是国家法律的明文确权,具有法律上的至上性。落实民办学校办学自主权要严格按照法律的要求,不能随意取舍改变。

一、落实办学自主权关键在于处理好民办学校与政府的关系

1. 廓清政府与学校的权力边界

民办学校办学自主权的落实涉及多方面的权力关系变化,其中最为关

键的是政府与民办学校之间的关系。廓清学校与政府的权力边界是落实民办学校办学自主权的基本保证。

必须建立权力清单制度,进一步明确政府对民办学校的管理权限。十八届三中全会通过的《中共中央关于全面深化改革若干重大问题的决定》中提出,政府及其工作部门要制定权力清单,向社会公开所行使的权力及其流程。权力清单,顾名思义,在法律框架内对政府及其行政管理部门的职责和权力作规定,以"清权(梳理政府及部门职责)、确权(编制权力目录和运行流程图)、配权(对现有权力的调整)、晒权(公开权力清单和流程)、制权(建立监管制度)"为核心,以清单之外无权力为基本要求,其实质是把行政权放在一个透明的"笼子"里的一种权力制度。制定权力清单制度,明确政府该管什么,不该管什么,把不属于政府管理的事情彻底分离出来,进而解决政府职能的越位、错位、缺位等问题。党的十八大报告提出政府五个方面的职能,即"宏观调控、市场监管、社会管理,公共服务,环境保护"。必须明确规定政府行使监督权的方式。政府教育行政部门是执法的具体监督机构,在执法中要根据具体工作程序及时作出详细的安排。

2. 明确政府的职能定位

政府的职能应当主要是服务和保障。新公共管理理论认为,政府的角色是掌舵而不是划桨,政府的服务应以市场为导向,采用私营部门成功的管理经验和手段,在公共管理中引入竞争机制。政府应转变严格的行政管制,广泛通过授权的方式,追求政府行为的有效性。政府的教育管理职能主要是履行统筹规划、政策引导、监督管理和提供公共教育服务。《国家中长期教育改革和发展规划纲要(2010—2020)》确定了我国政府在此后教育发展战略中的主导地位,明确了我国政府在此后教育公共治理具体事务中的责任边界,此后要以转变职能和简政放权为重点,加强部门协同,确保放权到位。

政府在民办教育管理过程中应当采取更加灵活多样的手段和方法,逐步淡化直接行政管理和主要依靠政策引导的方式,强化宏观管理手段和方式,实现由以行政为主的直接管理向以经济法律手段为主的间接宏观管理转变,综合应用立法、拨款、规划、信息服务、政策指导和必要的行政措施进行管理,减少不必要的行政干预。

政府要加强对民办学校的服务职能。除了对民办学校必要的宏观干预之外,政府还有责任为民办学校的健康有序发展营造良好的社会环境,例如,通过在线法律咨询、法律保障等平台,为政府和民办学校之间的信息交流搭建桥梁。但是,转换政府职能并不是让民办学校放任自流,而是政府通过各种手段,鼓励并调动民办学校办学的主动性和热情。

3. 明确民办学校的权利与义务

民办学校作为独立办学且具有法人地位的实体,享有办学的自主权利。但在规定民办学校办学自主权的同时,也应规定相关义务主体应该承担的义务及其法律责任,包括各种类型的民办学校,如中小学和高校等。首先,要加快民办教育的立法进程,制定学生管理法、民办学校组织法等,使其成为一个完整的体系。其次,民办学校必须履行相应的法律义务。在学校与政府间、学校内部,通过学校章程,规定学校履行的义务。最后,要提高学校在法律责任方面的认识,承担相应的法律责任。

二、加强法制建设,为民办学校办学自主权提供法治保障

落实民办学校办学自主权,不仅需要转变政府职能,增强民办学校的自我发展和自我约束能力,还必须加强法制建设,为民办学校的办学自主权提供有力的法律保障。

1. 加强立法,建立健全民办教育法律体系

我国民办学校办学自主权难以落实的一个重要原因,就是法律法规中的一些条款过于原则和粗疏。《民办教育促进法》虽然规定了民办学校的办学自主权,却没有限定政府的权力范围,也没有规定政府监督方式。这使得政府公权力和学校办学自主权之间缺乏清晰的边界,以致政府权力挤压民办学校办学自主权的发挥空间。因此,必须通过加强配套法规的建设,使《民办教育促进法》等法律法规的条文具体化,使上位法律中的授权性规范有相应的下位法规相衔接,避免出现法律漏洞。还要加强对教育行政执法行为的规范,对教育行政行为的设定权、实施权以及程序等都作出具体明确的规定。

2. 强化执法,保证民办教育法律的实施

加强执法,维护教育法律法规的权威,是民办教育法制建设的关键环节。一是各级教育行政部门要健全法制工作机构,加强教育行政执法;二是

要建立教育纠纷的调解、诉讼和仲裁制度,维护民办教育法律的权威性;三是要加强对教育管理机关、各级各类民办学校实施和遵守民办教育相关法规情况的检查监督。

建立法律救济途径。尽管我国相关法律对民办学校应享有的自主权作了明确规定,但是办学自主权受到侵犯时,却没有相应的法律救济途径可循。可以从三个方面建立法律救济途径:一是政府可以建立包括教育专家、社会人士及教育行政部门人员在内的仲裁委员会,专门负责处理民办学校办学自主权方面的问题。二是行政复议手段。当民办学校的办学自主权受到侵害时,学校可以向上级行政机关提出复议申请。三是行政诉讼手段。当某个具体行政行为影响高等学校办学自主权的落实,民办学校可以根据相应的法律提出行政诉讼。

《民办教育促进法》的执法要求十分严密。然而,该法又没有针对不同类型、不同层次民办学校之间存在的差异作出不同的执法要求和规定,因而会带来执法中的权利边界不清和针对性不强等问题。必须通过加强立法,使上位法律与下位法规相衔接,使相关的法律法规的条款具体化,提高其可操作性。完善的法律不但要赋予民办学校应有的权利,还要对其权利进行合法的规范和有效的保障。因此法律不应只是规定民办高校享有哪些自主权,还应当明确行使这些权利的法定形式、权利行使不当时的制裁方式以及违法干预民办高校办学自主权时可采取的救济措施等。

三、完善民办学校内部治理体系,建立民办学校自我约束机制

民办学校办学自主权范围的大小与政府宏观调控能力的高低存在相关关系,也同学校自我发展、自我约束能力直接相关。民办学校自我发展和自我约束能力越强,政府对民办学校的干预也就越少,民办学校就可能获得更大的自主权。因此,民办学校建立自我约束机制,提高自我发展、自我约束的能力,就显得非常重要。所谓自我约束机制,主要是指民办学校从自身特点和社会发展的长远目标出发,为使办学能够适应和满足未来社会发展的需要,而自觉接受外部约束,并采取措施完善内部管理,使自身目标与社会目标和谐一致的一系列规章制度和运作方式。

为了学校的持续发展,民办学校必须摒弃家族式、家长式、经验式的管

理模式,完善自主发展自我约束机制。必须充分发挥学校章程在规范内部管理中的作用,按照"依法办学、自主管理、民主监督、社会参与"的要求,健全法人治理结构,加强内部管理,依法规范各项办学行为。

1. 充分发挥章程对民办学校办学自主权的规范作用

根据相关教育法律的规定,所有教育机构的设立都要有章程。章程是民办学校设立和获得独立法人地位的必备法律要件,同时还是制定民办学校内部规章制度的前提条件,具有权威性和相应效力,其他具体的规章制度是章程的细化,不得与其相冲突。

章程要对利益相关者的权责范围作出公平、合理的规定,体现民办学校办学自主权在不同主体之间的分配制度,是规范民办学校办学自主权的"笼子"。民办学校办学自主权要按照学校章程、办学目标和规划等进行自我约束。章程不仅可以对学校的不规范行为起到一定的约束作用,同时,还可以在很大程度上保护学校的合法权益不受侵害。章程要能体现其学校特色,并明确各管理阶层的职责权限。

2. 完善内部治理结构

内部治理结构的完善是落实民办学校办学自主权,完善自我发展和约束机制的关键。民办学校要依法治校、民主管理,从自身的角度而言,能够作为、可以作为、有所作为、必须作为的就是完善自身的治理结构。建立和完善民主管理制度和民主监督制度,形成良性的内部自我约束机制。

要完善董事会与监事会制度,规范董事会与监事会的职责、组成和运行,加强党的领导和党的建设。明确党组织参与民办学校决策和监督的机制,确保党组织在学校的政治核心地位,发挥好相应作用。尤其要重点关注三项工作:一是把握政治方向,特别是意识形态;二是对于重大决策的监督;三是维护师生员工的合法权益。

3. 完善民办学校的内部监督机制

要积极扶持和充分发挥教职工代表大会和学生代表大会等组织在民办学校办学中的作用,建立健全民主管理机制,保障教职工和受教育者的合法权益,推进管理的民主化、科学化。完善教职工代表大会制度。教职工是学校办学的主体,教师是其中的主要力量。以教职工代表大会的形式,让教职工参与决策、参与管理、监督行政、监督干部,是实践已经证明了的有效的民主管理制度。我国法律明确规定,需要通过设立教职工代表大会使教师的监督权及管理权得到有效落实。学校的重要事项要向教职工代表大会报告,听取教职工代表的意见。直接关系教职工切身利益的事项要由教职工代表大会讨论。

四、强化民办学校外部监督和建立健全教育中介组织

民办学校办学自主是一项系统工程,需要发挥各方的联动与效能,一方面需要民办学校强化内部监督;另一方面也要加强外部监督。

民办学校外部监督机制包括政府监督和社会监督,应该建立起政府主导、部门配合、社会参与的监督机制。

1. 政府监管的关键在于强化对财务收支和财产的有效监管

《民办教育促进法实施条例》提出健全民办学校全程日常监管机制,包括对民办学校设立时的财务审核和行政审批,办学过程中的财务审计、年度检查和年度报告制度,办学水平和教育质量评估、督导督学制度等,特别是对非营利性民办学校的"禁止分配"执行情况作出特别规定。例如,同时举办或者实际控制多所民办学校的,不得改变所举办或者实际控制的非营利性民办学校的性质,直接或者间接取得办学收益;任何社会组织和个人不得通过兼并收购、协议控制等方式控制实施义务教育、非营利性学前教育的民办学校等。非营利性民办学校在财务管理上一旦触犯上述红线,地方政府相关职能部门和司法部门将会要求非营利性民办学校及其相关责任人承担行政责任和刑事责任。这将极大地约束非营利性民办学校通过关联交易向关联方转移利益的行为,是政府监管强制性的具体表现。

政府监督主要检查民办学校对法律法规的落实情况以及有无违法行为,具体说来:一是民办学校日常管理工作的规范化监督,即民办学校是否按照其章程的规定,建立健全内部管理制度,完善法人治理结构,实行民主管理,推进民主决策;二是监督和查处民办学校那些未经登记而擅自开展活动的,抽逃、转移或挪用办学资金的,办学结余分配不符合国家有关规定的行为。

2. 社会监管的核心在于落实信息公开制度和专业监管

社会监管是非营利性法人运行制度的重要组成部分。鉴于教育行业的专业属性和教育质量的难以立约性,对非营利性民办学校的监管,应该更多

采用基于标准和规则的专业监管方式,即对非营利性民办学校提供的教育服务质量的监测、评估,需要广泛使用对教育质量进行事实和价值判断的"技术标准",这种技术标准具有将法律规范予以解释并加以具体化的功能,可以成为政府判断事实认定构成要件的基准。《民办教育法实施条例》提出"教育行政部门、人力资源社会保障行政部门应当依据职责分工,定期组织或者委托第三方机构对民办学校的办学水平和教育质量进行评估","有关部门应当支持和鼓励民办学校依法建立行业组织,研究制定相应的质量标准"。行业组织或第三方机构实施监管中通过对于专业技术的充分运用,可以弥补强制性的政府监管对非营利性民办学校自主办学可能产生的不利影响。

社会监督包括群众监督、新闻舆论监督、民主党派监督和社会团体监督等。应该通过各种媒体如报纸、电视、广播、互联网等向社会公众介绍、公布如何监督和举报。

3. 发展教育中介组织,建立健全科学的监督和评价机制

中介组织是指通过一定的中间组织方式联系政府和民办学校的组织。它介于学校和政府之间,不受社会、政府和学校的干扰,依法独立行使其职能,在西方被称为"缓冲器",主要是缓解政府、学校和社会之间的矛盾。它既独立于政府,又独立于民办学校,以第三方的身份协调两者之间的关系并提供服务。教育中介组织作为民办学校的"代言人",主要任务是帮助民办学校对政府提出要求;同时,它还是政府的"帮手",主要任务是向民办学校传达政府的思想。简单地说,教育中介组织既可以代表学校向政府提出建议,也可以代替政府对民办学校下达任务。

应当借鉴其他国家的中介组织运行模式,建立适合我国民办教育发展的教育中介组织。社会组织主要负责提供管理咨询、监督和评估服务,通过专业评价服务来为政府决策提供参考,为民办学校改进教学提供依据,也可为社会公众监督提供信息。政府要引导和支持中介组织的建立与发展。教育中介组织是一个知识密集型的服务团体,其所开展的咨询、评估、决策等活动具有很强的技术性和专业性,对政府和学校都有很重要的作用。因此,必须加强教育中介组织的建设。一是队伍建设专业化。首先要广泛吸引各方教育领域者加入队伍,然后与专业团队沟通合作,再聘请各专业领域内的专家参与指导,最终成立一个全方面的、专业性强的团队。二是提高专业服

务水平。不仅要提高教育中介组织成员专业技术水平,还要注重诚信体系的建设。

政府应倡导发展教育中介组织如民办教育协会等,通过教育中介组织对民办学校资格及教学质量水平进行认证、评估和监督,以督促民办学校提高办学水平和办学质量,为广大学生选择不同层次、不同类别的民办高校提供帮助,也可为想投资办学的社会各方力量提供科学的参考数据,吸引更多的优质资源投入民办学校。

第十章 分类管理中民办学校收费的制度建设与推进策略①

十八届三中全会审议通过的《中共中央关于全面深化改革若干重大问题的决定》明确提出"放开竞争性业务，推进公共资源配置市场化"，"放开竞争性环节价格"②，这对"鼓励社会力量兴办教育"具有重要的指导意义。十八届三中全会提出完善主要由市场决定价格的机制，要求"凡是能由市场形成价格的都交给市场，政府不进行不当干预"。因此，越来越多的地区对民办学校收费予以放开。但教育属于不完全竞争领域，收费放开之后如何完善相应的监管机制仍然有待加强研究。

第一节 民办学校收费改革的基本情况

一、法定政府定价、政府指导价和市场调节价三种定价方式

1998年5月1日开始实施的《价格法》第三条规定："国家实行并逐步完善宏观经济调控下主要由市场形成价格的机制。"其第十八条规定："下列商品和服务价格，政府在必要时可以实行政府指导价或者政府定价……（五）重要的公益性服务价格。"第十九条规定："政府指导价、政府定价的定价权限和具体适用范围，以中央的和地方的定价目录为依据。"价格的制定

---

① 本章执笔人：张歆、方建锋，上海市教育科学研究院。本章主体部分已经公开发表，见《民办学校收费改革的发展方向与政策建议》，《浙江树人大学学报（人文社会科学）》2017年第6期，并被《中国高等教育评论》2018年第2期转载。
② 中共中央文献研究室.十八大以来重要文献选编（上）[M].北京：中央文献出版社，2014：516—517.

应当符合价值规律,大多数商品和服务价格实行市场调节价,极少数商品和服务价格实行政府指导价或者政府定价。

由此可见,《价格法》规定的定价方式包括政府定价、政府指导价和市场调节价种。其中,市场调节价,是指由经营者自主制定,通过市场竞争形成的价格。政府指导价,是指由政府价格主管部门或者其他有关部门,按照定价权限和范围规定基准价及其浮动幅度,指导经营者制定的价格。政府定价,是指由政府价格主管部门或者其他有关部门,按照定价权限和范围制定的价格。

各地将教育列为"重要的公益性服务",民办学校不属于政府定价范围,但是同属于"重要的公益性服务",不能完全实行市场调节价的,可以考虑实行政府指导价。

二、民办学校学历教育实行审批制,非学历教育实行备案制

1.《民办教育促进法》(2002 年)规定为审批备案制

《民办教育促进法》(2002 年)第三十七条规定,"民办学校对接受学历教育的受教育者收取费用的项目和标准由学校制定,报有关部门批准并公示;对其他受教育者收取费用的项目和标准由学校制定,报有关部门备案并公示"。也就是说,其规定民办学历教育类学校的收费是审批制,非学历教育类学校是备案制。

《中华人民共和国民办教育促进法实施条例》(2004 年)第三十五条规定,"民办学校对接受学历教育的受教育者收取费用的项目和标准,应当报价格主管部门批准并公示;对其他受教育者收取费用的项目和标准,应当报价格主管部门备案并公示。具体办法由国务院价格主管部门会同教育行政部门、劳动和社会保障行政部门制定"。

《民办教育促进法》(2002 年)第六十三条规定,"违反国家有关规定收取费用的","由上级机关责令其改正;情节严重的,对直接负责的主管人员和其他直接责任人员,依法给予处分;造成经济损失的,依法承担赔偿责任;构成犯罪的,依法追究刑事责任"。

2. 2005 年《民办教育收费管理暂行办法》作了细化规定

与《民办教育促进法》(2002 年)相呼应,2005 年国家发展改革委、教育

部、劳动和社会保障部联合发布《民办教育收费管理暂行办法》(发改价格〔2005〕309号),规定民办学校申请制订或调整学历教育收费标准应提交的材料中,要有"申请学校近三年的收入和支出状况","民办学校学历教育学费标准按照补偿教育成本的原则并适当考虑合理回报的因素制定。教育成本包括人员经费、公务费、业务费、修缮费、固定资产折旧费等学校教育和管理的正常支出,不包括灾害损失、事故等非正常费用支出和校办产业及经营性费用支出"。[①]

该办法是我国首部国家层面规范民办学校收费的正式文件。文件明确规定民办学校可以对受教育者收取学费、住宿费和代办性服务收费,在对教育成本作出界定的基础上,提出民办学校收费调整的程序、依据、要求,其基本原则与《民办教育促进法》(2002年)是一致的。

三、民办教育新的法律政策规定营利性民办学校实行市场调节价,非营利性民办学校按市场化方向改革

1.《民办教育促进法》(2016年)规定营利性民办学校实行市场调节价

2016年11月7日,全国人大常委会通过了《关于修改〈中华人民共和国民办教育促进法〉的决定》,明确民办教育实行非营利营利分类管理,修正民办学校收费的第三十七条为第三十八条,规定"民办学校收取费用的项目和标准根据办学成本、市场需求等因素确定,向社会公示,并接受有关主管部门的监督。非营利性民办学校收费的具体办法,由省、自治区、直辖市人民政府制定;营利性民办学校的收费标准,实行市场调节,由学校自主决定"。

修正后的《民办教育促进法》(2016年)自2017年9月1日起施行,意味着原有民办学校学历教育收费审批制的法律依据有了变化,由按学历非学历教育区分收费改为按照学校营利非营利法人属性区分收费,明确规定"营利性民办学校的收费标准,实行市场调节,由学校自主决定"。

---

① 国家发展改革委、教育部、劳动和社会保障部.关于印发《民办教育收费管理暂行办法》的通知(2005-3-2)〔2018-9-14〕, http://www.moe.gov.cn/jyb_xxgk/moe_1777/moe_1779/201308/t20130808_155390.html.

2.国务院的一系列文件提出非营利性民办学校收费办法由地方政府按市场化方向进行改革

关于非营利性民办学校收费的改革方向,国务院一系列文件中均强调"按照市场化方向"根据当地实际确定。2014年11月,《国务院关于创新重点领域投融资机制鼓励社会投资的指导意见》提出"非营利性民办学校收费政策由地方政府按照市场化方向根据当地实际情况确定"。①

2015年,《中共中央国务院关于推进价格机制改革的若干意见》再次重申了这一规定,提出"非营利性民办学校收费政策由省级政府按照市场化方向根据当地实际情况确定"。②

2016年12月29日,《国务院关于鼓励社会力量兴办教育促进民办教育健康发展的若干意见》(国发〔2016〕81号)的第十六条提出,"非营利性民办学校收费,通过市场化改革试点,逐步实行市场调节价,具体政策由省级人民政府根据办学成本以及本地公办教育保障程度、民办学校发展情况等因素确定"。③

所以,营利性民办学校实行市场调节价,鼓励非营利性民办学校通过市场化改革逐步实行市场调节价,是国家为民办学校收费划定的基本方向。与之相应,政府对民办学校收费的管理也将逐步从定价审批管理走向价格监督。

第二节　全国各地民办学校收费的实践情况

早在2005年民办非学历教育收费实行备案制,意味着事实上收费已经放开;民办学历教育收费实行审批制(政府定价或政府指导价)。2014年,湖北省在全国率先提出全面放开民办学校收费,随后两年内有近10个省份在不同程度上放开民办学历教育学校收费。国家民办教育新法新政发布之后,民办学历教育收费有日益放开的趋势。

---

① 国务院.关于创新重点领域投融资机制鼓励社会投资的指导意见,(2014-11-26)[2018-9-14],http://www.gov.cn/xinwen/2014-11/26/content_2783592.htm.

② 中共中央、国务院.推进价格机制改革的若干意见,(2015-10-15)[2018-9-14],http://www.gov.cn/xinwen/2015-10/15/content_2947548.htm.

③ 国务院.关于鼓励社会力量兴办教育促进民办教育健康发展的若干意见.(2017-1-18)[2018-9-14],http://www.gov.cn/zhengce/content/2017-01/18/content_5160828.htm.

一、全国至少有 8 个省份全面放开民办教育收费

就现有省级地区试点的情况来看，全面放开各类民办教育收费由学校自主定价的，是湖北、江西、山东、贵州、内蒙古、湖南、黑龙江、云南 8 个地区。其中，湖北自 2014 年秋季开始，贵州自 2014 年 12 月 1 日开始，湖南、内蒙古自 2015 年秋季开始。海南"十三五"期间试点非营利性民办学校收费市场调节价，"十三五"后逐步放开非营利性民办学校收费标准，实行市场调节价。

二、全国至少有 9 个省份对学历教育分阶段放开

从全国范围来看，各地在民办学历教育特别是义务教育阶段民办学校收费放开方面，仍然比较谨慎，对民办高等教育和民办中专教育放开收费的较多。至少有 8 个省份在不同程度上放开了民办学历教育阶段的收费。例如，上海市已经放开的是民办高等学历教育和民办中专教育收费（2015年）；江苏省是民办中等职业学校及民办普通技工学校收费（2016 年）；陕西省和云南省是民办高校收费（2015 年）。广东省在《关于进一步完善我省中小学教育收费政策及有关问题的通知（征求意见稿）》中，提出民办义务阶段教育收费实行政府定价（含指导价），民办高中教育阶段教育收费实行市场调节价。浙江省对非营利性民办高等学校学费和住宿费实行市场调节价。

除此之外，北京市对 13 所民办高校（2015 年）、安徽省对 6 所民办高校（2017 年）、浙江省也对部分民办高校，进行了收费放开试点。2017 年 6 月，河南省发改委、省教育厅发布《关于改革我省民办高校学历教育收费管理方式有关事项的通知》，非营利性民办高校学历教育收费实行上限管理。天津市 2018 年选取 22 所非营利性民办学校进行市场化改革试点。

对于部分放开民办学校收费的省份来说，民办高校和中等职业教育是首选，义务教育阶段基本没有放开。究其原因，一是高等教育成本补偿收费共识基础深厚；二是公办中职在不少省份已经实现了免费教育，属于竞争较为完全的领域，民办中职即便放开收费，也不会出现学费上涨过快的情况；三是义务教育阶段老百姓关注度高，是否放开存在较多顾虑。

三、民办基础教育收费以政府指导价为主

　　基础教育领域,不少省市通过确定最高收费标准、监审办学成本的合理性,或制定基准价和浮动幅度,学校在规定幅度内自主确定具体收费标准,或按照办学质量等级确定浮动倍数等方式,推行当地民办学校收费政策。如有的省份对享受政府财政补助的民办幼儿园,当地有关部门可通过合同约定等方式,确定一个最高收费标准"封顶",对于一些收费明显偏高或涉嫌不合理涨价的民办幼儿园,物价部门将审核其申请备案的办园成本的合理性,必要时可实施成本监审(《湖北省幼儿园收费管理实施细则》,2017)①;有的省份详细制定了民办中小学办学成本的构成,如湖北省提出民办中小学教育收费定价成本由人员支出、公用支出、对个人和家庭的补助支出、固定资产折旧、无形资产摊销、财务费用等六部分构成(《湖北省民办中小学教育收费定价成本监审暂行办法》)。

　　有的省份规定民办学校按同类别、同层次公办学校标准收费的,报相应的价格、教育主管部门(或人力资源和社会保障主管部门)备案后执行(《福建省民办教育收费管理实施细则》)②;有的地方探索在基准价基础上按照办学质量等级确定浮动倍数,一类学校可在当地上年度生均教育事业费3倍的标准内自主确定学年收费标准,特别优质民校可在上年度生均教育事业费5倍的标准内自主确定学年收费标准(《温州市民办学校收费政策补充规定(试行)》)③。

四、民办高等教育收费在不同程度上放开

　　有的省份结构性调整民办高等学校学费标准,依据学科分类、学校层

---

① 湖北省物价局、省教育厅.关于印发《湖北省幼儿园收费管理实施细则》的通知,(2017-6-21)[2018-9-14],http://info.hbpic.gov.cn/hbpic/index.do?flag=trs&form=VIEW02&id=8073.

② 福建省物价局、福建省、福建省人力资源和社会保障厅、福建省财政厅.关于印发《福建省民办教育收费管理实施细则》的通知.(2013-2-7)[2018-9-14],http://wjj.fujian.gov.cn/xzsysfgl_5855/xzsysfglzc/jybm/201302/t20130207_2816621.htm.

③ 温州市发展和改革委员会、温州市教育局、温州市财政局.关于印发《温州市民办学校收费政策补充规定(试行)》的通知.(2014-5-20)[2018-9-14],http://wzpy.zjzwfw.gov.cn/art/2014/5/20/art_17709_16975.html.

次,在规定的标准范围内确定具体学费标准,报省物价局、省教育厅、省财政厅备案(《关于民办高等学校收费标准等有关问题的通知》苏价费〔2013〕154号)[1];有的省份部分放开民办高校收费,规定通过人才培养工作评估或教学评估的民办高校,允许其自主选择本校当年招生专业总数20%以内的专业,以有关价格主管部门核定的学费标准为基础,在20%浮动范围内,自主制定具体的学费收费标准,同时按管理审批权限报业务主管部门和同级价格主管部门备案(《福建省民办教育收费管理实施细则》)[2];有的省份完全放开民办高校收费,从2014年开始民办普通高校可结合办学成本等因素自主确定学费标准(《湖北省人民政府关于进一步促进民办普通高等教育发展的若干意见》)[3]。

　　总体来说,各省份在放开民办高校收费上争议不大,区别在于是全部放开还是有条件放开,一些省份则是选取部分民办高校进行试点。从放开收费的学校类别来看,这是一种比较平稳的政策选择。根据历年教育统计公报显示,2013年全国中职在校生比2011年减少60多万。公办的中专、中职、技工学校,早已是免费教育,在这种情况下,即便给了民办中职放开收费的权力,这些学校也不敢轻易涨价。专科(高职)阶段,正处于全国生源的低谷阶段,学校招生困难、关闭重组时有发生,要出现普遍的涨价,可能性也不太大。

五、收费放开之后的短期影响

　　调研结果显示,收费放开最主要的短期影响表现为民办学校收费普遍上涨。湖北"民办高校本科学费平均比去年上涨20%左右,一般本科专业每年学费起价在1.2万元,热门本科专业每年学费在1.4万元至1.6万元之间"(宋迎军,2013)。上海、云南的情况也类似,收费放开后学费标准普遍上

---

[1]　江苏省物价局、江苏省教育厅、江苏省财政厅.关于民办高等学校收费标准等有关问题的通知.(2013-4-28)[2018-9-14], http://www.ec.js.edu.cn/art/2013/4/28/art_4267_118361.html.

[2]　福建省物价局、福建省、福建省人力资源和社会保障厅、福建省财政厅.关于印发《福建省民办教育收费管理实施细则》的通知.(2013-2-7)[2018-9-14], http://wjj.fujian.gov.cn/xzsysfgl_5855/xzsysfglzc/jybm/201302/t20130207_2816621.htm.

[3]　湖北省人民政府.关于进一步促进民办普通高等教育发展的若干意见.(2013-12-17)[2018-9-4], http://gkml.hubei.gov.cn/auto5472/auto5473/201312/t20131225_484023.html.

涨了近50%。截至2016年6月30日,经营民办高等学历教育的民生教育集团收入2.43亿元人民币,净利润1.5亿元人民币,纯利润率61.6%。截至2016年5月月底,拥有一所大学和24所K-12学校的宇华教育集团实现收入12.85亿元,净利润4.68亿元,纯利润率36.42%。这些信息都让社会质疑极少数办学者的"投机"冲动和资本天生的逐利性难以有效抑制。

在办学水平和教育教学质量评估制度不够完善和信息不够对称的情况下,完全放开收费可能增加学生家庭的经济负担,短期内可能会在一定程度上影响民办学校收费标准的权威性和社会公信力。

第三节　加强民办学校收费管理的政策建议

根据国家政策精神,民办学校逐步放开收费将是一个趋势,民办高校在继续放开收费的基础上强调收费行为的规范,以及政府对民办高校办学的监管。民办中小学在明确办学定位的基础上,逐步实现收费放开。对此建议如下。

一、以市场化为基本收费改革方向

1. 坚持市场化改革原则

与中央精神保持一致,坚持以市场调节为主,健全完善主要由市场决定民办教育收费标准的机制,充分发挥市场机制和价格杠杆作用。坚持教育公益导向,有效引导民办学校科学合理制定收费标准,兼顾不同学生的经济承受能力和选择性要求,维护学生接受教育的合法权益。坚持分类有序推进,积极探索在营利性和非营利性民办学校分类管理框架下,实行收费管理市场化改革的不同方案和制度机制,不搞"一刀切"。

2. 区分营利非营利学历非学历确定价格管理方式

营利性民办学校以及部分已经放开收费的非营利性民办学校实行市场调节价,由民办学校根据办学成本、市场需求、办学质量和群众承受能力等因素自主确定。基础教育阶段民办学校在政府审批的基础上,试行政府指导价,允许民办学校在此范围内自主确定收费标准。

3. 鼓励开展义务教育阶段民办学校收费放开试点

从国务院、国家发展改革委、教育部、人力资源和社会保障部部门关于民办学校收费管理的系列文件可以看出，国家鼓励非营利性民办学校收费也向市场化方向改革。目前对非营利性民办学校收费实行政府定价管理的地方政府，可根据当地实际选择部分地方、部分学段进行市场化改革试点。

二、民办中小学收费尝试实施政府指导价

1. 民办普通中小学特别是义务教育阶段收费为政府指导价

义务教育阶段民办学校以特色办学，满足老百姓多样化教育诉求为主要定位。建议地方政府对民办普通中小学实行政府指导价，不超过所在区已经公布的上一年生均经费范围的，允许民办学校在此范围内自主调价，鼓励民办普通中小学发展学校办学特色。收费标准超出定价范围的，民办普通中小学需要经所在区域教育行政部门向价格主管部门申请。

2. 支持已经具有竞争条件的区开展民办普通中小学收费放开试点

（1）对大部分义务教育阶段的民办学校不宜放开，建议维持现状或可通过设置政府指导价，由民办学校根据办学水平、市场需求自主调节。

（2）对政府购买服务的民办中小学，根据购买协议，协商收费标准。

（3）对获得大量政府财政补贴、承担提供基本公共服务的民办学校不宜放开，如进城务工人员子女学校等，应努力维持较低收费水平。

（4）对采取中外合作办学方式的民办普通中小学，以及学校内部参加国际课程学生的收费，可采用市场调节机制。

3. 建立低收费民办中小学风险预警机制

对于低成本运行的民办中小学，尤其是收费低于当地公布的生均经费标准的学校，在推行政府指导价的同时，加强对此类学校的教学指导。对于办学资质较弱的中小学，做好"关、停、转、并"工作，建立风险预警机制，加强对办学情况的实时监控，做好学校关闭之后的后续工作。

4. 超出政府指导价的学费调整需要进行审批

调整超过所在区同级公办中小学已经公布的上一年度生均经费的学费标准、住宿费标准的，由民办学校经教育主管部门向价格主管部门提出申

请。民办中小学经申请调整收费标准应提交下列材料：(1)申请学校的有关情况,包括学校名称、地址、法定代表人、法人登记证书以及教育行政部门或人力资源和社会保障行政部门颁发的办学许可证;(2)申请调整教育收费标准的具体项目;(3)现行教育收费标准和申请制定的教育收费标准或拟调整教育收费标准的幅度,以及年度收费额和调整后的收费增减额;(4)申请调整教育收费标准的依据和理由;(5)申请调整教育收费标准对学生负担及学校收支的影响;(6)家长委员会方面的意见;(7)经第三方评估(核算)的,申请学校近3年的收入和支出状况,包括教职工人数、按规定折合标准的在校生人数、生均教育培养成本,财务决算报表中的政府资助、固定资产购建和大修理支出情况、教育设备购置情况、工资总额及其福利费用支出等主要指标;(8)价格主管部门、教育行政部门、人力资源和社会保障部门要求提供的其他材料。

三、完善民办高校收费管理机制

1. 民办高校收费继续实行市场调节价

从全国的情况看,民办高等学校学费和住宿费将继续实行"自主定价、优质优价"的原则。学校可统筹考虑学科专业、教学质量、办学成本、住宿成本,兼顾经济发展水平、社会需求和承受能力等因素,自主确定学费和住宿费标准。

2. 民办高校收费应主要用于教育教学

民办高校收取的费用应当主要用于教育教学活动、改善办学条件和保障教职工待遇。严格要求非营利性民办学校的举办者不得取得办学收益,学校的办学结余全部用于办学。营利性民办学校的举办者可以取得办学收益,学校的办学结余依照公司法等有关法律、法规的规定处理。

3. 加强对民办高校违规收费行为的监管

代办性收费、服务性收费必须体现学生自愿和非营利原则。民办高校向在校学生代收的教材费用,应在学期结束时,按实际支付的费用结算,多退少补;学生宿舍床上用品和日用品由学生自主采购,不得强行统一配备。不得向新生收取招生赞助费、体检费、心理测试费等费用。服务性收费,即时发生即时收取,严禁强制服务,或只收费不服务。列入教学计划应对学生提供的服务不得在学费外额外收取服务费。学生缴纳学费、住宿费后，如因故退学或提前结束学业，要根据学生实际学习时间，按月计退还剩余的学费、住宿费。

四、加强民办学校收费监督管理

1. 收费标准保持一定的稳定性

民办学校调整收费标准应实行"新生新办法、老生老办法"的原则，学生入学时的收费标准一经确定，在读期间不得提高。原则上，民办高校一个办学周期内不得调整收费标准，民办中小学、民办幼儿园两年内不得调整收费标准。

2. 严格落实民办学校收费公示制度

民办学校要将收费项目、收费标准、收退费办法、奖助学金政策、执行有效期、监督举报电话等通过公示栏、公示墙、校园网等方式长期向学生、家长及社会公示，自觉接受监督。调整收费政策时，收费公示要及时进行更新，至少在每学年开学前 30 个工作日向学生公示。民办学校招生简章应写明学校性质、办学条件、收费项目和收费标准等内容，不得在标明的收费项目之外另行加收费用，不得使用模糊标价等使人误解的标价内容及方式误导受教育者。

3. 由第三方提供民办学校办学成本核实报告

针对目前民办中小学收费悬殊，部分学校内部存在分层收费的现状，以及民办高校收费标准不明确的现象，建议配合各级各类学校设置标准，由第三方提供成本核算报告，参考近三年办学成本并适当考虑学校今后发展规划拟定办学成本，定期公布成本核算现状，完善市场调节手段，对在成本核算中提供虚假信息或有误导学生信息的，列入诚信系统。

4. 规范民办学校学费使用范围

民办学校收取的费用应当主要用于教育教学活动、改善办学条件和保障教职工待遇。民办学校要建立健全奖助学金评定、发放等管理机制，按国家规定从学费收入中提取不少于 5% 的资金，用于奖励和资助学生。同时学校要在学费收入中安排一定比例资金用于教师培训。民办学校对贫困生有学费减免规定和其他救助办法的，应在招生简章中明示。

5. 建立健全政府部门协同监管机制

各级价格、教育、人社、财政、审计部门加强事中事后监管,不断规范民办学校收费行为,切实维护学生合法权益,维护市场正常竞争秩序,保证民办教育收费管理市场化改革平稳有序进行。各级价格主管部门应加强对民办学校收费的管理和监督检查,引导学校建立健全收费管理制度,自觉执行国家的教育收费政策。对价质不符、收费水平明显过高、假借民办学校名义变相提高学费、收费标准变动频繁、变动幅度过大、社会反响强烈、损害其他学校或受教育者合法权益的不正当价格违法行为,由价格主管部门采取成本调查、约谈告诫、建立黑名单等措施,并根据《价格法》有关规定进行价格干预。

第十一章 基金会参与非营利办学的制度建设与推进策略①

长期以来,我国民办高等教育处于制度上要求的非营利办学与实践中明显的营利性办学冲突之中。2010 年起,国家正式启动非营利性营利性民办学校分类管理试点。2016 年之后,《民法总则》《民办教育促进法》修正案通过,奠定了民办学校非营利性营利性分类管理的法律基础。此后,国务院、教育部先后印发了"1+3"等配套文件,并完成修订《民办教育促进法实施条例》。到 2021 年,全国有 31 个省、自治区、直辖市先后拟订了相关的配套实施意见。可以说,我国民办教育已正式进入非营利性营利性分类管理的时代。

国家积极鼓励和大力支持社会力量举办非营利性民办学校。《民办教育促进法》和《关于鼓励社会力量兴办教育 促进民办教育健康发展的若干意见》提出对非营利性民办学校还可以采取政府补贴、基金奖励、捐资激励等扶持措施,规定非营利性民办学校在税收优惠、用地、人才引进等方面享受与公办学校同等的优惠政策。

不容回避的是,既有的鼓励非营利性办学的规定主要是优惠性引导政策,尚缺乏长期稳定有效的非营利性办学机制设计。一是,一部分举办者因为年龄等各种原因选择退出,但也没有适合的举办者接手,现实中"无举办者的民办学校"始终存在,学校未来运行堪忧。二是,《民法典》规定非营利法人终止时剩余财产无法按照法人章程的规定或者权力机构的决议处理的,由主管机关主持转给宗旨相同或者相近的法人。行政部门在执行这一规定时缺乏资产处置的专业性,易引起纠纷。三是,民办学校事实上的营利

---

① 本章执笔人:刘金娟、方建锋,上海市教育科学研究院。本章主体部分已经公开发表,见《我国基金会参与非营利性民办高校办学探索》,《复旦教育论坛》2019 年第 6 期。

性使得财政资助和社会捐赠无法成为民办高校办学经费的有效补充,财政资助和社会捐赠的进入有赖于更为健全的民办学校办学机制设计。非营利性民办学校特别是民办高校的贷款也缺乏有效的抵押担保途径。

基金会办学是新时期民办教育发展的重要选择。针对上述问题,国家层面在法规政策上已经有所设计。一是鼓励基金会作为办学主体办学。《民办教育促进法实施条例》提出"鼓励设立基金会依法举办民办学校"。对于以捐资等方式举办,无举办者的非营利性民办学校,强调其办学过程中的举办者权责由捐赠人、发起人或者其代理人履行。

二是强化对非营利性学校剩余资产的管理。《民办教育促进法》规定"非营利性民办学校清偿上述债务后的剩余财产继续用于其他非营利性学校办学"。浙江提出包括剩余资产在内的社会公共资产由所在地民办教育公益基金会托管等方式进行管理。天津鼓励教育类基金会按照《基金会管理条例》相关规定,协助政府处置终止办学的民办学校的剩余资产。

三是拓宽民办学校融资渠道。《民办教育促进法实施条例》第五十七条提出"国家鼓励社会力量依法设立民办教育发展方面的基金会或专项基金,用于支持民办教育发展"。

从地方上看,相当一部分地区鼓励基金会参与办学,同时解决筹资和治理等问题。辽宁依托省教育基金会,引入公益融资机制,鼓励社会力量捐资,为民办高校筹集资金提供服务。甘肃强调建立基金奖励制度,对捐助民办教育发展有影响力的组织和个人给予物质或荣誉奖励。天津提出发挥教育类基金会在筹集资金方面的优势。海南设立多元化筹资渠道的基金,通过财政拨款、教育券、社会捐资等多元化渠道筹资设立民办教育发展基金。山东支持设立民办教育发展基金会或专项基金。重庆探索建立公益性民办教育发展基金,对非营利性民办学校及教师、学生予以奖励。重庆鼓励设立教育基金会并引入公益信托机制,保障教育基金资金安全和保值增值,收益全部用于非营利民办学校发展。

国际经验表明,基金会不仅是非营利性私立高校的重要办学主体之一和主要资金来源,还越来越多地从战略规划、学科布局、大学自治、教师发展等方面为高校提供专业服务。相比之下,我国基金会办学仍处于起步阶段。在学习国外成熟的基金会制度及其在非营利性高校办学经验的基础上,谨慎地利用制度借鉴的相容性和互通性,引导并促使基金会在办学中积极、准确、高效地使用资金,提升基金会在整个教育事业当中的认可度和影响力,才能探索出适合我国民办高等教育实践的基金会办学路径。

第一节　基金会参与非营利办学的重要作用

基金会办学具有推动非营利性民办高校长远发展的优势,是现阶段民办高等教育改革的必由之路。

一、确保办学公益性和非营利性

《基金会管理条例》规定基金会是利用自然人、法人或者其他组织捐赠的财产,以开展公益慈善活动为目的,依法成立的非营利性法人。基金会依照章程可以直接开展公益慈善活动或委托其他组织或者个人开展公益慈善项目。同时基金会章程必须明确基金会的公益慈善性质,不得规定使特定自然人、法人或者其他组织受益的内容。换言之,基金会可视为"资金+公益+法人形态"的集合。根据《民办教育促进法》第十条的规定,举办民办学校的社会组织,应当具有法人资格。因此,私人或社会组织可以通过捐资设立基金会,由基金会作为具有法人资格的社会组织来举办学校。

采用基金会办学的形式,相当于在捐资者和非营利性学校之间建立了一个缓冲地带。基金会本身具有公益性,同时受非营利的分配与收入约束机制和财产保全机制限制,无论是捐资者还是实际受托管理者都不能从基金会的财产及其运作中获得收益,基金会财产及产权结构也不能通过捐赠以外的方式变更。如果私人或社会组织专门为设立私立学校而捐资设立基金会法人,则法人一经成立,捐资者便与其脱离关系,既不作为法人成员,也不直接参与或决定法人事务,更不享受法人所提供的财产收益。

从这个意义上说,由基金会性质的法人组织创办的学校是带有"共有"性质的学校,即私立学校的财产为法人所有。对于这类学校,投资人自然不能在法人解散后再收回自己的财产所有权。①因此,引入基金会作为办学主

---

① 劳凯声.变革社会中的教育权与受教育权:教育法学基本问题研究[M].北京:教育科学出版社,2003:342—343.

体,从法理上进一步明确了捐资办学主体与私立学校的关系,有助于确保所举办的民办学校的公益性和非营利性。

二、有效实现捐资人办学意志

捐资人向基金会进行捐赠之后,尽管失去了资金的所有权、收益权、使用权,但是捐赠人的意志不仅不会消失在这个过程当中,而且相比于直接向学校捐资,其个人的捐资意图,如办学理念、改革意志等可以通过基金会的运作得到更有效的实现。

对于创建初期的基金会而言,捐资者的意图通常体现得较为明显。捐资人带着特定的办学思想和教育主张,成立了基金会,一方面,其可以通过基金会章程宗旨来固化个人或组织意志,另一方面,在挑选行政负责人和理事人选时,也会倾向于与自身主张较为一致的人。尽管在基金会运作过程中,捐资人对经费的具体使用并不能做过多的安排,但是基金会理事会作为法定决策机构,必须根据章程行使职能,同时与捐资人意图较为一致的基金会行政负责人对基金会具体项目的选择和发展方向又具有较大的影响,因此捐资者的办学主张可以传递给基金会。

而基金会作为具有自主决策、自治的独立法人,在"散财"方面具有比较优势。与运作型慈善机构不同,基金会不会被其成员的过多要求所束缚;与富人不同,基金会员工能够就社会问题进行系统调查、分析和记录,并提出相应策略且拥有解决长期问题的实力。[1]因此,有理由相信基金会在参与非营利性民办高校办学过程中,能够凭借自身的专业性,对民办高校发展中的问题进行充分的调查和长期的研究,进而将关心民办高等教育发展的捐资人的资金指向民办高校乃至整个民办高等教育系统的改革和实验,从宏观战略、人力资源实践等多个方面为新创办的学校作出规划、产生影响。由此,捐资者办学主张得以传递,其个人或者组织对学校的发展仍然是会形成影响的,甚至产生更大的更深远的影响。

---

① ［美］乔尔·L.弗雷施曼.基金会——美国的秘密［M］.北京师范大学社会发展与公共政策学院社会公益研究中心译,上海:上海财经大学出版社,2013:46.

三、避免个人办学风险

民办学校的"举办者"是指以出资、筹资等方式,发起、倡议并具体负责创办民办学校的社会组织或者个人。举办民办学校的主体既可以是个人,又可以是社会组织。但是,以个人名义举办民办学校,作为民办学校的举办者存在着承担无限法律责任的法律风险。

比如,在民办学校设立阶段存在不适当出资、未完全履行出资、完全不履行出资的情况;在学校运行阶段存在举办者权利与学校权利混同、关联公司与学校混同的情况。这些情况如查证属实,举办者将承担民办学校的连带责任直至无限责任。特别是个人作为非营利性学校的举办者,资产容易与学校资产混同,不仅办学成本难以确定,而且需要以个人财产来承担学校所有债务,责任范围甚至会扩大到家庭成员。

从举办者利益的角度来讲,单独的学校举办权不属于财产性权益,不能被继承。相较于个人作为非营利性学校举办者可能会带来的一系列风险,具有法人资格的社会组织举办民办学校则会安全得多。对于举办非营利性民办高校,个人或社会组织捐资成立基金会,并由基金会作为举办者举办学校,基金会设理事会,理事会具有自我延续的特点,因此它不会因个人的变动,而造成举办者的变更,能够确保学校的延续性。

四、拓宽办学融资渠道

我国民办高校办学经费主要来自学费,后续发展资金普遍不足。从实际的情况来看,虽然国家一系列文件提出非营利性民办学校收费办法由地方政府按市场化方向进行改革,仍有相当部分地区对非营利性民办高校收费采取上限管理方式(如河南等地)。

对于营利性民办高校而言,可以从市场上吸引投资。非营利性民办高校为获得更多的资金来改变这种状况,尽快向特色型高校发展,最好的途径是吸纳捐赠。2017年修正后的《企业所得税法》第九条规定,企业发生的公益性捐赠支出,在年度利润总额12%以内的部分,准予在计算应纳税所得额时扣除;超过年度利润总额12%的部分,准予结转以后三年内在计算应纳税所得额时扣除。《个人所得税法》第六条规定,个人将其所得对教育事业和其他公益事业捐赠的部分,按照国务院有关规定从应纳税所得中扣除。《个人所得税法实施条例》进一步明确为,捐赠额未超过纳税义务人申报的应纳税所得额30%的部分,可以从其应纳税所得额中扣除。

非营利性民办学校与公办学校享有同等税收优惠待遇,按照税法规定进行免税资格认定后,免征非营利性收入的企业所得税。进一步结合财政部国家税务总局《关于非营利组织企业所得税免税收入问题的通知》(财税〔2009〕122号),接受其他单位或者个人捐赠的收入为符合条件的非营利组织免税收入。①

相对于学校,以法人为主体的体系模式的基金会,具有更高的筹款能力和保值增值能力。随着《慈善法》出台、《基金会管理条例》修订,基金会在我国发展相比过去更加成熟、规范。规范严谨的基金会可以吸纳更多社会资金、撬动更多的社会资源注入教育领域,缓解非营利性民办高校资金困境。

五、接受教育公益资产

民办学校经过几十年的高速发展,一部分因为办学不佳而关闭在所难免。民办学校关闭时剩余资产的处置,国家法律法规有基本的方向性规定。

一是《慈善法》第十八条规定,慈善组织清算后的剩余财产,应当按照慈善组织章程的规定转给宗旨相同或者相近的慈善组织;章程未规定的,由民政部门主持转给宗旨相同或者相近的慈善组织,并向社会公告。

二是《公益事业捐赠法》第十条规定,县级以上人民政府及其部门可以将受赠财产转交公益性社会团体或者公益非营利的事业单位;也可以按照捐赠人的意愿分发或者兴办公益事业,但是不得以本机关为受益对象。

三是《民法典》第九十五条规定,为公益目的成立的非营利法人终止时,不得向出资人、设立人或者会员分配剩余财产。剩余财产应当按照法人章

---

① 需要说明的是,按文件的严格规定,符合条件的非营利组织免税收入包括:"(一)接受其他单位或者个人捐赠的收入;(二)除《中华人民共和国企业所得税法》第七条规定的财政拨款以外的其他政府补助收入,但不包括因政府购买服务取得的收入;(三)按照省级以上民政、财政部门规定收取的会费;(四)不征税收入和免税收入孳生的银行存款利息收入;(五)财政部、国家税务总局规定的其他收入。"这五项并不包含学费。

程的规定或者权力机构的决议用于公益目的；无法按照法人章程的规定或者权力机构的决议处理的，由主管机关主持转给宗旨相同或者相近的法人，并向社会公告。

但是，对于民办学校来说，极少部分关闭的民办学校剩余资产该校章程中未作规定、举办者也不能达成一致意见的，"主管机关"在主持转给宗旨相同或相近的法人时在事实上起到了资产处置的作用。在这一过程中，基金会具有获得社会公益性资产的功能，学校剩余资产进入基金会以后属性不变，即资产所有权、收益权不改变，同时可以通过协议确保资产使用范围仍然限定于非营利性学校办学。

第二节　基金会参与非营利办学的国际经验

19世纪末20世纪初，现代意义的基金会在美国诞生，随后在全球迅速发展。区别于传统的救济式慈善机构，现代基金会由专业人士参与的理事会代替慈善家本人对基金进行行之有效的管理和运作，以支持探讨社会问题为宗旨，推动社会持续变革和发展。

随着私立高等教育在社会中的地位和作用日益凸显，越来越多的基金会涉入该领域，并逐渐成为非营利性私立高校的运作核心，推动其成为国际高等教育领域的重要组成部分。

一、主要体现为运作型和资助型两种模式

由于私立高校在发展过程中存在资金不足、发展保守、管理效率低下等问题，基金会希冀通过不同的方式，推动私立高等教育革新和发展。就运作模式来说，基金会主要分为运作型和捐助型两类，二者在不同的运作模式当中扮演着不同的角色。

（一）运作型：通常扮演推动者的角色

基金会以运作型方式来使用善款，即基金会设计、运作和主导教育项目，并向执行基金会战略的组织提供资金支持，进而产生影响。

(1) 创立和培育新的非营利性私立高校。基金会根据其发展战略及当时社会需要,建立新的高校,通过向其提供资金,使其独立生存来实现他们的战略目标。例如,德国赫尔提基金会(Gemeinnützige Herti-Stiftung)为了应对德国人口结构变化及全球化和专业化带来的挑战,制定了大学领域项目的目标;支持和推动针对社会变革的公共辩论活动;提出符合当前和未来领导人在政府管理方面的"善治"方法;通过应用研究,为社会政策的制定提供科学依据。2003年年底,基金会成立了赫尔提政治学院(Hertie School of Governance),并向其累计投入4 800万欧元。该学院是一所非营利私立大学,致力于培养政府、企业和非政府组织的年轻领导者,探讨政治制度和法律制度,搭建东西方之间及理论与实践之间的对话平台。赫尔提政治学院已成为欧洲领军的大学之一,被纳入全球公共政策网络。①

值得格外关注的是,在基金会持续给予新生的大学以赠款外,大学自身通过建立董事会,进行自我运行和延续,同时还普遍成立大学教育基金会或捐赠基金来进一步吸引其他来源的捐赠并运作基金。近年来,由于高校捐赠管理机构投资功能加强,尽管一些大学保留了捐赠基金的管理机构——基金会,但很多私立大学的基金会往往成为具有一定独立性的资产管理公司或投资办公室。②它通过吸纳校友捐赠和运作基金为其所在高校提供了巨大的资金支持。这是许多非营利性私立高校能够获得独立生存的关键。

(2) 通过雇用专职人员来开展独立研究,直接指向高校改革和实验。相对于创建新的高校,基金会更加集中关注加强已有的高校;相比关注某所具体高校的发展,基金会更加关注整个高等教育系统。例如卡耐基教学促进基金会(The Carnegie Foundation for the Advancement of Teaching),作为典型的运作型基金会,长期以来,其活动集中在四个相互关联的领域:发放大学教师退休补助及遗孀养老金并就养老相关问题展开研究;发行各种出版物;提供高等教育咨询服务;开展教育研究。③教学促进基金会在美国教育尤其是高等教育形成发展中发挥了重要作用。

---

① 基金会中心网.德国大型基金会[M].北京:社会科学文献出版社,2015:38—39.
② 李锋亮,王云斌.教育基金会的发展与世界一流大学建设[J].复旦教育论坛,2016,14(3):19—25.
③ 李政云.慈善基金会在美国高等教育发展中的作用——卡内基教学促进基金会案例研究[M].湖南:湖南师范大学出版社,2011:24.

（二）资助型：通常扮演合作者的角色

基金会向现存高校或个人（教师、学生等）进行捐助，从而实现自己的影响。通常，基金会有自身的战略目标，它往往会选择具有相似目标的组织进行捐助，并对资金用途加以限定，由合作组织来具体设计并运作项目，实现战略目标。例如，洛克菲勒基金会（The Rockefeller Foundation）在分子生物学领域、福特基金会（Ford Foundation）和纽约卡耐基基金会（Carnegie Corporation of New York）在对外研究领域、阿尔弗雷德·P·斯隆基金会（The Alfred P. Sloan Foundation）在计算神经生物学领域、约翰·M·欧林基金会（John M. Olin Foundation）在法律与经济学领域、威廉和弗洛拉·休利特基金会（Hewlett Foundation）在争端解决领域所进行的学科建设，都是通过资助高校建立研究中心或院所，开发项目和新课程，做研究，发放奖学金和支持博士后学习来完成。[1]

毫无疑问，基金会是众多私立高校建立之初主要的资金来源，更是私立高校发展过程中的重要推动力量，甚至常常起到引导者和领导者的作用。首先，基金会为私立高校提供大量资金，削弱教派倾向和政治倾向，有益于学校的自治和学术自由，推动私立高校世俗化、自主化的发展。其次，基金会组织化、专业化、制度化、规模化的捐赠，相比过去个人零散的捐赠，形成了更强的激励和约束，推动私立高校主动加强内部治理，提高教育教学质量，对社会反应更灵敏。再者，基金会相比于其他慈善组织的捐赠，往往在自身的优势基础上使用资金进而在高等教育领域发挥更大的社会成效，催化教育改革，推动高等教育多样性和多元化发展。

二、支持基金会高效运行的内外部机制

（一）基金会的内部治理

现代基金会经过长期的发展，逐渐形成较为规范的内部治理体系和自治能力，其中章程和治理结构是基金会完整治理体系中最关键的两大要素。

基金会在成立之时，设立基金会的主体需要制定基金会的章程，对基金

---

① ［美］乔尔·L.弗雷施曼.基金会案例：美国的秘密[M].北京师范大学社会发展与公共政策学院社会公益研究中心译，上海：上海财经大学出版社，2013.

会宗旨、内部组织机构的设置及运行机制等予以明确。在大陆法系的国家中,基金会章程内容往往事无巨细,从法人的外在标识到内部机构的设置与运作均作出详尽的规定;在英美法系的国家中,基金会章程通常分为内外两种,对外主要呈现一般信息,如名称、地址等,提供给注册登记机关或者第三方;对内则对治理结构和运行机制作较为详细的规定。

通常基金会由理事会、行政管理部门、项目管理部门、投资机构等部门组成,不同的基金会在机构设置上存在差异,但毫无疑义,基金会的治理中枢——理事会是必不可少的。在大陆法系的国家中,财团法人的董事或董事会负责财团业务的开展,具体包括两个方面:一是与实现财团目的有关的事业的开展;二是对财团财产的管理以获得公益事业所需要的资金。理事职权有组织形式的变更、章程修订、重大决策等;在英美法系的国家中,非营利法人的理事会有比较完整的权力,可以行使所有法人职权,包括制定战略计划、人员选聘、筹集资源、审批项目等等,理事依诚信履行职责。理事会成员通常包括捐款人或其家人、法律顾问、财务负责人、熟悉税法、金融或投资的专家、专业相关人员。另外,常任的职员一般有行政负责人、行政秘书等。

专栏9　基金会的组织结构案例比较

案例一:卡耐基教学促进基金会(The Carnegie Foundation for the Advancement of Teaching)

卡耐基教学促进基金会成立于1905年,主要涉及教育领域项目。它在发展中形成了较为完整的组织结构,代表了早期大型基金会的普遍形态。卡耐基教学促进基金会下设理事会、行政官员、执行委员会、投资委员会、华盛顿办公室,后加设教育研究部。投资委员会负责基金会的投资管理,受执行委员会和理事会的监督和管理。日常管理由会长、财务主管、秘书来负责。

案例二:比尔与梅琳达·盖茨基金会(Bill & Melinda Gates Foundation)

2000年,比尔与梅琳达·盖茨基金会成立;2006年,基金会改名为比尔与梅琳达·盖茨信托基金,同时设立比尔与梅琳达·盖茨基金会,以"慈善基金+投资信托"双实体运行,其中基金会负责慈善赠款项目的运营,主要慈善项目涉及医疗健康、帮扶脱贫及教育三大领域;信托基金负责管理资产,定期拨付资金给基金会。基金会的理事有三人:比尔·盖茨、梅琳达和巴菲特。基金会信托由迈克尔·拉尔森和他的投资经理人团队负责,但迈克尔·拉尔森及其团队完全跟基金会分离。

(二) 政府对基金会的监管机制

在大陆法系的国家,基金会是基于捐赠行为而设立的财团法人。由于基金会产生之时,民法体系的财团法人制度已经建立,因此基金会得以在财团法人制度框架下予以调整。财团法人制度重视民法属性,强调财团法人乃捐助行为所产生的财产之集合体,将保障财团法人的自主性和保障实现捐助者意愿作为两项基本原则,因此其法律监管基本以私法为主。以德国为例,《民法典》确立财团法人制度在私法域的基本原则,各州则在公法域确立具体规则。在实践中,各国对基金会成立的管理较为严格。例如,德国和日本的政府机构对基金会的创建申请进行严格审查和专门监督;法国法律则要求基金会必须有一名政府指定的理事会成员或主管。

在英美法系的国家,基金会是专门从事捐赠活动的公益法人(及公益信托)。在美国,基金会制度强调基金会特定财产按特定目的使用,着眼于财产的实际控制权,其法律的监管以税法为代表的公法为主。联邦税法在公法域规定了免税组织资格认定,各州则在私法域认定基金会的法人资格。基金会法人资格获取较为简单,提供机构注册文件即可,但是免税资格则需要基金会成立后向美国国内税务署上交一份年度报告,最终由国税局审查基金会的财务和经营状况,并进行评估决定。另外,各州对基金会的组织管理和活动采取了不同程度的监管。在英国,对慈善机构的监管以"英国慈善委员会"这一专门的独立的政府机构来进行集中监管,依法实施登记、问责、监管、支持、强制执行等职能。

除规范性要求以外,各国法律对于基金会内部人行为控制、信息披露等关键环节作了强制性和禁止性规定。

(三) 基金会行业互律监督体系

除法律法规等正式制度以外,非正式制度对于整个基金会行业形成良性竞争、有序发展的格局起到重要作用。基金会在发展过程中,出现了许多行业组织,它们聚焦于基金会信息公开和绩效研究,对基金会行业健康、高效地发展起了保障作用。其中有三类具有代表性的行业组织。

第一类：信息中心，为公众提供基金会相关的信息，如美国基金会中心（US Foundation Center）。1956年，福特基金会（Ford Foundation）、卡耐基基金会（Carnegie Foundation）、凯洛格基金会（W.K. Kellogg Foundation）和拉塞尔·塞奇基金会（Russell Sage Foundation）共同出资成立基金会图书馆中心，后改名为基金会中心，主要收集、提供有关慈善这一领域的信息资料并开展研究和宣传，是美国慈善领域的权威资料中心。基金会中心官网不仅提供基金会基本信息、财务信息、捐赠信息、治理信息等等，同时还根据国家、地区、不同领域进行基金会发展研究，提供网络培训课程等。

第二类：认证组织，组织专业人士对基金会进行评估，对合格的机构进行资格认证，如马里兰州非营利组织联合会（Maryland Association of Non-profit Organization）。1992年，马里兰州非营利组织联合会成立，该机构于1998年推出了专门针对非营利组织的认证项目——"通向卓越的标准"，由非营利组织资源提出申请并接受评估。2012年，已经为美国230多家非营利机构提供了认证。[1]

第三类：评估组织，根据指标系统对基金会进行专业评估、排名等，如北美商业改进局明智捐赠联盟（BBB Wise Giving Alliance）。2001年，美国国家慈善信息局和"更好事务局委员会"合并成立此联盟，旨在帮助公众证实慈善机构的可信赖性。联盟创建了一套完整严格的慈善组织评价标准，包括治理与监督、绩效评价、财务、筹资和信息披露四个方面20条。联盟审核的内容包括：慈善机构990表、IRS年度财务报告、审计报告、年度报告、管理机构信息、慈善机构网站、隐私政策、事业关联性营销活动等。[2]根据标准，联盟对组织进行评估之后，将出具评估报告，详细列明其是否符合这20条严格的标准。

第三节　我国基金会参与办学的主要实践形式

我国基金会诞生的逻辑与国外基金会有很大不同。它们首先是作为一

---

① 卢玮静，赵小平，陶传进，朱照南.基金会评估：理论体系与实践[M].北京：社会科学文献出版社，2012：313.

② 李健.我国慈善组织信息公开研究[M].北京：中国社会出版社，2017：71.

个筹款机构存在,先进行资源的聚集再进行资源的分配。①在相当长的时间里,我国公募基金会大都以政府主导型为主。近些年,随着民间非公募基金会的快速增长,基金会总数突破 6 000 家,达到 6 632 家。另据统计,2016年度全国基金会净资产总额达到 1 383.82 亿元,捐赠收入为 487.82 亿元,公益支出 424.31 亿元。②

在我国,基金会对高校尤其是民办高校的资助和支持非常有限。从各高校捐赠收入来源来看,个人和企业捐赠占据了绝大比例,这与美国高校捐赠收入来源以基金会为主形成了鲜明的对比。③不过,民间基金会、大学教育基金会以及带有官方色彩的基金会仍然以不同的方式零散地参与民办高等教育发展实践。

一、作为学校举办者的基金会

与国外悠久的基金会办学历史相比,当代中国基金会办大学或参与办大学的实践尚处于起步阶段。20 世纪 80 年代,李嘉诚基金会、仰恩基金会分别出资兴建汕头大学、仰恩大学。进入 21 世纪以后,我国出现了两个典型的基金会举办特色民办高校的案例,分别为威盛信望爱公益基金会举办贵州盛华职业学院、杭州市西湖教育基金会举办西湖大学,在资金筹措和学校内部治理上都作了更进一步的尝试。

(一) 李嘉诚基金会——汕头大学

汕头大学是 1981 年经国务院批准成立的综合性大学,学校得到著名爱国人士及国际知名企业家李嘉诚先生的大力支持,李嘉诚基金会对汕头大学的支持款超过 100 亿港元。汕头大学是教育部、广东省、李嘉诚基金会三方共建的高等院校,也是全球唯——所由私人基金会——李嘉诚基金会持续资助的公立大学。

在李嘉诚基金会的支持下,汕头大学积极扩展学术交流和合作,国际化

---

① 徐宇珊.非对称性依赖:中国基金会与政府关系研究[J].公共管理学报,2008(1):33—40,121.

② 数据来自基金会中心网,http://www.foundationcenter.org.cn/。

③ 2010—2015 年,基金会捐赠占美国高校捐赠收入的 29.29%。

办学水平得到迅速提升,已与英国、美国、加拿大、爱尔兰等 16 个国家和地区 56 所高校建立了密切的学术交流合作关系,制订并实施了本科生、研究生交流计划。2016 年 12 月,由汕头大学和以色列理工学院合作创办的广东以色列理工学院(GTIIT)获教育部批准正式设立。

在管理体制上,汕头大学成立了校董会,并设立执行校长,其中校董会对重大决策有审议和指导功能,李嘉诚一直担任校董会名誉主席,李嘉诚基金会在校董会中占据 4 个席位,同时在大学中设立了李嘉诚汕头大学发展基金会办公室。

(二) 仰恩基金会——仰恩大学

相比汕头大学,仰恩大学的发展有所不同,1987 年爱国华侨吴庆星先生及其家族设立的仰恩基金会出资兴建华侨大学仰恩学院,后仰恩学院脱离华侨大学,建立仰恩大学,由福建省政府办学。1994 年起,作为中国教育改革的试点,仰恩基金会独立举办仰恩大学。仰恩大学是全国第一所具有颁发国家本科学历证书和授予学士学位资格的民办大学。

(三) 威盛信望爱公益基金会——盛华职业学院

2011 年,我国台湾商人王雪红和陈文琦夫妇名下威盛信望爱公益基金会捐资 1.8 亿元建立贵州盛华职业学院,这是一所全日制普通高等职业学校,旨在培养企业实用技能人才、帮助西部贫困学生就学就业,开设有酒店管理、计算机应用技术、茶生产加工技术(营销方向)、康复治疗技术等专业。

学校设立董事会,王雪红兼任威盛信望爱公益基金会会长、盛华学院的董事长,董事会任命孙伟为盛华学院执行校长,学校老师除了正式招聘的以外,还有 20% 左右的志愿者,其中包括副校长、微软全球 Web 事业部原总经理柏尚杰。学校设立"奖优助贫"的资助体系,2011 年盛华学院首届招收了 300 名学生,其中 86.1% 的学生获得全额免学费资助,10.4% 的学生获得半额免学费资助,资助覆盖率达 96.5%。除基金会持续投入以外,学校得到了包括中国惠普公司和美国尼尔森公司等多方的爱心资助。

(四) 西湖教育基金会——西湖大学

2015 年,杭州市西湖教育基金会成立。随后基金会创办西湖大学,并作为西湖大学捐赠基金的筹资主体,联合千人教育基金会共同为西湖大学筹集办学资金。

西湖大学以浙江西湖高等研究院为基础，致力于建设成为一所高起点、非营利、新型民办的国际化高水平研究型大学。西湖教育基金会审核成立校董会，并组织制定《西湖大学章程》，学校实行校董会领导下的校长负责制。西湖教育基金会资助的项目，由校董会审批，再提交基金会理事审核。

从目前来看，西湖教育基金会筹资工作是有效的，截至 2017 年年底到账 7.7 亿元人民币，向筹资 200—250 亿元的目标迈出了第一步。

（五）经验：基金会筹资、政府支持、社会捐赠相结合

从汕头大学和仰恩大学两所高校发展看，尽管基金会创立和培育了大学，在建立初期为其提供了大量的资金，但是学校资金和发展过于依赖基金会，在后期发展中没有形成独立生存的能力，包括筹集资金和自治的能力，汕头大学最终需要依靠政府支持，而仰恩大学人才流失严重，[①]未来之路任重道远。

此后，仰恩大学学校管理中出现了一些突出问题，特别是尚未成立董事会，在原校长任期满离职后，无法聘任校长，也无法确定法人代表。[②]从仰恩基金会的实际情况来看，2016 年基金会净资产 257.96 万元，捐赠收入 50 万元（此前两年为零），公益支出（仰恩大学附属幼儿园购置校车、资助贫困学生）仅为 40 万元[③]，基金会对仰恩大学的资金支持非常有限。

相比李嘉诚基金会和仰恩基金会，盛信望爱公益基金会和西湖教育基金会都更重视进一步吸引社会力量的捐赠，同时都在尝试去建立校董会领导下的校长负责制的治理结构，并争取更多的政府支持。但这两个学校都成立不久，距离独立生存还有很长的距离。

二、以募集资金为主的校内基金会

（一）公立大学的校内基金会

20 世纪 90 年代中期，清华大学、北京大学借鉴国外大学经验，相继成

---

① 林曾彦.仰恩大学人才流失中的组织管理行为研究[D].福建农林大学,2014.

② 省十二届人大五次会议_洪飞跃代表_关于指导督促仰恩大学尽快成立董事会的建议（第6014 号），http://www.fjrd.gov.cn/ct/1166-129286.

③ 数据来自基金会中心网，http://data.foundationcenter.org.cn/content_389.html.

立教育基金会。21 世纪初,中国人民大学、浙江大学、上海交通大学、复旦大学等部属高校陆续成立了教育基金会。

2009 年,财政部教育部下发《中央级普通高等学校捐赠收入财政配比资金管理暂行办法》,随后,各省份相继设立省级财政配比资金,分别对中央高校和地方高校接受社会捐赠进行奖励。该举进一步鼓舞了大学教育基金会的发展,截至 2017 年,全国各级各类大学(学院)基金会组织共计 527 家,其中 6.78% 的基金会由民办本科学校发起,4.36% 的基金会由独立学院、中外合作办学及高职高校发起。①

大学基金会治理结构与其他基金会相比具有特殊之处。大学教育基金会在校外接受民政部门和业务主管部门领导,而其在校内也将会发展为党委常委会与基金会理事会的双重管理体制。通常,大学教育基金会设有理事会和秘书处,理事会承担决策和监督的职能,理事大多由校内领导兼任,秘书处则负担日常筹资管理、项目管理、财务管理及可能的投资管理功能。根据教育部的指导意见,高校应加强对基金会的监督,建立理事会会议纪要抄送高校党委或校长办公会议制度。

大学基金会这一组织形式较好地解决了高校接受社会资金捐赠免税问题,因此吸引了不少社会捐赠。据统计,2015 年大学教育基金会捐赠收入总量为 67.98 亿元,支出总量为 41.73 亿元,净资产 283.35 亿元。其中世界一流大学建设高校(除国防科技大学、云南大学外)教育基金会收入占比 73%,净资产占比 71%。大学基金会除向社会筹集办学经费外,还需要管理、增值资金。通常,特定高校的教育基金会只向特定高校提供捐助,一方面为高校财务经费短缺的重点项目提供资金支持,另一方面为学校特色、优势学科以项目支持的方式进行差异化供给。

(二) 民办大学的校内基金会

由于我国高等教育发展的历史渊源,大学形成了公强民弱的格局,造成两类学校在吸引捐赠等各方面相差悬殊。相对而言,民办高校在吸纳捐赠方面作用非常有限,如山东英才学院教育发展基金会 2015 年净资产为586.26 万元、2016 年为 433.39 万元,2015 年捐赠收入 666.39 万元、2016 年

---

① 编写组.中国大学教育基金会发展报告(2018)[M].北京:社会科学文献出版社,2018.

为 0 元,2015 年公益支出 454.79 万元、2016 年为 341.28 万元。[①]同时,由于缺乏基金运营的经验和投资基数所限,民办高校基金会通过投资来实现资金增值几无可能。当然即使国内顶尖大学与美国大学基金会在投资规模和投资收益上相去甚远,因此大学自身创建的教育基金会对于民办高校发展的资金支持相对来说还是比较有限的。

(三)经验:依附于学校起辅助吸纳社会捐赠作用

尽管大学基金会是独立的非营利组织,但是与所在的大学之间存在千丝万缕的关系。一定程度上,大学教育基金会是依附于大学的,大学对其具有监管职责,基金会的资助对象也仅针对该校。

三、政府培育的教育类基金会

(一)青少年发展基金会、妇女儿童发展基金会

我国由于缺乏独立运行的慈善传统和基金会历史积淀,民间捐资成立的基金会远远不足以满足社会发展的需要,因此逐渐产生了一些由政府主导、引导民间力量共同参与的基金会,包括纯官方基金会、具有民间色彩的官方基金会以及具有官方色彩的民办基金会。[②]比较典型的,有各地共青团系统的青少年发展基金会、妇联系统的妇女儿童发展基金会这一类的基金会及各地政府主导创建的社区基金会。

(二)上海市民办教育发展基金会

民办教育领域,面临着很多其他领域同样的困境——社会资源筹集的问题,还面临着其他领域所没有的困难,如举办者为自然人的学校在未来可能出现举办者缺失、民办学校退出或终止后公益资源何去何从等问题。为保证民办教育健康持续发展,业务主管单位受自身合法性约束,转而去培育具备筹资功能、举办者功能的基金会组织。

这方面,上海作出了新的探索。2014 年,上海市教委牵头,由上海杉达学院、上海视觉艺术学院、上海济光职业技术学院、上海东海职业技术学院、

---

① 数据来自基金会中心网,http://data.foundationcenter.org.cn/content_3171.html。
② 谢宝富.当代中国公益基金会与政府的关系分析[J].中国社会科学院研究生院学报,2003 (4):64—69, 111.

上海新侨职业技术学院、禾佳民办教育联盟和上海培佳双语学校等非营利性民办学校发起，以各校办学节余经费作为原始基金，捐赠 7 730 万元，成立了我国首家由民办学校联合发起、以支持公益性民办教育发展为主要宗旨的基金会——上海市民办教育发展基金会。基金会设有理事会、监事会、秘书长，首任理事长由上海杉达学院原校长袁济担任，秘书长由上海市教委青少年保护工作处原处长杨永明担任。

根据章程，该基金会主要功能被归纳为"一池四器"：筹集社会资源和资金、接受终止办学（退出办学）民办学校资产的"蓄水池"；支持非营利性民办学校重大改革发展项目和特色创新项目的"助推器"；促进公益性强的优质民办教育机构健康成长的"孵化器"；鼓励社会力量兴办教育的"宣传器"；为民办学校排忧解难的"释放器"。2015—2016 年，基金会从社会吸纳的赠款有 1 700 万元，公益支出 1 410.42 万元。基金会实施了一系列项目，包括奖励上海民办高校优秀辅导员、奖励民办教育突出贡献者、上海民办高校学生社会"七彩计划"、上海民办中小学（幼儿园）"萌芽计划"、上海市民办高校"同舟计划"，等等。

（三）经验：解决民办高校发展现实问题

由政府主导的基金会不同于个人或群体、家族及企业发起的基金会，其通常是业务主管部门在受到合法性约束的情况下为筹集社会资源而专门培育的，最重要的功能是接受社会慈善资源，而非使用社会慈善资源。

这类基金会的原始资金全部或部分来自财政投入或者通过行政力量筹集，如中国青年发展基金会原始注册基金 5 000 万元来自中央财政安排，浙江省人民教育基金会原始基金 400 万元来源于社会各界捐助和政府拨款。部分基金会的工作人员由政府安排或拥有事业编制。

基金会在后期运行中，除了在资金筹集环节得到政治资源的支持，在项目运作或资助的实施环节中也常常依靠政府体系中的组织资源来具体推行。

区域性民办教育发展基金会在解决民办高等教育中存在的现实问题，如筹款和项目运作上发挥了较大的作用。但是，这类基金会存在的主要问题是自身力量较弱，更偏向于政府功能的补充。

第四节　基金会参与非营利办学的关键要素

如前所述,国外基金会在提高私立高校教育质量和多样性上展现出不凡的影响力,借基金会来推进我国非营利性民办高等教育发展不失为明智之举。但也要看到,我国基金会在高等教育实践领域,尤其是民办高校中从事的活动单一、产生影响有限的事实。实际上,基金会涉入民办高等教育领域不能当然地解决当前民办高校发展中存在的一系列庞杂的问题。借鉴国外基金会经验,必须适应我国社会、政治及经济发展实情,找到基金会在非营利性民办高等教育发展中的独特使命和所应扮演的角色,不断探索创新推进我国非营利性民办高等教育发展的运作模式。

我国民办高校发展类型单一、活力不足,推动其多样化的一条重要路径是创立、培育新型非营利性民办高校。例如,西湖基金会所创建的西湖大学就是致力于建成高起点、非营利、新型民办的国际化高水平研究型大学。在这一过程中,基金会作为举办者,最重要的是把握好如下几个环节。

一、完善内部权力架构体系以实现控制权社会化

如何最大化实现作为捐资者的办学主张又能充分保障高校自治,实际上就涉及作为举办者的基金会与被举办的民办高校的关系。基金会处于"强控制"地位可能会损害高校自治,相反则可能影响捐资者意志的贯彻。从产权上讲,基金会与捐资者不存在隶属关系,而非营利性高校一旦完成筹设进入正式运营阶段,它就是独立的法人,享有法人财产权,其与举办者(基金会)也无法律上的关联。但是,"民办学校举办者根据学校章程规定的权限和程序参与学校的办学和管理"是允许的。

在法理上,基金会和非营利性高校的治理结构都是采用来自现代公司的理事会、监事会等分权设置。在实践中,主要捐赠人或者作为法人的捐赠者的负责人往往担任基金会的理事长,在主导基金会目标设定、理事人选乃至理事会决策权等方面起着"强控制"作用。

举办者在学校筹建过程中,不仅在相当程度上决定章程的制定,对于学

校内部治理结构及人员聘用也将起到决定性作用，实际掌握着学校内部治理的最终决策权和控制权力。因此，未来我国基金会在办学过程中，可能会出现发起人或者主要捐赠者通过把控基金会来控制非营利性民办高校的情况，在这种情况下捐资者的个人意志会得到比较彻底的贯彻，但是会干涉学校自主权。

保障学校的自主权，破除发起人或主要捐赠者对学校的"强控制"，一方面需建立完善的基金会内部权力架构体系。我国基金会设立时间较短，发起人、主要捐赠者对基金会的普遍控制是难以避免的，但是捐赠人应有合理的自我约束和限制。在选择基金会理事时，应该围绕参与非营利性民办高校办学的这一使命制定选择标准，并谨慎任命子女或其他亲属。另一方面则要实现学校控制权的社会化。高校不同于基金会，它有众多的利益相关者，包括教职工、学生及其家庭、商业界和企业界、公共和私营经济部门、社区、专业协会等等，具有控制权资本化转向控制权社会化的条件。学校应当将社会当中与学校相关的外部专业人士引入学校董事会，建立利益相关者导向的内部治理机制。

二、逐步形成捐赠、政府资助、学费等多元筹资渠道

基金会创立新的非营利性民办高校，对该组织机构的专项捐赠显然是一种工具性捐赠，能否真正地实践其办学主张，达成这一战略意义，取决于非营利性民办高校能否真正运作起来。然而，高校不同于基础教育，其办学成本高昂，需要持续的大量的资金投入。例如美国洛克菲勒大学，1901 年洛克菲勒基金会在 10 年内投资 20 万美元，1902 年在原有捐赠基础上追加100 万美元，1907 年捐赠 260 万美元，捐赠持续了一个多世纪。2005 年，洛克菲勒基金会向洛克菲勒大学捐赠 1 亿美元，之后大卫·洛克菲勒与斯塔维洛斯·尼阿科斯的基金会一道捐赠 1.5 亿美元用于扩建洛克菲勒大学。如此庞大的资金需求，对基金会资金运作形成了巨大的挑战。

基金会的根本特征是资金的运作，募款能力和保值增值能力是基金会资金来源的保障。因此，创建新的非营利性民办高校的基金会要么有强大的向外界筹款的能力，要么有庞大的资金池和高超的基金投资能力。从我国现阶段发展看，纯民办基金会很难有强大的募款能力，可以鼓励一些先富

起来的企业和个人,设立以企业或个人名义命名的大型非公募基金会,并通过投资方式来管理资产,以商业化模式进行运作。

基金会持续捐赠是非营利性民办高校生存的条件之一,但是学校要独立运作还需要强大的自治能力。首先,高校要尽可能从其他途径获得资金支持,形成多元化筹资结构,实现财务自主性。一方面,非营利性民办高校应发展出自身特色,并效仿哈佛、耶鲁、芝加哥这类非营利性私立名校,形成有力的筹款队伍和高效的筹款机制,由大学基金会、校友会、各个院系的校友和发展部等部门共同协助校长完成筹款目标;另一方面,研究型民办高校必须不断提高自身科研水平,从政府或其他机构获得科研类的竞争性赠款。其次,高校除了在大的战略规划上遵从基金会意志以外,必须形成细致的战略部署。从基金会的角度,它需要在治理方面,为非营利性高校战略规划、人力资源实践提供支持,进而提高非营利性高校考虑和解决问题的长远性、战略重点。因此,基金会必须有专业人士的引领和指导。

三、为非营利性民办学校退出和进入提供保障

基金会扮演非营利性民办高校进入和退出的稳定器的角色。一是举办者个人来创建基金会,进而将已经成立的学校,通过举办者变更,从个人转到基金会名下。基金会追求长远的社会效益,由其来举办非营利性民办高校,对于现有的学校具有保持稳定的作用。二是当民办高校举办者提出退出或终止办学时,基金会来接手,这个接手既可能是接手剩余公益性资产,也可能是接手整个学校。

采取哪一种策略取决于实际情况,基金会需要建立完整的决策程序:(1)通过调研和研究获取该校办学具体情况;(2)清晰、准确地界定该校办学中可能存在的问题;(3)找到合适的行动选择,或者协助进行财产清算,接受剩余资产,或者接受整个学校,成为举办者。比如说,第一种情况,一个学校举办者提出转赠的请求,但该学校资不抵债,基金会在一个时期内很难为学校提供持续的资金支持以保证学校正常运转,那么基金会就不应该选择成为其举办者。第二种情况,一个学校举办者由于年事较高提出转赠的请求,学校本身运转没有问题,而且对当地社会发展具有重要意义,那么基金会就

可以成为其举办者,为其继续发展提供支持。

四、推动民办高等教育质量提升、特色发展

　　在参与高等教育事务中,基金会常与推动或合作的民办高校在目标、战略上存在分歧而造成冲突,未能充分发挥其独特资源的优势,对民办高等教育长远的发展和作用较为有限。因此,基金会应当进一步明确作为非营利性民办高校特色化发展的推动者的角色使命,并形成决策制定过程及进度跟进系统,对资源进行战略性安排,关注民办高等教育发展的关键性问题。

　　相对于关注某所具体高校,质量提升、特色发展更需要关注的是整个非营利性民办高等教育系统。基金会需要做的是找到非营利性民办高校最应关注和最需解决的问题,进而确定特定目标,通过不同的方式来实现目标。基金会既可以通过雇用专业人士或者委托专业机构长期开展民办高等教育质量提升和特色发展的研究,并将研究结果提供给各个高校,或者进行人员培训、搭建信息平台等;又可以通过设立特色发展的资助项目,资助各个非营利性民办高校开展实践改革。

第五节　完善基金会参与非营利办学的主要建议

　　提升基金会在非营利性民办高校运作中的影响力,推动民办高等教育的特色发展,仅仅依靠基金会自身来提高"效力和效率"是远远不够的。尽管基金会不像学校有众多的利益相关者,但是也处于社会大环境当中,政治、经济、文化体系在很大程度上会影响基金会的"效力和效率"。因此,政府和行业应当着重发挥治理智慧,引导并促使基金会在参与我国非营利性民办高校运作中更积极、准确、高效地使用资金,提高基金会效益。

一、由政府部门引导鼓励社会力量参与成立基金会

　　当前,我国民办高等教育整体水平和层次不高,相比顶尖高校,单一民办高校对于社会关注的吸引力、风险抵抗能力较弱。尽管部分民办高校创

立了大学教育基金会,但从实践效果看,其获得的社会捐款非常少,并不能为学校持续发展提供足够的资金支持。同时,附属于高校的大学基金会自主性缺乏,对于推动高校内部治理现代化的作用非常有限。希冀于基金会来推动其发展,必然需要明确基金会在民办高等教育中的使命,要么找到现行宗旨与之符合的基金会,并对基金会推动民办高校的现行战略和策略进行重新审视和更正;要么倡导创建以此为宗旨的基金会,并构建基金会战略和策略推动高校发展。总体来看,以推动民办高等教育发展为宗旨的基金会是比较少的,因此,现阶段还需要倡导创建一些新的基金会。

从民办高校需求和基金会发展现状看,主要有两类基金会急需培育:一是由业务主管单位推动成立区域性的民办教育发展基金会,承担接管公益性资产、为民办高校担保或托底、推动教育改革等功能,基金会在努力平衡政府依赖和自主运作过程中借力发展成为类似美国卡耐基教学促进基金会的专业运作型基金会。相比于吸引社会对某一个高校的关注,这类基金会能够获得社会对于整个民办高等教育事业的更多支持。

二是通过大环境改变,鼓励民办高校举办者创建基金会,由基金会作为举办主体;或者鼓励企业或个人成立大型基金会,进而捐资兴办特色型非营利性民办高校。这需要一个比较长的过程,政府并不能直接着手培育,而是需要塑造良好的外部环境来引导和发展。

二、采取税收优惠措施提高基金会吸引力

除培育以发展民办高等教育为宗旨的基金会外,更重要的是提升整个基金会行业在吸纳慈善资源和资金运作使用上的能力。基金会作为社会组织,其运作前提是有坚实的资金基础,因此它必须与外部其他组织竞争以获取社会慈善资源,用于公益事业。税收制度尤其是税收优惠,是基金会获取个人慈善选择的重要比较优势,也是其开展公益性事业的政策对价。完善我国基金会税收制度,实现对基金会的税收优惠以及避免基金会公益待遇被滥用的规制,是激励更多潜在的捐赠者和管理者从事公益事业、做大做强基金会的重要外部支持。

长期以来,我国并没有统一的税收法典框架,有关基金会税收的规定散见于《企业所得税法》《个人所得税法》以及《财政部、国家税务总局、民政部

关于公益性捐赠税前扣除有关问题的通知》《财政部、国家税务总局关于非营利组织企业所得税免税收入问题的通知》《财政部、国家税务总局关于非营利组织免税资格认定管理有关问题的通知》等规范性文件。①

基金会在获得免税资格和公益性捐赠税前扣除资格后,基金会自身的相关收入即可免征所得税,而企业和个人发生的公益性捐赠支出,在规定范围内可予以扣除。但是,我国税法对非营利组织的免税资格与公益性捐赠税前扣除资格实行分别申请、分别审批,从实践来看,基金会向登记管理机关和财税管理部门分别递交申请,操作繁琐,而且认定为享有公益捐赠税前扣除资格较为困难,大多数基金会往往只能获得其中一种。

除此以外,除银行利息不征税外,基金会投资收益仍需缴纳 25% 的企业所得税;企业公益性捐赠扣除比例为年度利润总额的 12%,个人捐赠额未超过纳税人申报的应纳税所得额 30% 的部分,可以从其应纳税所得额中扣除,相对国外来看,无论是企业还是个人捐赠扣除比例都偏低。2017 年《企业所得税法》修订后改为"超过年度利润总额 12% 的部分,准予结转以后三年内在计算应纳税所得额时扣除"。但效果如何仍然有待观察。

建议如下:一是将免税资格与税前扣除资格相统一,即采用统一的标准和程序来认定免税资格和公益性捐赠税前扣除资格;二是贯彻落实企业所得税中捐赠企业准予扣除比率和可抵扣捐赠额占个人所得税应纳税所得额比例,并简化操作程序;三是免除基金会消极投资收入税收;四是在普遍实现基金会税收优惠的同时,需建立过程监管和严格的责任追究机制,防止公益待遇的滥用。

三、规制基金会与非营利性民办高校的关系

国外已经完成基金会基本规制的法律制度设计并致力于更加完善的问责机制时,我国面临的挑战显得更为艰巨。尚在"襁褓"之中的基金会存在诸多违规和不当的行为,基金会合法性、公信力受到质疑。因此对于当前我国基金会参与非营利性民办高校运作,政府管理和公共监督必须围绕基金

---

① 冯辉,左家囡.美国基金会的税法规制及其启示[J].社会科学家,2015(3):115—119.

会与非营利性民办高校关系进行外部约束。

首先,需要在章程中进一步明确该类基金会性质和宗旨。根据《民政部关于印发〈基金会换发等级证书方案〉的通知》要求基金会章程应当按照《基金会章程示范文本》制定,因此基金会应当在参照示范条款的基础上,突出基金会服务于区域非营利性民办高等教育的特性。在目的条款的设定上,应注意:(1)章程目的条款,可采用"概括+列举"的方式来解决。(2)基金会设立者必须明确自身设立目的,应建立目的调整机制,包括调整权限和调整程序。从当前各地区民办高等教育发展需求来看,该基金会的目的条款包括但不限于:(1)民办学校的举办者;(2)接受终止办学的民办高校的剩余资产;(3)为非营利性民办高校特色发展、内涵发展提供资金支持。

其次,国家层面应当对理事会、监事、秘书长的地位和职权作出更为清晰的规定,进一步明确管理者的定位和监事的监督职能,并提供三者尤其是监事履行职责的保障措施。监事应当与基金会主要捐赠人之间没有经济联系,保持独立性,且具有相应领域的专门知识和职业能力。政府或可尝试搭建监事人才库的平台来解决监事人选的问题。

四、完善对基金会内部管理费培训费等支出的管理

深度聚焦于非营利性民办高等教育领域的基金会,面对的是这一领域非常复杂的专业问题,并需要最大限度地利用既有资源来更好地履行公益职责。尽管基金会不同于其他慈善机构,在"聚财"和"散财"上有比较优势,但是,这种能力并不是与生俱来的,它有赖于基金会创始人的影响力、项目人员的专业度和协作水平等人力资本因素。也就是说,对基金会内部人员,如募款人员、专业运作基金人员、项目管理人员的人力资本投入是非常必要的。

建立基金会内部激励机制看似属于基金会内部事务,实则受到外部公共政策约束和影响。在我国,根据《慈善法》,慈善组织中具有公开募捐资格的基金会开展慈善活动的年度支出,不得低于上一年总收入的百分之七十或者前三年收入平均数额的百分之七十;年度管理费用不得超过当年总支出的百分之十。另据《关于慈善组织开展慈善活动年度支出和管理费用的规定》,不具有公开募捐资格的基金会年度慈善活动支出和年度管理费用标准按资产分档进行。

　　政府、捐赠者、媒体过于关注基金会管理费用支出比例,对于基金会参与民办高等教育运作并非完全有利。在实践中,基金会工作人员的工资常常需要由政府、企业或理事来承担或分摊,既不利于基金会形成良好的法人治理结构,又不利于基金会吸引民办教育领域的精英和一些全能型人才,并可能导致基金会减少员工培训、内部系统建设,甚至放弃长期建设的项目而选择短期项目,进而影响基金会的专业性和影响力。

　　建议如下:一是在法律层面明确基金会管理费应合理支出,但具体数目由管理者决定,并将基金会进一步推向市场,由市场调节和公众选择来推动基金会合理使用管理费用;二是在修订《基金会管理条例》时,对《慈善法》中所规定的"特殊情况"进一步操作化,尤其是对运作型的基金会内部培训、项目规划和运营系统支出方面,避免现实中难以把握特殊情况,仍按"10%"的限定执行。

五、建立以信息公开为基础的基金会监管体系

　　激励基金会做大做强的同时,应当确保其规范发展,而这仅靠基金会的自律是难以实现的,政府和行业必须积极参与其中。在反映基金会机构运营状况的众多因素中,外界应当更多关注增强基金会领域的透明度和问责要求。

　　由于我国民间基金会力量薄弱,加之民办高校对其吸引力不足,一段时间内参与民办高校运作的基金会会以非民间背景的基金会为主。然而在实践中,非民间背景的基金会透明度不高。据数据显示,入榜 FTI2014 政府补助收入前 100 名的基金会中,非民间背景基金会与民间背景基金会在透明度得分和政府补助收入方面差异显著。99%的政府补助流向了非民间背景的基金会,然而这些基金会的平均透明度得分却比民间背景基金会低 7 分之多。而在 FTI2014 捐赠收入排名前 10 的基金会中,FTI 得分排名从第 1 名(满分)到第 434 名不等,这种透明度与捐赠收入存在不一致的现象也需要得到社会重视。①

---

　　①　基金会中心网.中国基金会透明度发展研究报告(2014)[M].北京:社会科学文献出版社,2014.

实际上,我国法律法规在不同层面均对基金会信息公开提出了相关要求,如《慈善法》《公益事业捐赠法》《基金会管理条例》,民政部门对基金会信息披露制度有专门的规章《基金会信息公布办法》《公益慈善捐助信息公示指引》等。法律法规要求基金会信息公开的基本模式是"年度工作报告＋审计",法律对这两部分的要求都比较简略。[①]通常基金会偏向于按照会计准则编制财务报告,公众较难理解。而对于违反信息公开的问责,我国民政监督仍然缺乏有效的处罚约束。

建议如下:一是完善的以信息公开为基础的基金会监管体系。通过推动建立国家层面的独立行政部门来专门负责对慈善组织进行统一监管,明确监管的程序、标准及行政主体责任。二是在修订《基金会管理条例》等相关文件时,进一步细化信息公开的内容和呈现方式,既要增加临时报送这类及时性信息要求,还要对信息的内容和呈现方式作更详尽的规定,以符合捐赠人及社会公众的正式需求。三是推动现代技术的应用,加快建立和完善基金会信息平台标准化的运用规范。四是引入经济手段,在基金会免税资格与税前扣除资格认定及申请财政配比资金时,与信息公开制度相联系,综合考虑基金会透明度,形成有效的处罚约束制度。

六、搭建行业统一的信息披露标准和信息披露平台

在社会选择机制的作用下,基金会仅仅满足强制性信息披露要求是不够的,行业管理者必须进一步引导其共同创造一个高度透明的氛围,来提升基金会整个行业的公信力,进而增强其在非营利性民办高校当中的影响力。

相比较而言,我国基金会行业治理尚处于起步阶段,已有的第三方机构偏向于信息中心的性质。2009 年,全国 100 多家公益机构共同发起并支持成立自律吧(USDO),成员机构包括基金会、民办非企业单位、志愿者团体等,推出了一套信息披露体系,对公益组织的基本运行情况和财务运行情况进行披露。之后壹基金联合 USDO 委托清华大学创新与社会责任研究中心和清华大学廉政与治理研究中心开发中国民间公益透明指数,公益组织按照 58 个三级指标进行日常的信息记录工作,第三方进行信息收集与整

---

① 李政辉.非公募基金会的基本矛盾与规制研究[M].北京:法律出版社,2015:319.

合。2010年,国内35家知名基金会也联合发起建立了专门的基金会行业信息披露平台——基金会中心网,并开发了一套专门针对基金会的中基透明指数,利用税务部门提供的信息、民政部门披露的年报信息及基金会自行披露的信息,进行整合公开。这两个行业平台建立的信息披露体系均是以财务信息公开为核心,两类指数各有优缺。无论是自律吧还是基金会中心网,在资金来源保障、业务的专业度,即信息披露的时效性和有用性等方面均存在不足,另外二者评价标准不同导致结果大不一样也可能误导公众。

建议如下:一是围绕信息披露决策的有效性,从财务信息生成的动态过程中,构建和完善基金会财务透明度的评估指标体系①,并将信息披露扩展到项目的有效性、风险承受能力等,对基金会透明度情况进行公开评级。二是加大第三方组织专业建设,不是止于评级,更要具备专业能力去深入挖掘和分析原始信息,并出具评估报告,尤其是要重点分析基金会在自我修正上作出的努力和效果。三是创建基金会的行业协会,致力于构建行业统一的信息披露标准、建立统一的信息披露平台、明确信息披露重点,并且设立申诉平台,凡个人发现基金会拒绝提供信息,即可向协会进行申诉。四是加大舆论媒体对基金会的关注度,营造行业、媒体、公众充分互动、沟通的氛围,推动基金会规范发展。

---

① 谢晓霞.慈善基金会财务透明度的评估指标及其应用研究[M].北京:经济管理出版社,2016:73.

第十二章　非营利性民办学校关联交易规制策略[①]

2016 年修正的《民办教育促进法》改变了此前民办学校作为民办非企业单位普遍不得进行营利性活动的状况(经营性培训机构除外)[②],同时更加强调非营利性民办学校的非营利属性。由于修正前的《民办教育促进法》对于举办者取得合理回报有较多限制条件,修正后的《民办教育促进法》又明确禁止非营利性民办学校举办者获得投资收益,所以关联交易成为部分举办者或民办学校管理者试图获取利润的重要途径。关联交易也成为影响非营利性民办学校"非营利性"的重要原因,加强对关联交易的合规管理是实现非营利性民办学校办学目的的关键。关联交易由于存在损害交易一方利益的可能性而被《公司法》严格规制,但非营利性民办学校由于不受《公司法》调整的限制而面临关联交易的监管缺失。本章通过梳理关联交易的基本概念,界定了非营利性民办学校的关联方和关联交易,另分析了民办学校关联交易的常见形态及其存在问题,尤其是通过 VIE 模式海外上市的问题,最终对如何从立法和管理角度规范非营利性民办学校的关联交易行为、维护学校利益提出相应的实务建议。

第一节　关联交易的一般规定及认定标准

一、关联交易相关的法律规定

关联交易指关联方之间发生的交易,由于交易双方存在关联性,其交易

---

① 本章执笔人:李丹丹、王帅,上海市锦天城律师事务所。
② 《民办非企业单位登记管理暂行条例》第二条:"本条例所称民办非企业单位,是指企业事业单位、社会团体和其他社会力量以及公民个人利用非国有资产举办的,从事非营利性社会服务活动的社会组织。"

的公允性可能受到影响。需要明确的是,法律没有禁止关联交易,正当的关联交易可能还会产生正向作用,法律禁止的是通过不当关联交易损害某一方的利益。

比如《公司法》第二十一条规定:"公司的控股股东、实际控制人、董事、监事、高级管理人员不得利用其关联关系损害公司利益。违反前款规定,给公司造成损失的,应当承担赔偿责任。"由于上市公司涉及社会公众利益,所以相关法律法规对此规定更加严格,《公司法》第一百二十四条规定:"上市公司董事与董事会会议决议事项所涉及的企业有关联关系的,不得对该项决议行使表决权,也不得代理其他董事行使表决权。该董事会会议由过半数的无关联关系董事出席即可举行,董事会会议所作决议须经无关联关系董事过半数通过。出席董事会的无关联关系董事人数不足三人的,应将该事项提交上市公司股东大会审议。"

证监会发布的《上市公司信息披露管理办法》第四十八条规定:"上市公司应当履行关联交易的审议程序,并严格执行关联交易回避表决制度。交易各方不得通过隐瞒关联关系或者采取其他手段,规避上市公司的关联交易审议程序和信息披露义务。"上海证券交易所发布的《上海证券交易所上市公司关联交易实施指引》以及深圳证券交易所发布的《深圳证券交易所股票上市规则》也严格限制上市公司的关联交易。

对于营利性民办学校来说,由于其应当登记为公司,所以也适用上述《公司法》中关于关联交易的规定。但是对于非营利性民办学校来说,2016年修正前和修正后的《民办教育促进法》对关联交易问题均未涉及,2021年修订前的国务院《民办教育促进法实施条例》也没有相关规定,可以说此前缺乏有效的法律法规对非营利性民办学校的关联交易问题进行规制,所以诸如独立学院的母体高校按照学费比例抽取管理费、民办学校甚至义务教育阶段民办学校通过"协议控制"(VIE)模式境外上市等情况在民办教育行业屡见不鲜。

司法部 2018 年发布的《中华人民共和国民办教育促进法实施条例(修订草案)(送审稿)》(以下简称《司法部送审稿》)注意到了这个问题,对此进行了部分规制。此外,由于非营利法人享有国家的税收优惠,所以财政部在2005 年发布了《民间非营利组织会计制度》对非营利性组织的会计制度有所规制,但该制度中也未包含有关关联交易的内容,直到 2020 年 6 月财政部对该制度进行了补充,发布《〈民间非营利组织会计制度〉若干问题的解释》,对于非营利性学校的关联交易才正式有了相关规定。最终在 2021 年 4 月,国务院公布了修订后的《民办教育促进法实施条例》,在法规层面明确了对民办学校关联交易问题的管理规定。

《民办教育促进法实施条例》第四十五条规定:"实施义务教育的民办学校不得与利益关联方进行交易。其他民办学校与利益关联方进行交易的,应当遵循公开、公平、公允的原则,合理定价、规范决策,不得损害国家利益、学校利益和师生权益。""民办学校应当建立利益关联方交易的信息披露制度。教育、人力资源社会保障以及财政等有关部门应当加强对非营利性民办学校与利益关联方签订协议的监管,并按年度对关联交易进行审查。"前款所称利益关联方是指民办学校的举办者、实际控制人、校长、理事、董事、监事、财务负责人等以及与上述组织或者个人之间存在互相控制和影响关系,可能导致民办学校利益被转移的组织或者个人。

相对于《司法部送审稿》,最终颁布的《民办教育促进法实施条例》直接禁止实施义务教育的民办学校进行关联交易;要求其他民办学校(不论营利性或非营利性)开展关联交易的应遵循公开、公平、公允的原则;主管单位有权对非营利性民办学校签署的关联交易协议进行审查。通过对义务教育民办学校、非营利性民办学校以及全部民办学校的关联交易作出不同的规定,实现对民办学校关联交易的合规管理,使这一问题有法可依。

二、关联交易的认定

判断关联交易是否违法的前提是明确哪些行为属于关联交易。关联交易的确定首先有赖于关联方的认定。《公司法》的规定较为笼统,其二百一十六条:"本法下列用语的含义……关联关系,是指公司控股股东、实际控制人、董事、监事、高级管理人员与其直接或者间接控制的企业之间的关系,以及可能导致公司利益转移的其他关系。但是,国家控股的企业之间不仅因为同受国家控股而具有关联关系。"公司的控股股东、董事、监事、高级管理人员均可通过工商登记信息确定,但实践中违法关联交易往往并不是这么明显。

《企业会计准则第 36 号——关联方披露》以及证监会发布的《上市公司信息披露管理办法》对关联方的认定更加具体,此外,上海证券交易所、深圳证券交易所也均发布了相应的关联方认定规则。

上述各个规则对于具体关联方的认定存在一定差异,但是关联方本身无法穷尽。前述《公司法》第二百一十条设置了兜底条款"可能导致公司利益转移的其他关系",证监会《上市公司信息披露管理办法》也同样如此,其第七十一条规定:"中国证监会、证券交易所或者上市公司根据实质重于形式的原则认定的其他与上市公司有特殊关系,可能或者已经造成上市公司对其利益倾斜的法人(及自然人)。"而"实质重于形式"本身就是会计核算的原则,所以上述各规则对于关联方的认定原则是统一的。

我们以证监会《上市公司信息披露管理办法》中对上市公司关联方的认定为例,对某一公司的关联方进行总结,一般包括以下十一类主体(见图36)。其中,第十一类中关系密切的家庭成员指的是图37范围内的亲属。

可以看出,上市公司能够列举出来的关联方已经十分庞杂,上市公司与上述主体发生的交易达到一定标准的均需进行披露并履行关联交易的审议程序。主要因为上市公司涉及公众利益,证监会和交易所对于可能损害上市公司利益的关联交易行为监管十分严格。考虑到关联方的认定无法穷尽,实践中关联交易的情况可能更加复杂。

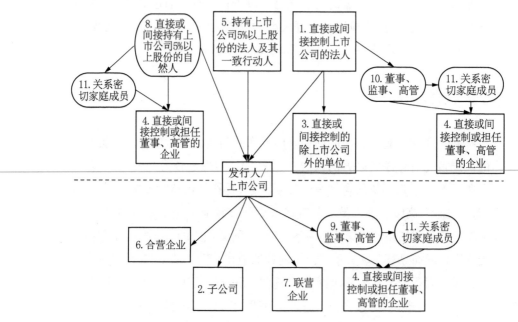

图36　关联方包括的十一类主体

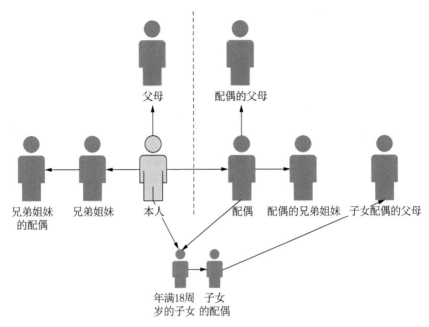

图 37　关系密切的家庭成员构成图

第二节　关联交易及 VIE 模式的合规问题

一、如何确定非营利性民办学校的关联方及关联交易

严格按照法律解释,上述《公司法》《企业会计准则》以及《上市公司信息披露管理办法》中对于关联方的认定,并不适用于非营利性民办学校。因为根据教育部等部门于 2016 年 12 月发布的《民办学校分类登记实施细则》(教发〔2016〕19 号)第七条规定:"正式批准设立的非营利性民办学校,符合《民办非企业单位登记管理暂行条例》等民办非企业单位登记管理有关规定的到民政部门登记为民办非企业单位,符合《事业单位登记管理暂行条例》等事业单位登记管理有关规定的到事业单位登记管理机关登记为事业单位。"①这意味着非营利性民办学校在性质上,要么登记为民办非企业单位,

① 教育部等五部门.关于印发《民办学校分类登记实施细则》的通知[EB/OL].(2017-1-5) [2021-12-31],http://www.moe.gov.cn/srcsite/A03/s3014/201701/t20170118_295142.html.

要么登记为事业单位。而无论是民办非企业单位还是事业单位，都不适用《公司法》及《企业会计制度》，而是分别适用《民间非营利组织会计制度》及《政府会计准则》，前面我们提到这两个文件里面并没有关于关联交易的具体规定，直到2020年6月，财务部发布了《〈民间非营利组织会计制度〉若干问题的解释》（财会〔2020〕9号），对登记为民办非企业单位的非营利性民办学校的关联交易事项方有据可循。

根据《〈民间非营利组织会计制度〉若干问题的解释》第十二条"关于关联方关系及其交易的披露"，其明确要求"民间非营利组织与关联方发生关联方交易的，应当按照《民非制度》第七十一条第（十一）项规定，在会计报表附注中披露该关联方关系的性质、交易类型及交易要素"。同时也对非营利性组织的关联方和关联交易作出定义，"本解释所称关联方，是指一方控制、共同控制另一方或对另一方施加重大影响，以及两方或两方以上同受一方控制、共同控制或重大影响的相关各方"。而关联交易"是指关联方之间转移资源、劳务或义务的行为，而不论是否收取价款"。①

与企业会计准则类似，《〈民间非营利组织会计制度〉若干问题的解释》也以列举方式表明了非营利性组织有哪些常见的关联方，总结后如图38所示。

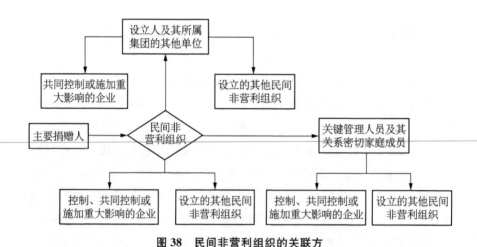

图38　民间非营利组织的关联方

---

① 财政部.关于印发《〈民间非营利组织会计制度〉若干问题的解释》的通知［EB/OL］.(2020-6-19)［2021-12-31］,http://www.gov.cn/zhengce/zhengceku/2020-06/19/content_5520521.htm.

该解释同时规定,上述关联方与民间非营利组织发生的以下交易,均属于关联交易:(1)购买或销售商品及其他资产;(2)提供或接受劳务;(3)提供或接受捐赠;(4)提供资金;(5)租赁;(6)代理;(7)许可协议;(8)代表民间非营利组织或由民间非营利组织代表另一方进行债务结算;(9)关键管理人员薪酬。发生上述关联交易后,民间非营利组织应在其会计报表附注中披露如下内容:交易的金额、未结算项目的金额、条款和条件、未结算应收项目的坏账准备金额、定价政策。

可见,财政部有关民间非营利组织的最新解释借鉴了《企业会计准则第36号——关联方披露》的模式,列举了民间非营利组织的主要关联方和关联交易类型,并对关联交易的披露作出了规定,比照较为成熟的《企业会计准则》来提升民间非营利组织的会计管理水平。

此外,《民办教育促进法实施条例》第四十五条对关联方的定义为:"前款所称利益关联方是指民办学校的举办者、实际控制人、校长、理事、董事、监事、财务负责人等以及与上述组织或者个人之间存在互相控制和影响关系、可能导致民办学校利益被转移的组织或者个人。"该定义相对于《〈民间非营利组织会计制度〉若干问题的解释》较为具体但也较为简单,我们建议非营利性民办学校应当根据《〈民间非营利组织会计制度〉若干问题的解释》的规定来判断和规范自身的关联交易行为。

二、民办学校关联交易的常见形态及可能影响

如前所述,因为关联方本身无法穷尽,所以民办学校与关联方发生的关联交易也无法穷尽,但实践中仍有一些常见的关联交易形态,我们尝试予以总结。

一部分是比较明显的关联交易,比如关键管理人员的薪酬,民办学校向董事、监事等关键管理人员支付薪酬,如果在市场合理范围内则无可非议,但如果远超市场一般水平则很可能就是违法关联交易,更有甚者安排关联人在学校"吃空饷"。另外常见的一种关联交易是资金拆借,民办学校和举办者之间互相拆借资金,如果是举办者或其他关联方向学校出借资金,无息或者利息在银行贷款标准之内,则学校利益并未受损,属正常关联交易。但如果是高息向学校放贷,或者无息低息挪用学校资金,则属于违法关联交

易,侵犯了学校的利益。另外常见的一种关联交易方式是物业租赁,学校租赁使用举办者或其他关联方所有的物业,向其支付租金,如果租金标准不高于市场平均水平则属于正常关联交易,否则属于违法关联交易。此外还有一部分关联交易相对隐蔽,比如学校采购中向关联方采购货物或服务、职务消费中指定关联方场所、工程建设发包给关联方、允许关联方低价甚至无偿占用学校品牌和场地等资源从事营利性活动等,都可能涉及违法关联交易从而损害学校的利益。

举办者或其他关联方违法与民办学校从事关联交易,最大的问题在于损害学校的利益,由于学校肩负着社会公益的责任,所以违法关联交易势必损害社会整体利益,并且很可能最终导致行为人自身承担相应责任。下面是一则比较典型的案例。

江西省 F 国际学校于 2002 年 6 月 10 日筹建成立,该学校系民办非企业单位,成立初期有包括被告人施某某等 7 位"股东",施某某任法定代表人。2006 年 8 月 25 日,其他 6 位"股东"将股权转让给施某某,从而被告人施某某一人持有学校 100% "股权",被告人施某某任学校董事长及法定代表人。

被告人施某某在担任 F 国际学校董事长期间,未经学校董事会同意先后多次挪用学校资金共计 4 200 万元对外投资个人项目且均未收回投资款。F 学校最终因资不抵债进入破产程序。

法院认为,F 学校系民办非企业单位,《民办教育促进法》第三十七条规定:"民办学校存续期间,所有资产由民办学校依法管理和使用,任何组织和个人不得侵占。"该学校系经过登记注册成立的民办非企业单位,具有独立的财产权,其财产独立于出资者个人的财产,表明民办学校资产享有法人财产权,只能由学校管理和使用,学校收入必须统一归入学校账户,擅自转移、抽逃、挪用学校资金都是违法行为,被告人施某某利用其担任法定代表人的职务便利,挪用单位资金归个人进行营利活动,已符合挪用资金的构成要件;另被告人施某某身为江西省 F 学校董事长及法定代表人,其虽然享有该学校的 100% 股权,看似某些情况下并未侵害产业者的权利,但其挪用该学校的收入,最终导致学校破产,所有债权人的利益遭到危害,即悉数或部分债权得不到完成,直接侵害了债权人的权利。其辩解的法人资产与个人资产的混同与其挪用学校的资金没有因果关联。故施某某行为构成挪用资金罪。依照《刑法》相关规定,认定被告人施某某犯挪用资金罪,判处有期徒刑六年。

　　上述案例非常典型,举办者挪用民办学校的资金最终不仅导致学校破产,严重损害了社会利益,并且举办者本身被法院以挪用资金罪判刑。施某某的辩护人抗辩称施某某享有 F 学校 100％的"股权",F 学校是"一人公司",根据《公司法》一人公司的股东不能证明财产与公司相互独立的,对公司债务承担连带责任,所以施某某本身就对学校债务承担连带责任,其挪用学校资金的行为并未对债权人造成损害。上述观点并未得到法院认可,但法院在判决中也使用了施某某享有学校"100％股权"的说法,显示法院和辩护律师均未全面认识到民办学校与普通公司之间的区别。本案施某某最终被刑事追诉的一个重要原因可能就是因为其挪用的是学校的资金,最终导致学校破产,对社会利益产生了巨大的损害,如果确实是一家公司破产而非学校破产,那么对社会造成的影响有限,施某某被以挪用资金罪追责的可能性就会降低。

三、民办学校 VIE 模式上市是否属于违法关联交易

　　由于此前国内法规对于民办教育机构营利性的限制以及国内较高的上市标准,众多民办教育行业主体均选择在我国香港或美国上市,且除了特殊

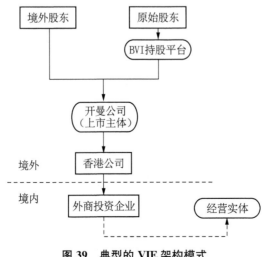

图 39　典型的 VIE 架构模式

情况,均是选择 VIE 模式上市。VIE(即 variable interest entity,可变利益实体)模式实际指不通过直接持股的方式,而是签署一系列协议来实际控制一家实体,从而实现合并财务报表满足上市要求,其基本架构如图 39 所示。

VIE 模式中,上市主体最终通过我国香港公司在我国内地设立的外商独资企业(WFOE)与民办学校及其举办人签署一系列协议,实现对民办学校即实际经营主体的控制,这种控制包括经营管理的各个方面,当然也包括财务和利润。所以"协议控制"本身是一种关联交易,甚至可以说一种最大化的关联交易。

VIE 模式使境外上市主体在不能直接持股境内民办学校、境内民办学校不能分配利润的限制下,实现将境内民办学校利润转移和会计并表。这种模式使许多受限于境内法律政策的企业实现了境外上市,获得了外部资金支持,但其是否符合境内的法律和政策,一直处于争议之中。在 2015 年的《外商投资法》(征求意见稿)中,草案条文明确禁止通过 VIE 模式规避国家对外资的监管,但在 2019 年的《外商投资法》正式稿及随后国务院公布的《外商投资法实施条例》中上述条款均被删除,可见国家监管层面对于 VIE 模式仍存有一定的包容性。

在《民办教育促进法》修正后,国家法律明确支持营利性民办学校的前提下,非营利性民办学校通过 VIE 模式转移利润、实现并表,能否得到境外交易所的合规认可?我们总结了 2019 年在港股采取 VIE 模式上市的民办学校在这方面的解释(见表 26)。

表 26 港股上市民办学校对 VIE 模式风险判断及营非选择影响

名　　称	上市时间	国内实体类型	VIE 模式风险判断及营利非营利性选择影响
银杏教育	2019 年 1 月 18 日	银杏技能培训学校、银杏学院	合约安排是由签约方根据其实际需要和正当目的订立,并表实体所支付的服务费是为获得外商独资企业所提供真实服务的对价。目前并无中国法律限制或禁止外商独资企业根据合约安排向并表实体提供服务并收取费用。根据目前的监管环境,我们拟待地方相关部门出台关于转设的具体实施办法后,将我们享有的以及计划开办的学校登记为营利性学校。银杏学院已经向四川省教育厅递交注册为营利性民办学校的申请。

（续表）

名　称	上市时间	国内实体类型	VIE 模式风险判断及营利非营利性选择影响
中国科培	2019 年 1 月 25 日	广东理工学院、肇庆学校	由于广东省目前尚未颁布现有民办学校转设的有关细则及法规，我们目前无法全面评估相关规定带来的潜在影响，我们将密切关注中国的立法动向并在届时作出最优选择。 根据对广东省教育厅相关官员的访谈，确认在广东省出台关于原有民办学校转设的具体规定以前，广东理工学院和肇庆学校无需在营利性和非营利性之间作出选择，因此仍将被认为非营利性学校享有相关优惠政策。现有法律法规并不禁止广东理工学院和肇庆学校与WFOE 签署结构性合约并向其付费。
中国东方教育	2019 年 6 月 12 日	旗下数十家厨师学校、电脑教育学校等	截至 2018 年 12 月 31 日，144 所学校中 47 所设立时已登记为营利性民办学校，21 所已经转设为营利性民办学校，并计划在当地实施办法明确后将剩余 76 所全部转设为营利性民办学校。
嘉宏教育	2019 年 6 月 18 日	主要为一所高中，两所高校	虽然河南均已发布实施意见，要求原有民办学校于 2022 年底前完成分类登记，但尚无关于转设的具体操作细则，待明确后我们会将郑州经贸学院转设为营利性民办学校。浙江省已颁布《现有民办学校变更登记类型实施办法》，因此长征学院、精益中学已根据政策申请登记为营利性民办学校。
思考乐教育	2019 年 6 月 21 日	主要为广东及厦门设立的 K12 课外辅导机构	我们的结构性合约会被视为关联交易，董事承诺建立披露机制并做出适当安排，以确保我们的结构性合约透明、公正、公平，不损害国家、民办教育机构及师生的利益，并遵守送审稿要求的审查及审计规定。 我们计划将我们所有以民办非企业单位形式运营的学习中心登记为营利性民办校外教育机构。
华立大学	2019 年 11 月 25 日	华立学院、华立职业学院、华立技师学院	根据《司法部送审稿》，我们的结构性合约或被视为关联交易，因而可能会有额外重大的合规成本及披露机制，并且须由相关政府部门审核，虽然主管部门表明不会禁止关联交易，但合约安排仍面临风险。 待地方部门有关转设的具体规定颁布以后，我们拟将三所学校转设为营利性质。

（续表）

名　称	上市时间	国内实体类型	VIE 模式风险判断及营利非营利性选择影响
辰林教育	2019 年 12 月 13 日	江西应用科技学院	根据江西省的实施意见,民办高校需在 2022 年 9 月之前完成营利性或非营利性的变更登记,辰林教育当时尚未作出选择。如果《司法部送审稿》通过且我们的合约安排被认定为合约控制,则将选择登记为营利性民办学校。
建桥集团	2020 年 1 月 16 日	建桥学院	已于 2018 年 12 月向上海市教育委员会申请登记为营利性民办学校。

由表 26 可见,2019 年在港股上市的民办学校,除建桥学院外(实为 2020 年上市),均未完全完成营利性和非营利性的选择并变更登记,该等上市公司在境内的部分经营实体仍以非营利性的民办非企业单位运营。究其原因,由于上述民办学校均在 2016 年《民办教育促进法》修正前成立,《民办教育促进法》在原则上规定存量学校应当转设为营利性或非营利性质,但并未作出实施细则,而是将具体落实办法交由各地方规定,而各地方立法进度并不统一,导致许多民办学校未按照《民办教育促进法》的要求重新登记,这也成为仍保留民办非企业单位而申请港股上市的民办学校为自己合规性辩解的一个理由。虽然《民办教育促进法》的修正已经过去多年,但民办教育行业以"非营利性组织"行营利之实的现象仍未得到彻底改变,中央和地方政府落实《民办教育法》的节奏仍然不如人意。但同时,上述所有的上市申请企业在招股书中均注意到了《民办教育促进法》的立法方向,均一方面声称自己所采用的 VIE 控制模式并不违反中国已有的法律,另一方面也表明将在当地政策明确后转设为营利性民办学校。

对于 VIE 模式涉及的关联交易问题,所有的港股上市公司均注意到《司法部送审稿》对于禁止协议控制非营利性民办学校以及严格管控涉及非营利性民办学校之关联交易的条款。但由于《司法部送审稿》在该等公司申请上市时尚未正式通过,故其并不具有真正的法律适用意义。

但是随着《民办教育促进法实施条例》的正式颁布,我们认为义务教育阶段的民办学校、学前教育阶段的非营利性民办学校通过 VIE 模式境外上市属于明显的违反境内法规;其他类型的民办学校是否仍可通过 VIE 模式上市,需待主管部门明确对其关联交易协议的审查意见。

第三节　规范非营利性民办学校
关联交易行为的建议

一、禁止通过 VIE 模式控制非营利性民办学校

《民办教育促进法实施条例》第十三条规定禁止通过兼并收购、协议控制等方式控制实施义务教育的民办学校、实施学前教育的非营利性民办学校;第四十五条禁止义务教育阶段的民办学校开展关联交易;所以《民办教育促进法实施条例》明确义务教育阶段的民办学校和学前教育阶段的非营利性民办学校不能通过 VIE 模式上市。

相对于 2018 年《司法部送审稿》中有关"不得通过兼并收购、加盟连锁、协议控制等方式控制非营利性民办学校"的规定,《民办教育促进法实施条例》似乎给除上述两类民办学校外的其他民办学校通过 VIE 模式上市留下空间,规定"教育、人力资源社会保障以及财政等有关部门应当加强对非营利性民办学校与利益关联方签订协议的监管,并按年度对关联交易进行审查",是否意味着若主管机关审查无异议,其他类型的非营利性民办学校就能通过 VIE 模式上市呢?

我们认为,应该明确禁止任何主体通过 VIE 模式控制非营利性民办学校。因为 VIE 模式本身不是一种正常的控制方式,它是为了规避、为了隐藏、为了迂回,而这些都是与非营利性组织的性质相悖的,非营利组织是为了公益、为了社会、为了大众,所以从国家到社会乃至个体,都对非营利组织充满善意,这使其完全无需通过规避、隐藏或迂回的方式存在。如果说在 2016 年修法以前,由于过度强调民办学校的公益性而导致法律环境不够科学,催生出通过 VIE 模式控制的非营利性民办学校尚可原谅,那么在 2016 年修法以后,应当态度鲜明地宣称 VIE 模式是与非营利性民办学校的性质背道而驰的。

二、加强关联交易的内外部监督及并赋予诉权

　　禁止 VIE 模式控制非营利性民办学校并非意味着完全禁止除义务教育阶段外其他非营利性民办学校的关联交易。关联交易本身并不意味着违法，不公允的关联交易才是禁止的对象。如同上市公司的管理一样，信息披露是保证关联交易公允性的基础。财政部《〈民间非营利组织会计制度〉若干问题的解释》(财会〔2020〕9 号)明确要求非营利组织在其财务报表中披露关联方关系的性质、交易类型及交易要素。《司法部送审稿》也对民办学校的关联交易信息披露作出了要求，第四十五条规定："民办学校与利益关联方发生交易的，应当遵循公开、公平、公允的原则，不得损害国家利益、学校利益和师生权益。民办学校应当建立利益关联方交易的信息披露制度。教育行政部门、人力资源社会保障部门应当加强对非营利性民办学校与利益关联方签订协议的监管，对涉及重大利益或者长期、反复执行的协议，应当对其必要性、合法性、合规性进行审查审计。"

　　有效的内外部监督，是消除不公允关联交易的关键。既有的一些制度已经形成或即将形成很好的监管框架，比如：上述条款对重要协议的审查审计；《〈民间非营利组织会计制度〉若干问题的解释》(财会〔2020〕9 号)要求对关联交易予以全面的披露；已经实施多年的《民办非企业单位年度检查办法》(民政部令，2005 年 6 月 1 日起施行)也规定了主管单位对民办非企业单位的年度检查。但这些措施也有不足之处；强制要求信息披露是一种进步，但本质上仍是一种自我监督；仅限于对"涉及重大利益或者长期、反复执行的协议"进行审查和审计，存在规避的空间，可能使这种审查和审计与主管单位的年度检查一样，很容易流于"程序化"，流于形式。

　　因此，法律上最有效的监督的关键在于赋予利益相关者的诉权。利益相关者是指其自身利益与民办学校的关联交易行为存在密切关系的主体，从而在关联交易行为损害其利益时，能有足够的动因第一时间予以对抗。在《公司法》中，董事、高管等关联方侵犯公司利益时，法律赋予董事会、监事会可以公司名义提起诉讼，在董事会、监事会不履行该义务时，连续 180 天单独或合计持有公司 1% 以上股份的股东可以以自己名义向侵权者提起诉讼。所以在《公司法》体系内，公司利益遭受违法关联交易损害时，相关主体

有充分的诉权来维护公司利益,尤其是前述"股东代表诉讼"赋予小股东对管理层的有效监督权,实践中是一种行之有效的制度设计。

《民办教育促进法》及《民办教育促进法实施条例》也规定民办学校应当设立董事会、监事会(或监事,下同),董事会作为学校的决策机构可以通过作出相应决策而实际享有当然的诉权,即代表学校进行诉讼的权利。无论在营利性学校还是非营利性学校,这一点应该都能得到体现。那么监事会呢?是否有诉权?对于营利性民办学校来说,因为同时登记为公司,所以可以适用上述《公司法》的规定,但是对于非营利性民办学校来说,《民办教育促进法》及《民办教育促进法实施条例》并没有明确规定学校监事会是否享有类似公司监事会的诉权,监督学校的办学行为是监事会的法定职权,通过诉讼维护学校利益、追究侵权者的责任是监事会履行监督职责的重要方式,但目前没有明确法律依据的状况可能会在实践中导致监事会无法有效行使其职能,我们建议通过法律解释、司法解释或者法律修订的方式明确非营利性民办学校监事会的诉权。

此外,由于通过关联交易侵犯公司利益的行为多来自董事、监事以及其他高级管理人员,所以通过董事会、监事会对其提起诉讼可能面临一定阻力,这也是前述"股东代表诉讼"制度的原理所在,学校同样会面临这样的情况,但非营利性民办学校不存在"股东"的概念,其利益属于全体教职工、受教育者和社会、国家。举办者与非营利性民办学校之间没有直接的利益关系,并且民办学校举办者往往不多且更可能是关联交易的相对方,因此与"股东代表诉讼"中小股东角色更接近的应该是董事或监事个人,尤其是其中的职工董事与监事,所以可以参照"股东代表诉讼"的制度设计赋予非营利性民办学校的董事和监事相应的诉权,在发生关联方侵犯学校利益时,董事或监事可以首先请求董事会或监事会代表学校提起诉讼,当董事会或监事会不采取行动时,相应董事或监事可以以自己名义提起诉讼,维护学校利益。由于《民办教育促进法》和《民办教育促进法实施条例》明确规定民办学校的董事会、监事会中必须包括教职工代表,所以不仅董事、监事,其他教职工在发现有侵犯学校利益的关联交易行为时,也可以通过教职工代表大会要求职工董事、监事通过上述制度提起诉讼维护学校利益,由此全体教职工都享有并可行使对学校的监督权,学校的利益也可得到最大程度的保障。

三、完善违法关联交易的处罚机制

从立法要求和立法技术的角度看，有要求就必然应该有相应的处罚，但我们梳理了现行的法律制度和相关规定，发现这个问题还没有完善。修正后的《民办教育促进法》仍然没有对违法关联交易的处罚作出规定①，第六十二条所列举的民办学校的违法行为中，并不包括不公允的关联交易行为。《民办教育促进法实施条例》第六十二条补充了相关规定，明确了对违法关联交易行为的处罚："民办学校举办者及实际控制人、决策机构或者监督机构组成人员有下列情形之一的，由县级以上人民政府教育行政部门、人力资源社会保障行政部门或者其他有关部门依据职责分工责令限期改正……（四）与实施义务教育的民办学校进行关联交易，或者与其他民办学校进行关联交易损害国家利益、学校利益和师生权益的……"该规定明确了对违法关联交易的处罚，属于立法的重大进步。

《民办教育促进法实施条例》虽然明确了对违法关联交易行为的处罚，但处罚对象没有涵盖民办学校的重要关联方，除了举办者及实际控制人、决策机构或者监督机构成员外，其他重要管理人员也有可能通过关联交易损害学校利益，相应的处罚措施也应约束该等关联方。因此，我们建议将《民办教育促进法实施条例》所确定的处罚措施，扩大实施到所有非营利性民办学校的直接关联方身上，增强民办教育参与者的职业责任感，尽可能杜绝违法关联交易行为，促进非营利性民办学校的健康发展。

四、加强学校自身制度建设

规范非营利性学校关联交易的另一个角度是学校自身的制度建设。制度建设是一个全面性、系统性的任务，旨在建立一系列的管理制度来实现学校经营管理的合法合规，关联交易作为经营管理中的重要事项，也应在学校章程以及其他相关制度中有所约束。

---

①　关联交易可能涉及的民事赔偿责任和刑事处罚属于一般性的法律责任，可由其他相关法律规制，因此不属于此处所讨论的惩处机制，这里主要讨论专门针对民办学校违法关联交易的行政处罚。

从制度建设上，主要可以从两方面入手，一方面是议事程序上，必须坚持集体决策的原则，重大事项要求由董事会审议通过。可借鉴国有企业的"三重一大"制度，制定关于重大事项决策、重要干部任免、重大项目投资以及大额资金的标准，在学校章程中予以明确，并且严格实行回避制度，与待决事项存在关联关系的董事会成员不得参与表决。集体决策有两个好处，第一是公开性，待决事项可能与某一个或两个董事存在关联性，但该等关联人并不能单独作出决定，集体决策能有效避免暗箱操作，"阳光是最好的防腐剂"；另外一个好处是规避个人责任，关联交易并不是洪水猛兽，前文提到合规的关联交易还能降低交易成本，带来双赢的效果，但是该交易本身属于关联交易则决策者有可能承担相应的责任，某一个管理者比如校长出于维护学校利益的本意决定了一项关联交易，虽然交易价格公允但仍可能会被人所诟病，并且一旦出现差错导致学校受损，该决策者会面临个人责任风险。如果建立了有效的集体决策机制，就可以有效避免个人决策可能给个人带来的风险。

另外一方面是建立完善的采购制度。采购是关联交易的重要一环，完善学校的采购制度，能有效避免违法的关联交易，民办学校尤其是非营利性民办学校可以参照《政府采购法》的规定，明确学校各类采购事项的采购方式和标准，比如达到一定数额需要公开招标，什么样情况下可以通过单一来源采购，什么情况下可以比价采购等等，并且确定专门的采购部门负责采购事宜，合理的制度建设能有效避免违法关联交易的发生，集体决策是从决策端规避违法关联交易，具体的采购制度是从执行端保障学校的利益。

综上，非营利性民办学校与关联方的关联交易行为是影响非营利性民办学校"非营利性"的重要因素，对关联交易行为的规制是实现非营利性民办学校社会公益功能的关键，违法的关联交易行为会严重损害非营利性民办学校的利益。通过VIE模式实现民办学校的海外上市有其特有的时代背景和法制环境，在《民办教育促进法》已经允许设立营利性民办学校的前提下，仍然通过VIE这种关联交易模式以非营利性民办学校为标的在海外上市融资，与《民办教育促进法》的立法目的相冲突。为充分实现《民办教育促进法》的立法价值，我们建议应明确禁止非营利性民办学校通过VIE模式在海外上市，同时应以赋予相应主体以诉权、加强行政处罚机制、完善内部监督制度等方式阻断关联方与非营利性民办学校发生违法关联交易，切实维护非营利性民办学校的"非营利性"及全体师生的合法利益。

第十三章　民办学校过度资本化的规制策略[①]

近年来,教育已成为吸引民间投资的重要领域。这一方面源于资本对教育的青睐。教育行业具有现金流稳定、知识经济、抗周期性等特点。经济发展有其自身周期,经济发展良好,投资者将更多的目光聚焦在金融及实体经济等领域;当经济发展进入转型期时,投资者会将更多的目光聚焦在教育、医疗等领域。另一方面源于民办教育自身发展的需求。当前民办学校的资金投入主要依靠举办者投入或者学校事业收入积累,两者比例高达学校资金投入的近90%。但是受到总量限制,这种内源式资金积累模式仅能勉强维持学校的正常运转,难以支撑优质民办学校做大做强。《民办教育促进法》修正前后,民办学校境内外上市事件不断增多。港股是民办高等教育和K12教育企业的聚集地,美股集中了诸多在线教育企业,境内上市较少。民办学校与资本市场的联姻,客观上拓宽了民办学校资金来源、提高学校知名度,倒逼民办学校提高自身治理水平和教学质量,但同时,"快资本"与"慢教育"、"逐利性"与"公益性"的天然矛盾也带来相应的监管难题。

第一节　民办学校境外上市概况

民办学校上市主要是通过兼并收购、受托经营、加盟连锁等方式,在短时间内迅速聚集多所民办学校,通过协议控制将其收入以财务并表的方式并入已上市公司,利用境内外监管环境的差异进行监管套利,通过不断扩大学校数量或机构规模,获取利益最大化。民办学校的一级投资者

---

① 本章执笔人:曲一帆,对外经济贸易大学;冯重光,中信证券。

利用境外上市门槛低、周期快、成长性高、国际影响力大的特点,通过境外上市在二级资本市场变现收益。民办学校的举办者为规避国内对非营利性学校禁止分配利润的限制,通过投资入股或管理层持股,在境外二级市场出售股票,将政府赋予的办学权套现。部分实际控制人甚至在境外设立了家族信托基金,将境内外资金以隐蔽手段转入家族信托基金,获得巨额利益。

一、民办学校境外上市规模

1. 教育企业数量规模

截至 2021 年 2 月,境外上市教育中概念股共 58 家,以高等教育、职业教育和 K12 教育为主,总市值达 11 559 亿元。其中,港股市场成为学历教育企业资本市场的主阵地,有 31 家教育企业在中国香港上市,总市值达到 4 808 亿港元,其中从事学历教育的有 23 家,市值合计为 1 875 亿港元。按学校分类,K12 学校类企业共计有 4 家,高等教育类企业共计有 19 家。

表 27　港股民办学校类企业名单

证券代码	证券简称	上市日期	实际控制人	首发主承销商	市值(亿港元)
1317.HK	枫叶教育	2014 年 11 月 28 日	任书良	中信里昂证券,法国巴黎证券(亚洲)	63.8
1565.HK	成实外教育	2016 年 1 月 15 日	严玉德	麦格理资本证券股份,国泰君安证券(香港),兴证国际,海通国际证券	52.8
6068.HK	睿见教育	2017 年 1 月 26 日	刘学斌	法国巴黎证券(亚洲),中银国际亚洲,花旗环球金融亚洲,Citigroup Global Markets Limited,中信里昂证券,招银国际	84.3
6169.HK	宇华教育	2017 年 2 月 28 日	李光宇	中信里昂证券,Merrill Lynch Far East Limited,建银国际金融,首控证券,东方证券(香港),Merrill Lynch International	220.8

（续表）

证券代码	证券简称	上市日期	实际控制人	首发主承销商	市值（亿港元）
1569.HK	民生教育	2017年3月22日	李学春	花旗环球金融亚洲,麦格理资本股份,西证(香港)证券经纪	62.8
2001.HK	新高教集团	2017年4月19日	李孝轩	法国巴黎证券(亚洲),建银国际金融,中信里昂证券,中国国际金融香港证券,海通国际证券,首控证券	75.3
0839.HK	中教控股	2017年12月15日	谢可滔、于果	法国巴黎证券(亚洲),中信里昂证券,工银国际证券,农银国际证券,建银国际金融,中信建投(国际),海通国际证券	334.1
2779.HK	中国新华教育	2018年3月26日	吴俊保	麦格理资本股份,农银国际证券,招银国际,首控证券	35.4
1598.HK	21世纪教育	2018年5月29日	李雨浓	中信建投(国际),联合证券,万基证券,农银国际证券,首控证券,第一上海证券,方正证券(香港)	8.8
1773.HK	天立教育	2018年7月12日	罗实	中国国际金融香港证券,麦格理资本股份,海通国际证券	199.3
1758.HK	博骏教育	2018年7月31日	熊涛、廖荣夫妇、冉涛	中信建投(国际),首控证券,第一上海证券,农银国际证券,方正证券(香港)	4.4
1765.HK	希望教育	2018年8月3日	汪辉武、陈育新	花旗环球金融亚洲,招商证券(香港),建银国际金融,农银国际证券,中国光大证券(香港),首控证券	196.9
1969.HK	中国春来	2018年9月13日	侯俊宇	中信里昂证券,尚乘环球市场,原银证券,首控证券	15.4
1851.HK	银杏教育	2019年1月18日	方功宇	中信建投(国际),第一上海证券,雅利多证券	7.0
1890.HK	中国科培	2019年1月25日	叶念乔	花旗环球金融亚洲,花旗环球金融,建银国际金融,交银国际证券,第一上海证券,海通国际证券,农银国际证券,汇能证券	109.2

（续表）

证券代码	证券简称	上市日期	实际控制人	首发主承销商	市值（亿港元）
1935.HK	嘉宏教育	2019年6月18日	陈余国	麦格理资本股份，海通国际证券，交银国际证券，温商证券，原银证券	66.4
0382.HK	中汇集团	2019年7月16日	陈练瑛、廖榕就	法国巴黎证券（亚洲），尚乘环球市场，海通国际证券，农银国际证券，中银国际亚洲，交银国际证券，建银国际金融，第一上海证券	91.0
1756.HK	华立大学集团	2019年11月25日	张智峰	中信建投（国际），交银国际证券，中国银河国际证券（香港），第一上海证券，安信国际证券（香港），首控证券，香江证券，复星恒利证券，中融平和证券	33.7
1593.HK	辰林教育	2019年12月13日	黄玉林	第一上海证券，光银国际资本，中国银河国际证券（香港），农银国际证券，海通国际证券，首控证券，中泰金融国际，汇能证券，潮商证券，利弗莫尔证券，国元（香港）	30.6
1525.HK	建桥教育	2020年1月16日	周星增	麦格理资本股份，海通国际证券，安信国际证券（香港），建银国际金融，中国银河国际证券（香港），交银国际证券	25.6
1449.HK	立德教育	2020年8月6日	刘来祥	华泰金融控股（香港），招银国际，胜利证券，时富金融服务集团，金桥证券	5.7
9616.HK	东软教育	2020年9月29日	刘积仁	中信里昂证券，中金公司，海通证券，安信证券，广发证券，第一上海证券，中国银河国际证券（香港），浦银国际	32.7
1981.HK	华夏视听教育	2020年7月15日	蒲树林	麦格理资本股份有限公司，招商证券（香港）有限公司	119.5

资料来源：Wind、中信证券研究部，时间截至2021年2月24日，下同。

　　美股市场对非学历教育企业有强大的吸引力。在美国上市的中国境内教育企业共有 27 家,总市值达到 1 176 亿美元,其中从事学历教育共有 4 家,分别为红黄蓝、博实乐、海亮教育、丽翔教育,业务范围均为 K12 学校,市值合计为 24.7 亿美元。

表 28　美股中概股民办学校类企业名单

证券代码	证券简称	上市日期	上市地点	实际控制人	首发主承销商	市值(亿美元)
HLG.O	海亮教育	2015 年7 月 7 日	纳斯达克	冯海亮	磊拓金融集团	15.2
BEDU.N	博实乐	2017 年5 月 18 日	约交所	杨美蓉	德意志银行,摩根士丹利	7.6
RYB.N	红黄蓝	2017 年9 月 27 日	纽交所	史燕来	瑞士信贷,摩根士丹利	0.9
LXEH.O	丽翔教育	2020 年10 月 1 日	纳斯达克	叶芬	尚乘国际	1.1

2. 教育企业募资规模

　　在上市募资金额方面,港股 23 家学历教育企业共计募资 264 亿港元,募资总额排名前 3 的公司分别是中汇集团(33.6 亿港元)、希望教育(32 亿港元)、建桥教育(20.1 亿港元),排名后三的公司分别是成实外教育(4.5 亿港元)、民生教育(3.7 亿港元)、嘉宏教育(1.8 亿港元)。美股 4 家企业共计募资 3.53 亿美元。其中,博实乐和红黄蓝这两家的企业的上市募资总额最

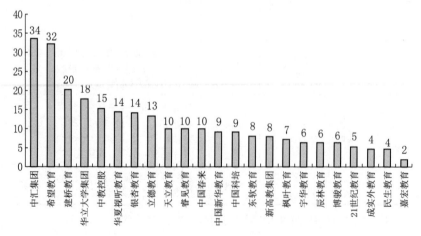

图 40　港股民办学校类企业上市募资总额(亿港元)

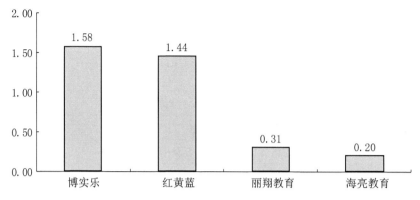

图 41　美股中概股民办学校类企业上市募资总额(亿美元)

高,分别为 1.58 和 1.44 亿美元,远超海亮教育(2 000 万美元)和丽翔教育(3 100 万美元)。

3. 教育企业募资用途

港股和美股教育企业上市募资用途较为类似,以"收购及扩建学校""升级维护现有学校设施""运营资金及一般公司用途"三个方向为主,其中外延并购和规模扩张是民办学校企业寻求接轨资本市场的首要目的。

表 29　港股民办学校类企业上市募投用途

公司名称	募集资金总额(亿港元)	募投项目	项目占募投资金比
中汇集团	33.6	建立及开发华商学院四会校区、建设科技中心和国际会议中心	40.00%
		投资新教育机构或收购其他教育机构	30.00%
		支持澳大利亚现有海外业务及海外扩张	20.00%
		运营资金及一般公司用途	10.00%
华立大学集团	17.7	增建华立学院及华立职业学院、在广东省江门市新设专科学校	90.00%
		运营资金及一般企业用途	10.00%
中教控股	15.3	收购其他大学、建设新校区	86.40%
		偿还银行贷款、补充运营资金、成立教职工培训中心、研发费用、提供奖学金、现有学校维护与改造	13.60%

（续表）

公司名称	募集资金总额（亿港元）	募投项目	项目占募投资金比
希望教育	32	收购高等教育学校及设立新校区	40%
		建造新楼以供教育用途	30%
		偿还银行贷款、运营资金及一般公司用途	30%
中国科培	8.8	并购学校	45%
		现有学校扩建与维护	38%
		偿还银行贷款、运营资金及一般公司用途	18%
新高教集团	7.6	扩建和并购本科学校	63%
		偿还银行贷款、运营资金及一般公司用途	37%
中国新华教育	9.1	并购其他学校	53%
		提升学校设施和教育	35%
		市场推广营销、运营资金及一般公司用途	12%
东软教育	8	升级现有学校设计及扩建校园	50%
		收购中国其他大学以扩大学校网络	20%
		偿还银行贷款、运营资金及一般公司用途	30%
建桥教育	20.1	并购其他学校	35%
		校园扩建	35%
		偿还银行贷款、运营资金及一般公司用途	30%
辰林教育	6	并购其他学校	35%
		校园扩建及基础设施升级	35%
		偿还银行贷款、运营资金及一般公司用途	20%
中国春来	9.6	取得长江大学工程技术学院的土地使用权，以及扩建学院	50%
		收购其他大学	30%
		偿还银行贷款、运营资金及一般公司用途	20%
银杏教育	14	建设南溪新校区	85%
		教职工招聘	10%
		运营资金及一般公司用途	5%

（续表）

公司名称	募集资金总额（亿港元）	募投项目	项目占募投资金比
立德教育	13.3	扩建哈南校区	40%
		并购其他大学	30%
		偿还银行贷款、运营资金及一般公司用途	30%
天立教育	10.4	扩张校园网络（并购和扩建学校）	60%
		偿还银行贷款、运营资金及一般公司用途	40%
睿见教育	9.8	新建学校	65%
		扩建学校、光明中学和光明小学的维护和改造升级	10%
		收购学校	18%
		运营资金及一般公司用途	5%
枫叶教育	7	扩展学校网络	30%
		保养、翻新及提升现有学校	10%
		收购外籍人员子女学校	26%
		偿还银行贷款、运营资金及一般公司用途	34%
博骏教育	5.5	南江学校、旺苍学院、天府学院、成都公学、乐至学校、美国学校扩建与维护	95%
		运营资金及一般公司用途	5%
宇华教育	6.2	扩展学校网络	30%
		收购 K-12 学校及大学	28%
		升级及扩充现有学校的设施与容量	25%
		偿还银行贷款、运营资金及一般公司用途	17%
成实外教育	4.5	扩建及收购学校	48%
		教职工培训	20%
		偿还银行贷款、运营资金及一般公司用途	32%
嘉宏教育	1.8	收购其他学校（本科院校及大专院校为主）	50%
		建立信息商务学院及长征学院新校区	40%
		运营资金及一般公司用途	10%

（续表）

公司名称	募集资金总额（亿港元）	募投项目	项目占募投资金比
民生教育	3.7	收购国内及海外学校	55%
		新建或扩建学校	21%
		偿还银行贷款、运营资金及一般公司用途	24%
21世纪教育	5.3	收购第三方幼儿园品牌、收购小班制辅导服务的第三方辅导学院	60%
		维护翻新及升级学校	20%
		在美国加州建设一所寄宿制大学	10%
		运营资金及一般公司用途	10%
华夏视听教育	14	投资制作高素质内容，包括电视剧、电影、网络电影等	30%
		用于新建7栋学生宿舍、建设新体育馆和教学楼、采购教学设备	30%
		收购传媒及艺术高等教育机构或培训机构	30%
		运营资金及一般公司用途	10%

资料来源：Wind、招股说明书、中信证券研究部，下同。

表30 美股中概股民办学校类企业上市募投用途

证券简称	募集资金总额（亿美元）	募投项目	募投资金占比
博实乐	1.58	并购学校、资本性支出、一般企业用途	/
海亮教育	0.20	并购学校	50%
		校园建设及维护	20%
		市场推广营销	5%
		教职工招聘	5%
		中台系统升级	20%
丽翔教育	0.31	并购学校、校园建设及维护、教职工招聘、补充流动资金	/
红黄蓝	1.44	未披露募集资金用途	/

二、VIE上市路径

相比于境内上市尤其是A股市场，在美股或港股上市具有审批门槛低、程序相对简单、耗时短、股权运作方便、享受税收豁免等优势，因而获得很多投资者的青睐。对于民办学校来说，在美股和港股上市的独特优势在于，这两个地区的资本市场承认VIE架构，从而满足无法在境内上市的一些控制非营利性民办学校的教育集团的资本扩张需求。

VIE(Variable Interest Entities)，即可变利益实体，又被称为"协议控制"，是指境外注册的上市主体与境内的运营实体相分离，境外上市主体通过协议的方式控制境内运营实体，从而达到把境内运营实体的会计报表并入境外上市主体的目的，而境内运营实体就是境外上市主体的VIEs(可变利益实体)。一般而言，VIE结构具有如下特点：(1)搭建VIE结构的目的是实现在境外融资或上市。(2)VIE结构多发生于限制或禁止外商投资的领域(如教育领域)。(3)签署VIE协议的目的是将境内运营实体的会计报表并入境外上市主体。

VIE结构最早诞生于我国的增值电信行业领域。此类企业直接在境外融资上市，其企业性质将变更为外商投资企业，直接违反我国当时关于增值电信业务禁止外商投资的规定。为实现境外融资上市的目标，增值电信类企业选择采取VIE结构作为变通办法，即境外上市主体企业作为外国投资者，通过协议控制的方式参与增值电信业务，而避免以股权控制的方式参与增值电信业务。教育事业公益性的政策基调及法律规定，加之教育领域的外商投资限制，境内教育机构难以通过传统股权控制的红筹模式实现境外上市。2006年，新东方教育集团在美国纳斯达克上市，是我国教育机构VIE的首例成功案例。此后，拟进行海外上市融资的教育机构纷纷选择VIE结构进行海外IPO。

实践中，搭建VIE结构的通常做法及步骤如下：

(1)境内运营实体的创始人共同或各自在海外离岸法域设立一个壳公司("创始人壳公司")，通常选择英属维尔京群岛(British Virgin Islands，简称BVI)，故创始人壳公司通常被称为BVI公司。

（2）BVI 公司在开曼群岛（Cayman）成立一个公司（开曼公司），作为未来的境外上市主体。在 VIE 结构搭建完成之后，一般该上市主体会在上市前引进 VC/PE 投资人。

（3）作为境外上市主体的开曼公司再在香港设立一个全资壳公司。

（4）香港壳公司再设立一个或多个境内全资子公司，即外商独资企业（Wholly Foreign Owned Enterprise，简称 WFOE）。

（5）WFOE 与境内运营实体签订一系列控制协议。

为境外上市主体 BVI 公司能够按照境外会计准则合并境内运营实体的会计报表，WFOE 一般会与境内运营实体及其股东签署一系列关于控制权和利润的转移协议（合称 VIE 协议或控制协议）。通过 VIE 协议，VIE 结构实现 WFOE 对境内运营实体的控制权，并将境内运营实体的利润转移至 WFOE。

第二节　民办学校境内上市概况

在过去较长的时间，我国教育类企业在境内上市主要通过借壳、类借壳、资产收购等方式实现，且以非学历教育培训为主。

一、A 股民办学校企业规模

1. 教育企业数量规模

截至 2020 年 2 月 24 日，境内 A 股教育概念相关的上市公司约为 82 家，总市值达到 8 698 亿元，其中从事学历教育的企业共计有 9 家，市值合计为 2 631.5 亿元人民币。按学校分类来看，高等教育类企业共计 4 家，K12 学校类企业共计有 5 家（见表 30）。

2. 教育企业募资规模

在募资金额方面，上市募资总额排名前 3 的公司分别是威创股份（12.7 亿元）、洪涛股份（8.1 亿元）、凯文教育（3.9 亿元）。排名后三的公司分别是国脉科技（1.7 亿元）、陕西金叶（1.6 亿元）、山大华特（1.4 亿元）。

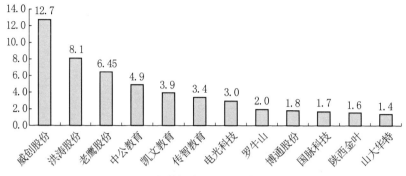

图 42　A股民办学校类企业上市募资总额(亿元)

资料来源：Wind、中信证券研究部。

3. 教育企业募资用途

在募投项目方面，与港股和美股不同，目前境内 A 股上市的民办学校类企业主要是通过借壳上市，所以公司首发上市的募投项目多与教育行业不相关。境内 A 股的所谓"教育类"上市公司，主要是教育周边的信息化设备、培训服务、平台搭建等辅助类业务，与境外港股、美股教育类上市公司有较大差异。

表 31　A股民办学校类企业上市募投用途

证券代码	证券简称	募集资金总额(亿元)	募投项目	占比
000735.SZ	罗牛山	2	充入公司资本公积金	100%
000812.SZ	陕西金叶	1.6	充入公司资本公积金	100%
000915.SZ	山大华特	1.4	充入公司资本公积金	100%
600455.SH	博通股份	1.8	交大博通资讯大中型企业营销资源计划管理系统项目	23%
			交大博通资讯成长型小企业营销资源计划管理系统项目	13%
			交大博通资讯e速软件产品项目	24%
			交大博通资讯企业成本管理系统项目	12%
			制造企业质量管理系统项目	13%
			交大博通资讯 LINUX 数据库集群服务器项目	18%

（续表）

证券代码	证券简称	募集资金总额（亿元）	募投项目	占比
002093.SZ	国脉科技	1.7	电信网络技术服务基地项目	53%
			无线网络优化项目	37%
002308.SZ	威创股份	12.7	超高分辨率数字拼接墙系统扩建项目	28%
			信息化建设项目	3%
			研发中心扩建项目	3%
002325.SZ	洪涛股份	8.1	建筑服饰部品件工厂化生产项目	17%
			设计创意中心项目	9%
			企业信息化建设项目	4%
002659.SZ	凯文教育	3.9	年产8万吨桥梁钢结构生产项目	80%
			技术研发中心项目	10%
002730.SZ	电光科技	3	矿用可移动式救生舱和煤矿井下安全避险系列产品及配套条件建设项目	41%
			矿用智能化高低压防爆开关系列产品及配套条件建设项目	33%

资料来源：招股说明书、中信证券研究部。

表32　A股民办学校类企业名单

证券代码	证券简称	上市日期	上市地点	实际控制人	首发主承销商	市值（亿元）	旗下主要学校
000735.SZ	罗牛山	1997年6月11日	深圳	徐自力	中国经济开发信托投资公司	97.5	海口景山学校、海南职业技术学院
000812.SZ	陕西金叶	1998年6月23日	深圳	袁汉源	长江证券	29.1	西北工业大学明德学院
000915.SZ	山大华特	1999年6月9日	深圳	山东省人民政府国有资产监督管理委员会	中国中金财富证券	51.6	山大华特卧龙学校
600455.SH	博通股份	2004年3月29日	上海	西安经济技术开发区管理委员会	天一证券	11.1	西安交通大学城市学院

（续表）

证券代码	证券简称	上市日期	上市地点	实际控制人	首发主承销商	市值（亿元）	旗下主要学校
002093.SZ	国脉科技	2006年12月15日	深圳	陈国鹰,福建国脉集团有限公司,林惠榕,林金全	广发证券	62.9	福州理工学院
002308.SZ	威创股份	2009年11月27日	深圳	何正宇,何小远,何泳渝	中信证券	38.5	旗下拥有43家幼儿园,分布在内蒙古、北京、山东等地
002325.SZ	洪涛股份	2009年12月22日	深圳	刘年新	国信证券	26.5	四川城市职业学院、广州涉外经济职业技术学院
002659.SZ	凯文教育	2012年3月9日	深圳	北京市海淀区人民政府国有资产监督管理委员会	平安证券	24.2	北京海淀凯文学校、北京朝阳凯文学校
002730.SZ	电光科技	2014年10月9日	深圳	施隆,石碎标,石向才,石晓霞,石志微,朱丹	财通证券	48.3	上海阿德科特国际学校

资料来源：Wind、中信证券研究部，数据截至2021年2月24日。

二、境内上市基本路径

截至2020年12月,从事学历教育的民办学校及民办幼儿园,间接境内上市路径如下:

1. 上市公司举办民办学校

其包括上市公司依托产教融合优势举办高校,还包括举办一些中小学、幼儿园等。

案例:陕西金叶举办明德学院。2005年,陕西金叶与西北工业大学共同申办明德学院,其性质为独立学院。根据教育部关于独立学院转设的要求,2020年,西北工业大学明德转设为西安明德理工学院,陕西金叶为举办者。陕西金叶因举办明德学院,变为烟草业务和教育双主业,明德学院是其教育业务主要来源之一,明德学院的收入通过财务并表处理列入上市公司业务,该公司称 2022 年教育业务占比会达到百分之五十。

2. 现金收购

由于发行股份方式收购非营利性民办学校需要证监会审批,非营利性难以获得核准通过。现金收购方式不需要证监会审批,可适用简易程序,一些上市公司通过现金收购非营利性民办学校举办者公司股权的方式,实现对学校的收购。

案例:威创股份收购红缨教育、金色摇篮。上市公司威创股份在控股股东的三年锁定期期满后,威创投资前后 5 次出让公司股权,总兑现金额约 26.7 亿元。公司在 2015 年以现金约 14 亿元收购了北京红缨时代教育科技有限公司和北京金色摇篮教育科技有限公司两家幼教企业。被收购的两家公司均是为幼儿园提供管理教育咨询、品牌加盟、招生服务、教师培训、教学课件开发等增值服务,该类业务并未触及民办教育法律法规监管的范围。红缨时代旗下拥有六家直营幼儿园,这六家幼儿园均为民办非企业机构。公司将其作为非流动资产,而非作为子公司进入长期股权投资核算业绩,这样一来,也不会因为拥有非法人主体的子公司或对持续经营、盈利的要求,阻碍收购进行。

3. 变相借壳

变相借壳方式并未触及相关审批条件,而是通过一系列复杂的资本运作,实现民办学校借壳上市。

案例:凯文教育收购中泰桥梁。凯文教育前身是中泰桥梁。凯文教育不以两所学校为主体,而是另设一家名为文凯兴的公司,由文凯兴向两所凯文学校提供教育服务,服务内容包括校园租赁、运营管理、教育咨询等。服务的对价就是由学校向文凯兴支付服务费,也就成了文凯兴的收入。2015 年 10 月,凯文教育先是通过中泰桥梁子公司向文凯兴增资,实现 56.25% 股权的置入,其后再通过定增实现上市公司控制权变更,再用定增的资金对文凯兴进行二次增资,达到 79.78% 的比例,最后再通过现金收购剩余股权的方式全部置入上市公司。根据《上市公司重大资产重组管理办法》第十三条的规定,控制权变更后,上市公司收购标的资产、收入、净利润、净资产、股份数量任一项达到 100% 均可能触发"借壳上市"。凯文教育通过增资代替股权收购,并不能降低"借壳上市"认定的各项指标。在凯文教育的案例中,文华学信向文凯兴增资 2.9 亿元,增资完成后文华学信持有文凯兴 56.25％股权,但该交易发生在上市公司控制权发生变更之前,与 2016 年 12 月发生的后续购买资产交易相隔超过 12 个月,根据当时的规定无需合并计算,由此逃过 100％ 的指标限制。此外,由于中泰桥梁在教育行业的资产收购开展较早,在取得文凯兴控制权之前,已通过文华学信和文凯兴发展高端教育业务,所以在置入凯文教育资产时,具有充分的理由说明不属于主营业务发生根本变化的情况。根据《上市公司重大资产重组管理办法》的规定,上市公司的资本运作仅在涉及发行股份或借壳上市时需要证监会的审核。单纯的现金收购无需证监会审核,仅需满足内部决策程序并进行正常披露即可。

表 33　各公司 2019—2020 年教育类对外投资

证券代码	公司名称	2019—2020 年对外投资
000812.SZ	陕西金叶	2019 年 5 月,公司拟收购山西大任国际教育 51% 的股权,标的公司是陕西最大的民办高等教育机构,旗下有中北大学信息商务学院和山西华奥商贸职业学院。
1593.HK	辰林教育	2020 年 12 月,公司拟出资 1.88 亿元收购南昌市瑞诚教育咨询公司 100% 的股权。标的公司控制江西文理技师学院。
1756.HK	华立大学集团	(1) 2020 年 12 月,计划扩建华立学院,在增城市新建楼宇,以及在江门市建设新的校区,扩建华立学院。 (2) 2020 年 12 月,计划扩建华立职业学院,在原校区新建楼宇。 (3) 2021 年 2 月,公司拟以 1.597 亿元收购江门市土地使用权建设新校区。
0382.HK	中汇集团	(1) 2019 年 12 月,收购新加坡中汇学院,扩大在新加坡的学校网络。 (2) 2020 年 6 月,公司拟以 1.9 亿元取得江门一地块,用于建设华商职业学院新会校区。 (3) 2020 年 12 月,拟出资 7.5 亿元收购四川城市技师学院及四川城市职业学院。
1935.HK	嘉宏教育	(1) 信息商务学院扩建:新建一栋学生宿舍和两栋教学楼,共计 27 000 平方米。 (2) 长征学院扩建:新建学生宿舍、知识交流中心及食堂,学院学生容量增长至 13 900 人。 (3) 长征学院新设校区:与杭州大江东产业集聚区委会签订框架协议,预计招生人数不少于 5 000 人。 (4) 建立海外新学校:计划在美国加州成立一所可授予学位的高等教育机构。

(续表)

证券代码	公司名称	2019—2020 年对外投资
1890.HK	中国科培	(1) 2020 年 4 月,公司拟扩建广东理工学院:新设新鼎湖校区,预计学院容纳人数扩大 3 000 人。 (2) 2020 年 4 月,公司拟改造广东理工学院高要校区:扩张宿舍及配套设施,预计可容纳 7 000 名学生。 (3) 2020 年 1 月,公司拟出资 14.5 亿元收购哈尔滨石油学院。
1851.HK	银杏教育	2019 年 3 月,公司拟出资 1.55 亿元收购宜宾土地新设南溪校区,预计占地面积为 333 360 平方米。
1758.HK	博骏教育	(1) 2020 年 4 月,公司拟出资 2 180 万元收购成都地块用于天府学校及锦江学校扩建校舍,预计新增 3 200 学生容量。 (2) 2020 年 9 月,公司出资 2.45 亿元收购宏远教育 49% 的股权,布局职业教育板块。
1598.HK	21 世纪教育	2019 年 9 月,公司拟出资 3 920 万元收购浙江培尖 51% 股权和杭州一脉 70% 股权,成立了素质教育事业群,收购完成后集团学校数量扩充至 21 所(12 所为素质教育培训学校)。
2001.HK	新高教集团	(1) 2019 年 8 月,公司完成收购华中学校。 (2) 2019 年 1 月,公司完成收购广西樱花国际职业学院学校。 (3) 2020 年 7 月,公司拟追加 1.52 亿元收购广西嵩明新巨 39% 的股权。 (4) 2020 年 8 月,公司拟收购云南职业学校全部权益。
1569.HK	民生教育	(1) 2019 年 3 月,公司斥资 5.1 亿元收购南昌职业学院 51% 股权。 (2) 2019 年 10 月,云南大学滇池学院的阳宗海新校区项目启动:预计 2023 年完工,占地 1 753 亩,可容纳约 43 000 名学生。 (3) 2020 年 3 月,公司以 4.2 亿元收购 TCL 教育网 100% 股权。 (4) 2020 年 10 月,民生教育拟出资 4.1 亿元收购都学网络 60% 的股权。 (5) 2020 年 12 月,民生教育拟出资收购电大在线 50% 股权。
6068.HK	睿见教育	(1) 2020 年 10 月,公司于四川巴中经济开发区签订协议,拟开设一所民办高等教育学院,预计于 2020 年 9 月开始运营,预计可容纳 6 000 名学生。 (2) 2020 年 11 月,公司与中山市政府签订协议,拟于中山市开办一所民办中小学。

（续表）

证券代码	公司名称	2019—2020 年对外投资
1565.HK	成实外教育	(1) 2019 年 6 月，公司拟出资 8.7 亿元购买严强房地产和四川瑞德有关资产，成都外国语学校初中部土地及物业。 (2) 2020 年 11 月，于宜宾市四川外国语大学成都学院新设校舍，占地面积 500 亩，可容纳学生人数 12 000 人。
1317.HK	枫叶教育	(1) 2020 年 1 月，公司作价 3.91 亿元收购马来西亚皇岦。 (2) 2020 年 6 月，公司作价约 34 亿元收购新加坡 CIS。 (3) 2020 年 12 月，公司计划今年新开设 6 所 K12 学校。
HLG.O	海亮教育	(1) 2020 年 7 月，公司拟出资 3 400 万元人民币收购金华海亮外国语学校。 (2) 新设武汉海亮实验学校。
BEDU.N	博实乐	(1) 2019 年 4 月，公司拟收购武汉三牛教育 80% 的股权。 (2) 2019 年 6 月，公司拟出资 3 800 万英镑收购英国 St. Michael's School 和 Bosworth Independent College 两所 K12 学校 100% 股权。 (3) 2019 年 7 月，公司拟出资 1.92 亿美元并购英国教育集团 CATS，公司在英国、美国和加拿大合计拥有 5 所学校以及 10 个语言培训中心。 (4) 2020 年 6 月，公司拟收购翰林学院 51% 的股权。 (5) 2020 年 9 月，公司拟收购乐体营地教育 60% 的股权。 (6) 2019 年 3 月，收购菏泽七巧板 85% 的股权。
RYB.N	红黄蓝	2019 年 2 月，公司拟出资 1.25 亿元收购新加坡一家民营儿童教育集团 70% 的股权。
6169.HK	宇华教育	(1) 2019 年 2 月，公司宣布出资 2.19 亿港元收购泰国斯坦福国际大学。 (2) 2019 年 7 月，公司拟出资 14.9 亿元收购济南双胜教育咨询 90% 的股权，标的公司为山东省最大的民办高校。 (3) 2020 年 9 月，公司拟出资 7.212 亿元收购湖南猎鹰余下 30% 的股权。
1765.HK	希望教育	(1) 2019 年 3 月，公司出资 1.48 亿元收购贵州大学科技学院。 (2) 2019 年 7 月，公司出资 1.6 亿元收购鹤壁汽车工程职业学院 95% 的股权。 (3) 2019 年 8 月，公司拟出资 5.5 亿元收购银川能源学院。 (4) 2020 年 10 月，公司拟出资收购及认购世纪鼎利 29.76% 的股权。 (5) 2021 年 2 月，公司出资 5 亿元收购江西昌振 100% 的股权，标的公司持有南昌共青学院 100% 的股权。

（续表）

证券代码	公司名称	2019—2020 年对外投资
0839.HK	中教控股	(1) 2019 年 1 月,公司出资 2.5 亿元收购泉城大学。 (2) 2019 年 6 月,公司出资 10.1 亿元收购四川外国语大学重庆南方翻译学院。 (3) 2019 年 9 月,公司出资 1.28 亿澳元收购澳大利亚国王学院。 (4) 2020 年 8 月,公司拟出资 13.56 亿元收购海南赛伯乐教育集团 60% 的股权。 (5) 2020 年 12 月,公司拟出资 3.08 亿元收购赣州西铁教育。
1969.HK	中国春来	2019 年 8 月,公司出资 8 亿元收购天平学院。
9616.HK	东软教育	2020 年 11 月,公司拟收购 19.18% 东软睿新的股权(分别由东北大学集团和中国人保持有)。
LXEH.O	丽翔教育	2021 年 2 月,丽翔教育出资 30 万元收购杭州优喜科技 100% 股权。
002607.SZ	中公教育	(1) 2020 年 2 月,公司拟出资 3.8 亿元收购陕西冠诚九鼎国际 1 号楼,用于建设陕西区域总部及综合学习基地。 (2) 2020 年 12 月,公司拟出资 5.6 亿元收购六安亚夏润南全资子公司 100% 股权,公司希望借助标的旗下物业用于建设区域大型学习基地。
1449.HK	立德教育	(1) 2021 年 1 月,公司拟出资 3 500 万元收购齐齐哈尔理工职业学院。 (2) 2020 年 1 月,公司拟出资 4 520 万元收购上湖创新区的一地块,总面积约 8.6 万平方米。
2779.HK	中国新华教育	(1) 2019 年 4 月,公司出资 6.1 亿元收购南京财经大学红山学院。 (2) 2019 年 7 月,公司出资 3.04 亿元于南京市购买土地使用权,用作红山学院新校区开发。 (3) 2019 年 7 月,公司出资 9.18 亿元收购昆明医科大学海源学院及昆明市卫生学校的 60% 权益。 (4) 2019 年 10 月,公司出资 2.27 亿元收购安徽合肥一地块,用于教育科研及医疗卫生。

资料来源:公司公告、中信证券研究部。

第三节　民办学校过度资本化的规制

上市是民办学校拓宽融资渠道、提高品牌知名度和信任感的重要方式之一。但是,民办学校境外 VIE 上市和境内借壳上市本身存在的法律政策风险及资本市场波动可能带来的办学质量风险、社会稳定风险不容忽视。随着《民办教育促进法实施条例》的修订和"双减"背景下校外培训领域(特别是学科类)去资本化政策导向,未来民办学校上市将呈现以规范化为主、有限发展的局面。

一、民办学校境内外上市的风险分析

1. 境外 VIE 上市存在的问题

一是境外上市导致外资实际控制学校,对教育主权造成影响。由于现有外商投资规定对于外资办学的类型、办学的方式、办学的主体都作出了限定,中外合作、中方主导的办学模式,既能够发挥外方的教学优势,同时也确保中方的绝对控制权。民办学校应用 VIE 架构境外上市后,境外上市公司通过"协议控制"对民办学校进行实质控制,规避了我国现有法律对外资办学的限制性和禁止性规定。一些已在境外上市的公司通过变更举办者公司股权的方式,逃避监管机构的举办者变更审查,这种将民办学校通过隐蔽方式置于境外公司控制之下的行为,无法保障中方的主导权,从而会有在意识形态领域失去控制的风险。

二是非营利民办学校境外 VIE 上市,使民办学校分类管理改革出现偏差。民办学校分类管理改革的关键是两类法人界定清晰、各归其位、分类规范、差别扶持。非营利性民办学校的核心是不得分配利润与剩余资产。然而境外上市公司通过一系列协议安排转移了学校的办学收益。一方面以"非营利"名义获得各种财政、用地支持和税收优惠,另一方面学校举办者能够以上市公司股东的身份,通过股权分红间接实现营利,从而使分类管理的规定"形同虚设"。

三是境外资本加剧收购学校,一旦资金链断裂,对办学稳定造成风险。

当前集团办学的规模效益已经形成,基础教育阶段比较出名的集团布局都超过 3 个省份、实际控制的学校数均超过 10 所;高等教育阶段,个别集团实际控制的高校数超过 10 所。除在异地举办同学段学校以外,部分教育集团还在不同学段布局发展,形成涵盖多个学段的教育体系。教育集团由于资金实力雄厚,扩张采取的最简便路径就是兼并收购现有的学校,最终结果就是形成教育资源的垄断和集中,助长了少数人左右市场的能力。教育集团为兼并收购学校,往往从所举办或控制的学校抽取资金,"拆东墙补西墙",一旦集团资金链断裂或管理失控,其破坏程度既超过了单体学校,也超过了大型校外培训机构。

表 34　民办学校类上市公司的学校数量

证券代码	公司名称	办学定位	学校位置	职业培训	K12	高等教育	总计
RYB.N	红黄蓝	国内领先的 K12 教育集团,主营幼儿园	幼儿园:内蒙古 11 所、黑龙江 8 所、吉林 6 所、辽宁 17 所、河北 35 所、北京 27 所、天津 5 所、山东 43 所、江苏 18 所、浙江 6 所、福建 7 所、广东 16 所、广西 4 所、云南 2 所、海南 1 所、贵州 9 所、重庆 16 所、湖南 19 所、湖北 7 所、河南 11 所、山西 17 所、江西 18 所、陕西 9 所、四川 10 所、甘肃 2 所、青海 1 所、新疆 6 所	0	321	0	321
1317.HK	枫叶教育	全国领先的国际学校办学团体之一,提供学前教育和 K12 教育	学校分布在国内 23 个城市,大连、武汉、天津、重庆、镇江、洛阳、鄂尔多斯、上海、平顶山、义乌、荆州、西安、淮安、平湖、湖州、潍坊、盐城、海口、深圳、襄阳、泸州、济南、呼和浩特;以及国外加拿大的温哥华、桑德贝、甘露市、布罗克威尔、澳大利亚的阿德莱德、马来西亚的吉隆坡、新加坡等地	0	109	0	109

证券代码	公司名称	办学定位	学校位置	职业培训	K12	高等教育	总计
BEDU.N	博实乐	全球领先的K12教育集团，为幼儿园、中小学、高中等学生提供优质K12教育平台，业务板块涵盖国内K12教育、海外K12教育、辅助教育和教育科技	中小学：广东10所、湖南1所、河北2所、安徽2所；幼儿园：集团共计拥有71所幼儿园，分布在广东、湖南、贵州、湖北、江苏、安徽、甘肃、河北、山东、海南、四川；海外K12教育：英国5所、美国2所、加拿大1所	0	94	0	94
1565.HK	成实外教育	西南地区领先的K12民办教育服务供应商	高等教育：成都1所、美国1所、宜宾1所；中小学：成都18所、德阳2所、宜宾3所、渠县2所、自贡4所、香港1所、雅安3所、攀枝花3所；幼儿园：成都3所、宜宾1所	0	38	3	43（含2所非学历教育学校）
002308.SZ	威创股份	幼儿园	幼儿园：呼和浩特12所、巴彦淖尔1所、乌海市1所、大连市5所、北京市14所、遵义1所、岳阳1所、烟台1所、天津2所、贵阳3所、固安县1所、德州1所	0	43	0	43
HLG.O	海亮教育	国内首家在美纳斯达克上市的K12教育集团，办学涵盖幼教、小学、初中、高中多个学龄阶段	中小学：诸暨9所、绍兴1所、金华1所、肥城1所、镇江1所、仙桃1所、兰州1所、芜湖1所、温州1所、宁海1所；剩余11所没有标明	0	28	0	28

（续表）

证券代码	公司名称	办学定位	学校位置	职业培训	K12	高等教育	总计
6169.HK	宇华教育	公司是国内最大的民办 K12 和高等教育服务供应商之一	高等教育：郑州1所、长沙1所、济南1所、泰国1所；中小学：郑州2所、焦作1所、开封1所、漯河1所、许昌1所、济源1所、另外11所没有标明；幼儿园：2019年集团共计有7家幼儿园，郑州1所、鹤壁1所、焦作1所、漯河1所、许昌1所、济源1所、荥阳1所；2020年集团关闭了2所幼儿园，未标明位置	0	23	4	27
1773.HK	天立教育	国内西部地区第二大 K12 民办学校运营机构	中小学：四川9所、内蒙古2所、云南1所、贵州1所、江西1所、安徽1所、浙江1所、湖北1所；幼儿园：四川7所	0	24	0	24
1598.HK	21世纪教育	位于河北省的大型民办教育服务供应商，提供大专、中专、课外辅导服务	高等教育：石家庄1所；幼儿园：石家庄8所	0	8	1	22（含13所培训学校）
1765.HK	希望教育	全国第二大民办教育集团	高等教育：成都3所、贵州3所、德阳1所、太原1所、银川1所、绵竹1所、南昌2所、资阳1所、鹤壁1所、苏州1所；技校：贵州1所、资阳1所	0	2	15	17
0839.HK	中教控股	全国领先的高等及职业教育集团，业务遍布中国、澳大利亚及英国	高等教育：南昌1所、广州3所、海口1所、重庆1所、山东蓬莱1所；澳大利亚1所、英国1所；职业教育：西安1所、郑州1所、广州1所、海口1所	0	4	9	13

（续表）

证券代码	公司名称	办学定位	学校位置	职业培训	K12	高等教育	总计
1758.HK	博骏教育	四川省成都市的民办 K12 教育服务集团	幼儿园：成都 4 所、巴中 1 所、广元 1 所、资阳 1 所； 中学：成都 6 所	0	13	0	13
6068.HK	睿见教育	华南地区最大的中小学民办教育集团之一	中小学：东莞 3 所、惠州 1 所、盘锦 1 所、潍坊 2 所、揭阳 1 所、广安 1 所、漳州 1 所、巴中 1 所、云浮 1 所、顺德 1 所	0	12	0	12
1569.HK	民生教育	高等学历教育	高等教育：重庆 4 所、云南 1 所、曲阜 1 所（委托管理）、内蒙古 1 所； 中小学：乐陵 1 所； 中职：乐陵 2 所	0	3	7	10
0382.HK	中汇集团	大湾区最大的民办高等教育服务商	高等教育：广州 2 所、澳大利亚 2 所、成都 2 所； 职业教育：新加坡 1 所	0	1	6	7
2001.HK	新高教集团	全国领先的高等教育公司，提供本科和专科学位	高等教育：云南 1 所、贵州 1 所、湖北恩施 1 所、哈尔滨 1 所、兰州 1 所、洛阳 1 所、广西 1 所	0	0	7	7
A20322.SZ	老鹰教育	美术培训	职业培训：富阳、银湖、象山、深圳、温州、义乌、成都	7	0	0	7
1969.HK	中国春来	民办普通高等教育供应商	高等教育：商丘 1 所、荆州 1 所、开封 1 所、安阳 1 所、苏州 1 所； 职业教育：咸宁 1 所	0	1	5	6
002730.SZ	电光科技	早幼教、国际教育	中小学：上海 1 所 幼儿园：义乌 1 所、上海 4 所	0	6	0	6
2779.HK	中国新华教育	长三角最大的民办高等教育集团，安徽省最大的民办中专院校提供本科、专科学历	高等教育：合肥 2 所，南京 1 所； 中专：合肥 1 所	0	1	3	4

（续表）

证券代码	公司名称	办学定位	学校位置	职业培训	K12	高等教育	总计
9616.HK	东软教育	中国领先的民办 IT 高等教育服务机构，提供全日制学历高等教育以及继续教育服务	高等教育：大连 1 所、广东 1 所、成都 1 所	0	0	3	3
1756.HK	华立大学集团	华南地区领先的民办高等教育机构和职业教育机构	高等教育：广州 3 所	0	0	3	3
1935.HK	嘉宏教育	浙江省领先的民办高等教育和中等教育机构	高等教育：温州 1 所，郑州 1 所，杭州 1 所	0	1	2	3
000735.SZ	罗牛山	主要开展基础教育和专科职业教育	中小学：海口 1 所；职业学院：海口 1 所	0	2	0	2
002659.SZ	凯文教育	北京地区领先的 K12 教育机构	中小学：北京 2 所	0	2	0	2
1890.HK	中国科培	华南地区领先的民办高等教育营办商	高等教育：肇庆 1 所；中小学：肇庆 1 所	0	1	1	2
LXEH.O	丽翔教育	浙江省民办初等和中等教育服务供应商之一	中小学：丽水 1 所、青田 1 所	0	2	0	2
002325.SZ	洪涛股份	提供职业教育	中专：成都 1 所、广州 1 所	0	2	0	2
000812.SZ	陕西金叶	高等学历教育	高等教育：西安 1 所	0	0	1	1
000915.SZ	山大华特	基础教育	中小学：沂南 1 所	0	1	0	1

（续表）

证券代码	公司名称	办学定位	学校位置	职业培训	K12	高等教育	总计
600455.SH	博通股份	高等教育	高等教育:西安1所	0	0	1	1
002093.SZ	国脉科技	提供高等教育以及各种非学历教育	高等教育:福州1所	0	0	1	1
1449.HK	立德教育	黑龙江省的民办学历制高等教育服务提供商	高等教育:哈尔滨1所	0	0	1	1
1525.HK	建桥教育	上海民办高等学历教育机构,提供本科和专科学历	高等教育:上海1所	0	0	1	1
1593.HK	辰林教育	江西省领先的民办高等教育服务供应商之一,提供本科课程及专科专业课程	高等教育:南昌1所	0	0	1	1
1851.HK	银杏教育	位于四川省的高等教育服务供应商,主要聚焦于酒店管理相关专业	高等教育:成都1所	0	0	1	1
1981.HK	华夏视听	提供传媒及艺术专业高等教育业务,经营着南京传媒学院	高等教育:南京1所	0	0	1	1

资料来源:公司财报、公司官网、中信证券研究部,数据截至2021年2月24日。

2. 境内上市存在的问题

一是非营利性民办学校境内间接上市亟待规范。尽管非营利性民办学校境内上市数量不多,但如何确保风险披露的真实可信,如何确保学校的非营利属性不因间接上市或并表处理而丧失,如何确保关联交易的公开、公平、公正与适度,如何建立学校资产与上市公司的隔离机制都是亟待解决的问题。(1)A股市场上市的非营利性民办学校,不构成上市公司的主营业务。因为主营业务的变更需要通过并购重组"发审委"的审核,显然非营利性民办学校无法通过上述审核。上市公司收购或举办非营利性民办学校,无法通过发行股份融资,仅能够通过现金收购或自有资金举办,现金收购需要交易所审核,上市公司需要对标的资产持续经营产生的影响及政策的不确定性进行披露,一些上市公司会披露未来将所属学校转为营利性学校,但上述披露能否实现有待观察。(2)已经收购成功的非营利性民办学校多通过并表处理的方式列入上市公司的财务报表,也有的通过关联交易或其他交易的方式将利润转移到上市公司,甚至有的民办学校获得的政府补贴都列入上市公司财务报表的政府补助收入中。非营利性民办学校能否并表取决于会计师事务所,目前无统一规定。(3)从现有法律规定看,禁止了学前教育阶段的非营利性民办学校和义务教育阶段的民办学校在境内外上市,但对于其他学校未明确规定。营利性幼儿园、民办高中、民办高校能否境内直接上市,相关规定并不明朗。从对现有民办学校举办者的调研看,从事学历教育的营利性民办学校能否上市,将直接对现有民办学校选择营利性还是非营利性产生重要影响。

二是现有民办学校短期内直接上市仍面临自身障碍。现有民办学校即使选择登记为营利性民办学校也难以在短期内直接上市。(1)我国的IPO制度采取核准制,对拟申请上市企业有着严格的财务指标、公司治理要求、时间周期的规定等,现有学校难以满足。(2)适用于一般经营公司的权责发生制的财务会计制度可能对于一些民办学校并不适应,《民间非营利组织会计制度》相关规定与《证券法》等相关法规对上市公司的规定存在冲突。(3)现有学校从民办非企业法人转为营利性法人,原有业务能否连续计算需要予以明确。

二、对教育领域过度资本化的规制建议

随着部分学段营利性民办学校的出现,社会资本进入教育领域越来越难以避免。在相应治理未及时跟上的情况下,兼并收购带来的优质教育资源垄断、用关联交易等方式变相获取非营利性民办学校办学结余等资本渗

透对教育公益属性的冲击开始出现。这些行为超出了传统教育治理范畴，严重阻碍了教育领域"有质量的公平"实现进程。人民群众对教育公平和优质教育资源的诉求，迫切需要深化社会资本进入教育领域的综合治理。

（一）加强法制建设，着力解决法律适用冲突问题

针对营利性民办学校在《公司法》《民办教育促进法》适用中的冲突问题，进一步加强法制建设，构建兼顾"公益性"和"营利性"的营利性民办学校组织机构设置体系，明确资产相关职能归属。从法律的角度看，对权力机构和执行机构法定职能中与资产相关的职能，应根据《公司法》由股东会承担。考虑到公益性是营利性民办学校区别于一般公司的关键特征，为避免举办者借此在营利性民办学校董事会之上设立权力机构，架空董事会职能，故应将股东会职能限定在学校融资和剩余资产处置等与资产相关的职能范围内。应在学校章程中明确将"审议批准公司的利润分配方案和弥补亏损方案，对公司增加或者减少注册资本、发行公司债券作出决议"等《民办教育促进法》未赋予董事会的职能赋予股东会，相关方案亦须经董事会决策后由股东会表决。

（二）运用经济手段，加大对兼并收购的监管力度

《反垄断法》第三条中规定的垄断行为包括"经营者集中"。2020 年 10 月，国家市场监督管理总局印发的《经营者集中审查暂行规定》规定，"相同经营者之间在两年内多次实施的未达到申报标准的经营者集中，应当视为一次集中"。目前大多数民办高校上市集团的兼并收购已达到或将达到适用反经营者集中的标准。应进一步加强对民办教育集团经营者集中行为的预防和监管，明确禁止滥用市场支配地位，排除、限制竞争。依法落实各所民办学校法人财产权，明确教育集团应当保障所举办或者实际控制的民办学校依法独立开展办学活动。

（三）落实《民办教育促进法实施条例》，规范民办学校举办者变更

在全面落实《民办教育促进法实施条例》对举办者变更相关规定的基础上，加强民办学校举办者资质审核，同时举办或者实际控制多所民办学校的，举办者或者实际控制人应当具备与其所开展办学和管理活动相适应的条件与能力，并对所举办民办学校承担管理和监督职责。严禁涉及民办学校法人财产的举办者权益转让。将民办学校举办者信息纳入强制公开范围,民办学校举办者信息、主要人员变更情况应由政府部门统一进行公示。

(四) 贯彻国家教育政策,杜绝义务教育"营利之实"

严格执行《义务教育法》《未成年人保护法》等法律规定,全面贯彻党的教育方针,落实立德树人根本任务,着眼建设高质量教育体系,强化学校教育主阵地作用。出台境外上市民办教育机构的治理指引,推动上市集团剥离义务教育阶段民办学校和民办幼儿园,帮助民办教育上市集团业务转型,实现民办教育上市集团平稳过渡。

第十四章　民办学校防范
化解办学风险策略①

　　为平稳有序推进民办教育分类管理改革,防范和化解风险,规范民办教育发展,我们配合教育部规划司开展的民办学校规范办学防范化解风险专项行动部署,于2019年2月对各省、自治区、直辖市教育厅(教委),新疆生产建设兵团教育局重点围绕民办学校党建工作、思想政治教育情况,举办者资质、法人财产权落实、财务管理、学费收取使用情况,学籍管理、招生工作情况,校园安全管理情况,教职工管理情况,参加年检及年检发现问题整改情况,政府有关部门主动作为、履行监管职责情况等八个方面,开展了全面摸排。

　　2019年5月8—9日,各地就摸排情况在上海进行了集中交流。总体来看,各地民办学校规范办学情况良好,但仍有少数民办学校在发展过程中存在不同程度的办学困难和风险隐患,部分地区在过去发展和此次整改过程中积累了较为成熟的防范化解风险的经验。

第一节　党建工作、思想政治教育

一、党建工作

(一) 风险点

　　个别学校党组织的建设存在弱化、虚化现象。民办学校教职工党员比例较低;部分民办学校,特别是边远农村地区、规模偏小的民办学前教育和

---

　　① 本章执笔人:刘金娟、方建锋,上海市教育科学研究院。

非学历教育学校党的基层组织不健全,党务工作队伍力量薄弱,党组织活动经费、活动场所保障不到位,活动开展流于表面形式,没有充分发挥党组织的政治核心作用和监督保障作用,未能实现党的组织和党的工作"两个全覆盖";部分民办学校党组织建设有关内容未纳入学校章程,学校管理层和党组织班子"双向进入、交叉任职"没有完全落实到位。例如,贵州省凯里市128所民办中小学和幼儿园、贵阳市乌当区49所民办中小学和幼儿园无一名党员。安徽省民办中小学在职教职工党员占比6.8%,有党员的学校占比35.71%,党组织组建率93.25%。湖北省206所民办中小学、幼儿园与318所培训机构不同程度存在未建立党组织或党组织机构不健全的问题;3所民办普通高校存在二级院系支部书记配备不齐的问题;1所民办普通高校,66所民办中小学、幼儿园,83所培训机构不同程度存在党组织参与学校重大问题决策缺乏制度保证等问题;6所民办普通高校,71所民办中小学、幼儿园,137所培训机构存在党建工作弱化等问题。

(二) 经验和策略建议

第一,选派党组织负责人及党建工作人员。贵州省从在职在编厅(处)级干部中选派政治过硬、作风优良、熟悉党务工作的同志到民办高校担任党委书记。青海省西宁市教育局从公办学校选派52名党员干部到民办学校中指导党建工作。

第二,纳入民办学校年检考核。青海省各地教育行政部门将党建工作目标任务落实完成情况纳入民办学校年检考核,层层落实责任。

第三,开拓党建新模式。广东省茂名建立"党建+"模式,积极推行"党建+教育教学""党建+师德建设""党建+德育教育",党建与教育相互融合,相互促进。

二、思想政治教育

(一) 风险点

思想政治教育不到位。思想政治工作队伍力量薄弱,没有将社会主义核心价值观完全融入教育教学全过程、教书育人各环节;学生管理机构不健全,意识形态责任制落实不到位,对学生,特别是少数民族学生、信教学生、留学生思想状况了解不够,对学生心理问题缺乏干预和引导。例如,宁夏回族自治区个别民办学校意识形态工作重视程度不够,对学术报告、学术论坛、新媒体、学生社团管控需要加强。湖南省一些民办学校思想政治教育和德育工作机构、人员未配齐配强。安徽省合肥某技术学院存在一定量的信教学生。北京市某科技职业学院存在对学生特别是学生的心理健康教育不足等问题。

(二) 经验和策略建议

第一,加强思政队伍建设。上海市把思政工作队伍、党务工作队伍与行政管理队伍建设纳入学院人才队伍建设计划和培训规划。

第二,重视意识形态教育。北京市区两级大力推动习近平新时代中国特色社会主义理论进课堂、进头脑,定期对民办学校思想政治课、德育课程、教材选用和课时落实情况进行检查。

第二节　举办者资质、内部治理

一、举办者资质

(一) 风险点

举办者办学资质不合格。个别民办学校举办者不合法,存在办学后持境外"绿卡"或移民等身份复杂化问题;个别民办学校举办者之间或举办者(自然人)遗产继承人与其他举办者纠纷不断,影响学校日常教育教学活动;部分民办学校未经批准擅自变更举办者;少数地区民办学校,尤其是幼儿园和培训机构未取得办学资质,非法办学问题突出;部分举办者未履行出资义务,或不具备持续出资办学的实力,学校投入不足,办学条件较差,甚至出现个别学校办学中断的风险。例如,江苏省常州市天宁区星河幼儿园、星辰幼儿园法定代表人因涉嫌非法吸收公众存款罪被检察机关批准逮捕。天津市个别学校举办者变更导致诉讼纠纷。贵州省共有无证民办学校 2 378 所,以幼儿园为主,主要在城市居民楼盘内,收费低,校园环境较差,大多数不具备办学条件。全省无证办学机构超过 100 所的县(区)有 4 个。云南省少数学校在举办者变更后因新举办者投资不足等原因,带来变更协议履行困难、办学运行困难、继续投资办学乏力等问题,个别学校如云南某附中国际高中出现突然中断办学。

(二) 经验和策略建议

第一,明确举办者资质。湖南省建议明确中国公民或法人在境外注册、上市的企业组织能否作为民办学校举办者。贵州省建议明确民办中小学幼儿园及培训机构举办者资金实力条件。

第二,实施退出机制。北京市 2017 年发布《市教委关于加强北京市民办非学历教育管理工作的若干意见》,2018 年撤销燕京函授医学院等 5 所长期不办学的民办高校的办学资质。

第三,完善并细化举办者变更的核准程序。黑龙江省建议按照立法精神,结合民办高校实际,从有利于操作和执行的角度,进一步完善与细化举办者变更的有关事宜,特别是对举办者的核准,要有前置条件。

第四,制定危机事情的预案。福建省南安市政府成立了"泉州工程职业技术学院处置领导小组",暂时代管学校并负责重整。其积极招募新的投资人,重整工作正有序开展。领导小组积极组织对学校的财产清算和资产评估、指导学校完善财务管理制度、规范和促进学校平稳有序办学。

二、法人治理

(一) 风险点

法人治理结构不完善。部分学校未建立以董事会或理事会领导下的校长负责制为核心的法人治理结构,未能对学校的发展、目标定位、教育教学及内部管理实施监管职责;董事会和校长的职责边界没有厘清,一些举办者直接插手学校管理或通过代理人实际控制关键岗位,科学决策、民主决策得不到落实;例如,成都市某中学没有明确董事会和校长对食品安全工作的监管职责,发生了因食堂管理问题引发的学生家长聚集事件。北京市绝大部分学校决策机构成员未履行职责,且成员职责分工不明确,未做到各司其职、各负其责。福建省仰恩大学董事会重组,部分教师对学校新一届董事会组成方案提出强烈反对意见,认为部分成员曾干预学校办学,严重扰乱了学校教育教学秩序,反对将其纳入新一届董事会,董事会与校务会关系紧张。

(二)经验和策略建议

第一,加强章程和董(理)事会信息审核。甘肃省对各独立学院和民办高校的章程、董(理)事会人员信息进行全面核对,要求学校党组织书记按照法定程序进入董(理)事会,督促各院校依法执行董(理)事会领导下的校长负责制。

第二,加强培训和指导。上海市推进开展校长、法定代表人、董事长等管理人员的培训,引导民办学校加强发展规划,督促学校厘清举办者、董事会和校长之间责、权关系。

第三,积极协调各方关系。福建省教育厅联合泉州市政府组建工作小组进驻仰恩大学,督促并协助校党委做好学校的稳定工作。仰恩大学师生思想动态相对平稳、学校办学总体稳定有序。下阶段将继续推动仰恩大学依法依规办学,积极协调董事会与校务会关系,支持董事会新聘任校长到校开展工作,促进学校健康发展。

第三节　法人财产权落实和财务管理

一、法人财产权落实

(一)风险点

法人财产权落实不到位。"公参民"问题集中,尤其是独立学院普遍存在法人财产权落实不到位;少数民办学校存在用于办学的土地、校舍等未过户到学校名下;部分民办学校对国有资产管理缺失、存在国有资产流失风险;有些举办者将学校全部资产视为个人投入及其增值,随意处置法人财产;个别民办学校面临拆迁但拆迁补偿兑现困难。例如,安徽省民办高校占地 11 881.6 亩,已过户 7 982.32 亩,过户率为 67.2%;校舍建筑面积 305 万平方米,已过户 153 万平方米,过户率为 50.2%。江苏省有 25 所独立学院,法人财产权落实不到位是普遍存在的问题。江西省各设区市辖区内的民办学校中有较多学校,尤其是民办幼儿园,法人财产权不明晰,学校法人资产仍在出资人或企业(公司)名下,未过户到学校名下。云南省昆明艺术职业学院地处滇池环境保护区,省委省政府已经要求学校2019年年底前搬离目前地点,但学校举办者一直未搬迁。因校园土地并不在学校名下,而是在当地村委会名下,所以在搬迁补偿等问题上,学校举办者与当地政府、村委会意见差距很大,各方一时无法达成一致意见,导致搬迁工作进展缓慢。

(二) 经验和策略建议

第一,落实《民办教育促进法实施条例》。贯彻落实《民办教育促进法实施条例》,国家层面对于财政扶持、税收优惠、用地支持等政策,应当统筹制定政策。

第二,针对公参民学校尽快出台明确政策。重庆市针对群众诟病的"公办学校举办或者参与举办民办学校"问题,印发《重庆市教育委员会关于开展公办中小学参与举办学校清理整顿和规范工作的通知》(渝教发〔2019〕2号),明确自2019年起,不再审批成立"公参民"学校。

二、财务管理

(一) 风险点

财务管理不规范。部分民办学校财务管理制度不健全,会计制度不统一,会计核算不规范,审计报告质量不高,财务年度报告难以全面反映财务状态及经营成果,带来监管难问题;部分学校负债较高,存在举债办学风险;有些举办者通过不当关联交易或其他方式抽逃、挪用办学资金,甚至导致资金链断裂,引发不稳定事件;部分境外上市教育集团将非营利性民办学校,甚至是实施义务教育的民办学校打包境外上市,转移学校办学结余。陕西省18所民办高校中负债率超过40%的学校有6所,其中西安汽车科技职业学院(本科)为了升格本科,负债率高达78.2%。云南省昆明理工大学津桥学院、云南新兴职业学院、昆明卫生职业学院新校区建设导致举债较多,负债率分别达到了75%、86%、87%。四川省都江堰市南山中学实验学校举办者抽逃办学资金、拖欠教职工工资等,影响正常教学秩序,造成社会事件。安徽省文达信息工程学院因举办者经营企业不善、挪用办学经费等使学校资金链断裂。广东省已经出现现有民办学校（仍是民办非企业法人，甚至是义务教育阶段学校）举办者将学校作为举办公司的资产包，与举办公司（或100％控股举办公司的母公司）一起通过VIE框架协议等多种形式上市，或转让套现。

（二）经验和策略建议

第一，严查资金到位率。陕西省建议教育部在对民办院校转格升级审批时，将资金来源、财务状况作为一项重要测评指标予以审核。

第二，加强资金监管。深圳市对民办学校均建立了三方共管账户，对全市各级各类民办学校建立财务审计制度，预防资金风险。上海市教委出台了民办高等学校财务管理办法和会计核算办法、民办中小学财务管理办法和会计核算办法，督促指导各民办学校按照统一的要求做好财务管理工作，并且建立民办高等学校财务管理系统，对各民办高等学校的资金资产情况实时跟踪。北京市拟探索民办学校资金监管工作管理办法，建立第三方审计机制，对于财务管理有问题的学校开展入校审计试点工作。

第三，针对民办学校VIE方式上市出台明确的法规。

三、学费收取

（一）风险点

收退费不规范。民办学校收费全面放开之后，一些学校、园所存在学费增长过快、强制收费、变相收费、退费困难等问题；教育培训机构存在以收据代替正规票据的行为；部分学校未按照规定从学费收入中足额计提奖助学金，用于家庭经济困难学生的学费减免、校内奖学金、助学金和特殊困难补助。例如，北京市民办学校收费全面放开之后，个别学校、园所收费标准短时间涨幅过大，收退费制度严苛，家长认为是霸王条款，难以承受，招致不满情绪。一些小区配套的民办园在转为普惠后，利润降低，就设法通过开设兴趣班等方式弥补，造成新的乱收费问题。江苏省有些地方民办学校在招生中收取与入学挂钩的赞助费较为严重。内蒙古自治区大多数培训机构财务管理不规范，报销手续不健全，白条入账，无正式发票，入账票据无经办人、法人签字。云南省云南三鑫职业技术学院在奖助学金方面出现违规行为，虽然已经妥善处理，但已造成不良影响。福建省个别培训机构举办者失联，培训机构关门，涉嫌卷款潜逃。

（二）经验和策略建议

第一，建立价格监测机制。北京市建设放开民办学校收费之后，价格部门应尽快建立民办学校收费标准定期监测报告制度，加强事中事后监管，加大执法力度，确保民办学校的收费行为依法依规。

第二，建立健全风险提示和预防机制。北京市拟完善曝光问题学校机制及黑白名单制度，建立健全针对家长的风险提示和预防机制。

第三，司法救济。福建省引导家长通过司法途径解决退费难的问题。

第四节　学校内部规范管理

一、学籍管理

（一）风险点

学籍管理不规范。部分学校学籍管理不规范，存在少量学生人籍不一致、学籍"空挂"、有生无籍现象；部分地区存在学籍业务办理不及时、学籍信息易泄露的风险。例如，安徽省2018年合肥科学岛实验中学采用虚假宣传，招收线下生并虚假承诺办理学籍、收取建籍费，造成恶劣影响。海南省东方市阳光中学高中部存在人籍分离、空挂学籍现象。浙江省良渚西城幼儿园53名幼儿未入学籍，存在有生无籍现象；嘉兴市秀洲区新设立9所民办幼儿园尚未纳入全国学前教育学籍管理系统。天津市个别幼儿园所招幼儿未纳入全市幼儿教育管理系统。江西省幼儿学籍录入不及时不全面，尤其是农村幼儿园学籍录入比例受农村幼儿家长配合度不高的影响，录入比例偏低。内蒙古自治区个别民办高中空挂学籍，导致出现"高考移民"。云南省红河州的一所民办高中接收100余名高一学生进校就读，已经收取学生学费，但这批学生的生源地教育局不同意办理档案投递，导致学生学籍无法办理。

（二）经验和策略建议

第一，加强学籍系统信息化管理。青海省西宁市教育局在实行学校网上自助录取形式的基础上，进一步运用现代信息技术手段，实现"三个对接"，即中考中招系统与全国中小学生学籍信息管理系统同步对接、考生录取通知书打印与学籍系统同步对接、新生学籍注册与学籍系统同步对接。

第二，开展学籍管理培训和宣传。北京市定期召开学籍管理培训会，做好培训，提高学校学籍管理规范水平，同时做好对学生、家长的宣传和服务工作。

第三，实施学籍管理专项检查。上海市开展"招生与学籍管理"专项检查和抽查，发现问题及时纠正。督促问题学校进行整改，提高其监督检查的频次。落实问责制度，严格实施"双减"措施。北京市每学期有学籍核查，转学、休学、退学、毕业、注册等学籍问题均有专人审核。

二、招生工作

（一）风险点

招生行为不规范。部分民办学校发布未经备案的招生简章和广告，夸大或虚假宣传，在招生中相互诋毁；在一些人口流入较多的地区存在超计划招生和超规模办学；个别义务教育阶段民办学校违规提前招生，不同程度存在"面谈""密考"甚至异地"密考"等问题；少数民办学校开展有偿招生；部分地区部分中等职业教育面临生源危机。例如：陕西省陕西三和专修学院私自签订联合办学协议，虚假宣传，违规招收许可范围以外的学生，导致学生无法取得毕业证。江苏省个别民办学校存在虚假招生宣传现象，引发社会事件。江西省不少民办高中学校存在大量招收未达录取分数控制线学生，擅自招收他校非起始年级学生的现象。四川省个别民办高职学院开展有偿招生，通过高额物质奖励或现金拉拢高中校长或班主任，引发投诉。辽宁省中等职业教育方面生源总量仍然呈现较大幅度下降趋势，面临着前所未有的生源危机，民办中职学校招生录取率持续走低，存在一些空壳学校。

（二）经验和策略建议

第一，统筹招生管理。江西省教育厅拟统筹民办学校与公办学校招生管理，建立招生计划随办学条件办学质量改善而调整的激励机制。

第二，加大教育执法处罚力度。北京市教委 2018 年对北大方正软件技术学院（学历）、北京民族大学（非学历）、北京国际经贸研修学院（非学历）三所因违规招生或虚假招生宣传的学校，作出取消当年招生资格的行政处罚。

第三，推动民办教育健康发展。陕西省教育厅对违规招生事件的原因进行分析，发现民办学校经费来源单一，生存发展主要依赖于办学规模和学费收入，民办职业教育整体存在招生困难问题，民办学校试图通过扩大生源、提高办学收入实现生存发展。

第四，强化对民办学校招生简章和广告管理的指导。

三、"显性"安全管理情况

（一）风险点

校园安全管理存在漏洞。部分民办学校安全教育不深入、应急预案不健全、演练不经常；部分民办学校安全投入不足，物防、技防设施按标准配备不完备，安保、消防人员配备不足，信息化管理水平不高；部分学校在校舍、实验室、食品、交通等方面存在安全隐患；高校外来人员送餐问题突出。例如，江苏省部分学校对师生安全教育和培训重视不够，存在未定期组织开展防暴防恐、消防安全、应急逃生疏散、防溺水教育等演练问题。北京市部分民办学校对外卖进校园的管理上存在漏洞，学校周边小饭店、小超市和露天烧烤多，存在安全隐患。江西省部分学校消防设施陈旧、消防通道堵塞；较多农村幼儿园防卫器械配备不足，监控视频不多甚至没有，灭火器配备不够，有的即使配备到位也未及时更换粉末；食堂管理不规范，个别学校使用瓶装液化气或生物油作为燃料，食材采购没有严格索票索证手续，食品留样及原材料存放不规范；个别幼儿园课桌凳不符合标准，使用木质双层学生床，摆放密度大；不少幼儿园校车不按规定路线行驶，有的学校校车超载。

（二）经验和策略建议

第一，落实领导、监管责任。北京市各校都按要求建立了安全保卫工作领导责任制和责任追究制，与安全保卫相关责任人签订安全责任书，较好贯彻了"谁主管，谁负责"的原则，严格执行责任追究制度。各学校都建立了安全意外事故处置应急预案制度，建立以校长为组长的安全事故应急处理领导小组,制定了安全事故应急处理预案。贵州省建议明确民办学校消防验收作为审批的前置条件。

第二,加强隐患排查,关停有重大安全隐患的学校。新疆维吾尔自治区加强校园安全隐患排查,注重食品卫生、视频监控、实验室的管理与检查,尤其是对有毒、易燃、易爆等危化品的管理。福建省关停3所存在重大安全隐患的民办幼儿园。

第三,进行安全教育。北京市经常性地对学生、家长开展安全教育,特别是抓好交通、大型活动、实验室安全教育,通过家长会等形式,增强家长安全意识,提醒家长履行监管责任,建立家校齐抓共管的管理机制。定期按要求向地方派出所报备所有教职员工信息,以保证人员稳定,安全可靠。

第四,增加投入。重庆市出台《重庆市中小学幼儿园安全防范工作规范(试行)》,将民办学校安全纳入全市学校安全"一盘棋",进一步明确民办学校校园人防、物防、技防配备标准,强化政府及有关部门履行民办学校校园安全监管职责。将民办学校校园设施配备纳入全市校园安保能力提升工程,全面完善校园安保设施设备建设。其投入财政专项资金1亿元,着力解决民办幼儿园无户外活动场地等难点问题,改善民办幼儿园办学条件。

四、"隐性"安全管理情况

(一) 风险点

校园新型风险频出。部分学校网络监管、网络安全防范机制不到位,校园贷、套路贷、电信网络诈骗、金融诈骗事件仍未杜绝;部分学校法制宣传宣传力度不够,少部分学生及家长法律意识淡薄,存在少数校园欺凌、校闹现象。宁夏民办高校存在"校闹""套路贷"等风险。福建省厦门演艺职业学院校园网络安全存在隐患,已抓紧整改。

(二) 经验和策略建议

第一,加强宣传教育。

第二,加强摸排、监管和预警。陕西省西安市教育部门逐级签订《安全工作目标责任书》,各校成立了"扫黑除恶"专项领导小组,主动对校园周边"涉黑涉恶"或危及师生安全的线索进行摸排。

五、教职工队伍建设

(一) 风险点

师资水平偏低。民办学校师资队伍整体力量薄弱;民办学校教师流失率高、流动性大,教职工队伍不稳定;少数民办学校对教师任教资格把关不严,存在用兼职教师代替专职教师、聘用不合格师资任教的情况;部分民办学校师生比不达标;少数民办学校教职工学术规范意识模糊、科研诚信意识薄弱,缺乏服务意识和敬业精神;个别民办学校教职工存在利用职务违法违纪风险。例如,重庆市多所高职院校存在高层次人才、专业带头人、骨干教师、双师型一线教师相对短缺的问题。湖北省1所民办普通高校,438所民办中小学、幼儿园,139所培训机构不同程度存在教师数量不足,以兼职教师代替专职教师,聘用不合格师资任教等问题。江西省各设区市辖区内民办学校教师流动性大,队伍不稳定,民办学校成为公办考编教师培养基地,乡村教师尤其短缺。浙江省一些地方"公参民"学校占用公办教师情况比较严重,要求清理规范后,引发较大反响,需要跟进关注。

(二) 经验和策略建议

第一,多途径开展师资培训。黑龙江省各地教育行政部门有针对性地开展了英语教育专家专题讲座、普通话培训和观摩课、公开课、说课评课、课堂教学教案设计大赛、教师技能大赛、论文评选等多种形式的教学活动,全面提高教师的教学实践能力。北京市有的学校经常组织教师的教学基本功训练及比赛,教学故事、教学反思的交流,通过质量抽测及结果分析,有针对性地制定教师能力提升方案。

第二,开展师德师风教育。江苏省各校常态化开展师德师风教育,严格执行教师违规违纪惩戒办法和要求,所有教师按照省市规定签订拒绝有偿补课承诺书。

六、教职工权益

(一) 风险点

教职工权益得不到保障。部分民办学校教师待遇偏低,五险一金办理中打折扣,退休后待遇差距较大;个别学校未与聘用教师签订劳动合同;大部分地区民办学校教师业务培训、职称评定、表彰奖励、社会活动等方面与公办学校教师无法实现平等,导致民办学校教师缺乏职业安全感和职业荣誉感。江苏省教师待遇差距较大,民办幼儿园教师总体收入较低。河南省部分民办学校存在教职工社会保险缴纳不全或不缴纳社会保险和住房公积金的情况。广东省"完善学校、个人、政府合理分担的民办学校教职工社会保障机制"规定中的政府分担部分在许多地方尚未完全落地落实。北京市部分民办学校使用的教材和教学进度与北京市不同步,不能参加区里的教研和培训,影响了民办学校教师的职业规划。

(二)经验和策略建议

第一,引导民办学校提高人员支出。上海市鼓励各民办学校提高在职教师待遇,建立多视角的教师评价指标,将评价与教师待遇挂钩,并把提高教职工福利待遇在每年学校工作计划中细化,体现在劳动合同中;将学校的人员支出占比与政府扶持关联,鼓励各校加大师资队伍建设投入力度。

第二,督查民办学校教师权益保障工作。重庆市开展民办学校教师权益保障工作督查,督促民办学校依法为教职工足额缴纳社会保险费和住房公积金;对未依法履行为教职工缴纳社会保险费的法定义务的民办学校,出台政策,禁止其享受生均公用经费资金和发展专项资金支持的财政扶持政策。

第五节 政府外部监管

一、参加年检及年检发现问题整改情况

(一)风险点

部分地区存在年检走过场现象;部分学校年检材料报送不及时、问题整改不力、年检结果运用不充分;部分学校存在许可证登记事项变更未及时办理审批备案手续等问题。例如,广西大部分设区市和县区未制定民办学校年检办法和年检指标,年检工作不到位,存在走过场现象,部分民办高校存

在基本办学条件和监测办学条件不达标现象,生均教学科研仪器设备值、生均教学行政用房和占地面积等关键指标偏低。浙江省发现一个县未开展民办学校年检,一些地方年检较为宽松,不能有效发现问题。湖北省3所民办中小学、幼儿园,2所培训机构存在许可证登记事项变更未及时办理审批备案手续的问题。江苏省部分学校办学许可证未能按期换证。江西省有的民办幼儿园虽然办学条件过于简陋,达不到审批要求,但当地群众又却有需要,不能简单地予以取缔。由于民办幼儿园具有分布零散,辐射面广的特点,有些村级民办幼儿园地处偏远,组织纪律和政策观念不强,监管难度大。四川省个别民办学校擅自开设分校、变更教学点,学校使用名称与核准名称不一致。

(二) 经验和策略建议

第一,完善年检实施办法。湖北省建议出台民办学校年检工作实施办法,规范民办学校年检工作,建立民办学校规范管理的长效机制。安徽省结合实际对民办高校年检指标体系和办法进行修订完善,指导市县完善民办中小学年检制度。

第二,简政放权。湖南省建议将民办本科学校办学许可证到期换证和除名称以外的办学事项变更换证的权限和程序修改为"经省级人民政府核准后,由省级教育行政部门负责换证并行章",以提高办事效率。山东省认为现有民办非学历高等教育机构与其他的非学历教育培训机构在办学定位与功能上并无实质性差别,但与学历教育学校容易混淆,误导受教育者。因此,建议修正《高等教育法》,删去"其他高等教育机构",或者将其中规定的"其他高等教育机构由省级人民政府教育行政部门审批"修改为交由县级教育行政部门审批。

第三,加强年检结果使用。北京市将年检结果与招生计划、扶持政策挂钩,坚持向全社会公布年检结果。2018年78所民办高校参检,北京市教委对21所学校亮了"红牌",净化了发展环境。

第四,发挥第三方的作用。湖北省建议从国家层面,加强与中国民办教育协会的合作,建立和完善各省民办教育协会机构,充分发挥民办教育协会的职能,制定民办学校行业自律公约,加强行业自律。江西省逐步建立委托有关第三方机构组织开展民办学校依法办学年检的制度,健全和完善委托专业审计机构对民办学校实行资产、财务审计的制度,加强对民办学校的财务审计,及时查处违法犯罪行为,防范办学风险。新疆探索民办学校第三方质量认证和评估制度,建立健全民办学校质量评估体系。

二、政府有关部门主动作为,履行监管职责情况

(一)风险点

针对分类管理改革各地仍处于政策消化期;部分地区政府各部门职责不明确,既存在多头管理又存在履行监管责任不到位的情况;多数地区各部门协调难度较大,部门之间文件规定存在衔接不一致、执行不一致;多数地区民办教育管理和教育执法力量薄弱、执法手段单一,对民办学校违规违法的查处与行政执法力度不够。例如,浙江省除部分地方对少量新设民办学校、幼儿园、机构进行分类登记外,其余各地尚无明显实质性进展。在前期督查中发现,各地对民办教育新的法律政策重视程度差异较大,一些地方存在对新法新政学习不深,掌握不到位的情况。广西部分县区年审和日常监管抓得不严,问题和风险不能及时发现和消除。对民办学校,特别是无证幼儿园监管存在部门间推诿的现象。内蒙古有部分地区的政府各部门间职权划分不清,或者管得过宽过严,或者遇事推诿责任。四川省宜宾市3所民办中职学校违规组织学生实习,叙州区教育局在学生实习备案管理中存在失职,教体局局长被免职,分管职业教育的副局长、职成教育股股长等被立案调查。还有民办学校办学条件不达标的问题,除了扣减招生指标、扣减财政专项资金等措施之外,没有更多的能实质约束学校的措施。

(二)经验和策略建议

第一,督促市县建立联席会议制度。安徽省督促市县参照国家和省的做法,建立由同级教育行政部门牵头,编制、发展改革、公安、民政、财政、人力资源社会保障、自然资源、税务、市场监管等部门参与的民办教育联席会议制度,建立工作机制,明确责任分工,压实监管责任,增强监管实效。

第二,建立信息化管理体系。上海市升级整合上海市民办教育管理服务平台,将上海市民办教育管理系统、民办高校教师管理系统和财务管理系统统一整合到平台上,完善模块功能,加强行政管理效能,推进数据平台互

联互通和一网通办。湖北省建议在国家层面建立统一的民办教育信息管理和查询系统,公布民办学校有关信息,便于社会群众查询和监督。

第三,建立监控防控机制。福建省联合省委宣传部、省网信办、省公安厅等部门,建立民办教育舆情监控联动机制,建立舆情信息报送、研判和处置机制,要求各地建立民办学校应急处理预案,对个别民办学校举办者可能退出办学的情况做好政府接管预案。

第四,提高民办教育依法举办、管理水平。北京市充分发挥督导专员的作用。黑龙江省认为近些年民办教育分类管理任务很重,政策性很强,很难操作,各地负责民办教育工作的同志更换较多,建议加强业务培训,提高队伍素质。甘肃省依托"国培计划",对全省民办幼儿园、中小学、中职学校校长开展防范和化解风险专题培训,提高依法办学意识,规范办学行为。

第五,加强教育执法力量。山东省建议在国家层面探索教育系统建立专门执法队伍,或者明确民办教育执法纳入基层综合行政执法工作,以解决教育执法力量薄弱问题。

第六,做好舆论宣传引导。福建省会同省委宣传部,积极通过网络、电视、广播、报纸等多种媒体,大力宣传党和国家的民办教育路线方针政策和有关法律法规,及时总结推广民办教育改革发展和民办教育育人育才的好经验好做法,宣传正面典型;曝光警示性强、有代表性的反面案例,努力为民办教育发展营造良好的环境。

附　录

附一　国外私立教育管理情况概述^①

一、政府与私立学校关系

（一）美国

美国《宪法》有关政教分离的原则,成为政府同以教会性质为主的私立教育之间的天然屏障。根据 1791 年美国宪法第一修正案的立教条款,为实现美国公民的宗教自由,必须实行政治与宗教的彻底分离,因此,政府不能插手宗教组织事务,不得无理由限制宗教组织的存在和发展,也不能给予支持,以避免政治与宗教的纠缠。美国各州法律遵照宪法制定。由此形成了私立中小学同政府的关系的基本原则:即政府不能随意介入私立学校活动,不得使用公共资源支持私立学校;政府与私立学校之间不存在交集。

20 世纪以来,美国基础教育现代化步伐加快,私立学校的宗教功能不断隐退,儿童进入私立学校主要是为完成基础教育,私立学校在组织结构、办学目的、功能等多个方面的公共性日益突出,私立学校逐渐发展成美现代国民教育体系的重要组成部分。同时,随着公立教育大发展,公立中小学教育的普及,公私立教育产生冲突,出现了一些有代表性的最高法院诉讼案件,这些判例使政府通过对公民教育权益的保障,与私立学校建立起原则性的、非主导性的、松散的现代关系框架,主要体现在以下三个方面:

第一,美国政府对私立学校的资助是在公、私学校对等的原则框架内展开,以学生资助为其基本形式。

第二,现代教育民主与公平的内在要求赋予了政府对私立学校必要的管理权。私立学校应为学生提供品质合格的义务教育,也即所谓"足够的教

① 本章执笔人:方建锋,上海市教育科学研究院。主要材料来源于课题组围绕分类管理设计请教育部协助提供的各国教育信息。

育"。为达到这个目的,作为社会公共利益代表的政府可依法采取一切必要的措施来规范私立学校的义务教育活动。在这个意义上,政府对私立学校实施干预的程度主要取决于私立学校对州义务教育目标的完成情况。

第三,政府对私立学校拥有管理权,但管理权有限;政府间接为私立学校提供资助,但额度和比例很小。州政府是私立学校外部管理的主体。近期,越来越多的州通过教育费用税赋宽减、私立学校奖学金等政策逐步加大对私立学校的公共资助。

(二) 英国

英国的教育领域具有明显的政府政策引导和控制的痕迹。1992 年英国政府相继颁布了《1992 年继续和高等教育法》和《1992 年苏格兰继续和高等教育法》两个法案,将一批多科技术学院升格为大学,建立了以强化市场意识、加强与社会联系、重视教育质量提高为宗旨的高等教育体系。

英国政府的政策倾向十分有利于更多私立大学的出现,比如公立大学调高学费必然给更多的私立大学创造生存空间和市场机会。戴维·威利茨(David Willetts)甚至表示会考虑相关的高等教育法案,以便让更多的英国私立大学方便办学。自 2012 年 11 月 27 日,戴维·威利茨宣布英国增加12 所"新大学",其中有 2 所私立院校拥有了学位授予权:BPP 大学学院(BPP University College)和摄政学院(Regent's College),打破了英国只有1970 年成立的白金汉大学(Buckingham University)一所私立大学的历史。另外,还有 2 所私立学院也将拥有该权利:法律学院(College of Law)和新人文学院(New College of the Humanities)。

(三) 法国

法国支持私立教育、给予私立学校适当自主权。私立中小学与国家达成协议后,可获得必要的教学计算机设备或政府补助,用于购买教学用计算机。地方政府在一定情况下,也可以为这样的私立学校购买计算机设备,但不得超过公立学校的标准,补助原则是市镇对小学,省对初中,大区对高中。

法国私立学校自主开展一切对外活动。根据私立学校与国家协议签署情况,确定国家对于私立学校的干预程度。私立学校可以申请并入公立学校。协议类私立学校教师工资,就像公立学校教师一样,由国家负担,其他职工工资由地方政府负担。中小学私立学校办校满五年后,可以向国家申请成为协议类学校。

(四) 德国

在基础教育领域,德宪法《基本法》确保公私立学自由,同时将办学行为置于国家监管之下。各州通过《学校教育法》《私立学校教育法》以及其他法律法规(如建筑防火安全、卫生安全、青少年保护等)来规范办学者的行为。国家重点关注的是办学者的管理能力、校长的治校能力和教师的业务能力。

国家严控小学阶段的民间办学行为,只有特别符合条件才予以批准。德国私立小学往往是教会学校、自由瓦尔多夫学校或寄宿学校等。初中、高中阶段的私立学校分为"替代性学校"和"补充性学校"两大类。初中能实行义务教育,原则上能起到替代公办学校的作用,高中开设的课程往往是普通公办学校不提供的(主要是职业领域),是对公共教育内容的补充。"替代性学校"的设立必须经过教育主管部门审批,而"补充性学校"原则上只需报教育主管部门备案。

政府在批准替代性学校办学申请时可授予两种不同的办学资格,即国家核准的或国家认可的替代性学校。两者区别在于前者不具备结业考试的资格,学生只能参加由公办学校考试委员会组织的毕业考试,后者具有同等于公办学校的考试功能,允许颁发毕业证书,而且享有国家补助的权利,教师可连续计算工龄,能保留其公务员待遇,学校拥有培养师范生的资格等。同时,"国家认可"的办学资格也赋予学校设立等同于公办学校管理机构如教师大会、学校大会的义务,必须保证师生、家长共同参与学校管理。

在高等教育领域,德各联邦州通过各自的《高教法》规制本州的私立高等教育,主要从学生入学资格、师资聘用、学科建设以及资质认定等方面对私立高校实施监管。比如,在招生条件方面,学生必须符合在公立大学上学的资格;在专职师资聘任方面,国家依法按照同等于国立高校师资的聘任条件审核校方的申请,并享有最终决定权;在学科建设方面,要求所有的学位课程必须经过专业机构的认证;在办学资质方面,要求私立高校在运行若干年后,在规定期限内接受科学评议会的全面评估,获得机构认证。

(五) 日本

以任何形式设立的学校,都必须严格按照主管部委(文部科学省)的学校设立基准执行。

二、私立学校的经费来源

(一) 美国

私立学校的办学经费主要来自学生的学费占 68％,学校基金年回报占 17％,大型公司、宗教团体、慈善机构和校友的捐赠占 9％,学校组织活动收入占 3％,其他占 3％。教育经费主要被用于三个方面:首先用于雇员,占 50％,包括教师工资;其次用于日常教育开支,包括扩建维护校舍、购置仪器设备等,占 30％;最后是提供奖学金以吸引和鼓励学生,占 15％;其他占 5％。

私立学校学费是最主要的经费来源,但是由于缺乏稳定的生源、稳定的办学经费,只能通过改进自身的管理和提高教育质量,来吸引更多生源和捐赠,从广阔的教育市场中占领一席之地。所以,私立学校是一个自负盈亏的教育企业,它的一系列措施都是围绕着提高学生的学习能力和素质这个核心来实行的,办学不成功就会被市场淘汰。在追求教育高质量的同时,私立学校开始降低学生的学费,力争从其他渠道筹集经费,以"高质低价"的政策吸引更多的普通家庭。

私立学校基金会,用于吸纳捐赠。资金雄厚的私立学校的永久基金,甚至会超过上亿美元。基金数量庞大的一般交给专业理财公司打理。正常情况下,学校不会动用本金,而是依赖每年的投资回报来支付学校日常运营的一部分费用。

学校每年的另一个资金来源是家长及社区捐赠或拍卖会所得。每年开学伊始,或者学期中间,所有家长都会收到邮件、电子邮件、访问和电话约谈,请为学校的基金捐款,这些款项用于学生的活动、学校组织的各种邀请比赛等。每个家庭每年捐献了多少钱都会有明细,按照金额排名分类,有目共睹,分发到全校所有的家庭。每年学校也会开会向大家汇报所捐的钱是如何使用的。还有一个募捐的方式就是拍卖会。任何家庭都可以把自己家不用的东西,献给学校,拍卖后钱财归学校。

(二) 英国

私立学校的办学资金来源主要包括收取学费和接受捐款。几乎所有的私立学校都收取学费,只有很少一些学校是完全由捐款支持的。近半的私立学校注册时登记的是慈善机构。日间学校大约每年收费 2 万英镑,寄宿学校约 3 万英镑。如果父母选择送孩子去私立学校上学,那么就必须接受由此产生的任何费用。

私立大学完全依靠收取学生学费维持,没有政府高等教育拨款委员会的资金,无需像公立大学一样满足政府的各种要求,也没有义务为穷困学生提供更多位置。由于私立大学比公立大学规模小得多,所以学费也会高出很多。以仅有 1 000 多学生的白金汉大学为例,该校师生比为 1∶10.5,其网站宣称该校提供"牛津剑桥式的教学团队",能进行个性化的教学,但其本科生学费约为 11 000 英镑每年,远高于公立大学学费。

(三) 法国

2011 学年,法国约有 18% 的学生在私立学校就读。协作协议类私校与公立学校一样,其教师工资和运行经费从政府拨款支付,其他投资如校舍建设、维护等通常由学校自行负责。简单协议类私校,政府仅支付其教师工资。2011—2012 学年,私立学校的学生有 98% 在协议类私校就读。非协议类私校只占极少部分,对这类学校政府不投入,费用全部由学校自行解决。

(四) 德国

1. 基础教育阶段

"办学多样性"以及"办学自由"在德国被视为多元化办学的公共任务,受《基本法》保护。国家一方面要求私立学校的办学质量必须等同于公立学校,在制定收费标准时必须兼顾各收入层次的家庭,另一方面为私立学校提供经费支撑,确保与公立学校的公平竞争。

德对私立教育的经费投入的主体是各州政府,经费支持的范围在各州不尽相同,某些州只有替代性学校方能获得政府支持。经费的支持力度一般参照同等类型和同等规模公办学校的办学成本,分为基本补贴和专项补贴两种。基本补贴是向私立学校提供人员和办公经费补贴,而专项经费主要用于基建补贴、免费教材补贴、教师养老金补贴、学生学费补贴、交通补贴以及公务员教师的薪水等。

私立学校若要获得政府资助,必须已经成功办学三年以上,具有公益性质,某些州政府还要求县级政府也有相应的配套投入。

2. 高等教育阶段

德各州《高等教育法》明确规定,私立高校不享有向国家财政申请教育经费的权利,办学经费由办学单位自筹解决。这一规定不排除私立高校向有关机构申请科研经费、国际合作经费的可能性,学生也具有申请国家贷学金和助学金的资格。

在收取学费方面,私立高校有权自行决定学费额度,国家主要核准办学者的一揽子经费规划以及收费标准的合理性,确保学校不因学费标准过低而影响其可持续发展,确保低收入家庭学生也承担得起学费。

(五) 意大利

作为国家教育体系的一部分,非国立学校中同等性质学校根据有关规定也可得到国家财政拨款,资助的优先顺序为幼儿园、小学、初中及高中;由非盈利实体举办的同等性质学校享有拨款的优先权,非盈利性的私立学校可以享受国家非盈利性机构的税收优惠。

(六) 印度

政府资助性私立学校的经费有很大部分来自政府的投资;非政府资助性私立学校的经费则几乎完全是自筹,主要通过私人筹资、社会捐资、家庭教育支出等途径获取。在此之外,印度很多私立工程技术学院或医学院通过向学生家长收取巨额捐款和人头税获得教育资金。

(七) 日本

私立学校的经费来源于学生学费、政府补贴、社会捐款和学校附属事业收入。1970 年 5 月 12 日,日本国会通过《日本私立学校振兴财团法》之后,日本政府开始对私立学校进行资助,资助措施主要体现在三个方面:对私立学校经费的补助(约占私立大学收入的 10%);通过私立学校振兴与共济事业团向私立学校提供低息贷款;对私立学校开展的附属事业给予税收优惠。

私立大学则多数很早即设有校内基金会,如庆应义塾大学基金达到300 亿日元规模(2010 年)。基金多用于奖学金、国际交流及科研经费资助等。

三、私立学校的招生

（一）美国

私立学校一般设有招生办公室，同时设有录取委员会。招生办公室一般由 5—10 位全职工作人员组成，职责分为两类：一部分人属于行政支持，比如前台招待、学生材料的收集、面试时间的安排等；另一部分是招生官 3—5 人，由招生办主任带领，进行面试、审阅学生材料等工作。一年中，招生办只有三个月筛选学生，大部分时间做宣传推广工作，参加全国的各类招生会，拜访生源学校进行招生宣传，因为美国私立学校之间存在竞争，学校如果不积极宣传推广，好学校将失去其优质生源，一般的学校甚至面临招生困境。

录取委员会一般除了招生办的几位全职招生官外，还包括来自教学、教务以及体育部门的代表。录取委员会的主要职能是在招生办前期工作的基础上，讨论决定所招收的学生。

私立学校遴选学生的过程非常复杂，且没有统一的定式，主观性较强，严重依赖录取委员成员的世界观、价值观、个人背景和工作生活经验。一般程序如下：由若干名招生官审阅学生材料，为了保证公正性，招生官各自作出评估，最后再综合给出意见。评估结果一般分为两个部分，几个等级。两个部分就是可以考虑招收和拒绝招收两个部分。可以考虑招收部分中又分为几个等级，条件越好等级越高，最高等级则直接被录取，等级较低的则需要录取委员会反复斟酌。

私立学校录取的决定因素包括两类：硬性条件和软性条件。硬性条件如标准化考试和学校成绩单，软性条件包括教师推荐信、有关辅助材料、面试等。有时候软性条件比硬性条件更关键。美国中小学有公私立之分，不同州的课程标准不同，因此招生官会认真研读学生所选择的课程以及平时成绩。招生官还喜欢阅读学生的写作，一篇几百字的写作比一系列成绩数字更具体、形象，能够更直观判断学生的语言能力、性格、判断能力和思想成熟度等。面试也很重要，因为面试是直接的、随机的，招生官阅人无数，学生的真实情况在招生官面前无所遁形。面试的重点是学生是否有一定的交际能力，是否对新鲜事物存在好奇心，是否能独立完成学业、任务或工作等。

学校也喜欢尝试不同的领域,参加各种课外活动,有不同的人生经历的学生。除了对学生面试,学校还要对家长面试,考虑家庭教育理念是否同学校吻合,以避免"麻烦"或"不匹配"的家庭。

(二) 英国

英国私立学校招生条件严格,私立学校的招生入学可以自行决定,因此各校情况不同,有些学校会根据学生成绩或面试结果决定是否招收。但无论如何,都不能违反关于反歧视的法律。通常提前一年,学校就会公布下一年的招生计划,有些学校很早就能招满学生。学校通常在10月会有开放日,允许有报名意向的家长和孩子赴校参观校园和教学。校长也会在开放日和公众见面,讨论具体入学标准和程序。首要的入学标准就是家长要有能力支付学费和各项杂费。私立中学通常会要求学生参加数学、英语和逻辑的考试,如果学生有音乐、体育或其他方面的特长,也会得到加分。学校也会推出自己的奖学金,以招收更有能力的学生。学校会面试学生,甚至学生的家长。有的时候,学校还会要求学生的上一个学校出具一份学生情况报告。如果学生在校期间成绩不好或严重影响其他学生学习,会被开除。

(三) 法国

1. 私立中小学招生程序

法国非协议类私立学校,其招生不受"学校分布图"的限制。因为私立中小学具有较大的自主权,故而招生程序彼此之间存在差别。但总的来说,一般采用"材料审查、口试、面试"的三步录取形式。学生根据学校确定的招生程序和时间,向学校递交入学申请材料。学校对申请材料进行审查,拟录取的,安排口试和面试,予以录取。

2. 私立高等教育学校招生

法国私立高等商校学生入学遴选,主要采用以下形式:多所私立高等商校联合起来组织会考,学生参加会考通过后被各个学校选择录取。如果学生选择的是著名的商办高等专业学校(即 GrandEcole),如"巴黎高等商学院",则学生在高中毕业后,经资料审查通过后,攻读预科班,为期两年,之后参加商校联考,合格后被正式录取。

(四) 新加坡

高中一年级以上或同等学历即可申请。MDIS、PSB、东亚管理学院等部分资质较好的学校需学生提供雅思 4.0 以上的成绩。

(五) 日本

国立及公立的小学、初中、高中均有学生就学区域限定,而私立学校没有限制,可以自主招生。

在高等教育阶段,国立、公立学校均通过入学考试方式招生,一般参照"中心考试"(相当于我国的高考)成绩,同时举办各校自己的入学考试,择优录取。私立大学则不一定参照"中心考试"成绩,可多次举办入学考试,分批录取。一名考生可参加多所私立大学的入学考试。

四、政府对私立学校的资助和管理

(一) 美国

1. 联邦政府对私立学校的资助和管理

根据 1791 年通过的美国宪法第十条修正案,管理教育的权利在各州,其他教育权利在公民。美国教育实行高度地方自治,联邦政府主要通过拨款项目促进全美教育公平,每个州制定和实施各自的教育政策并对各自的教育系统实行行政管理。因此,联邦政府没有直接管理私立教育的法律或规章,只是通过拨款项目为就读私立学校的弱势群体公民提供补助与支持。

美联邦教育部通过全国性的法律《初等与中等教育法》,每年向私立学校拨款数十亿美元。联邦教育部向自愿接受联邦拨款的州拨付专门费,用于联邦政府指定的教育服务项目,包括校园交通、教科书、图文资源、课程辅导、语言教育、移民儿童教育、少数民族儿童教育、课程开发或调整、教师技能培训、教育技术、特殊教育(残障儿童教育)等多个领域。公立与私立学校学生均可参与上述教育服务项目,而且为保证私立学校学生在获助过程中不受歧视,该法要求接受拨款的州及地方学区对私立学校学生的教育服务需求展开事先的调查和评估,对每名私立学校学生拨付与公立学校学生相等的教育服务经费。

2. 州政府对私立学校的资助和管理

作为州社会公共利益的代表,州政府需要担负起对州教育事业的管理与投入双重责任,以确保所有适龄儿童所受教育达到州义务教育法的要求。

各州政府对私立学校的管理存在差异,总体来看,对私立学校拥有以下管理权限:

第一,州政府要对私立学校是否具备实施义务教育的条件加以认定。多数州规定,开办私立学校须经州教育厅批准。只有少数州对此不作硬性要求。但是私立学校大多自愿接受政府的办学审批或认证,因为获得政府的认可与获得政府的支持紧密挂钩,如产业税减免待遇;另外,私立学校只有获得政府审批后,其学生才能获得联邦和州的资助。综合各州的情况,设立私立学校若要获得州政府的批准,一般须达到州义务教育法关于学校办学资质的要求。在组织机构方面,学校法人需要提供介绍学校董事会构成、学校章程、经费来源、校长人选等情况的文件;在学校受聘者方面,学校法人需要提供教师的专业资格证明以及其他工作人员的专业能力或技术证明;在卫生及安全领域,学校法人需要提供学校卫生条件、建筑安全、防火设施及其他设施合格的证明。

第二,州对私立学校卫生与安全的常规性巡查监督。多数州要求私立学校接受政府部门对其卫生与安全状况的定期巡查监督,如要求学校配置实验室的身体保护装置,制定预防和惩罚学生吸毒和酗酒的有关规章制度。州的卫生防疫与建设和消防部门有权对学校实施定期巡查,以确认学校的日常卫生与安全条件得到了保障。

第三,州对私立学校教学的合理干预。为保证私立学校提供的基础教育达到州义务教育法的要求,州政府一般会对私立学校教学予以适当的干预。比如,很多州限定私立学校的教学语言为英语;私立学校学生每日和每学年的在学时间一般也有州政府的明文规定;阅读、写作、英语、算术、历史、公民修养、州法律等课程也被很多州规定为私立学校必修课程。

第四,州对私立学校的学生纪录与报告的审核。州政府为保证义务教育阶段的入学率,要求私立学校对学生的入学情况与一般出勤情况记录在案,并以年度报告或定期报告的形式提交给州教育厅或地方学区教育委员会审核。

州政府利用联邦政府根据《初等与中等教育法》拨给的教育服务专门

费,结合州的有关立法,以及州财力与地方学区的实际情况,开展以下涉及私立学校的服务性资助项目。

第一,服务性资助。

巴士服务:对私立学校学生的巴士服务分为两类,一类是由地方学区专门为私立学校学生开通免费巴士路线,另一类是在不改变公立学校巴士专线的情况下,允许顺路的私立学校学生免费搭乘。多数州选择后一类更加节省成本的形式。但各州对私立学校学生的巴士服务均有各自"合理距离"的限制。

教科书服务:州允许地方学区为私立学校学生无偿购买教科书。提供给私立学校的教科书不仅要杜绝包含宗教化的内容,还要能服务于州义务教育法所规定的教学目标。学区教育委员会也可授权学区内的公立学校将其教科书部分有偿地租给私立学校,租借费用的承担比例视各州相关法律而定。私立学校一般要自己承担部分费用,剩余部分由州下拨给学区的经费负担。

其他方面的服务:州为私立学校残障学生提供单独的特殊教育,或者允许其加入公立学校为残障学生提供的特殊教育;允许公立学校教师在私立学校开设某些课程或在工作时间内对私立学校学生进行课业辅导;允许私立学校学生使用公立学校的实验室和图书馆等教研资源;允许公立学校卫生机构、心理咨询机构定期为私立学校学生提供体检、心理辅导等服务等。

第二,财政性资助。

家长私立教育费用税赋宽减。从20世纪90年代末开始,部分州允许就读私立学校学生父母向州申请减免部分个人所得税。尽管税收减免的额度有限,但此举不仅能提高家长为子女支付私立学校学费的能力,也刺激了家长送子女进入私立学校的积极性,扩大了私立学校的社会基础,有助于私立学校的发展。

免除非营利性私立学校产业税。部分州规定,非营利性私立学校的不动产、社会捐赠给私立学校的财产、教育基金及其收益、用于学校发展的校办产业的营业税,如学校餐厅等消费场所的营业税,均可向政府申请免税。通过免税,私立学校可以改善财政状况,其自我筹资的能力可得到增强。

面向私立学校学生的助学金或教育券计划(Private School Scholarship)。从20世纪90年代开始,个别州开始尝试向家长直接提供生均教育经费,家长自由选择学校的教育券政策。家长可以用教育券冲抵私立学校部分学费乃至其他相关教育费用。教育券的起因是家长投诉政府为其子女安排的公立学校教育质量低劣，政府为激励公立教育，同时安抚家长而出台的一项措施。这类公立教育券主要是向社会弱势群体倾斜，因而对申请者的资格有多项限定，如原来就读学校的状况、家庭所在地、家庭收入、身体残障程度等。

（二）英国

公立学校接受中央和地方政府资金支持并接受其管理。私立学校则完全独立操作，享有多种自由，其中包括可以自行决定如何运行以及如何教学。对于私立学校来说，可以选择按照全国教学大纲（National Curriculum）教学，也可以自行设置教学体系，但很多私立学校都自愿按照全国教学大纲教学。全国教学大纲中，有1—4级的"学段"测试，私立学校可以不参加此种测试。私立学校雇用的教师可以没有任何教学资格证；学校可自定学期开始和结束日期，自定何时放假及节日假期；设定自己的学生入学和开除标准；设定学校自己的考试体系；决定收多少学费；决定自己的管理体系等。

英国私立学校受到政府的关心及监管，国家在法律上确认私立学校的价值及其地位，并依法保护私立学校的发展。1902年通过的《巴尔福法案》，首次认可多种类型的学校包括公立学校和私立学校。1944年通过的《巴特勒法案》，进一步明确了私立学校在学校制度中的地位。1985年发布的《把学校办得更好》的教育白皮书，确认私立学校是国民教育体系的一个组成部分，国家对私立学校负有一般性责任，并有义务保证这些学校达到最起码的标准。私立学校类别各异，包括寄宿学校、单一性别学校、针对某一阶段的学校等。但所有的学校都必须满足2002年《教育法案》（*Education Act* 2002）的要求，即需要向教育部注册，需要满足一定质量标准。

（三）新加坡

除学前教育和环球校园计划学校外，新加坡的私立教育机构经费来源全部为自筹经费及学费收入，政府基本上不提供任何经费支持和其他政策优惠。新加坡本国公民、永久居民就读新跃大学、拉萨尔艺术学院、南洋艺术学院的本校课程及部分第三国学位课程可获55％学费津贴（优秀留学生也可申请该学费津贴,毕业后需履行 3 年工作合约),此外还可申请政府低息助学贷款。新政府为学前教育提供"托儿津贴",并通过"主要业者计划"(Anchor Operator Scheme)为优质学前教育机构提供津贴,该津贴可用于支付教师工资或设立新的教学点。环球校园计划学校可获新加坡政府提供的低息贷款,用于租赁场地和办公、教学必需的硬件建设。其场地租金远低于市场价格,并可享 30 年租约(其他私立学校租约为 9 年)。

为保障私校学生的权益,新加坡私立教育理事会对私立学校的收费有非常严格的规定。具体如下:

(1)私立学校必须为学生转学、退学制定明确公平的退款政策,该退款政策必须在与学生的课程合同中有清楚的表述。

(2)申请教育信托认证的私立学校必须通过学费保障计划(Fee Protection Scheme,FPS)向学生提供学费保障。学费保障计划规定:1)私立学校必须通过在银行开设的学费户头收取学费。达到特定标准和条件后,学费户头中的资金才会转给私立学校。2)不得一次性收取超过 12 个月学费。3)私立学校必须为每个学生购买学费保险。一旦学校由于破产或管制性关闭,该项计划可以保证学生的学费不受损失。此外,在学校与学生发生学费纠纷,学校拒不执行法院判决的情况下,该项计划可有效保障学生利益。

(四)印度

印度的私立大学和同等大学依据相关法律在中央或邦政府教育部门的许可下成立。私立大学和同等大学施行自筹资金和自治的管理办法,也有部分私立大学和同等大学受到政府的资助。总体来说该类学校学费较贵,基础设施较好。和一般私立学院不同的是,它们不附属于任何公立大学,并拥有独立的学历学位颁发权。私立大学和同等大学都属于私立性质的大学,它们的主要不同点是,私立大学的办学规模和办学理念受到政府相关教育部门的严格监管,同等大学在办学规模、课程设置和人才培养方面具有更多的自由性,不受政府教育相关部门太多的约束。

(五)日本

日本负责私立学校的教育行政部门为文部科学省和各都道府县教育委员会。文科省高等教育局下设私学部,负责具体工作。根据日本《私立学校法》的规定,私立学校的举办者为学校法人。高等教育学校法人包括大学法人、短大法人和高专法人三种,由文部科学省管辖,其法人资格须经文部科学大臣审批;私立中小学和私立专修学校的学校法人由都道府县教育委员会管辖,其法人资格由都道府县知事(地方自治体政府首脑)审批。

政府对私立学校的一般行政管理主要有:第一,对学校法人收益事业的管理;第二,对学校一般会计账务的管理;第三,对学校法人日常工作的管理。

同时,如学校法人违反行政法规,行政主管机关有权进行处罚。具体包括命令停业(即暂时停止其经营行为)、命令解散以及经济处罚。

私立学校行政主管机关对其收费管理有如下措施:第一,对学校法人收益事业的管理。学校法人必须去主管机关登记收益事业的内容和种类,并予以公告,收益事业的会计账册与学校一般会计账册相区分,独立立账结算。第二,对学校一般会计账务的管理。所有接受国家经费补助的私立学校,必须按照文部科学省规定的会计科目、记录方式和计算方式进行财务管理。私学振兴课依法对学校法人支出的真实性、正确性、规范性进行监督、检查和统计。对违反财会规定的,主管部门有权决定减少国家补助金额,停发甚至要求归还补助费。

五、私立学校营利性与非营利性的分类情况

(一) 美国

私立学校又可以分为营利性和非营利性,全美营利性中小学占全部私立中小学入学人数的 5% 左右,非营利私立学校是主流。美国私立学校办学主体多样化,个人、机构、教会、基金组织、家族企业等等,都可以出资办学。但私立学校的营利性质决定了产权归属和财产处置政策。对于非营利性私立学校,无论是政府还是社会组织在财力物力上对学校都给予了支持,学校的产权归属于私立学校本身。而对于营利性私立学校来说,前期投资都来源于私人资本,它是私人或私人团体用于投资并取得相应利益回报的商业行为,其产权归投资者所有。

由于产权归属的不同,在私立学校解散时,财产的处置也不同。非营利性私立学校在解散时,有些州规定按"力求近似"的原则,将资产捐送给从事

相近工作的机构,比如其他的非营利性私立学校或公益性事业。而营利性私立学校的资产不受政府的支配,无论盈亏都与投资者直接相关。

表 35 营利性学校与非营利性学校对比

	营利性学校	非营利性学校
所有者	私人或企业	教育机构自身
是否可以节余	可以	可以
节余可否分配	可以	不可以
是否纳税	是	否
最有影响者	投资者	捐助者
初始资金来源	投资	捐赠

若私立学校举办者在注册时为非营利的,学校具有免税的资格,联邦政府有些项目针对学生的,非营利学校也可享受,同时社会上各类基金会,包括民众,可捐资给学校,学校可以开具证明给予捐资者。捐资的机构或者个人,可以凭着这张证明免税。政府对非营利私立学校的资金运筹是严格管理、控制的,使其保持在非营利的定位上。

非营利学校如果在基建等方面遇到资金困难的话,可以在社会上发行债券来筹集资金。联邦政府可以为学校提供担保。非营利学校能享受许多免税优惠政策,因为学校是为社会、为民众服务的。

非营利学校可以向服务对象收费,可以获得和积累超过成本的收入盈余。但是,非营利学校必须把全部收入盈余用于学校的工作和发展。出资者不能保留学校的营利,否则犯法。美国每年有专门的审计单位,负责严格控制学校财务情况。

(二) 英国

允许私立学校注册为公益性"慈善机构"是英国私立教育的一大特点,通过此项政策私立教育机构可以和一般私人企业区分开,从而减免税收(约每生每年 225 英镑),节约大笔资金。早先政府允许给私立学校这个资质是因为私立学校能明显减轻公立学校的压力。但是近年来,慈善机构的主管部门"慈善机构委员会"(Charity Commission)正在根据《2006 年慈善法案》(*Charities Act* 2006)重新衡量私立学校究竟能给社会公众带来多少利益,包括是否让社会公众享用其设施、是否让其他公立学校享受其优质教师资源等。

英国政府开始鼓励商业公司涉足高等教育领域,并允许这些大学进行可营利性经营。不同于白金汉大学注册为慈善机构的性质,这些公司投资的大学很多都注册为可营利性机构。BPP大学学院就是由两家大股东公司:英国的卡莱尔集团和美国的阿波罗教育集团持股的可营利性教育机构。法律学院(College of Law)如果能够拿到大学资格,也将是可营利性大学。除此以外,英国著名出版社以及教育机构培生集团也即将开设培生学院(Pearson College)。这是伦敦上市公司首次直接设立大学学位课程。在教育市场中,重要公司进入高等教育领域,这被视为是非常有意义的标志性举动。

(三)法国

法国公立学校的师资、运行和建设等费用支出由政府承担,提供免费教育。由于政府对私立学校不是全额拨款,有的甚至没有拨款(如非签约私校),私立学校可向学生家庭收取一定学费作为补充。学校不同、年级不同学费也各有不同,签约私校近年每年学费约500—1 500欧元,非签约私校每年学费约4 500—7 800欧元。国家对私立学校收费标准没有统一的规定,但学校作为非盈利机构,须依法办学,遵守财务制度,遵循非盈利原则。不管签约与否,私立学校均处于国家监督之下。

六、公立学校与私立学校两类学校监管政策的要点

(一)英国

所有的私立学校都必须接受相关机构的检查和管理,其中最主要的监管机构是"教育、儿童服务与技能标准署",该机构同时也监管全国的公立学校,共有1 200所左右的私立学校接受该机构的监管。另外,根据学校注册类别的不同,监管机构也会不同。例如,如果学校是"私立学校委员会"下属的学校,则由"私立学校监管处"进行监督管理;如果学校属于"穆斯林学校联合会",则由另一监管部门单独监管。

监管所涉及的领域很广,包括学校提供的教育水平,学生在精神、道德、

文化方面是否有发展和进步,学生的安全、健康和生活水平能否得到保障,学校的基础设施和宿舍水平是否达标,学校教师和员工是否合适等。学校需要保证向家长提供信息和申诉渠道。如果学校无法做到这些,则最终可导致被除名,被除名的学校则不能再开办。此外,所有的私立学校都需要满足当地消防安全标准,需要在预警和逃生等各方面达标。寄宿学校还需满足"教育、儿童服务与技能标准署"的关于提供保安和提升学生生活质量的要求。所有的监管组织都需出具报告并向社会公布,以方便家长查询学校达标的情况。

（二）法国

从高等教育看,国家单独控制着学位和"大学"头衔文凭。私立学校只能颁发毕业证书,学生要想获得国家颁发的文凭,必须通过正式考试。从中小学教育看,无论哪种类型的私立学校,一律接受督导。对于非协议类私立学校的督导,仅限于行政和教学领域,如检查学校校长及教师头衔职称是否具备,学校是否履行基本义务,实施义务教育,塑造安全、健康的校园环境等。但教育主管部门（学区督学）可每年对于学校各班级进行检查,确认学校符合法律规定的传授知识的基本条件,确认学校学生享有法律所规定的受教育权利。检查结果会通知学校校长,要求其在规定期限内作出解释、整改。如果学校未能执行,则由地方学区向检察院起诉,同时告知家长让孩子转校。对于协议类私立学校的督导,根据合约内容执行。协议类私立学校的教师,还需要接受教学评估。

（三）德国

在基础教育阶段,获国家认可的替代性私立学校有义务接受公办学校的管理体制,如颁布学校章程,成立学生和家长委员会等,保证师生参与学校管理的权利。私立高校也必须按照各州高教法的规定,设立同等于国立高校的管理机构,如校务委员会、学术委员会、高校委员会等,在重大问题上保证学生、教师和教辅人员参与权。

（四）新加坡

1. 公办学校

中小学及初院/高中属法定机构,其管理人员和正式在编教师属公务员序列。

小学:6 年制义务教育,课程、师资、经费以及招生均由教育部统一安排。

中学及初院/高中:分为自主中学(Independent)、政府中学(Government)和政府辅助中学(Government Aid)三种。自主中学完全拥有自主权,可自主聘用老师和招收学生,在课程安排上也很灵活,可以自定学费(较高);政府中学是由政府办的中学,学费低,课程设置、资金以及师资由教育部安排,多为邻里中学(普通学校);政府辅助中学有自己的校董会,可向教育部推荐校长人选,教育部提供日常教育经费并派师资,如有大型基建项目,政府予以 90% 的经费支持,其余由学校自筹。此外,新加坡教育部将部分教学水平较高的政府中学、政府辅助中学划为自治中学(Autonomous),这些学校拥有更大的自主权,获更多的经费,能提供更为丰富的课程。

新加坡的工艺教育学院、理工学院和大学属非盈利公司,同时也是免税公益机构。在公司法令下,学校拥有自己的组织纲领和章程,自行拟定发展策略,全权处理人事,自行分配经费使用,自定学费、招生条件、招生人数。校董会在决定办学方向、资源使用、财务监管、为学生提供最优良的学习环境等方面,为学校管理层提供指导意见。政府以下订单的方式,根据毕业生数量向学校提供资助,并通过明确的责任框架体系确保学校的发展符合国家发展目标。

政府专门成立国家人力理事会和就业审查委员会,成员单位包括教育部、人力资源部和贸易工业部等机构。国家人力理事会主要负责确立和审查大学、理工学院及工艺教育学院专业设置及人员培训的整体目标;就业审查委员会负责预测劳动力供求数量、企业需要、招生数量等具体工作。

2. 私立教育

新加坡政府对私立学校的定位是盈利性私营公司。在公司法令下,各校自主经营,自负盈亏,完全通过市场调节。

为整顿私立教育市场,提高学校素质,新加坡于 2009 年出台《私立教育法案》,同时成立私立教育理事会(Council for Private Education,CPE)作为法定机构,负责实施法案、监管私立教育机构、保障学生权益。该法案确立了强制注册体系(Enhanced Registration Framework,ERF),即所有私立教育机构必须在理事会注册,而理事会则根据学校的师资队伍、课程和学术表现等条件评定注册有效期。有效期分 1 年、4 年、6 年三个级别,所有条件均符合,且表现一贯优秀的可获 6 年注册有效期,注册期到期前,须向理事会重新申请。

法案还鼓励私立学校申请"教育信托认证计划"(Edu Trust)。该项计划主要从发展规划、机构管理和监管、招生代理、学生权益保障等四个方面对学校进行等级评定,有效期分 1 年、4 年,由各私立教育机构自愿申请。新加坡移民局同时规定,从国外招收国际学生的私立教育机构必须通过该项计划的认证(只招收在新加坡居住的外籍人士子女的国际学校不在此列)。

从 2002 年起,新加坡经济发展局推出"环球校园计划"(Global School-house),积极引进世界著名大学在新加坡设立分校。截至目前,已有欧洲工商管理学院等 10 所国际一流大学和学院在新加坡建立分校。这 10 所大学分校在新教育体系中被归入私立教育机构类别,须在私立教育理事会登记注册。与其他 300 多所私立学校不同的是,教育部承认这 10 所大学分校是完全大学,将其列为优质教育机构(Institute of Higher Learning),不需经教育信托认证。

(五) 印度

印度公立大学的内部管理机构由评议会、行政委员会、学术委员会组成,三者是公立大学的主要立法和执行机构。评议会是大学的最高机构,制定发展政策、年度预算,规划学院的建立和发展,批准授予学位等;行政委员会负责日常管理工作;学术委员会的主要职责是制定学术标准,确定教学科目,制定入学规章制度和程序等,对大学的学术政策有权予以控制。

中央直属大学一般由总统、副总统或总理兼任大学名誉校长(Chancel-lor),各邦大学由各邦长(Governor)兼任。大学校长(Vice-Chancellor)是各大学的直接负责人和实际管理者,必须保证《大学法》各条款和其他各种规章的贯彻执行,其有权召集评议会、行政委员会和学术委员会会议并执行这些机构的各项决议。

学院主要指附属于某所大学的学院,而且大部分是私立性质的,在私立学院当中,院长是学院的核心人物,拥有最高权力。政府资助性私立学院在学费、教学设备、师资力量方面受政府的严格管控;非政府资助性学院的权力基本上属于院长。

基础教育领域，在教师管理方面，印度公立学校的教职员工一般由教育委员会或邦教育服务委员会统派或批准任命，教师的工资水平及福利等由政府统一规定。私立学校中，属政府资助性的私立学校不能自主招聘或解聘教职员工，教师的工资水平也受到政府的统一规定标准的限定，与公立学校基本相似；而非政府资助性的私立学校则有权招聘或解聘自己的员工并为其支付工资，教师的工资水平与学校经营的效益有相当的关系。

（六）日本

2004年以来，日本国立大学推行法人化改革，校长在教学和学校运营方面均为第一责任人。学校设立运营协议会和教学研究评议会，分别审议学校运营和教学情况，共同推举校长人选。国立大学校长由法人提出申请，由文部科学大臣任命。校长任命若干名理事共同组成董事会，商议重要事项。文部科学省任命监事对校长进行督察。

私立大学设立理事会为学校最高决策机构，理事长和校长可分任，亦可由同一人兼任。学校同时设有审议会和监事，对理事会进行监督。

七、未来政策改革趋势

（一）美国

第一，政府继续坚守不直接干预私立学校的原则。

尽管1925年"皮尔斯诉讼案"的联邦终审判决特别强调，州政府负有对私立学校基本的管理责任，即使两者之间不存在任何形式的资助和受助关系，但政府直接行政干预私立学校的现实例子在教育高度法治化的美国很少见。

第二，政府对私立学校的间接影响逐渐加强。

在2002年"兹尔曼诉讼案"中，联邦判决克里夫兰市公立教育券合宪，有力地推动了教育券计划在美国各州私立学校的实施。根据2007年联邦教育部发布的题为《州财政资助儿童就读私立中小学校的项目》的报告，全美以公立教育券和教育费用税赋宽减等形式支持青少年进入私立学校就读的州财政资助项目的数量已经由1997年的7个增加到24个。2012年，

16个州和首都哥伦比亚特区实施了助学金或教育券项目。显然,美国越来越多的儿童将在公共财政的支持下进入私立学校学习,这奠定了美国政府与私立学校的关系走势,即如果私立学校开始通过教育券等基于个人选择的政府资助方式,获得越来越多的公共资源,那么它们必须为占用公共资源负责。

第三,公私立学校关系由互不相干逐渐走向竞争。

近期,随着政府扩大发放私立学校助学金或教育券的范围,私立学校促进教育竞争,限制公立学校的垄断的功能日益凸显。美国有些公立学校教育质量差,但鉴于公立学校教师工会的压力,难以有突破性改革。于是政府转而通过向家长发放私立学校助学金或教育券的方式,将公共教育经费自公立学校转移一小部分到私立学校,以此刺激公立学校的进步。美国教育改革派鼓励私立学校和公立学校进行竞争。美国这些操作都是通过法律而实施的,已大概有40个州出台了类似法律。

(二) 英国

在私立院校领域,从政府的角度看,促进高教领域的多元化,增加私立大学和学院的数量,让更多的私立大学或高等教育机构能得到授予学位的资格是英国高等教育改革下一阶段的主要目标之一:充分引进市场竞争机制,从而提高教育质量。

(三) 印度

印度政府在建立中央和邦两级教育监督体系的前提下,拟通过相关机构对两类私立学校实现必要的宏观调控。对于政府资助性私立学校的管理,政府可逐步减少对其在管理方面的直接干预,允许其形成一套完备的自我管理体系。在经费筹措方面,鼓励此类学校多渠道自筹资金,政府在给予一定资金辅助时,可将教育资金的公共投资转向基础教育。对于非政府资助性私立学校,政府可通过一定的法规来强化办教育的规范。

附二　现有民办学校分类
转设地方经验

　　2016 年 11 月 7 日，第十二届全国人大常委会第二十四次会议表决通过《关于修改〈中华人民共和国民办教育促进法〉的决定》，规定除了不得设立实施义务教育的营利性民办学校外，"民办学校的举办者可以自主选择设立非营利性或者营利性民办学校"。同时，对原有民办学校转设非营利性或营利性民办学校的程序作了原则性规定："选择登记为非营利性民办学校的，根据依照本决定修改后的学校章程继续办学，终止时，民办学校的财产依照本法规定进行清偿后有剩余的，根据出资者的申请，综合考虑在本决定施行前的出资、取得合理回报的情况以及办学效益等因素，给予出资者相应的补偿或者奖励，其余财产继续用于其他非营利性学校办学；选择登记为营利性民办学校的，应当进行财务清算，依法明确财产权属，并缴纳相关税费，重新登记，继续办学。"同年 12 月，国务院出台《关于鼓励社会力量兴办教育促进民办教育健康发展的若干意见》，明确选择登记为营利性民办学校的"终止时，民办学校的财产依法清偿后有剩余的，依照《中华人民共和国公司法》有关规定处理"。同期，教育部会同有关部门制定《民办学校分类登记实施细则》，强调选择登记为营利性民办学校的"经省级以下人民政府有关部门和相关机构依法明确土地、校舍、办学积累等财产的权属"。

　　国家层面法律法规表明，原有民办学校转设非营利性民办学校须经"修改学校章程→履行新的登记手续→（以终止为前提的补偿奖励）"环节，转设营利性民办学校则须经"财务清算→资产确权→缴纳税费→办理新的办学许可证→重新登记"环节，其中涉及了诸多有待细化的政策点。鉴于我国各地区民办教育发展存在差异，国家授权原有民办学校分类转设的具体办法由省、自治区、直辖市制定。

　　按照国家授权，上海、浙江温州等地深化民办教育领域改革，相继出台了现有学校分类转设的操作性方案,在原有举办者选择非营利性继续办学的补偿奖励,选择营利性办学的财务清算、资产确权、税费缴纳等方面进行了大胆探索、积极尝试,推动所在区域多所民办学校成功转设非营利性或营利性民办学校,积累了较为丰富的原有民办学校分类转设的实践经验。

一、原有民办学校分类转设程序设置经验

明确分类登记的流程和业务部门是确保原有民办学校顺利完成过渡手续的关键。国家层面的法律及规范性文件对原有民办学校转设非营利性民办学校、营利性民办学校的程序分别作了原则性规定,但由于原有民办学校分类转设,尤其是转设为营利性民办学校的过程中涉及教育、民政、工商、财政、税务、住建、规划、人社等多个部门,譬如原有民办学校注销涉及民政部门,非营利性民办学校登记涉及民政部门或事业单位登记管理机关,营利性民办学校登记涉及市场监管部门,财务清算涉及财政、民政部门,资产确权涉及住建、规划、财政部门,税费征缴涉及税务、住建等部门,需要地方统筹协调,明确各环节内部的具体流程和相关的负责部门,构建环环相扣的履责体系。

上海市确定原有民办学校"先选择,再过渡""1+X"的过渡步骤。要求原有学校举办者在 2018 年 12 月 31 日前选择办学属性,再根据不同的办学属性和学校类别在 1—3 年内办理完成过渡手续。其中,选择非营利性的原有学校,需根据需要修订章程并换领办学许可证;选择营利性的原有学校,应当进行财务清算、依法明确财产权属、缴纳相关税费、重新登记。考虑到原有学校选择登记为营利性学校的手续较为复杂,上海市教委会同市场监管、人社、民政、税务、财政、住建、规划七部门制定《现有民办学校选择登记为营利性学校的办理流程》,明确政策操作具体路径和业务受理部门:

(1)举办者选择办学属性(教育/人社);

(2)举办者申请营利性民办学校名称预先核准(市场监管);

(3)原有学校组织开展财务清算;

(4)原有学校申请仅限用于原有学校办理过渡手续的《办学许可证》(教育/人社);

(5)举办者办理公司法人主体登记手续(市场监管);

（6）举办者办理公司法人主体税务登记手续（税务）；

（7）公司法人主体承继现有学校资金资产、债权债务及经济关系（税务、财政、住建、规划）；

（8）原有学校组织开展过渡阶段补充财务清算；

（9）举办者申请换发营利性民办学校正式《办学许可证》（教育/人社）；

（10）原有学校注销税务登记（税务）；

（11）原有学校注销法人登记（教育/人社、民政）。

浙江省温州市将分类转设过程细化为五大环节，明确了各环节的流程和相关业务受理部门：

（1）受理转设申请。第一，由原有民办学校依据章程规定，召开董（理）事会，通过选登记营利性民办学校决议，并由所有董（理）事签字确认；第二，原有民办学校凭董（理）事会决议书向审批机关提出选登记申请，并附营利性民办学校举办者（股东）名单；第三，拟成立的营利性民办学校的举办者（股东）向市场监督管理部门申请营利性民办学校名称预先核准；第四，由审批机关下达同意原有民办学校选登记营利性学校的批复，市场监督管理部门下达营利性民办学校名称核准通知书。

（2）教育用地由划拨改为出让（非必要项）。第一，原有民办学校依据章程规定，召开董（理）事会，通过土地划拨改为出让决议；第二，原有民办学校向自然资源和规划部门提出土地划拨改出让申请；第三，自然资源和规划部门委托有资质的土地评估机构就补缴土地出让金进行评估，并按规定办理划拨转出让手续；第四，划拨转出让手续经批准后，原有民办学校按规定补缴土地出让金后与自然资源和规划部门签订土地出让合同；第五，税务部门出具原有民办学校出让金完税证明。

（3）组织财务清算。第一，原有民办学校和拟成立的营利性民办学校股东签订具有法律效应的协议，明确在学校选登记期间办学活动的法律义务及责任；第二，原有民办学校根据《浙江省民办学校财务清算办法》（浙财资产〔2018〕26号）组织清算，清算组委托有资质的中介机构进行清产核资和资产评估；第三，受委托的中介机构对清算结果进行专项审计，对学校中的四类资产依据相关原始资料及资产来源，分别加以认定。

（4）分类明确资产权属。审批机关联合登记机关、财政部门对原有学校净资产分配处置方案酌情作出书面批复：第一，原有学校的原始出资和经认可的历年累计出资,作为补偿返还给予举办者(出资人);第二,原有学校清偿后的剩余资产,扣除历年财政拨款和社会捐赠后仍有结余的,按相关规定给予举办者奖励;第三,给予举办者补偿和奖励后的剩余资产,一律视同社会公共资产(含办学期间历年的财政拨款和社会捐赠),划归温州市民办教育公益基金会所有。按照以上权属关系,在实施非转营时,给予举办者补偿及奖励的资产,需继续用于新设学校的办学活动,用于购买或置换新设学校的土地、校舍及其他教育教学设施。原则上,不足部分应由新设营利性学校股东注资加以补足,并及时足额将与办学相关的资产过户到营利性民办学校名下,再由税务部门出具原有民办学校的完税证明。

(5)新设法人登记及原有学校注销。第一,履行完上述流程之后,教育部门给予非转营民办学校换发正式办学许可证(换证);第二,凭借正式办学许可证,新设营利性民办学校到市场监管部门办理法人登记手续,同时原有民办学校到民政部门或机构编制部门注销登记(内部流转期间,各部门分别审核并认定相关材料,并按规定受理时限分别向政务服务局上传登记,待全部材料完成后统一办理相关证件)。

二、原有民办学校转设为非营利性学校实践经验

如何奖励或补偿举办者是影响原有民办学校选择登记为非营利性民办学校的关键因素。修法决定明确非营利性民办学校的举办者不得取得办学收益,同时提出原有民办学校选择登记为非营利性民办学校的,在学校终止时给予出资者相应的补偿或者奖励,从宏观层面引导原有民办学校走非营利性办学道路。在改革推进过程中,可获得合理回报的传统民办学校,在选择登记为新法框架下的非营利性民办学校时,对前期投入仍有兑现的强烈诉求。为进一步激发原有举办者选择非营利性继续办学的积极性,地方还需从保护举办者合法权益的角度出发,将国家对非营利性办学补偿奖励这一原则性规定进一步落实落细为行动方案,对补偿奖励的条件、金额等关键政策点予以明确,以更好地实现分类改革目标。

上海市对选择非营利性的原有学校明确终止时的奖励补偿规则,其中,补偿金额为举办者出资金额及其历年折算利息扣除合理回报及其历年折算利息后的金额;奖励金额以学校正常办学时的学费为基数、以 2017 年 9 月

1日之后年度检查的结果为增减系数予以折算。这一政策设计旨在鼓励原有学校公益办学、持续办学、规范办学,主要考虑为:

(1)鼓励选择非营利性,允许出资者在学校终止时最高可以取得全部的剩余财产。

(2)兼顾公益办学和举办者合法权益,按照出资额加上至终止时的利息并扣除合理回报后的余额确定补偿,其中利息按照历年定期存款利率与贷款利率的平均值计算,按照终止前正常办学的学费收入为基数确认奖励,体现办学的社会效益。

(3)鼓励长期办学,办学时间越长,补偿中的利息越高、奖励的系数越高。

(4)鼓励规范办学,将年度检查结论作为奖励的系数,每次合格增加10%、每次不合格扣减50%,最后两年不合格或吊销许可或扣减所有奖励。

浙江省温州市规定原有学校按照法定程序清偿后的剩余资产,在以补偿形式返回举办者出资和扣除财政拨款、捐赠资产后仍有结余的,按不低于学校结余资产20%的比例给予举办者(出资人)奖励,具体由学校所在地县级政府确定。所制定的奖励比例,要结合学校历史贡献、结余资产金额大小、学校办学规模及资产总额等因素酌情合理确定,不搞一刀切,也不由温州市级层面加以统一规定。

三、原有民办学校转设为营利性学校实践经验

财务清算、资产确权、税费缴纳等关键环节程序不明是滞缓原有民办学校转设营利性学校进度的主要因素。修法决定规定原有民办学校选择登记为营利性民办学校的,要"进行财务清算,依法明确财产权属,并缴纳相关税费",但是对于财务清算的主体、费用、内容与方式,对于举办者出资、财政拨款、办学积累等因素在"清算"和"确权"中的认定办法,对于原有学校资产转入新登记学校的方式,对于税费的种类、标准以及缴纳的主体等细节还留待地方探索。在原有民办学校转设为营利性民办学校的众多环节中,如何在企业法人的框架下,给予营利性民办学校享受教育行业优待,是地方制定原有民办学校转设工作机制、确保分类登记顺利推进的重难点。

(一）清产核资

浙江省温州市从充分尊重历史和促进民办教育事业发展的角度出发，在分类转设中明晰了"四类资产"的清算范围及认定办法：第一类资产是举办者原始出资（含学校存续期间追加投资），依据验资报告、民办非企业单位登记证书、经登记管理机关核准的学校章程、会计账簿记录等资料加以认定。其中，注册资金、购买土地价格、校舍建设资金、设施设备只认定其原始出资，且不重复计算；对于举办者的历年追加投入，认定时要有出资证明。第二类资产是财政拨款，依据财政资金拨付文件、资金到账有关单据、会计账簿记录等资料加以认定。其中，政府购买服务取得的收入及其形成的资产，不属于政府补助收入，不作为财政拨款来认定。第三类资产是社会捐赠，依据捐赠合同、资金到账有关单据、会计账簿记录等资料加以认定。第四类资产是办学积累（含土地增值），依据形成办学积累的资金来源，同时结合历年审计报告、年检报告等资料加以认定。

对于一贯制学校，以分类明确非义务教育阶段占有使用的资产。具体分为三种情形进行：一是对于校舍、土地等能区分权属的资产，按照实际占有使用情况进行分割，在此基础上进行财务分账（相关工作可委托有资质的中介机构开展）；二是土地能明确分区隔断且没有共享区域的，原登记为非营利性的资产可以分割为营利性和非营利资产；三是土地不能明确分区隔断且有共享区域的，其资产只能登记为非营利性资产，但营利性学校可向非营利性学校租赁办学。

(二）土地及房产处置

浙江省温州市对原有学校转设为营利性民办学校用地采用两种方式处置：

（1）对划拨转出让的，经学校主管部门同意，原有划拨土地使用权需转移给新设营利性民办学校，且其原划拨土地使用权改为出让后方可列入清算范围。列入清算范围的土地资产，可以补缴土地出让金方式进行土地资产处置。补缴土地出让金按照出让时的出让土地使用权市场价格减去拟出让时的划拨土地使用权权益价格的差价确定。

（2）对于划拨转租赁的，划拨转租赁的土地作为国有资产保留，原有学校土地使用权不转移给新设营利性学校，其原以行政划拨方式取得的土地使用权由政府调拨给教育部门,由教育部门负责和原有学校协商划拨土地的补偿事宜,补偿价款按现时点的划拨土地使用权权益价格计算。举办者要求继续使用原有土地的,可以采用协议租赁方式,租赁价格以评估机构出具的评估价格为依据确定,最长租赁期为 20 年。

在原有学校"非转营"时,可以采取一次性支付非营利学校土地补偿款的方式,也可以采取逐年支付补偿款的方式。采用逐年支付补偿款的,补偿款全额列入非营利性学校的资产清算。待补偿款抵扣租金完毕后,营利性学校再按租赁合同约定的租赁价格支付。

浙江省温州市规定在"非转营"时,对于房产登记在原有学校名下的,非营利性民办学校原有资产清算完毕并重新登记为营利性民办学校后,由非营利民办学校和营利性民办学校持不动产权属证书(房屋所有权证和土地使用权证)、法人登记材料、清算报告、审批机关同意学校选登记的审核意见、审批机关对学校清算注销工作结果和净资产分配处置方案的书面批复等材料,向属地房产交易管理机构和不动产登记机构申请办理产权转移手续。对于房产登记在学校投资方公司名下的,则该房产属于公司资产而非学校资产,故学校本身从非营利性转登记为营利性,不涉及房产转移,其房产登记维持不变,无需办理相关手续。

针对所有房产均未办理登记的学校,允许其在原有学校法人注销前,持不动产登记申请表、申请报告、组织机构代码证或营业执照、法定代表人身份证明书、发改委立项批复、土地使用权证(不动产权属证书)、建设工程规划许可证、竣工验收备案表以及不动产权籍调查成果确认单等资料,向属地不动产登记部门申请办理学校房产的首次登记,待新设营利性民办学校法人登记完成后,再凭相关材料向属地房产交易管理机构和不动产登记机构,申请办理产权转移手续。

(三) 税费缴纳

上海市根据财政部、国家税务总局有关规定,允许重新登记的营利性学校直接变更税务登记,承继原有学校企业所得税等纳税事项(包括亏损结转、税收优惠等权益和义务);同时,相关部门落实市政府配套文件,对举办者及时足额将教育教学资产过户到学校法人名下的,只收取工本费,而免除契税、印花税及其他规费。

　　浙江省温州市按《个人所得税法》等相关规定,对原有学校转设时经析产量化到举办者个人部分的财产,拟尝试提请相关部门以省一级的奖励颁发给举办者,以使举办者可以免交个人所得税。此外,温州市拟将原有民办学校的土地使用权先由政府回收,并允许新登记的营利性民办学校按照租赁方式承租国有土地继续办学,从而不涉及土地使用权出让、转让及房屋买卖事宜,无需缴纳契税等税费。

附三　机关事业单位和
企业人员社保待遇

　　根据《社会保险法》，"五险"指的是五种保险，包括养老保险、医疗保险、失业保险、工伤保险和生育保险；"一金"指的是住房公积金。其中，"五险"是法定的，而"一金"不是法定的。养老保险、医疗保险和失业保险，这三种险是由企业和个人共同缴纳的。工伤保险和生育保险完全是由企业承担的，个人不需要缴纳。我们主要考虑法定五险的处理，并以最受关注的养老金为例进行计算分析。

一、社保改革前，民办学校与机关事业单位工作人员社保的差异在20%—40%左右

　　以养老金为例。在《国务院关于机关事业单位工作人员养老保险制度改革的决定（国发[2015]2号）》执行之前，由于机关事业单位和企业单位工作人员养老金计算办法不一致，同等月收入情况下，两者相差在20%—40%左右。

　　一般来讲，原来事业单位工作人员退休后的退休工资按本人退休前"岗位（职务）工资"和"薪级工资"之和的一定比例计发。其中：工作年限满35年的，按90%计发；工作年限满30年不满35年的，按85%计发；工作年限满20年不满30年的，按80%计发；工作年限满10年不满20年的，按70%计发。属于独生子女的，增加5%。上海地区，正常事业单位正高级职称退休后的待遇在8 000元每月、副高在6 000元每月、中级职称在5 000元每月左右。

　　而民办学校按企业员工公式计算，个人养老金约为原每月工资的40%左右。即使加上过渡性养老金，替代率最多也只能在50%的水平，与机关

事业单位相比,差了 20%—40%。以上海某学校为例,企、事业人员退休之后待遇差别很大,正高职务为 2 200 元每月、副高职务为 1 200 元每月、中级职务为 800 元每月左右(已将年金补贴 600 元每月计算在内)。民办学校正高级职称退休后的待遇在 6 000 元每月、副高在 4 800 元每月、中级职称在 4 200 元每月左右。

二、自 2014 年起实行五险并轨的社保改革,机关事业单位和企业社保待遇基本持平

原有单位之间存在的社保待遇差别随着社保改革特别是养老保险改革于 2014 年 10 月 1 日并轨,已经基本消失。自 2014 年 10 月 1 日起依法足额缴纳社保的人员,并可连续缴纳 15 年的,将享有基本同等的社保待遇。也就是说,2014 年 45 周岁以下(假定 60 岁退休)的人员,将享有基本同等的社保待遇。

2014 年之后,各类单位的五险缴纳比例和计算公式是一致的,在缴纳工资基数和年限一致的情况下,享受同等的社保待遇。对改革前参加工作、改革后退休的人员,国家的基本政策通过采取过渡性措施,保持待遇水平不降低。简言之,按同等工资基数缴纳同样年限的工作人员,将享受同等社保待遇。

三、对于该决定实施前按原有标准缴纳社保的人员(也就是说目前年龄高于 45 周岁)的,分为几种情况进行处理,确保社保待遇与改革后人员保持一致

第一,该决定实施前参加工作、实施后退休且缴费年限(含视同缴费年限,下同)累计满 15 年的人员,按照合理衔接、平稳过渡的原则,在发给基础养老金和个人账户养老金的基础上,再依据视同缴费年限长短发给过渡性养老金。

具体办法由人力资源社会保障部会同有关部门制定并指导实施。但目前尚未制订。这部分人员如果没有过渡性养老金,将有实际月工资 20%—40%左右的差异。

第二,该决定实施后达到退休年龄但个人缴费年限累计不满 15 年的人员,其基本养老保险关系处理和基本养老金计发比照《实施〈中华人民共和国社会保险法〉若干规定》(人力资源社会保障部令第 13 号)执行。

主要精神是:(1)可以延长缴费至满十五年;(2)可以申请转入户籍所在地新型农村社会养老保险或者城镇居民社会养老保险,享受相应的养老保险待遇;(3)前两者都未具备的,个人可以书面申请终止职工基本养老保险关系,将个人账户储存额一次性支付给本人。

第三,该决定实施前已经退休的人员,继续按照国家规定的原待遇标准发放基本养老金,同时执行基本养老金调整办法。

总之,如果说在改革前存在不同类型单位缴纳同等社保但是最终享有不同社保待遇的话,改革后这种情况在政策上已经基本消失,不是导致机关事业单位与民办学校之间存在社保差异的主要原因。

四、民办学校教师社保待遇低于同等公办学校或机关事业单位的原因,主要是企业缴纳比例下调、民办学校缴费基数较低、机关事业单位普遍推行了补充性职业年金制度

即便社保缴纳政策日趋一致,各类单位社保待遇基本趋平的情况下,上海人保局数据显示,上海市职工城镇养老保险月平均养老金计发水平,企业单位和机关事业单位自 2013 年至 2015 年分别相差 1 615 元(2 656,4 271)、1 697 元(2 964,4 661)、2 051 元(3 317,5 368),差距仍然存在。除因为新政策自 2014 年 10 月 1 日刚刚开始实施、历史因素仍然导致待遇有所差异外,还有其他几项因素使这种情况在相当一段时间内仍然存在。

一是企业单位社保缴纳比例自 2016 年开始下调。2016 年 4 月 13 日召开的国务院常务会议上,决定阶段性降低企业社保缴费费率和住房公积金缴存比例,为市场主体减负、增加职工现金收入。自 2016 年 5 月 1 日起两年内,一方面对企业职工基本养老保险单位缴费比例超过 20％的省份,将缴费比例降至 20％;单位缴费比例为 20％且 2015 年年底基金累计结余可支付月数超过 9 个月的省份,可以阶段性降低至 19％。另一方面将

失业保险总费率由原来的 2％ 阶段性降至 1％—1.5％,其中个人费率不超过 0.5％,具体方案由各省(区、市)确定。参照企业标准执行的民办学校,可能根据新出台的缴费比例,降低社保缴费比例,影响社保账户金额。

二是民办学校缴费基数低于机关事业单位。国家实行机关事业单位养老保险制度改革以后,企事业单位制度并轨,企业单位养老保险和机关事业单位的计算公式换算后是一致的。公式之间导致结果差异的因子取决于本人指数化月平均缴费工资和缴费年限。

按照我国社保法规定,用人单位应当按照国家规定的本单位职工工资总额的比例缴纳基本养老保险费,记入基本养老保险统筹基金。职工应当按照国家规定的本人工资的比例缴纳基本养老保险费,记入个人账户。调研表明,2012 年上海市民办高校专职教师年均收入应发 56 920 元、实发 48 453.83 元,均低于当年上海市的人人均年收入 61 092 元。这样,民办学校工作人员的指数化月平均工资会相应较低,缴纳社保费用和最终拿到的社保待遇也就相应变低。

三是机关事业单位普遍推行了补充性的职业年金制度。职业年金是指机关事业单位及其工作人员在参加机关事业单位基本养老保险的基础上,建立的补充养老保险制度。2015 年国务院出台《国务院办公厅关于印发机关事业单位职业年金办法的通知》(国办发〔2015〕18 号),规定职业年金缴费基数与基本养老保险一致,单位缴费比例为本单位工资总额的 8％,个人缴费比例为本人缴费工资的 4％。这些费用将直接计入职业年金个人账户。以 8 000 元为标准,60 岁退休,连续缴纳 15 年、25 年、40 年的,每月可再支取职业年金为 1 243.17 元、2 071.94 元和 3 315.11 元。即便机关事业单位与企业基本养老保险缴纳一致,在机关事业单位存在职业年金的情况下,也将存在上述待遇上的差异。

2015 年上海市出台《上海市教育委员会关于完善本市民办学校年金制度的通知》(沪教委民〔2015〕14 号),鼓励支持民办学校建立补充养老保险制度。此后,上海民办高校年金方案中以单位缴费为主、个人缴费为辅,学校缴费比例在 4％—8％ 之间,平均缴费水平为工资总额 6％,个人缴费平均水平为总工资的 2％。在缴纳比例上略低于职业年金。值得注意的是,全面推开民办学校年金制的,目前主要还局限在上海。

五、政策建议

基于上述调研和分析,为保障民办学校工作人员的社保待遇,建议在法律中明文规定:"民办学校应依法为教职工的按时足额缴纳社会保险费和住房公积金。鼓励民办学校按规定为教师建立补充养老保险制度。"

附四　民办教育近年发展大事记

时　间	事　件
2010 年 7 月 19 日	《国家中长期教育改革和发展规划纲要(2010—2020 年)》发布。文件指出"民办教育是教育事业发展的重要增长点和促进教育改革的重要力量",开展对营利性和非营利性民办学校分类管理试点;建立民办学校财务、会计和资产管理制度;探索独立学院管理和发展的有效方式,加强民办学校党的建设。
2010 年 10 月 24 日	《国务院办公厅关于开展国家教育体制改革试点的通知》(国办发〔2010〕48 号)正式发布。文件提出"改善民办教育发展环境,深化办学体制改革"专项改革试点任务。具体包括探索营利性和非营利性民办学校分类管理办法(上海市,浙江省,广东省深圳市,吉林华侨外国语学院);清理并纠正对民办教育的各类歧视政策,保障民办学校办学自主权(上海市,浙江省,广东省深圳市,云南省);完善支持民办教育发展的政策措施,探索公共财政资助民办教育具体政策,支持民办学校创新体制机制和育人模式,办好一批高水平民办学校(上海市,浙江省,福建省,江西省,广东省深圳市,云南省,宁夏回族自治区,武汉科技大学中南分校);改革民办高校内部管理体制,完善法人治理结构,建立健全民办学校财务、会计和资产管理制度(上海市,江苏省,浙江省,云南省,西安欧亚学院)。
2011 年 10 月 19 日	教育部宣布经国务院学位办批准,北京城市学院(北京市)、西京学院(陕西省西安市)、吉林华侨外国语学院(长春市)、河北传媒学院(石家庄市)和黑龙江东方学院(哈尔滨)五所民办高校从 2011 年开始获准招收硕士研究生,这是中国民办高校首次获得研究生教育资格。
2012 年 6 月 28 日	《教育部关于鼓励和引导民间资金进入教育领域促进民办教育健康发展的实施意见》(教发〔2012〕10 号)以鼓励和引导民间资金进入教育领域为目标,以现行法律法规为依据,以准入条件就宽、扶持力度就强、规范管理依法为原则,重申明晰了民间资金进入教育领域的相关政策。文件提出,充分发挥民间资金推动教育事业发展的作用,拓宽民间资金参与教育事业发展的渠道,制定完善促进民办教育发展的政策,健全民办教育管理与服务体系,引导民办教育健康发展。

（续表）

时　间	事　件
2013年 12月15日	教育部召开贯彻教育规划纲要促进民办教育创新发展座谈会。会上，与会代表一致认为，纲要颁布后，国家和地方对民办教育更加重视，民办教育发展的政策舆论环境明显改善，各地民办教育的发展呈现出良好势头。为进一步促进民办教育发展，推动民办学校改革创新，希望国家和地方出台相关政策，加快解决制约和影响民办学校发展的法人属性、分类管理、税收优惠、教师社保等突出问题。呼吁国家设立实施高水平民办高校建设工程。
2015年 12月27日	第十二届全国人民代表大会常务委员会第十八次会议通过《全国人民代表大会常务委员会关于修改〈中华人民共和国教育法〉的决定》和《关于修改〈中华人民共和国高等教育法〉的决定》，删除"不得以营利为目的"，为营利性民办学校存在清楚法律障碍。
2016年 11月7日	第十二届全国人民代表大会常务委员会第二十四次会议通过《全国人民代表大会常务委员会关于修改〈中华人民共和国民办教育促进法〉的决定》，自2017年9月1日起施行。民办教育正式进入非营利性和营利性分类管理时代。
2016年 11月7日	教育部等五部门关于印发《民办学校分类登记实施细则》的通知（教发〔2016〕19号），着力建立健全民办学校分类管理分类登记机制，重点解决两类学校"到哪里登记""如何登记"的问题，规定了民办学校设立审批、分类登记、变更注销登记、原有民办学校分类登记等方面的内容。
2016年 12月29日	中共中央办公厅关于印发《关于加强民办学校党的建设工作的意见（试行）》的通知（中办发〔2016〕78号），支持和规范民办教育发展，要坚持和加强党对民办学校的领导，设立民办学校要做到党的建设同步谋划、党的组织同步设置、党的工作同步开展，确保民办学校始终坚持社会主义办学方向。
2016年 12月30日	《营利性民办学校监督管理实施细则》（教发〔2016〕20号）印发，着重建立完善营利性民办学校的监督管理机制，重点解决营利性民办学校"能办什么学""如何办学""如何办好学"的问题，对营利性民办学校的设立、组织机构、教育教学、财务资产、信息公开、变更与终止、监督与处罚等内容作出制度安排。
2017年 1月18日	《国务院关于鼓励社会力量兴办教育促进民办教育健康发展的若干意见》（国发〔2016〕81号），以分类管理改革为基础，着重从加强党对民办学校的领导、创新体制机制、完善扶持制度、加快现代学校制度建设、提高教育教学质量、提高管理服务水平六个方面部署推进。
2017年 9月6日	教育部等十四部门关于印发《中央有关部门促进民办教育健康发展任务分工方案》的通知（教发函〔2017〕88号），为促进民办教育的发展，推动相关部门形成工作合力，根据有关部门职责，制定出来的分工方案。

（续表）

时　间	事　件
2017年 8月15日	《国务院办公厅关于同意建立民办教育工作部际联席会议制度的函》（国办函〔2017〕78号）正式发布。联席会议由教育部、中央编办、发展改革委、公安部、民政部、财政部、人力资源社会保障部、国土资源部、住房城乡建设部、人民银行、税务总局、工商总局、银监会、证监会等部门组成，教育部为牵头单位。 其主要职能包括： 提出鼓励社会力量兴办教育、促进民办教育健康发展的工作思路，落实国家鼓励扶持民办教育发展的政策措施，协调解决重点难点问题。 强化对民办教育的监督指导，协调相关部门共同纠正违法违规行为，规范办学秩序，推动形成健康有序的发展环境。 加强各地区、各部门信息沟通和相互协作，及时总结各地区、各部门工作成效，推广先进做法和经验。
2018年 8月6日	《国务院办公厅关于规范校外培训机构发展的意见》（国办发〔2018〕80号）。这是第一个从国家层面规范校外培训机构发展的重要文件，对于构建长效机制、规范培训秩序、维护良好教育生态，特别是切实减轻中小学生过重的课外负担，具有十分重要的意义。
2018年 8月10日	根据2018年12月29日第十三届全国人民代表大会常务委员会第七次会议《关于修改〈中华人民共和国劳动法〉等七部法律的决定》（第三次修正）对《中华人民共和国民办教育促进法》作出两处修改：将第二十六条第二款中的"经政府批准的职业技能鉴定机构"修改为"经备案的职业技能鉴定机构"；将第六十四条中的"工商行政管理"修改为"市场监督管理"。
2018年 11月7日	《中共中央　国务院关于学前教育深化改革规范发展的若干意见》发布。文件明确民办园一律不准单独或作为一部分资产打包上市。上市公司不得通过股票市场融资投资营利性幼儿园，不得通过发行股份或支付现金等方式购买营利性幼儿园资产。
2018年 12月4日	经教育部批准，吉林华侨外国语学院更名为吉林外国语大学，成为第一所更名大学的民办高校。
2019年 1月24日	《国务院关于印发国家职业教育改革实施方案的通知》（国发〔2019〕4号），强调建立公开透明规范的民办职业教育准入、审批制度，探索民办职业教育负面清单制度，建立健全退出机制。
2019年 2月23日	中共中央、国务院印发了《中国教育现代化2035》，并发出通知，要求各地区各部门结合实际认真贯彻落实。推动各级教育高水平高质量普及，加快发展普惠性民办幼儿园。民办教育要落实好分类管理，鼓励民办学校按照非营利性和营利性两种组织属性开展现代学校制度改革创新。

（续表）

时　间	事　件
2019 年 6 月 23 日	《中共中央　国务院关于深化教育教学改革全面提高义务教育质量的意见》印发。民办义务教育学校招生纳入审批地统一管理，与公办学校同步招生；对报名人数超过招生计划的，实行电脑随机录取，公办民办普通高中按审批机关统一批准的招生计划、范围、标准和方式同步招生，义务教育公办民办校应享有同等招生权。
2020 年 5 月 15 日	《关于加快推进独立学院转设工作的实施方案》（教发厅〔2020〕2 号）印发。独立学院转设是推动教育公平发展和质量的必经之路，学校在转设成功后，将接受市场最公平的选择，也将有利于独立学院科学定位、形成与众不同的优势，实现特色发展，从而促进中国民办高等教育事业的长足发展。
2021 年 4 月 7 日	国务院公布修订后的《中华人民共和国民办教育促进法实施条例》（国务院令第 741 号修订）。

附五 地方新政文件发布情况一览表

编号	省份	名称	文号	签发时间	其他配套文件
1	辽宁	《辽宁省人民政府关于鼓励社会力量兴办教育促进民办教育健康发展的实施意见》	辽政发〔2017〕48号	2017年9月30日	
2	安徽	《安徽省人民政府关于鼓励社会力量兴办教育促进民办教育健康发展的实施意见》	皖政〔2017〕127号	2017年10月17日	《民办学校分类登记实施办法》（皖教民〔2019〕3号）
3	甘肃	《甘肃省人民政府关于进一步促进民办教育健康发展的实施意见》	甘政发〔2017〕85号	2017年11月8日	《民办学校分类登记实施办法》（甘教厅〔2018〕176号）
4	天津	《天津市人民政府关于鼓励社会力量兴办教育促进民办教育健康发展的实施意见》	津政发〔2017〕36号	2017年12月8日	1.《民办学校分类登记实施办法（试行）》（津教委规范〔2017〕10号） 2.《营利性民办学校监督管理办法（试行）》（津教委规范〔2017〕11号） 3.《民办教育培训机构设置标准》（津教委〔2018〕18号）
5	云南	《云南省人民政府关于鼓励社会力量兴办教育促进民办教育健康发展的实施意见》	云政发〔2017〕81号	2017年12月18日	《关于平稳有序推进民办学校分类登记管理的通知》（云教规〔2019〕2号）
6	湖北	《湖北省人民政府关于鼓励社会力量兴办教育促进民办教育健康发展的实施意见》	鄂政发〔2017〕62号	2017年12月20日	

编号	省份	名　　称	文号	签发时间	其他配套文件
7	上海	《上海市人民政府关于促进民办教育健康发展的实施意见》	沪府发〔2017〕94号	2017年12月26日	1.《民办学校分类许可登记管理办法》（沪府发〔2017〕95号） 2.《校外培训机构设置标准》（沪府办发〔2017〕82号） 3.《非营利性校外培训机构管理办法》（沪府办发〔2017〕82号） 4.《营利性校外培训机构管理办法》（沪府办发〔2017〕82号） 5.《关于加强本市培训机构管理促进培训市场健康发展的意见》（沪府规〔2019〕43号） 6.《培训机构监督管理办法》（沪府办规〔2019〕14号）
8	浙江	《浙江省人民政府关于鼓励社会力量兴办教育促进民办教育健康发展的实施意见》	浙政发〔2017〕48号	2017年12月26日	1.《现有民办学校变更登记类型实施办法》（浙教计〔2018〕28号） 2.《公共财政扶持民办教育发展实施办法》（浙财科教〔2018〕7号） 3.《民办学校财务管理办法》（浙财科教〔2018〕7号） 4.《民办学校财务清算办法》（浙财资产〔2018〕26号） 5.《民办学校信息公开和信用管理办法》（浙教计〔2018〕20号） 6.《民办学校教师队伍建设实施办法》（浙教人〔2018〕32号） 7.《落实民办学校办学自主权实施办法》（浙教计〔2018〕22号） 8.《关于加强民办教育培训机构设置和管理的指导意见》
9	河北	《河北省人民政府关于鼓励社会力量兴办教育促进民办教育健康发展的实施意见》	冀政发〔2017〕17号	2017年12月31日	《民办学校分类登记实施办法》（冀教政法〔2018〕1号）
10	内蒙古	《内蒙古自治区人民政府关于鼓励社会力量兴办教育促进民办教育健康发展的实施意见》	内政发〔2018〕2号	2018年1月2日	1.《民办学校分类登记管理办法》（试行）（内教发〔2018〕41号） 2.《营利性民办学校监督管理办法》（试行）（内教发〔2018〕42号）

（续表）

编号	省份	名　称	文号	签发时间	其他配套文件
11	陕西	《陕西省人民政府关于鼓励社会力量兴办教育促进民办教育健康发展的实施意见》	陕政发〔2018〕2号	2018年1月14日	1.《民办学校分类登记实施办法》（陕教规范〔2018〕2号） 2.《营利性民办学校监督管理实施办法》（陕教规范〔2018〕3号）
12	河南	《河南省人民政府关于鼓励社会力量兴办教育进一步促进民办教育健康发展的实施意见》	豫政〔2018〕6号	2018年2月2日	《校外培训机构设置标准（试行）》（教基一〔2018〕968号）
13	海南	《海南省人民政府关于鼓励社会力量兴办教育促进民办教育健康发展的实施意见》	琼府〔2018〕14号	2018年2月9日	1.《民办学校分类登记暂行办法》（琼教发〔2017〕488号） 2.《民办学校财务清算暂行办法》（琼教发〔2018〕456号）
14	江苏	《江苏省政府关于鼓励社会力量兴办教育促进民办教育健康发展的实施意见》	苏政发〔2018〕31号	2018年2月22日	1.《民办学校分类管理实施细则》（苏教规〔2018〕3号） 2.《营利性民办学校监督管理实施细则》（苏教规〔2018〕4号） 3.《民办非学历教育机构设置和管理办法（修订）》（苏教规〔2017〕6号） 4.《关于开展民办学校换发办学许可证工作的通知》（苏教发函〔2018〕61号）
15	青海	《青海省人民政府关于鼓励社会力量兴办教育促进民办教育健康发展的实施意见》	青政〔2018〕23号	2018年3月21日	《关于印发民办学校和校外培训机构规范办学专项治理工作方案的通知》（青教规〔2018〕39号）
16	广东	《广东省人民政府关于鼓励社会力量兴办教育促进民办教育健康发展的实施意见》	粤府〔2018〕36号	2018年4月24日	1.《校外培训机构的设置标准》（粤教策〔2018〕6号） 2.《民办学校分类登记的实施办法》（粤教策〔2018〕20号） 3.《营利性民办学校监督管理实施办法》（粤教策〔2018〕21号）
17	四川	《四川省人民政府关于鼓励社会力量兴办教育促进民办教育健康发展的实施意见》	川府发〔2018〕37号	2018年9月17日	1.《民办学校分类登记实施办法》（川教〔2018〕68号） 2.《营利性民办学校监督管理实施办法》（川教〔2018〕63号）

（续表）

编号	省份	名　称	文号	签发时间	其他配套文件
18	宁夏	《宁夏自治区人民政府关于鼓励社会力量兴办教育促进民办教育健康发展的实施意见》	宁政发〔2018〕18号	2018年5月21日	《民办学校分类登记实施办法》（宁教发〔2018〕124号）
19	山东	《山东省人民政府关于鼓励社会力量兴办教育促进民办教育健康发展的实施意见》	鲁政发〔2018〕15号	2018年5月30日	《民办学校分类审批登记实施办法》（鲁教民发〔2019〕1号）
20	重庆	《重庆市人民政府关于进一步促进民办教育健康发展的实施意见》	渝府发〔2018〕19号	2018年6月1日	1.《民办学校分类登记实施细则》（渝教民发〔2018〕3号） 2.《非营利性民办学校监督管理实施细则》（渝教民发〔2018〕4号） 3.《营利性民办学校监督管理实施细则》（渝教民发〔2018〕5号） 4.《关于加强民办学校党建工作的实施意见》（渝委办发〔2017〕38号）
21	江西	《江西省人民政府关于鼓励社会力量兴办教育促进民办教育健康发展的实施意见》	赣府发〔2018〕20号	2018年6月29日	1.《民办学校分类登记实施办法》（赣教发〔2018〕15号） 2.《营利性民办学校监督管理实施办法》（试行）
22	广西	《广西壮族自治区人民政府关于鼓励社会力量兴办教育促进民办教育健康发展的实施意见》	桂政发〔2018〕31号	2018年7月2日	1.《民办学校分类登记实施办法》（桂教规范〔2018〕8号） 2.《营利性民办学校监督管理实施办法》（桂教规范〔2018〕9号）
23	贵州	《贵州省人民政府关于支持和规范社会力量兴办教育促进民办教育健康发展的实施意见》	黔府发〔2018〕19号	2018年7月16日	《民办学校分类审批登记及监督管理实施办法（试行）》（黔教民办发〔2019〕80号）
24	西藏	《西藏自治区人民政府关于促进民办教育健康发展的实施意见》	藏政发〔2018〕32号	2018年8月13日	

（续表）

编号	省份	名　　　称	文号	签发时间	其他配套文件
25	吉林	《吉林省人民政府关于鼓励社会力量兴办教育促进民办教育健康发展的实施意见》	吉发〔2018〕48号	2018年8月22日	《民办学校分类登记与管理实施办法（试行）》（吉教联〔2019〕78号）
26	山西	《山西省人民政府办公厅关于支持和规范社会力量兴办教育促进民办教育健康有序发展的若干意见》	晋政办发〔2018〕75号	2018年7月11日	1.《民办学校分类登记实施办法》（晋教发〔2019〕39号） 2.《营利性民办学校监督管理实施办法》（晋教发〔2019〕40号）
27	北京	《北京市人民政府关于鼓励社会力量兴办教育促进民办教育健康发展的实施意见》	京政发〔2018〕26号	2018年11月23日	1.《民办学校分类登记办法》（京教民〔2018〕11号） 2.《民办教育培训机构办学标准（暂行）》（京教民〔2018〕10号） 3.《营利性民办学校监督管理办法》（京教民〔2018〕12号）
28	湖南	《湖南省人民政府关于鼓励社会力量兴办教育促进民办教育健康发展的实施意见》	湘政发〔2019〕2号	2019年1月22日	
29	黑龙江	《黑龙江省关于鼓励社会力量兴办教育促进民办教育健康发展的实施意见》	黑政规〔2019〕3号	2019年2月26日	1.《民办学校分类登记实施办法》（黑政规〔2019〕3号） 2.《营利性民办学校监督管理办法》（黑政规〔2019〕3号）
30	福建	《福建省人民政府关于民办教育分类管理改革的通知》	闽政〔2019〕7号	2019年6月3日	1.《福建省民办学校分类登记实施细则》（闽教发〔2019〕72号） 2.《营利性民办学校监督管理暂行办法》（闽教发〔2019〕73号）
31	新疆	《新疆维吾尔自治区关于规范社会力量办学促进民办教育健康发展的通知》	新教规〔2019〕3号	2019年9月4日	1.《营利性民办学校监督管理办法》（新教规〔2019〕4号） 2.《非营利性民办学校监督管理办法》（新教规〔2019〕5号）

附六 民办学校分类登记、分类发展调查问卷

尊敬的民办教育同仁：

您好！随着我国民办教育进入营利性和非营利性分类管理新时代，分类发展成为新时期民办学校新的发展路向。为进一步了解实践领域民办学校分类登记、分类发展最新进展、主要困难及政策诉求，推动民办教育高质量发展，特开展本次调查。

本次调查采用匿名形式，所有数据旨在为民办教育分类管理制度建设与推进策略研究提供实证参考，请您按照实际情况和真实想法回答问题，衷心感谢您的支持！

一、所在学校基本情况

1. 您的身份是(可多选)

A. 举办者或举办者代表

B. 管理者(校长、总校长等)

C. 董事会成员

D. 党组织负责人

E. 其他，请明确

2. 贵校位于(多选)

☐安徽省　☐北京市　☐重庆市　☐福建省　☐甘肃省　☐广东省 ☐广西壮族自治区　☐贵州省　☐海南省　☐河北省　☐河南省　☐黑龙江省　☐湖北省　☐湖南省　☐吉林省　☐江苏省　☐江西省　☐辽宁省 ☐内蒙古自治区　☐宁夏回族自治区　☐青海省　☐山东省　☐山西省 ☐陕西省　☐上海市　☐四川省　☐天津市　☐西藏自治区　☐新疆维吾

尔自治区 □云南省 □浙江省 □港澳台 □国外

3. 贵校的办学层次是(可多选)

A. 学前教育

B. 义务教育阶段(含小学、初中及九年一贯制)

C. 普通高中

D. 十二年一贯制、完中、十五年一贯制

E. 中等职业学校

F. 高职高专院校

G. 独立学院

H. 普通本科院校

I. 本科层次职业学校

4. 贵校的举办者是(单选)

A. 已经上市的教育集团

B. 未上市的教育集团

C. 其他集团

D. 民营企业(非集团)

E. 国有企业(非集团)

F. 事业单位

G. 个人

5. 包括贵校在内,贵校举办者共举办几所学校(单选)

A. 1 所

B. 2—3 所

C. 4—10 所

D. 11 所以上

E. 不清楚

6. 举办者初始出资类型(单选)

A. 捐资办学

B. 出资办学未要求合理回报

C. 出资办学要求合理回报

D. 不清楚

7. 贵校设立的时间是(单选)

A. 2016 年 11 月 7 日之前

B. 2016 年 11 月 7 日之后

二、分类登记的基本情况

8. 贵校是否完成了分类管理登记选择(单选)

A. 已选择且完成登记为营利性法人

B. 已选择且完成登记为非营利性法人

C. 已选择营利性法人、正在履行程序

D. 已选择非营利性法人、正在履行程序

E. 未进行选择,尚处于观望中

F. 不作选择,终止办学

9. 贵校选择的法人类型是:

A. 营利性法人

B. 非营利性法人

C. 义务教育阶段选择非营利性办学,非义务教育阶段选择营利性

D. 义务教育阶段终止办学,非义务教育阶段选择营利性

E. 不作选择,终止办学

10. 2016 年 11 月 7 日成立之前的民办学校尚未做出分类选择的主要因素是(最多选 3 项)

A. 地方政府没有明确的完成时间要求

B. 没有到地方政府要求选择的截止日期

C. 学校(或举办者)内部决策层意见不统一

D. 两类法人配套政策不明确

E. 现有学校转设企业法人路径不明确

F. 地方现有学校非营利性办学终止时奖励和补偿方案不明朗,与预期差距较大

G. 法人属性一旦选好,不能更改

H. 现有政策环境不稳定

I. 师生对营利性办学反对意见很大

11. 贵校考虑（或已经）选择非营利性办学的主要因素是（最多选3项）

A. 法律限制只能选非营利性办学

B. 学校内国有资产比重较大，不具备选营利性的条件

C. 学校目前经费来源单一，希望获得更多政府扶持

D. 容易获得更多社会认同，吸引更多生源

E. 对当前办学现状影响较小，能够平稳过渡

F. 现有民办学校选择营利性成本高、路径不清晰

G. 营利性民办学校办学成本比较高

H. 师生对营利性办学认可度不高容易引起较大反弹

I. 目前的政策允许非营利性学校的关联交易

12. 贵校考虑（或已经）选择营利性法人的主要因素是（最多选3项）

A. 可以获得民办学校剩余财产所有权

B. 满足举办者对获取利润回报的要求

C. 举办者办学战略可以得到充分贯彻

D. 收费等办学自主权可以得到有效保证

E. 有助于利用资本市场从更多渠道获得融资

F. 非营利性民办学校扶持政策落地可能性不明确

G. 非营利性民办学校将受到更加严格的监管

H. 非营利性办学终止时奖励或补偿方案不明确，与预期差距大

I. 选择营利性法人还可以更改成非营利性法人

13. 就您个人所了解情况而言，贵校所在地区现有民办学校在地区规定的过渡期内完成分类登记的可能性是（单选）

A. 超过半数现有民办学校已经完成分类登记，过渡期内完成可能性非常大

B. 已有部分现有民办学校完成分类登记，过渡期内完成问题不大

C. 选择非营利性办学的进程较为顺利，转设企业法人的现有民办学校选择登记程序复杂，难以保证过渡期内完成

D. 转设企业法人时财务清算标准分歧比较大，现有民办学校转设进度较慢，过渡期内完成分类登记可能性不大

三、推进分类管理改革的要点

14. 就您个人认为推进所在地区分类管理改革,最急需解决的问题是(最多选3项)

A. 明确现有学校选择为营利性民办学校的程序

B. 细化现有民办学校非营利性办学终止时对出资者的奖励和补偿方案

C. 制定选择为营利性民办学校的税费优惠政策

D. 落实非营利性民办学校财政扶持政策

E. 制定营利性民办学校政策支持体系

F. 明确清产核资后确定权属的原则,特别是对办学积累如何认定的办法

15. 现有学校选择非营利性办学的,终止时可以在学校剩余财产中给予出资者相应的补偿或奖励,落实该条款激励最关键的问题是(单选)

A. 允许举办者通过举办者变更提前获得补偿和奖励

B. 允许举办者将出资转化为对学校的债务,提前兑现

C. 将不作选择、直接终止办学的现有学校举办者也纳入补偿和奖励范畴

D. 制定清偿后剩余资产确权标准,允许将举办者个人贷款用于学校发展的部分视为举办者出资

E. 补偿和奖励同时给予,返还举办者经核准后的历年出资,在清偿后的剩余资产中,再依据合理回报获取情况,给予一定比例的奖励

F. 对办学积累权属的认定中,按照举办者出资比例,将办学积累部分认定为举办者资产

16. 完善非营利性民办学校扶持政策首要解决的问题是(单选)

A. 加大对非营利性民办学校的财政支持力度,比照公办学校或公办学校的一定比例落实生均经费

B. 对非营利性民办学校进行再分类,依据办学成本、落实法人财产权等维度细化财政扶持方案,明确不同类型非营利性办学财政资金扶持力度

C. 落实非营利性民办学校与公办学校在用地政策方面同等地位

D. 落实非营利性民办学校与公办学校在税收优惠等方面同等地位

E. 加强制度前瞻性研究,破解财政资金进入非营利性民办学校的制度障碍

17. 加强对非营利性民办学校监管首要解决的问题是(单选)

A. 加强对非营利性民办学校诸如关联交易、VIE 上市等影响民办学校非营利性核心特征的监管

B. 建立财政资金使用管理办法,推进非营利性民办学校政府财政资金使用的审计工作,并及时向社会公布审计结果

C. 实施非营利性民办学校免税资格强制认定制度

18. 构建营利性民办学校配套政策,你认为最重要的是(单选)

A. 细化营利性民办学校分类,对不同营利程度的营利性民办学校适用不同类型的税收优惠政策

B. 完善国内资本市场,允许营利性民办学校通过国内上市等手段,加强与资本市场联合,扩大融资渠道

C. 探索盘活闲置国有资产,以有偿使用方式扶持营利性民办学校办学

D. 允许对办学声誉佳、前期投入力度大的营利性民办学校,给予适当奖励

19. 落实两类民办学校师生权益保障机制,首要解决的问题是(单选)

A. 完善民办学校教师社保成本分担机制,缩小公民办学校教师社保待遇差距

B. 推动教代会、学代会建设,落实师生监督权、知情权

C. 提高教师薪酬,建立薪酬动态调整机制

D. 将民办学校教师培训纳入县级以上教师培训规划,探索面向民办教师的培训,增强民办学校教师教育教学能力

E. 支持将教师职称评聘权下放至民办高校尤其是民办本科院校

F. 建立应急处理机制,维护民办学校师生在民办学校退出、转制、纠纷时的合法权益

后 记

本书为 2017 年度国家社科基金国家重大课题"民办教育分类管理制度建设与推进策略研究"(编号：VGA170004)的结题成果。

课题自立项以来，课题组成员充分利用所在高校和研究机构的科研条件，根据课题的设计思路和研究内容，有针对性地开展前期准备工作，进行国内外相关文献搜集与整理、初步的数据采集与分析。先后赴北京、海南(海口)、云南(昆明、丽江)、四川(成都)、湖北(武汉)、河南(郑州)、贵州(贵阳)、浙江(温州、宁波)、江苏(南京、苏州)、山东(济南、滨州)、内蒙古、广东(深圳、广州)、辽宁(沈阳)、福建(厦门)、江西(南昌)、广西(南宁)等地调研交流，介绍讨论 2016 年《民办教育促进法》修订以来带来的变化和挑战。也先后参加了教育部组织的一系列研讨、调研、督查等活动，全面了解地方民办教育分类管理改革制度设计与推进中面临的挑战。

课题组每年召开年度课题推进会，邀请教育部相关司局、上海市教委的领导以及来自全国各地的专家、学者、律师，围绕当前民办教育热点问题、下一年度政策着力解决的重点问题进行研讨。这里面，要特别感谢时任的教育部政策法规司王大泉副司长、翟刚学处长，发展规划司田福元副司长、韩劲红处长、顾然处长，上海市教委高德毅书记、何鹏程处长、赵扬处长，广东省教育厅邵允振处长，温州市教育局戚德忠副局长，海南省教育厅邹文涛处长，湖北省教育厅邢林春处长，河南省教育厅董玉民处长，等等，他们不仅为课题的顺利推进提供了宝贵的意见，还在课题组织上给予了巨大的帮助。全国教育规划办的各位领导、专家，也非常关心课题的进展，2019 年指定课题在全国教育科研工作会议上做交流，督促课题组撰写了多份成果要报，为课题成果的及时转换提供了平台和机会。课题进展过程中，我起一个牵头和协调作用，方建锋同志作为课题组的执行组长，作了大量的具体工作。课题的顺利推进离不开团队的努力，吴华教授、阎凤桥教授、黄元维研究员、王烽研究员各自负责一块工作,汇集了上海教科院张歆、刘金娟,浙江师范大学章露红、北京师范大学景安磊、国家教育行政学院李虔、对外经济贸易大学曲一帆,以及锦天城律师事务所李丹丹、君合律师事务所余苏等中青年科研人员,合力完成了这一研究任务。在此,一并表示感谢。

值得一提的是,2018 年 9 月,以课题组骨干人员为主,以本课题为重要依托,我们创立了《民办教育发展专报》,向教育部相关司局报送民办教育改革的重点热点难点问题。截至 2022 年 8 月,共报送 160 期,得到省部级以上领导批示 15 份,其中中央领导批示 5 篇。专报立足于全国民办教育改革发展实践,形成具有前瞻性、战略性、针对性的专业建议和政策方案,为国家教育政策和教育发展战略制定提供有价值的参考。这也是课题推进中取得的一个重要的成果。

本书研究报告共分为三部分十余个章节。

第一部分,主要包括导言、近十年来我国民办教育发展趋势与分类管理理论基础和演进历程三章,重点研究分析我国民办教育基本情况和分类管理制度形成的基础和逻辑。

引言,主要介绍课题开展、研究背景、研究综述、研究框架等课题推进的过程。主要由胡卫、方建锋执笔。

第一章,近十年来我国民办教育发展趋势。主要包括我国民办教育发展总体趋势、各级各类民办教育发展趋势、营利性民办学校登记情况以及民办教育发展战略与治理改革趋势等内容。主要由张歆、方建锋执笔。

第二章,分类管理理论基础和演进历程。主要包括民办教育分类管理的必要性可行性、民办教育分类管理的理论逻辑、民办教育分类管理的实践基础以及民办教育分类管理政策演进历程等内容。主要由方建锋、景安磊、王艺鑫执笔。

第二部分,包括国家层面民办教育分类管理制度建设、地方民办教育分类管理制度建设和推进策略与民办教育分类管理落实现状和挑战三章。重点介绍国家和地方民办教育分类管理制度的架构和推进中面临的挑战。

第三章,国家层面民办教育分类管理制度建设。主要包括制度架构历程和意义、完善民办学校分类举办制度、优化民办学校的组织与活动,保障学校、教师和受教育者权益以及完善对民办学校的支持与奖励等内容。主要由张歆、方建锋执笔。

　　第四章,地方民办教育分类管理制度建设和推进策略。主要包括地方民办教育制度创新空间和边界;全面加强党建,落实党组织监督保障职能;完善制度建设,各地加快推进分类登记;积极构建扶持民办学校规范发展政策环境以及地方深化民办教育分类管理制度和策略评价,破解终止办学奖补困局的策略建议,现有民办学校转设为营利性学校的障碍破解等内容。主要由张歆、方建锋、邵允振、田光成、章露红执笔。

　　第五章,民办教育分类管理落实的现状和挑战。主要包括民办学校分类登记进度、非营利性民办学校管理重难点、营利性民办学校管理重难点以及两类民办学校办学质量提升需求强烈等内容。主要由刘金娟执笔。

　　第三部分,包括对民办教育分类管理的评估和改进思路、分类管理中税收优惠政策的设计与推进策略、分类管理中两类学校法人治理结构设计与推进策略、分类管理中民办学校办学自主权的保障与落实策略、分类管理中民办学校收费制度建设与推进策略、基金会参与非营利办学的制度建设与推进策略等,共九章内容,是本课题研究的主体内容。

　　第六章,对民办教育分类管理的评估和改进思路。主要包括政策内容评估及改进、政策实施评估及改进、政策风险评估及防控、分类管理政策评估指标等内容。主要由李虔、方建锋执笔。

　　第七章,分类管理中税收优惠政策的设计与推进策略。主要包括民办学校明晰税收优惠政策的必要性与可行性、民办学校税收政策环境现状、当前民办学校税收优惠环境存在的主要问题以及民办学校办学税收优惠政策建议等内容。主要由张歆、方建锋执笔。

　　第八章,分类管理中两类学校法人治理结构设计与推进策略。主要包括民办学校法人属性的分析、不同法人属性民办学校在治理结构上的差异以及民办学校法人治理结构的探索建议等内容。主要由余苏执笔。

　　第九章,分类管理中民办学校办学自主权的保障与落实策略。主要包括关于民办学校办学自主权的基本问题,落实民办学校办学自主权的实践进展、问题及原因以及关于落实非营利民办学校办学自主权的政策建议等内容。主要由黄元维、王慧英、郎佳、姬华蕾、黄颖初、白优优、黄洪兰执笔。

　　第十章,分类管理中民办学校收费的制度建设与推进策略。主要包括民办学校收费改革的基本情况、全国各地民办学校收费的实践情况、加强民办学校收费管理的政策建议等内容。主要由张歆、方建锋执笔。

　　第十一章,基金会参与非营利办学的制度建设与推进策略。主要包括基金会参与非营利办学的重要作用、基金会参与非营利办学的国际经验、我国基金会参与办学的主要实践形式、基金会参与非营利办学的关键要素、完善基金会参与非营利办学的主要建议等内容。主要由刘金娟、方建锋执笔。

　　第十二章,非营利性民办学校关联交易规制策略。主要包括关联交易的一般规定及认定标准、关联交易及 VIE 模式的合规问题以及规范非营利性民办学校关联交易行为的建议。主要由李丹丹、王帅、张歆执笔。

　　第十三章,民办学校过度资本化的规制策略。主要包括民办学校境外上市概况、民办学校境内上市概况、民办学校上市公司现状以及民办学校过度资本化的规制等内容。主要由曲一帆、冯重光执笔。

　　第十四章,民办学校防范化解办学风险策略。主要包括党建工作、思想政治教育,举办者资质、内部治理,法人财产权落实和财务管理,学校内部规范管理以及政府外部监管等内容。主要由刘金娟、方建锋执笔。

　　然后是附录,主要是课题研究的参考性材料。包括国外私立教育管理情况概述、现有民办学校分类转设地方经验、机关事业单位和企业人员社保待遇、民办教育近年发展大事记、地方新政文件发布情况一览表以及民办学校分类登记、分类发展调查问卷等材料。主要由方建锋、张歆、刘金娟完成。

　　最后,由我负责全书的统稿工作。

　　民办教育的发展,涉及因素繁杂。分类管理工作,也是方兴未艾。限于篇幅关系,课题组的很多成果还没有得以完全展示。复杂事物的研究,也难免挂一漏万,疏漏错误之下,请大家多多包涵指正。

胡　卫

2024 年 1 月于沪上

图书在版编目(CIP)数据

民办教育分类管理制度建设与推进策略研究/胡卫
等著.—上海:上海人民出版社,2024
ISBN 978 - 7 - 208 - 18581 - 4

Ⅰ.①民⋯　Ⅱ.①胡⋯　Ⅲ.①民办学校-教育管理-
研究-中国　Ⅳ.①G522.74

中国国家版本馆 CIP 数据核字(2023)第 194762 号

责任编辑　刘华鱼
封面设计　一本好书

民办教育分类管理制度建设与推进策略研究
胡　卫　方建锋　等著

出　　版　上海人民出版社
　　　　　(201101　上海市闵行区号景路 159 弄 C 座)
发　　行　上海人民出版社发行中心
印　　刷　苏州市古得堡数码印刷有限公司
开　　本　720×1000　1/16
印　　张　29.5
插　　页　2
字　　数　456,000
版　　次　2024 年 1 月第 1 版
印　　次　2024 年 1 月第 1 次印刷
ISBN 978 - 7 - 208 - 18581 - 4/G·2171
定　　价　128.00 元